DEU A LOUCA NOS SIGNOS

DESIGN DE CAPA
Tereza Bettinardi

ILUSTRAÇÃO E CONCEPT DA MARIA TALISMÃ
Vinícius Angelus

CIP-BRASIL. CATALOGAÇÃO NA PUBLICAÇÃO
SINDICATO NACIONAL DOS EDITORES DE LIVROS, RJ

A735d

Angelus, Jonatas
   Deu a louca nos signos : um guia Astroloucamente do zodíaco por Maria Talismã / Jonatas Angelus. - 1. ed. - Rio de Janeiro : BestSeller, 2024.

   ISBN 978-65-5712-338-6

   1. Astrologia. 2. Horóscopos. I. Título.

23-87498

CDD: 133.5
CDU: 133.52

Gabriela Faray Ferreira Lopes - Bibliotecária - CRB-7/6643

Texto revisado segundo o novo Acordo Ortográfico da Língua Portuguesa.

Copyright © 2024 by Jonatas Angelus
Copyright da edição © 2024 by Editora Best Seller Ltda.

Todos os direitos reservados. Proibida a reprodução,
no todo ou em parte, sem autorização prévia por escrito da editora,
sejam quais forem os meios empregados.

Direitos exclusivos de publicação em língua portuguesa para o mundo
adquiridos pela
EDITORA BEST SELLER LTDA.
Rua Argentina, 171, parte, São Cristóvão
Rio de Janeiro, RJ — 20921-380
que se reserva a propriedade literária desta edição.

Impresso no Brasil

ISBN 978-65-5712-338-6

Seja um leitor preferencial Record.
Cadastre-se no site www.record.com.br e receba informações
sobre nossos lançamentos e nossas promoções.

Atendimento e venda direta ao leitor:
sac@record.com.br

DEU A LOUCA NOS SIGNOS

Um guia Astroloucamente do zodíaco
por Maria Talismã

1ª edição

Rio de Janeiro | 2024

Para os apaixonados por astrologia
que encaram a vida com humor

Sumário

O nascimento do Astroloucamente — 7
Qual é o signo da Maria Talismã? — 9
A história da astrologia — 11
Pequeno guia para entender seu mapa astral — 15

Capítulo 1 — Áries, o satanáries — 29
Capítulo 2 — Touro, o guloso — 58
Capítulo 3 — Gêmeos, o polêmico — 88
Capítulo 4 — Câncer, o sofredor — 116
Capítulo 5 — Leão, o superstar — 145
Capítulo 6 — Virgem, o cri-cri — 173
Capítulo 7 — Libra, o conquistador — 203
Capítulo 8 — Escorpião, o fogoso — 232
Capítulo 9 — Sagitário, o rolezeiro — 262
Capítulo 10 — Capricórnio, o rabugento — 291
Capítulo 11 — Aquário, o frio — 320
Capítulo 12 — Peixes, o santo do pau oco — 350
Capítulo 13 — Cúspides dos signos — 379

Conclusão — 389

O nascimento do Astroloucamente

Olá! Tudo bem com você? Senta aí que vou te contar uma história divertida e séria ao mesmo tempo. Sou a Maria Talismã, a famosa astróloga das redes sociais e criadora da página Astroloucamente. Ah, meu amor, você nem imagina como minha vida mudou depois que me joguei de cabeça no universo astrovirtual.

Eu era criança, com meus 7 anos (hoje tenho 30), quando fui apresentada ao maravilhoso mundo da astrologia por uma tia. Meu Deus, ela é a louca dos signos — ainda mais do que eu, acredite se quiser! Desde então, tenho passado a vida mergulhada nesse universo e sempre encontrei um jeito de puxar conversa sobre o assunto, onde quer que eu estivesse.

Talvez você não saiba, mas, antes de me tornar a Maria Talismã, famosíssima astróloga das redes sociais, eu tinha uma vidinha bem normal, se é que essa palavra serve para descrever alguém que cresceu entre signos, horóscopo e mapas astrais. Minha rotina era como a de qualquer pessoa, estudando, encontrando os amigos, vendo filmes e seriados… Nada extraordinário.

Como nem tudo são flores, já tive meus perrengues na vida sentimental. Uma grande decepção amorosa. Isso mesmo, meus amigos, uma bela traição que abalou as estruturas desta pessoa aqui. Mas, olha, decidi que não ia ficar sofrendo nem chorando como um canceriano na bad. Nada disso! O show tem que continuar, e, como diz um libriano que eu conheço, a vida é hoje. Sábias palavras, né?

O que não tinham me contado é que cada fim é também um novo começo. E foi assim que nasceu o Astroloucamente! Criei a página em março de 2017, sem muita pretensão. No começo era só uma brincadeira para ocupar a mente, entender mais sobre os signos e compartilhar o que eu aprendia com os amigos mais próximos. Mas que tolinha eu era! O universo tinha outros planos para mim.

Eu ainda levava uma vida acadêmica normal. A astrologia sempre foi uma paixão secreta, mas eu me dedicava a um mestrado e tinha planos para o doutorado. Acreditava que esse seria um destino certo, até que uma publicação minha viralizou mais rápido que as mudanças de humor dos geminianos, sabe? Aos poucos, fui conquistando seguidores fiéis — os Astroloucos, como eu os chamo carinhosamente.

No início, eu conseguia conciliar a vida acadêmica com a página. Quando estava me preparando para o processo seletivo do doutorado, porém, fiquei numa indecisão digna do signo de Libra: seguir a vida acadêmica ou me jogar de cabeça no mundo astrológico?

Foi uma escolha difícil, viu? Mas eu respirei fundo, ouvi minha intuição e tomei a decisão mais doida de todas: abandonei a universidade e me entreguei de corpo e alma ao Astroloucamente.

Confesso que enfrentei algumas dificuldades. As pessoas achavam que eu tinha enlouquecido de vez. Largar uma carreira acadêmica promissora por uma página na internet? Mas eu me enchi de confiança, segura de que estava no caminho certo, mesmo que esse caminho fosse cheio de obstáculos.

Resolvi, então, investir na minha formação profissional como astróloga. Fiz cursos, me aprofundei nos mistérios do zodíaco, explorei cada pedacinho desse universo e aprendi a ler um mapa astral como ninguém. E posso dizer com toda a convicção que foi a melhor coisa que eu já fiz! Hoje sou astróloga de coração e alma.

Apesar dos altos e baixos, aprendi muito nessa caminhada. E sabe o doutorado que eu estava prestes a tentar? Não me arrependo nem um pouquinho de ter desistido dele. Eu ganhei uma certeza nessa jornada: a vida é um céu estrelado, cheio de possibilidades. Às vezes temos que deixar algumas constelações para trás para brilhar ainda mais intensamente em outros lugares.

Então, se você tem um sonho, um desejo maluco ou uma paixão astrológica, siga em frente! Não deixe que o medo ou as opiniões dos outros apaguem seu brilho. Seja como um cometa, deixe um rastro de luz por onde passar e mostre ao mundo que ser loucamente feliz é a melhor escolha.

O que mais eu posso dizer? Obrigada, obrigada mesmo, por estar aqui comigo nessa jornada. Vocês, meus Astroloucos, são minha constelação particular. Eu acredito que o universo virtual me presenteou com algo grandioso: a oportunidade de levar um pouquinho de luz e alegria a cada um de vocês, independentemente do signo que tenham.

Eu amo vocês.

Maria Talismã

Qual é o signo da Maria Talismã?

Eu sei que você deve morrer de vontade de descobrir o meu signo. Pois saiba que, depois de muitos anos de trabalho, posso dizer que tenho um pouquinho de cada.

Áries, o fogo que arde no meu coração, é minha inspiração para enfrentar desafios. Antes de brilhar no Instagram, eu era uma devoradora de livros místicos. Mas tudo mudou quando uma de minhas publicações viralizou e eu me tornei a rainha do zodíaco nas redes sociais.

Touro, o persistente, entrou em cena quando percebi que o Astroloucamente precisava ser estável. Com dedicação, fui construindo meu império astral na internet, garantindo conteúdos diários, sempre confiáveis e com um charme a mais.

Gêmeos, o comunicador, foi o signo que me ajudou a conquistar corações com meu jeito bem-humorado. Sempre inovando nos memes e posts, eu me tornei a musa dos signos, tratando de temas complexos com leveza e descontração.

Câncer, o sensível, aflorou quando comecei a receber mensagens emocionantes de seguidores que encontraram conforto nas minhas palavras. Isso tocou profundamente o meu coração, e eu abracei a missão de ser uma conselheira para quem precisa de apoio.

Leão, o brilhante, é a faísca que me faz buscar os holofotes e resplandecer como uma estrela cintilante. Minha personalidade extrovertida e carismática encontrou na internet o palco perfeito para encantar as pessoas.

Virgem, o detalhista, me guia no preparo dos meus posts diários e na organização do meu feed no Instagram, todo lilás. Nada passa despercebido pelos meus olhos perspicazes. Sempre busco oferecer aos meus seguidores conteúdos de qualidade.

Libra, o equilibrado, é o signo que me ajuda a manter a imparcialidade nos posts. Apesar de ser apaixonada pelo zodíaco, procuro contemplar todas as perspectivas, oferecendo a quem quiser um espaço harmonioso para aprender e se encantar com a astrologia.

Escorpião, o enigmático, está presente no meu jeitinho misterioso — afinal, não revelo minha identidade nem meu signo. Além disso, ao longo dos anos passei por situações bem complicadas, mas, assim como a fênix, sempre consigo renascer das cinzas.

Sagitário, o aventureiro, me inspira a explorar outros horizontes quando o assunto é aprendizado, seja estudando ou criando memes com uma boa dose de deboche. Também estou sempre buscando expandir minha sabedoria e compartilhá-la com todos.

Capricórnio, o ambicioso, me ensinou a definir metas e a conquistar objetivos. Foi graças a esse signo que me dediquei a fazer do Astroloucamente referência na astrologia com humor, construindo minha própria constelação de seguidores.

Aquário, o visionário, me inspira a pensar fora da caixa e a trazer inovações para o mundo astrológico. Fico atenta às tendências e estou sempre à procura de meios originais de alcançar a todos com meus conteúdos. Afinal, o futuro é agora.

Peixes, o sonhador, é o signo que me conecta com a empatia e a compaixão. Sob a inspiração dele, compartilho posts com humor, espalhando luz em tempos sombrios e mostrando que o universo é um lugar mais bonito com a magia dos signos.

A história da astrologia

Desde antes de Cristo são encontradas evidências de pensamento astrológico, em diversas culturas, especialmente na Mesopotâmia, no Egito e na Índia. O zodíaco, um dos elementos centrais da astrologia, também já estava presente nessas regiões.

Na Mesopotâmia, por volta de 4000 a.C., os babilônios conceberam um sistema astrológico sofisticado. Eles criaram tábuas de argila que continham informações sobre o movimento dos planetas, a posição das estrelas e suas conexões com eventos terrestres. O zodíaco babilônico tinha 12 constelações, cada uma correspondendo a uma área específica do céu.

No Egito, as práticas astrológicas datam de cerca de 2000 a.C. Os egípcios associavam as estrelas e os planetas a seus deuses e governantes, acreditando que os movimentos celestes influenciavam os acontecimentos na Terra. As 12 constelações zodiacais também foram identificadas pelos antigos egípcios.

Na Índia, por volta de 1500 a.C., os vedas (textos sagrados hindus) já tinham referências à astrologia. Os indianos elaboraram um sistema astrológico que incluía o estudo do movimento dos planetas, das estrelas e do zodíaco. O zodíaco indiano, conhecido como *rashi chakra*, contemplava 12 signos, assim como o ocidental.

Como você pode ver, a astrologia e o conceito zodiacal estavam presentes em diferentes culturas antigas, o que demonstra a crença na influência dos corpos celestes na vida humana. As práticas astrológicas se desenvolveram e evoluíram ao longo dos séculos, tornando o zodíaco um elemento importante nas tradições culturais e espirituais de muitos povos ao redor do mundo.

E no Brasil, quando começou?

As práticas astrológicas associadas ao zodíaco, comuns em outras civilizações antigas, não foram encontradas nas culturas indígenas brasileiras antes da colonização. No entanto, existem inscrições das constelações zodiacais encontradas na pedra do Ingá, na Paraíba, que datam de milhares de anos antes de Cristo.

A astrologia chegou ao Brasil junto com os europeus no século XVI, mas foi só no século XIX que começou a se espalhar, através dos almanaques, notadamente o *Almanak da Província de São Paulo*. Populares, esses guias traziam os signos do zodíaco, tabelas lunares e outras informações celestiais.

Emma Costet de Mascheville, conhecida como Dona Emy, foi a pioneira da astrologia no Brasil. Em plena década de 1920, essa mulher de visão inovadora explorou a conexão entre os astros e a vida humana, formando estudiosos e desmistificando preconceitos. Seu legado inspirou astrólogos e entusiastas, consolidando a astrologia no país e promovendo autoconhecimento através da compreensão dos astros.

Nas décadas seguintes, a astrologia começou a aparecer nas páginas dos jornais, com previsões e colunas. Também passou a ser pauta nos programas de rádio da época, nos quais especialistas, como Omar Cardoso e Zora Yonara, repercutiam o assunto. Eles tinham um jeito especial de falar sobre os signos, fazendo todo mundo se sentir perto do céu. As previsões que eles faziam não eram só sobre o futuro; eram como conselhos para o dia a dia, ajudando o público a entender melhor a vida e a tomar decisões. No mesmo período, foi fundada a Sociedade Astrológica Brasileira.

Além do rádio, Omar Cardoso levou a astrologia para colunas na imprensa e programas de TV nos anos 1950 e 1960, e foi aí que ela começou a brilhar na cultura brasileira. O fascínio com os signos se misturou com a cultura pop, e até os astros da TV entraram na onda. Também surgiram revistas temáticas, com previsões e combinações amorosas.

Aí veio a era da internet, que aumentou o alcance da sabedoria dos astros. Horóscopos e mapas astrais começaram a orbitar os primeiros portais, e depois proliferaram os sites de astrologia, oferecendo visões mais profundas e interativas.

Márcia Mattos, Oscar Quiroga, Barbara Abramo, Titi Vidal, Marcia Sensitiva e André Mantovanni, João Bidu e Claudia Lisboa são outras figuras marcantes dessa história. Com abordagens únicas, eles contribuíram de maneiras distintas para tornar o conhecimento acessível e relevante na rotina das pessoas.

Márcia Mattos é reconhecida pela didática. Para explicar conceitos astrológicos, ela usa exemplos comuns, facilitando a aplicação desses conhecimentos na vida das pessoas. Oscar Quiroga se destaca por conectar a astrologia com aspectos mais profundos da existência humana, interpretando os movimentos celestes e sua influência nos desafios e nas oportunidades do cotidiano.

Barbara Abramo é famosa por suas previsões claras e objetivas, oferecendo orientações práticas para o dia a dia. Além disso, escreve colunas em grandes veículos de comunicação, alcançando um vasto público. Titi Vidal combina astrologia com coaching e terapia, usando-a como ferramenta de autoconhecimento para a compreensão das emoções e dos comportamentos.

Marcia Sensitiva, com seu estilo espontâneo e divertido, torna a astrologia acessível e atrativa. André Mantovanni, conhecido por sua participação no programa *Melhor da Tarde*, combina a sabedoria dos astros com espiritualidade, oferecendo conselhos para enfrentar desafios diários com consciência e serenidade.

Lá nos anos 1990, quem nunca folheou as famosas revistinhas de horóscopo do João Bidu? Elas foram um verdadeiro fenômeno de vendas! Sempre com um toque divertido e misterioso, tinham a habilidade mágica de atrair nossa atenção na banca de jornais. Os textos do João Bidu ajudaram a despertar o interesse e a curiosidade pela astrologia.

Mas a astrologia é mais que tudo isso: é ciência. Claudia Lisboa que o diga... Essa renomada especialista e escritora desempenhou um papel importante no aperfeiçoamento da prática no Brasil. Com muita experiência, ela contribuiu para popularizar a astrologia por meio de livros, cursos e workshops. Sua presença nos meios de comunicação ajudou a combater estigmas e a elevar a relevância da área.

Quem se lembra das comunidades astrológicas do Facebook, sem as quais a gente não conseguia viver na década de 2010? Foi uma época mágica. A astrologia invadiu as redes sociais de um jeito divertidíssimo! As lendárias *Signos da zueira, Maluca dos signos* e *Não acredito em astrologia, mas...* foram desbravadoras, levando esse conhecimento para um patamar além do formato sem graça do horóscopo de antigamente.

Essas comunidades transformaram o zodíaco em pura diversão e as pessoas realmente se identificavam. Era só dar uma olhadinha nas previsões bem-humoradas, e pronto: você se sentia em conexão com seu signo, como se tivessem lido a sua mente.

Em março de 2017, aterrissou na galáxia virtual o Astroloucamente, uma comunidade astrológica que veio com tudo e mais um pouco. Ele já chegou botando a maior pilha! Era como uma revista virtual, com quadros divertidíssimos, layout colorido e, o mais importante, conteúdo original saído da mente brilhante da Maria Talismã.

No nosso espaço nunca existiu mesmice! Nada de copiar e colar horóscopo publicado por aí, não, senhor. O Astroloucamente conquistou as pessoas pelo conteúdo bem-humorado e original. É como se fossem 12 páginas em uma. E que viagem fantástica é mergulhar nas postagens.

A página ganhou destaque na mídia com a publicação "O currículo dos signos", um post que se espalhou mais rápido que a velocidade da luz, alcançando mais de cem milhões de pessoas. Quem diria que a astrologia seria tão poderosa, hein?

O Astroloucamente trouxe originalidade e frescor para a astrologia, fazendo as pessoas se apaixonarem ainda mais por essa ciência mística. Falar de signos pode, sim, ser divertido, leve e engraçado.

Pequeno guia para entender seu mapa astral

O universo da astrologia é como um grande parque de diversões cósmicas, então te convido para dar um rolê pelos principais elementos do zodíaco, assim você pode conhecer pontos importantes da nossa carta astral.

Astros

Todo signo é influenciado por determinados astros, a depender da data e horário de nascimento do nativo. Vamos conhecer a natureza de cada um deles.

Sol

É o astro-rei do zodíaco! Ele representa nossa essência, personalidade e brilho interior, iluminando tudo o que somos e a maneira como nos expressamos para o mundo. O signo solar é aquele em que o Sol estava posicionado no momento do seu nascimento, e influencia suas características principais. Você vai descobri-las no capítulo individual do seu signo.

Lua

É a rainha das emoções! Ela representa nossos sentimentos, nossa intuição e a maneira como reagimos emocionalmente às situações. Seu signo lunar é baseado na posição da Lua quando você nasceu, e influencia suas reações instintivas. Por exemplo, se você tem a Lua em Peixes, pode ser mais sensível, sonhador e empático, pois Peixes é um signo emocional e compreensivo.

Vênus

É o planeta do amor e do prazer! Ele influencia nossos relacionamentos, estilo de amor e preferências. Seu signo de Vênus é determinado pela posição desse planeta no céu no momento do seu nascimento. Se você tem Vênus em Áries, por exemplo, é provável que costume se apaixonar rápida e intensamente e que goste de tomar a iniciativa no amor.

Marte

É o guerreiro do zodíaco! Ele representa nossa energia, motivação e atitude perante os desafios. Seu signo de Marte é baseado na posição desse planeta no momento em que você nasceu, influenciando sua assertividade e abordagem em situações de conflito. Por exemplo, com Marte em Gêmeos, você pode ser comunicativo, ágil e resolver problemas com facilidade.

Mercúrio

É o mensageiro astuto do céu! Ele influencia a comunicação, a mente e o modo como processamos as informações. Seu signo de Mercúrio é definido pela posição desse planeta no momento do seu nascimento. Com Mercúrio em Touro, por exemplo, você tende a ser prático, expressar ideias de maneira consistente e pensar com objetividade.

Urano

É o revolucionário do zodíaco! Ele representa a inovação, a originalidade e as mudanças inesperadas. Seu signo de Urano é baseado na posição desse planeta no céu no momento em que nasceu, influenciando sua forma de expressar sua individualidade. Se tem Urano em Aquário, você pode ser uma pessoa excêntrica, criativa e propensa a ter ideias visionárias.

Netuno

É o sonhador místico do zodíaco! Ele representa a imaginação, a espiritualidade e a conexão com o mundo sutil. Seu signo de Netuno é determinado pela posição desse planeta no céu no momento do seu nascimento. Se você tem Netuno em Escorpião, você pode mostrar uma sensibilidade profunda, ser intenso e ter intuição e percepção mais desenvolvidas.

Plutão

É o agente transformador do zodíaco! Ele representa a regeneração, o poder e as mudanças profundas. Seu signo de Plutão é baseado na posição dele no céu no momento em que você nasceu. Com Plutão em Virgem, por exemplo, você pode ser uma pessoa analítica, intensa nas investigações e capaz de resolver problemas complexos.

Quíron

É o curador ferido do zodíaco! Ele representa nossas feridas emocionais e nossa busca por cura e sabedoria. Sua posição no céu no momento do nascimento revela onde podemos nos sentir vulneráveis e, ao mesmo tempo, desenvolver a capacidade de ajudar os outros. Por exemplo, com Quíron em Leão, você pode ter desenvolvido inseguranças na infância, mas se tornado um líder inspirador, que motiva os outros a se destacarem.

Lilith

É a rebelde misteriosa do zodíaco! Representando nosso instinto selvagem e nossos desejos mais profundos, sua posição no céu no momento do nascimento revela como expressamos nossa sexualidade. Com Lilith em Capricórnio, por exemplo, você pode esconder seus anseios e suas ambições, mas, quando se permite explorá-los, demonstra uma natureza apaixonada e determinada.

Ascendente

É o rosto que mostramos ao mundo! Ele representa a primeira impressão que deixamos, nossa aparência física e a maneira como nos apresentamos aos outros. O signo ascendente é determinado pelo horizonte leste no momento do nascimento e influencia nossa forma de interagir com o ambiente. Se tem o ascendente em Libra você provavelmente é simpático, equilibrado e busca a harmonia nas relações.

Descendente

É o signo oposto complementar do ascendente! Ele representa o tipo de pessoa que atraímos para a nossa vida e os nossos relacionamentos. O signo descendente é encontrado no horizonte oeste no momento do nascimento. Se você tem descendente em Áries, é possível que atraia parceiros independentes, aventureiros e dinâmicos.

Meio do céu

O meio do céu é o ponto mais alto do zodíaco! Ele representa as ambições, a carreira e a maneira como somos vistos na sociedade. Sua posição é determinada pelo meio-dia solar no momento do nascimento e atua em nossa busca por reconhecimento profissional. Com o meio do céu em Peixes, você pode ser atraído por carreiras artísticas, espirituais ou de cuidado com os outros.

Fundo do céu

O fundo do céu é o ponto mais baixo do zodíaco! Ele representa nossas raízes, família e vida doméstica. Sua posição é determinada pela meia-noite solar no momento do nascimento e influencia nossa busca por segurança emocional e conexão com o lar. Com o fundo do céu em Sagitário, por exemplo, você pode ter uma ligação forte com a cultura, gostar de viajar para encontrar suas raízes ou ser a pessoa mais aventureira da família.

Casas astrológicas

As casas astrológicas são como os cômodos de uma residência, cada uma delas representando áreas específicas da vida de uma pessoa. São 12 no total, e elas funcionam como uma espécie de mapa celeste, traçando um perfil único para cada indivíduo com base na posição dos planetas no momento de seu nascimento.

Imagine-se caminhando por uma mansão de 12 andares, cada um com decoração e função únicas. Vamos fazer esse tour astrológico para desvendar o significado geral de cada casa.

Casa 1 — Personalidade, o hall de entrada

Aqui começa a jornada astrológica, onde conhecemos a personalidade, as características e o temperamento da pessoa. É como se fosse o primeiro ambiente da casa, logo na entrada, onde as primeiras impressões dos outros sobre você são formadas.

Casa 2 — Finanças, o cofre

Adentrando a segunda casa, encontramos o cofre das finanças. Essa casa está relacionada ao dinheiro, aos recursos materiais e à maneira como lidamos com eles. É nesse cômodo que avaliamos se estamos lidando com um poupador cuidadoso ou com um gastador compulsivo.

Casa 3 — Comunicação, a sala de estar

Esse é o local onde nos expressamos e nos comunicamos com o mundo. É como se fosse a sala de estar da casa astrológica, onde as conversas acontecem, ideias são trocadas e amizades se formam.

Casa 4 — Família e lar, o quarto aconchegante

Essa casa é como um quarto confortável e acolhedor, o lugar onde nossas raízes familiares estão fincadas. É onde encontramos nossas origens, nosso passado e nossas relações familiares.

Casa 5 — Prazer e criatividade, a área de lazer

Diversão é a palavra-chave aqui. Nesse espaço de reuniões festivas das casas astrológicas, a criatividade é estimulada, e os prazeres da vida são encontrados.

Casa 6 — Saúde e rotina, o cantinho do autocuidado

Essa casa astrológica está relacionada à maneira como cuidamos da nossa saúde e preservamos nossa sagrada rotina. Aqui aprendemos a cuidar do corpo e da mente.

Casa 7 — Relacionamentos, a sala de jantar

Na sétima casa, encontramos a sala de jantar dos cômodos astrológicos, onde os relacionamentos e as parcerias são nutridos. É aqui que buscamos a harmonia com os outros e aprendemos sobre o equilíbrio nas relações.

Casa 8 — Transformação, o porão misterioso

O porão é um ambiente repleto de segredos e mistérios, assim como a oitava casa astrológica. Ela está relacionada à transformação, ao poder de regeneração e às mudanças profundas na vida.

Casa 9 — Conhecimento, a biblioteca

Nessa casa, o conhecimento é valorizado. Ela está ligada às viagens, ao ensino superior, às crenças e à busca por significado na vida.

Casa 10 — Carreira, o escritório executivo

No topo da casa astrológica encontramos o escritório executivo. Essa casa está associada à carreira, à reputação e ao papel que desempenhamos na sociedade.

Casa 11 — Objetivos e amizades, o quarto dos sonhos

Assim como um quarto cheio de sonhos, esta casa astrológica está relacionada aos nossos ideais, desejos e aspirações. Também representa nossas amizades e conexões com grupos sociais.

Casa 12 — Inconsciente, o sótão misterioso

Por fim, chegamos ao sótão da casa astrológica. Essa casa está relacionada ao inconsciente, aos nossos medos, sonhos e intuições.

Vale ressaltar que, assim como os cômodos da mansão, as casas astrológicas têm uma importância única e complementar. O posicionamento dos planetas em cada casa revela muito sobre nossa vida e personalidade.

Elementos

Na astrologia, os elementos fogo, terra, ar e água representam diferentes tipos de energia e modos de operação entre os signos do zodíaco. Cada um desses elementos agrupa três signos e simboliza traços fundamentais no jeito de ser de cada indivíduo.

Fogo — Áries, Leão e Sagitário

Imagine o fogo em sua forma pura: ele aquece, irradia e se move com rapidez e imprevisibilidade. Assim são as pessoas desses signos — cheias de entusiasmo, vivacidade e paixão. Elas tendem a ser líderes naturais, pois o fogo também simboliza a inspiração e a vontade. Aqueles que são regidos pelo elemento fogo costumam ser motivados e podem ser impetuosos, como uma chama que arde sem controle quando não há equilíbrio.

Pessoas de Áries possuem uma energia impulsiva, como a faísca inicial que acende um braseiro. Elas são conhecidas por sua iniciativa e coragem. Leão, por sua vez, é a chama estável e brilhante, a expressão do calor que busca iluminar e aquecer, representando a criatividade e o orgulho. Já os Sagitarianos são como a luz de uma fogueira que ilumina a noite; eles buscam sabedoria e aventuras, sempre com um olhar voltado para o horizonte.

Terra — Touro, Virgem e Capricórnio

Pense na terra firme sob seus pés; ela é estável, fértil e confiável. Da mesma forma, pessoas dos signos de terra são práticas, pés no chão e valorizam a estabilidade. Elas são como o solo que nutre: consistentes e produtivas, preferindo a segurança do conhecido ao risco do incerto. Organização e trabalho duro são qualidades típicas desse elemento.

Nativos do signo de Touro são como o solo que nutre e sustenta, refletindo a busca pelo prazer sensorial e pela consistência. Virgem representa o terreno preparado e organizado, sempre pronto para melhorar e servir, evidenciando a atenção aos detalhes. Por fim, Capricórnio é a montanha resistente, simbolizando a estrutura, a disciplina e a ambição para alcançar objetivos.

Ar — Gêmeos, Libra e Aquário

O ar é invisível e está em toda parte. Essencial para a vida, simboliza comunicação, ideias e relações. Assim, esses signos são sociáveis, intelectuais e curiosos, movendo-se com facilidade entre diferentes grupos e ideias. Aqueles regidos pelo elemento ar são frequentemente versáteis e adaptáveis, como o ar que flui e preenche espaços.

Pessoas de Gêmeos são como uma brisa que sopra em diferentes direções; são dotados de uma curiosidade intelectual e uma facilidade em se comunicar. Libra é o vento harmonioso que equilibra o ambiente; valoriza a justiça e as relações sociais. Aquário é como uma corrente de ar que traz mudanças, sempre inovador e pensando no coletivo, abraçando a individualidade e a liberdade.

Água — Câncer, Escorpião e Peixes

Imagine a água de um rio, oceano ou da chuva — ela pode ser profunda e misteriosa, e é primordial para a manutenção da vida. Os signos ligados ao elemento água são emotivos, intuitivos e sensíveis. Eles são ligados ao mundo emocional, podendo ser tão tranquilos quanto um lago ou tão tempestuosos quanto um tsunami.

Nativos de Câncer são como um riacho que protege a vida que nele habita; são pessoas cuidadosas e profundamente ligadas à família e ao lar. Escorpião é como o oceano, intenso e misterioso, com uma grande força emocional e paixão. Peixes é como a água da chuva que se mistura a tudo, empático, sensível e muitas vezes se perdendo em suas próprias fantasias e sonhos.

Glifos

Na astrologia, um glifo é um símbolo que caracteriza os signos do zodíaco, os planetas e outros elementos importantes. Trata-se de uma representação única, como um desenho especial ou um atalho visual, para mostrar qual signo ou planeta está sendo retratado, identificando-o.

Áries ♈

O glifo de Áries é representado pelos chifres de um carneiro, simbolizando a natureza impulsiva e combativa desse signo.

Touro ♉

O glifo de Touro se assemelha aos chifres de um touro e representa a resistência e a determinação desse signo.

Gêmeos ♊

O glifo de Gêmeos mostra duas linhas curvas, sugerindo a dualidade e a comunicação inerentes a esse signo.

Câncer ♋

O glifo de Câncer se assemelha à representação dos seios femininos, ou o desejo de nutrir e cuidar, indicando a natureza protetora e emocional desse signo.

Leão ♌

O glifo de Leão se assemelha a uma juba de leão, revelando a autoexpressão, a confiança e o desejo de brilhar desse signo.

Virgem ♍

O glifo de Virgem representa uma letra "M" de "Maria" ou "mãe", aludindo à ideia de pureza, ou uma espiga de trigo, indicando a atenção aos detalhes, o serviço e a busca pela perfeição.

Libra ♎

O glifo de Libra é semelhante a uma balança, simbolizando o equilíbrio, a justiça e o desejo de harmonia desse signo.

Escorpião ♏

O glifo de Escorpião se assemelha a um "M" com uma cauda, representando a profundidade emocional, a intensidade e o poder transformador desse signo.

Sagitário ♐

O glifo de Sagitário é uma seta apontada para cima, denotando a busca por conhecimento, aventura e a expansão desse signo.

Capricórnio ♑

O glifo de Capricórnio se assemelha a uma montanha ou chifre de cabra, representando ambição, responsabilidade e determinação.

Aquário ♒

O glifo de Aquário se parece com ondas de água ou eletricidade, indicando a originalidade, a inovação e a mentalidade humanitária desse signo.

Peixes ♓

O glifo de Peixes lembra dois peixes nadando em direções opostas, exprimindo a dualidade e a espiritualidade desse signo.

Polaridades

O conceito de polaridades remete à maneira como os signos interagem e se expressam. Imagine que a astrologia é como uma família, e cada signo é um membro dessa família com seu próprio jeito de agir, pensar e ver o mundo. As polaridades seriam como duas categorias principais desses personagens, mostrando duas maneiras diferentes de se comportar e reagir às situações.

Existem 12 signos no zodíaco e eles são divididos em duas polaridades: positiva (masculina, ativa ou yang) ou negativa (feminina, passiva ou yin). É importante notar que "positivo" e "negativo" na astrologia não se referem a "bom" e "mau", mas sim a tipos diferentes de energia. Cada signo carrega sua própria energia, que pode ser expressa de maneiras variadas, e as polaridades ajudam a entender como ela pode se manifestar na personalidade de alguém.

Positiva — Áries, Gêmeos, Leão, Libra, Sagitário e Aquário

Eles são como o dia vibrante, cheios de luz e ação. Pessoas desses signos são naturalmente extrovertidas, lideram com entusiasmo e têm facilidade para se expressar. São dinâmicos, estão sempre prontos para iniciar projetos e não se negam a tomar um posicionamento. Eles abordam a vida de maneira direta em busca de novas experiências, e não têm medo de compartilhar suas ideias e conquistas.

Negativa — Touro, Câncer, Virgem, Escorpião, Capricórnio e Peixes

Eles são quietos como a noite, marcados pelo comportamento mais reservado e cauteloso. Preferem observar e pensar antes de agir. Suas interações são muitas vezes sutis, emocionais e não buscam os holofotes. Sua comunicação costuma ser emotiva e indireta. Por isso são mais introvertidos, guardam suas energias para si e são mais solidários.

Modalidades

As modalidades dividem os signos em três grupos diferentes: os cardinais, os fixos e os mutáveis. Cada um desses grupos tem características próprias, que se manifestam de maneira diferente na personalidade e no comportamento dos nativos.

Cardinal — Áries, Câncer, Libra e Capricórnio

São os líderes, os responsáveis por iniciar a ação. Eles correspondem às mudanças das estações. Áries traz a energia do início da primavera; Câncer, a do começo do verão; Libra anuncia a chegada do outono; e Capricórnio, o início do inverno. Pessoas com signos cardinais são vistas como proativas, motivadas e prontas para começar coisas novas. Elas têm visão do todo e capacidade de tomar iniciativa. Por outro lado, podem ser impacientes e às vezes agir sem pensar nas consequências a longo prazo.

Fixa — Touro, Leão, Escorpião e Aquário

São os construtores, aqueles que estabilizam e dão continuidade. Eles representam o auge de cada estação: Touro, a plenitude da primavera; Leão, o calor máximo do verão; Escorpião, o aprofundamento do outono; e Aquário, o meio do inverno. Quem nasce sob esses signos geralmente é confiável, determinado e tem uma grande força de vontade. São pessoas excelentes em manter tudo funcionando e em levar projetos adiante até a conclusão. No entanto, podem ser teimosos e resistentes a mudanças, preferindo manter as coisas como estão.

Mutável — Gêmeos, Virgem, Sagitário e Peixes

São os adaptáveis e flexíveis. Eles correspondem ao final de cada estação, quando a mudança está no ar: Gêmeos, ao fim da primavera; Virgem ao término do verão; Sagitário, ao encerramento do outono; e Peixes, ao desfecho do inverno. Pessoas de signos mutáveis são geralmente muito versáteis e capazes de se adaptar a diferentes situações com facilidade. Eles são comunicadores e ajudam a transição para a próxima estação. Sua adaptabilidade é uma força, mas também pode ser vista como uma fraqueza.

Outros termos da astrologia

Paraíso astral

É um período de luz e expansão em sua jornada astrológica. Existem duas maneiras de entender esse conceito: fase e afinidade. Na fase, o paraíso astral ocorre quando o Sol transita pelo quinto signo após o seu. Por exemplo, se você é de Câncer, seu paraíso astral acontecerá quando o Sol estiver em Escorpião.

Durante esse tempo, você pode sentir uma onda de sorte, alegrias e realizações pessoais ou até profissionais. É um momento de brilho pessoal, em que sua energia vital está em alta, impulsionando criatividade, diversão e, muitas vezes, romances. O paraíso astral é um momento para celebrar suas forças e aproveitar as oportunidades.

Já na afinidade, o paraíso astral é associado ao signo com o qual você tem maior compatibilidade. Essa conexão especial pode se manifestar em uma relação harmoniosa, na qual personalidades se complementam, pois fazem parte do mesmo elemento, promovendo entendimento mútuo e crescimento. Por exemplo, se você é de Touro, seu paraíso astral é Virgem. Ambos são signos de terra e possuem muitas características em comum, o que pode facilitar e fortalecer a amizade.

Inferno astral

Muitas vezes temido, é um período de introspecção e desafios. Ele também é compreendido de duas formas: fase e afinidade.

Na fase, os trinta dias que antecedem sua data de aniversário são um período marcado por reflexões profundas, pois é uma época de encerramento de ciclo. Você pode se deparar com desafios, imprevistos e até conflitos.

É um momento para olhar para dentro, reconhecer medos e fragilidades, e buscar fortalecimento emocional. O inferno astral, apesar de desafiador, é uma chance para o autoconhecimento e a preparação para um novo ciclo.

Já na afinidade, o inferno astral está relacionado ao signo anterior ao seu. Esta dinâmica pode trazer atritos e desafios, pois as diferenças nas personalidades e nos comportamentos tendem a ser mais acentuadas, criando um terreno fértil para desentendimentos, mas também para aprendizados.

É importante salientar que alguns astrólogos não adotam os conceitos de "inferno astral" e "paraíso astral". Eles argumentam que a astrologia é complexa e não se resume a períodos tão simplificados. Segundo esses profissionais, cada trânsito astrológico tem significado único e deve ser interpretado no contexto do mapa natal completo de uma pessoa, não apenas baseado no movimento do Sol.

Signo oposto complementar

Cada signo tem um "signo oposto complementar", representando relações significativas entre signos opostos no círculo zodiacal. Esses pares são como dois lados da mesma moeda, equilibrando-se mutuamente. Eles simbolizam o equilíbrio entre diferentes qualidades e ensinam a importância da harmonia entre extremos, como o individual e o coletivo.

Por exemplo, Áries e Libra são opostos complementares, combinando ação e cooperação. Essa dinâmica de opostos oferece lições sobre a necessidade de equilíbrio na vida, enfatizando a união de energias distintas para criar uma harmonia completa. Nos mapas astrais, planetas em signos opostos ao signo solar indicam um caminho de autoconhecimento, desafiando a pessoa a integrar características opostas em sua personalidade.

Como fazer seu mapa astral?

Fazer seu mapa astral é uma jornada interessante para descobrir mais sobre si mesmo sob a ótica dos astros. Esse mapa é um resumo que mostra a posição dos planetas, do Sol e da Lua no momento exato do seu nascimento e pode revelar muito sobre sua personalidade, seus desafios e talentos, e até mesmo dar pistas sobre seu destino. Escolher entre a facilidade de um site ou aplicativo, a profundidade de uma consulta com um profissional ou o desafio de aprender por conta própria, depende do seu interesse pessoal e do quanto você deseja se aprofundar no conhecimento astrológico. O mapa astral é uma ferramenta poderosa para o autoconhecimento e uma forma de se conectar e entender como os astros podem influenciar sua vida.

Sites especializados

A maneira mais acessível de obter um mapa astral é por meio de sites especializados. Esses sites pedem que você insira a data, a hora e o local de seu nascimento. Com essas informações, eles calculam automaticamente a posição dos planetas no exato momento e desenham o mapa astral. Esses sites geralmente oferecem uma interpretação básica das posições planetárias e dos signos, o que pode dar uma ideia geral da sua personalidade e trajetória de vida. Esse método é rápido, fácil e uma ótima introdução ao mundo da astrologia.

Aplicativos de celular

Para quem prefere a conveniência de um smartphone, existem vários aplicativos que oferecem serviços semelhantes aos sites. Depois de fornecer suas informações de nascimento, o aplicativo cria um mapa astral personalizado. Muitos desses aplicativos também fornecem atualizações diárias com base nos trânsitos astrológicos atuais, o que significa que eles mostram como os movimentos atuais dos planetas podem estar afetando sua vida no momento presente.

Astrólogo profissional

Para um entendimento mais profundo, uma consulta com um astrólogo profissional é recomendada. Os astrólogos não apenas criam seu mapa, mas também interpretam detalhadamente, levando em consideração nuances e aspectos que os sites e aplicativos podem não captar. Eles podem analisar como os diferentes elementos do seu mapa interagem entre si e o que isso significa para sua vida pessoal, profissional e espiritual. Esta é uma experiência mais íntima e detalhada, em que você pode fazer perguntas específicas e receber orientações personalizadas.

Livros e cursos

Se você tem interesse em aprender astrologia por conta própria, há muitos recursos disponíveis. Existem livros que vão desde introduções básicas até textos mais avançados sobre astrologia. Esses livros podem ensinar como montar um mapa astral manualmente e interpretá-lo. Além disso, há cursos on-line e presenciais, alguns oferecidos por escolas de astrologia renomadas, que podem oferecer um aprendizado mais estruturado e aprofundado. Essa opção requer tempo e dedicação, mas pode ser extremamente gratificante para quem deseja mergulhar no estudo da astrologia.

Áries, o satanáries

"A vida é uma guerra: é você ou ela."
(Carminha, *Avenida Brasil*, 2012)

Perfil do signo

Nascidos entre: 21 de março e 20 de abril
Apelido: Arianjo ou Satanáries
Astro regente: Marte
Elemento: ☒ fogo ☐ terra ☐ ar ☐ água
Glifo: ♈
Símbolo: carneiro
Frase: "Eu quero."
Polaridade: ☒ positiva ☐ negativa
Modalidade: ☒ cardinal ☐ fixa ☐ mutável
Paraíso astral: Leão
Inferno astral: Peixes
Signo oposto complementar: Libra

Cores: tons de vermelho, laranja e dourado
Pedra: rubi
Metal: ferro
Talismã da sorte: pimenta
Animal: cachorro da raça Pinscher
Planta: comigo-ninguém-pode
Parte do corpo: cabeça
Ditado popular: "Manda quem pode, obedece quem tem juízo."
Palavras-chave: coragem, iniciativa, garra, sinceridade e treta

Áries, Marte e fogo: a combinação incendiária da astrologia

O primeiro signo do zodíaco é o mais fervoroso de todos. Regido pelo temperamental planeta Marte, o comandante-chefe do exército astrológico, o nativo de Áries recebe um toque extra de energia cósmica. Os arianos parecem ter uma bateria inesgotável, e é isso que os torna tão especiais! No entanto, sua intensidade pode se transformar em teimosia com facilidade. Se você pensar em um ariano como um carneiro turrão, não estará muito longe da verdade.

A comparação com um carneiro não é aleatória: esse é o símbolo de Áries, e não é à toa. Você já viu a poderosa investida de um carneiro? É assim mesmo que os arianos enfrentam os obstáculos da vida — com uma determinação inabalável. Se houver uma barreira no caminho, em vez de contorná-la, é muito provável que eles a atravessem.

Os arianos estão sempre prontos para agir e liderar e não têm tempo para rodeios, mi-mi-mi e frescuras. O fogo que os guia é a fonte de sua paixão, seu entusiasmo e sua vitalidade. O lema desse signo é: "Quem não arrisca, não petisca!" A palavra "calma" não existe no dicionário do ariano.

É justamente essa energia que faz os arianos terem um coração sincero e estarem sempre dispostos a ajudar os amigos. Eles se preocupam com as pessoas próximas e têm uma lealdade que vale ouro. Se você tem a amizade de um ariano, pode contar com ele para qualquer coisa, mas se prepare para acompanhá-lo em suas aventuras malucas.

O lado iluminado de Áries

Nosso signo guerreiro leva a vida com uma dose extra de intensidade e está sempre pronto para encarar os desafios de cabeça erguida. Por causa dessa valentia, o ariano não mede as palavras na hora de mandar a real e sabe usar a ironia como poucos. Para ele, é melhor ser grosseiro do que falso. Assim, diverte e conquista fãs por onde passa. Quem resiste a tanta autenticidade?

Dinâmico como poucos, está sempre em movimento, seja físico ou mental. Pensar rápido é com ele mesmo. Graças à sua veia empreendedora, não foge de uma boa oportunidade e sabe como agarrar todas elas e atingir o melhor resultado em tudo o que se propõe a fazer. Decidido e independente, vai até o fim para materializar o sonho do seu coração e não espera que ninguém resolva seus problemas. E, no fim das contas, Áries sempre tem razão.

A autoconfiança do ariano é atraente e inspiradora, um combo irresistível para quem tem a sorte de estar ao seu lado. Se você quiser achar um ariano numa festa, basta procurar o centro das atenções. Ele é o animador do grupo, o rei da pista de dança, o dono do pedaço. É meio louco, sim, mas um louco do bem. E quer saber? Ninguém consegue viver sem um arianjo na vida.

O lado sombrio de Áries

A outra face dessa autoestima elevada é uma boa dose de arrogância. O ariano se acha a última bolacha do pacote, o pote de ouro no fim do arco-íris. É tão cheio de si que pensa que o mundo gira ao seu redor e que todos deveriam se curvar à sua pessoa. Adora um holofote. Além disso, está sempre pronto para soltar o verbo sem pensar nas consequências.

Paciência? Nunca ouviu falar. Se Áries quer alguma coisa, tem que ser para ontem. Cheio de impulsividade, toma decisões loucas num piscar de olhos. Também tem o pavio curtíssimo. Quando explode, é difícil controlar a fera e evitar uma confusão generalizada. E nem tente contrariá-lo, porque ele é um ditadorzinho de plantão e não suporta opiniões diferentes.

Áries adora uma adrenalina, por isso competição é seu vício. Ele precisa ser o primeiro em tudo, o número um, o campeão, e não aceita de jeito nenhum que alguém faça algo melhor que ele. Ele não entra em guerra pra perder, pode apostar. Então, é melhor correr se você estiver no caminho desse furacão.

Os decanatos de Áries e os três tipos de nativo

PRIMEIRO DECANATO
21/03 até 31/03

O ariano vencedor

Influenciado por Marte (Áries), é o mais esquentado de todos. Quem nasceu no primeiro decanato costuma ser explosivo, e, ao mesmo tempo, bastante corajoso e dono de uma força sobrenatural. Como não costuma entrar em um conflito para perder, é megacompetitivo, daqueles que têm necessidade de ser o primeiro em tudo. Sem dúvida o maior desafio desse ariano é controlar seu lado mandão. Nos relacionamentos afetivos se mostra bem fogoso, e no jogo do amor sabe ser provocativo. Sempre consegue conquistar a pessoa que quer.

SEGUNDO DECANATO
01/04 até 10/04

O ariano intenso

É influenciado pelo Sol (Leão) e costuma ser vaidoso, intenso e orgulhoso. Acredita que nasceu para brilhar e se preocupa demais com a aparência física, apresentando sempre um ar de superioridade e uma atitude imperial. Cheio de carisma, está sempre rodeado de amigos e anima qualquer ambiente. No entanto, por não resistir a bajulações, acaba sendo manipulável. Seu jeito autoritário também irrita as pessoas. Controlar o orgulho e aprender a não criar tanta expectativa são os maiores desafios do ariano do segundo decanato.

TERCEIRO DECANATO
11/04 até 20/04

O ariano sincero

Esse ariano é influenciado por Júpiter (Sagitário) e costuma ser o mais divertido, independente e descontraído dos três decanatos. É aventureiro e ama viajar, e seu jeito extrovertido atrai amizades por onde passa. Seu bom humor anima qualquer ambiente. Apresenta um acentuado senso de justiça e uma sinceridade desconcertante, que pode ser vista como sua maior qualidade, mas também como um defeito terrível: seus comentários sem filtro podem constranger as pessoas. O maior desafio desse ariano é controlar o ciúme e a ansiedade.

Áries no mapa astral

Sol em Áries

O nativo desse signo é dono de uma personalidade forte, tem espírito guerreiro, é centrado em si mesmo, valoriza a individualidade, gosta de aproveitar sua própria companhia e luta com todas as forças pela própria liberdade.

Esbanja energia e coragem, adora se aventurar, participa de competições e acredita que nasceu para ser o número um. Mergulha de cabeça em novos projetos, sempre está disposto a enfrentar desafios e consegue tomar decisões com rapidez e sem medo. É alegre, extrovertido e tem um jeito de ser muito dinâmico. Sincero em seus posicionamentos e colocações, costuma falar sem rodeios e jamais leva desaforo para casa, sendo preciso em alguns momentos se controlar para não ferir os outros.

Ascendente em Áries
Comportamento
Costuma exagerar em tudo e agir por impulso. Precisa de movimento constante para gastar a energia, que está sempre nas alturas. Além disso, adora participar de competições para mostrar que é o melhor. Nasceu para ser um líder e é muito bom em solucionar problemas, encarando os obstáculos sem pestanejar. Tem muita iniciativa e a coragem ajuda nas suas conquistas. Aliás, o nativo de Áries descobre muito cedo o que quer da vida. É comum se envolver em brigas e confusões, pois tem o pavio curto e se irrita com facilidade.

Aparência física
Geralmente o ariano tem um estilo que é só seu e gosta de cores vibrantes; em algum momento da vida pinta o cabelo de ruivo ou de um tom avermelhado. Tem sempre uma cicatriz no rosto ou na cabeça. O rosto é triangular ou quadrado, as sobrancelhas são cerradas, os olhos penetrantes e os lábios pequenos, escondendo um sorriso brilhante. Tem estatura média e corpo de atleta, com movimentos ágeis e passos rápidos, como se estivesse com pressa para resolver um problema. Quando seu semblante demonstra confiança, muitas vezes isso é visto como arrogância. Já o tom de voz é autoritário: quando o ariano fala, parece estar dando uma ordem.

Lua em Áries
Esse nativo aprende a ser corajoso e independente desde criança e leva uma vida intensa. Desconhece o medo e age por impulso, expondo seus sentimentos sem receio. Com sua natureza infantil, não quer ser controlado por ninguém, tenta resolver as coisas sozinho e tudo tem que ser feito do seu jeito. Afoito, suas coisas são sempre para ontem. Ele dispensa frescuras e mi-mi-mi; vai sempre falar o que pensa no modo "sincerão".

Mercúrio em Áries

Quem tem Mercúrio em Áries é perspicaz e impaciente, dono de um pensamento ágil e de uma língua afiada. Costuma defender suas opiniões e tem facilidade em aprender. Pode ser rude ao se expressar, não se importando com a opinião dos outros. Suas ideias são originais e sua comunicação é direta e objetiva. É otimista e positivo, mas tende a iniciar projetos e deixá-los sem conclusão. No entanto, é versátil e capaz de lidar com qualquer assunto com destreza.

Vênus em Áries

Busca viver um amor avassalador e é um grande conquistador, manjando tudo do jogo da sedução. Cheio de iniciativa, não tem medo da rejeição e vai atrás do seu alvo. Ama a sensação de conquistar, por isso é quase impossível resistir aos seus encantos. Seu amor é impulsivo, intenso, fogoso, por isso quem tem Vênus em Áries dispensa qualquer tipo de enrolação. Quanto mais sua curiosidade é atiçada, mais interessado fica; no entanto, se a magia da sedução se dissipa, perde logo o encanto pela pessoa, pois não suporta monotonia.

Marte em Áries

Tem muita coragem, age de modo impulsivo e adora se colocar em perigo. Além disso, esbanja força e vigor. É uma pessoa obstinada, que exala confiança e tem o dom da liderança. O verbo "perder" não faz parte do seu vocabulário, porque quem nasceu com Marte em Áries quer ser o número um em tudo e costuma conseguir o que deseja. Por ser agitado, às vezes perde o foco. Quando surta, parte para a agressão verbal e física. É cheio de atitude quando está interessado em alguém e na cama parece um vulcão em erupção, com uma energia excepcional.

Júpiter em Áries

É tão generoso que às vezes o coração parece querer sair do peito para abraçar o mundo inteiro. Seu entusiasmo é contagiante e faz da sua vida um constante carnaval. Ser autossuficiente é uma característica marcante dos nascidos com Júpiter em Áries, e o sofrimento raramente encontra espaço em seu caminho. O otimismo desmedido o impulsiona a realizar extravagâncias, transformando cada dia em uma festa cheia de risadas e surpresas.

Saturno em Áries

Apesar de sua ambição desenfreada, consegue ser benevolente. Sua autoconfiança e resistência são lendárias, tornando-o quase invencível. No entanto, sua força também é sua fraqueza, gerando conflitos constantes. Não importa o quanto a vida esteja difícil, essa pessoa nunca se deixa abater pelos problemas. Com seu espírito indomável e um senso de humor afiado, ele encara qualquer desafio. Quem tentar derrubá-lo deve se preparar para uma luta épica.

Urano em Áries

É o verdadeiro "rebelde com causa". Com uma mente fértil e criativa, suas ideias são tão originais que às vezes parecem ter caído do céu. Sua vida é uma montanha-russa de impulsos, e esse nativo costuma agir sem pensar nas consequências.

Netuno em Áries

Esse indivíduo deseja ser único, destacando-se em meio à multidão. Sua busca incessante pela realização pessoal o faz se aventurar em territórios desconhecidos. Empreendedor por natureza, tem o dom de explorar novos caminhos e novas oportunidades.

Plutão em Áries

Com uma personalidade destemida, luta incansavelmente pela liberdade e pela conquista de território. Sua força é inigualável, capaz de superar qualquer obstáculo que surja no caminho. Quem nasceu com Plutão em Áries mostra ao mundo que é possível alcançar o que se deseja, desde que se tenha coragem para enfrentar as batalhas da vida.

Lilith em Áries

Representa a impulsividade e a coragem destemida. Sua agressividade pode causar estragos nos relacionamentos, mas ele não se curva. A rebeldia surge quando sua liberdade é ameaçada, afinal esse ariano guarda uma avalanche de desejos dentro de si. Na intimidade, Lilith revela seu lado dominador e sedutor. Lilith em Áries é um furacão avassalador que não teme enfrentar o mundo para conseguir o que quer.

Quíron em Áries

Esse planeta está ligado à capacidade de reconhecer nosso próprio valor e de nutrir nossa confiança e amor-próprio. Aqueles que têm Quíron em Áries sentem uma necessidade grande de agir com coragem e muita determinação para alcançar seus objetivos. Acreditar em si mesmo é a chave para desbloquear o potencial máximo que Quíron em Áries oferece.

Descendente em Áries

Ele busca um parceiro, mas, quando finalmente consegue um, pode reagir com frieza ou indiferença. O receio de firmar um compromisso e perder a liberdade pode prejudicar seus vínculos afetivos. Frequentemente atrai pessoas de personalidade forte, o que resulta em uniões impulsivas e intensas. Deseja dominar o outro, buscando controlar o relacionamento. É importante que aprenda a equilibrar sua natureza ardente para garantir harmonia e felicidade na vida.

Meio do céu em Áries

Quem tem o meio do céu em Áries deseja se jogar de cabeça em algo grandioso e dar o sangue por uma causa em que acredita, como um guerreiro destemido. Não quer ser um espectador na vida; pelo contrário, quer ser protagonista da própria história, mandar e desmandar. Aceitar ordens? Não mesmo. Sua vontade acima de tudo, sempre.

Fundo do céu em Áries

Personalidade fortíssima, sabe? Ele quer ser respeitado e ouvido, e não é à toa que é visto como o rebelde sem causa. Essa pessoa tem uma aversão danada a regras e adora desobedecer. Seguir ordens não é o seu forte. Tem dificuldade para se encaixar no esquema, por isso prefere seguir o próprio caminho. Uma mistura de rebeldia, coragem e vontade de ser uma pessoa única. É tudo ou nada, e o importante é viver a vida intensamente, sempre sendo autêntico consigo mesmo. É aí que a verdadeira jornada começa!

Áries gosta de

Viajar
Aventuras
Dar ordens
Sinceridade
Festas e shows
Beijos picantes
Vencer na vida
Revirar os olhos
Falar o que pensa
Memes aleatórios
Jogar conversa fora
Tudo que é proibido
Brigar pelo que acha justo
Defender sua opinião
Novas oportunidades
Ganhar uma competição
Experimentar coisas novas
Comemorar seu aniversário
Conviver com pessoas divertidas
Ser otimista diante dos problemas

Áries não gosta de

Falsidade
Mentiras
Hipocrisia
Futilidades
Ficar em filas
Falta de humor
Pessoas indecisas
Falta de iniciativa
Não estar no controle
Perder uma competição
Chantagem emocional
Queixas e lamentações
Que alguém lhe diga o que fazer
Dar satisfação da própria vida
Pessoas que andam devagar
Internet lenta e sites carregando
Qualquer coisa que o faça esperar
Combinar alguma coisa e a pessoa desmarcar
Conviver com gente mão de vaca
Ouvir a frase "você precisa se acalmar"

A mãe de Áries

Ela é uma guerreira! Não brinca em serviço quando se trata de proteger a família. É daquelas que põem o respeito em primeiro lugar e que não deixam ninguém mexer com os seus. Com uma personalidade bem forte, pode ser pai e mãe ao mesmo tempo, sempre cuidando e orientando os filhos com muito jeito.

Essa mãe não leva desaforo para casa e não é de se intimidar com facilidade. Faz de tudo um pouco, desde cuidar de tudo para os seus queridos até encarar problemas no trabalho, sem medo de colocar a mão na massa. Só cuidado para não mexer com o pavio curto dela, que só prova o quanto ela se preocupa com o bem-estar da família.

Ela valoriza muito a independência dos filhos, ensinando desde cedo a importância de serem responsáveis e saberem se virar. Essa mãe também sabe ser carinhosa e elogiar quando precisa, mostrando que o amor dela é pra valer.

Ela respeita o espaço de cada um dos filhos e os incentiva a trilhar o próprio caminho. E frases marcantes dela, tipo "Responde de novo pra você ver!" e "Quando você for dono do seu nariz, pode fazer o que quiser!", mostram o quanto quer passar valores e responsabilidades.

Pode acreditar, a mãe de Áries é demais. Molda os filhos com muita coragem, respeito e independência, preparando-os para encarar tudo na vida. Seu amor e sua dedicação são como um alicerce forte que mantém a família toda. Essa mãe inspira os filhos a serem pessoas firmes e que enfrentam qualquer parada.

O pai de Áries

Ele é uma figura única e marcante na vida dos filhos. Educa com disciplina, estabelecendo limites claros para orientar o crescimento e o desenvolvimento saudável de seus filhotes. Sua abordagem é direta e determinada, refletindo sua natureza destemida e corajosa, características típicas do signo.

Quando se trata de proteger os filhos, o pai de Áries não mede esforços. Ele defende seus pequenos com uma garra impressionante, enfrentando desafios e obstáculos de cabeça erguida. Sua maneira de agir é uma fonte de inspiração para as crias, que o veem como um verdadeiro super-herói.

Na comunicação, ele é curto e grosso, não perde tempo com rodeios. A sinceridade é sua marca registrada, e ele não hesita em expressar suas opiniões de forma direta e franca. A honestidade é um dos valores fundamentais que ele procura transmitir aos filhos, ensinando a eles a importância de serem autênticos consigo mesmos.

O pai de Áries acredita em ensinar a diferença entre certo e errado desde cedo. Ele valoriza a educação moral e ética, buscando inspirar em seus filhos o senso de responsabilidade e discernimento. Além disso, adora criar momentos de diversão e brincadeiras radicais, trazendo uma energia contagiante para a relação.

No entanto, sua natureza impulsiva pode levá-lo a explodir em momentos de raiva. Embora seja um super-herói aos olhos dos filhos, ele também é humano e suscetível a emoções intensas. Mesmo nesses momentos, seu amor e sua dedicação inabaláveis permanecem evidentes.

No fim das contas, o pai de Áries é uma fonte constante de encorajamento. A sinceridade, coragem e dedicação à honestidade moldam a maneira como seus filhos veem o mundo e enfrentam desafios. Esse pai é o exemplo vivo de que ser verdadeiro consigo mesmo é uma das maiores virtudes de alguém.

Áries no amor

Com sua personalidade ousada e entusiasmada, esse guerreiro do amor não tem medo de se lançar em batalhas românticas. Quando o assunto é paquera, Áries não espera pelo destino; ele vai atrás do que quer com uma coragem digna de herói.

Esse signo é movido pela emoção e pode até parecer impulsivo, mas seu amor é autêntico e espontâneo. Áries não se detém em joguinhos amorosos; vai direto ao ponto com uma urgência irresistível.

Sua intensidade também se manifesta nos relacionamentos. Áries se entrega com fervor e deseja o mesmo em troca. Não pense que ele ficará esperando por mensagens com meias-palavras ou sentimentos mornos. Nada disso. Ele quer alguém que compartilhe suas emoções de forma sincera e apaixonada.

Quando o amor está no ar, Áries é capaz de atos heroicos para proteger quem ama. Ele se coloca como o defensor do par, enfrentando qualquer desafio. Com ele ao lado, você se sentirá seguro e protegido.

Por falar em aventura, Áries adora novidades e surpresas no relacionamento. Ele é o parceiro perfeito para explorar o mundo, sempre pronto para embarcar em uma jornada emocionante. A vida com Áries é como uma montanha-russa, cheia de emoção, risadas e algumas reviravoltas.

As combinações de Áries no amor

Vamos explorar as combinações amorosas com base no jeitinho de Áries com os outros signos do zodíaco. Para uma análise mais precisa, é essencial considerar o mapa astral completo de cada um. Cada pessoa tem um mapa único, e entender isso pode ajudar na compreensão sobre a compatibilidade amorosa.

Áries ♡ Áries
Isso tem tudo para ser a Terceira Guerra Mundial, mas, se existir amor de verdade, pode ter um final feliz — com uma boa dose de emoção. Ambos têm suas características fortalecidas e vivem um relacionamento que pode, sim, ser um sucesso.

Existe cumplicidade, amizade, e os dois procuram se entender. Quentes como um vulcão, eles precisam de muita paixão, por isso estão sempre procurando inovar e fugindo da rotina, dão tudo de si no relacionamento e têm interesses em comum.

A honestidade e a lealdade imperam nesse casal. Entre quatro paredes o bicho pega! Os dois capetinhas têm um apetite sexual de dar inveja em qualquer um, e a maratona não tem hora pra acabar. Por outro lado, eles discutem por motivos bobos e suas brigas sempre dão o que falar. É satanáries em dose dupla, como duvidar? Um compete com o outro, os dois querem o primeiro lugar do pódio. Não gostam de dividir; por isso, para que a relação dê certo, é importante alternar a liderança entre eles (só Jesus na causa!).

Áries ♡ Touro

Existe muita atração física entre Áries e Touro. Os opostos se atraem, né? De um lado temos Áries, cheio de atitude e com um borogodó dos deuses; de outro, Touro, com todo o seu *sex appeal* de Vênus. Nesse relacionamento existe equilíbrio e calmaria (temporária). Um é boa companhia para o outro.

Áries traz agilidade e praticidade na hora de decidir, e Touro analisa e pensa bem antes de tomar qualquer atitude. Quando existe jogo de cintura, sempre há respeito à vontade dos dois. Juntos eles tomam as melhores decisões, e o otimismo impulsiona a relação.

Mas as coisas não são fáceis. Áries é fogo, Touro é terra, ambos têm temperamentos diferentes. Satanáries gosta de tudo pra ontem, enquanto o tauriguloso adia tudo que pode.

A vida social agitada de Áries é sempre motivo para as brigas do casal, pois Touro prefere ficar em casa comendo e assistindo a alguma coisa. A teimosia em dose dupla faz as brigas tomarem proporções gigantescas, já que nenhum dois está a fim de ceder.

Áries ♡ Gêmeos

Eles simpatizam um com outro no primeiro olhar e têm muita coisa em comum: ambos falam pelos cotovelos, tem horas em que a coisa vira uma competição de quem tenta argumentar mais que o outro, e com isso tendem a gastar todas as energias. A verdade é que nessa relação não existe tédio; é uma combinação que dá muito certo.

Gêmeos, com seu senso de direção, explora novos caminhos ao lado de Áries. A vida social dessa dupla é a melhor: eles querem estar em todos os

ÁRIES ♈ 41

lugares ao mesmo tempo e amam programar pequenas viagens. Vivem uma verdadeira festa. Os dois amam novidades.

Tanto Áries quanto Gêmeos são sonhadores, cheios de entusiasmo e ansiosos por natureza, mas deve haver um equilíbrio perfeito entre a razão e a emoção. Áries gosta de controlar e Gêmeos é livre como o ar, não aceita amarras. Ambos podem ser imaturos, por isso é bom evitar discussões bobas e crises de ciúme desnecessárias. O principal desafio desse casal é começar e concluir tudo que se propõe a fazer.

Áries ♡ Câncer

Essa é uma relação trabalhosa. Ambos têm os gênios opostos, mas com muita paciência é possível superar os desafios. Satanáries faz Câncer ver a vida com mais leveza.

O ariano encoraja e apoia o canceriano nos projetos. Aventuras, passeios e viagens de última hora não vão faltar nessa relação. Por outro lado, Áries explode durante as brigas e Câncer apela para o drama e guarda rancor. Quando Áries pensa que Câncer já superou a discussão, se surpreende com o caranguejo jogando a situação na sua cara e relembrando com riqueza de detalhes as brigas que já deviam estar no passado.

Outro motivo para as tretas de casal é a vida social agitada de Áries, que adora sair, ver gente, bater perna, enquanto o canceriano prefere ficar em casa vendo uma série e preparando um jantarzinho a dois.

O ciúme dos dois também pode ser um problema, já que ambos não gostam de dividir o que é seu. Aos poucos, porém, eles conseguem criar uma relação harmoniosa. Se superarem as diferenças e procurarem compreender um ao outro, o aprendizado vai ser recíproco e eles vão crescer juntos.

Áries ♡ Leão

Eles se dão superbem. São dois signos de fogo que se complementam e têm inúmeras características em comum. Um casalzão de milhões, daqueles em que não falta atitude e muito bom humor para encarar os problemas do dia a dia. Juntos eles têm entusiasmo e criatividade de sobra, adoram começar novos projetos e sempre buscam novos caminhos para seguir, tendo a generosidade e o idealismo em comum.

Áries se sente vivo ao lado de Leão, por isso esse é um casal com muita afeição e carinho. E os dois sabem como manter viva a paixão: elogios entre eles não faltam, a relação é construída com muito carinho. Um procura sempre deixar o outro satisfeito e ambos não deixam de enaltecer as maiores virtudes do parceiro.

No entanto, Leão tem necessidade de ser ouvido e admirado, e Áries, com seu jeito bruto, não tem paciência para essa adulação toda. Outro desafio na vida desse casal é que eles competem para ver quem chama mais a atenção: nenhum dos dois aceita o segundo lugar, e com isso a luta de egos pode ser eterna.

Áries ♡ Virgem

A atração física e sexual é muito forte. Eles têm uma química inexplicável. Áries deseja entender o que se passa na cabeça do "tímido" virginiano, que por sua vez admira a ousadia de Áries.

Apesar de diferentes, quando os dois têm interesse num relacionamento sério, fazem dar certo. Eles se esforçam muito para conviver bem e por amor conseguem tolerar as diferenças — mas têm que ter muito jogo de cintura.

No relacionamento, Áries traz a coragem que falta em Virgem, e Virgem controla a teimosia e impulsividade de Áries. Os atritos na vida desse casal começam quando Virgem tenta ditar as regras do jogo na vida de Áries, que não aceita, afinal ele não nasceu para ser mandado.

Áries costuma ser sociável e adora festas e badalações; já Virgem tem uma vida social mais tranquila e quase sempre opta por programas mais íntimos e sossegados. O carneiro foge da rotina de Virgem, e Virgem critica as atitudes de Áries... E aí começa a troca de farpas, já que a língua de ambos mais parece um chicote.

Áries ♡ Libra

São opostos que se atraem. Além da grande atração física, um precisa da qualidade do outro e esse pode até ser o par ideal, como se fossem almas gêmeas astrológicas. É uma união de admiração mútua, mas de harmonia temporária. Afinal de contas, estamos falando de satanáries e librianjo.

Brincadeiras à parte, nessa relação quem conquista primeiro é Libra, que fisga Áries com seus encantos, seu carisma e sua lábia imensos. No primeiro momento, o libriano consegue ter o controle da relação, mas é Áries quem vai dominar. Áries força e Libra acaba cedendo aos encantos.

Libra consegue trazer compaixão e calmaria para a vida de Áries e o ajuda a repensar suas atitudes impulsivas. Com isso, Áries consegue canalizar suas energias. É desse modo que eles conseguem tomar boas decisões em conjunto.

Libra não gosta de atritos e acaba relevando muitas situações, mas paciência tem limite. Então, quando o libriano cansa das grosserias do ariano, acaba pulando fora.

Áries ♡ Escorpião

A atração aqui é fatal. Satanáries e escorpicão, uma mistura de tiro, porrada e bomba regada a maratonas de sexo. Áries é atraído pelo ar de mistério de Escorpião, que desperta no outro desejos profundos e emoções intensas (jamais sentidas antes).

Mas satanáries tem medo de demonstrar seus sentimentos, por isso a relação vai evoluindo aos pouquinhos. Esse é um relacionamento cheio de desafios, nada harmonioso, de agressividade contra agressividade e de muito atrito, afinal são duas personalidades fortes. Áries e Escorpião são muito fogosos e passionais, mas Escorpião gosta de ter sua privacidade respeitada e às vezes tem ataques de ciúme.

As brigas desse casal sempre terminam entre quatro paredes. O sexo é o que os mantêm juntos por muito tempo. O ariano aprende muito com o escorpiano, que por sua vez encontra nesse parceiro uma ajuda valiosa nas batalhas da vida. Mas não se iluda: essa história está longe de ser um conto de fadas *à la* Disney.

Áries ♡ Sagitário

É uma dupla incendiária, uma combinação de fogo com fogo. Juntos, eles sonham alto e às vezes querem o impossível. Os dois estão sempre em busca de novidades, adoram viver novas aventuras, fazer muitas viagens e expandir seus horizontes. É um casal que se diverte bastante junto e que luta pelos mesmos ideais. Nesse relacionamento regado a muito otimismo, ninguém sabe o que é tédio.

O sagitariano tem o poder mágico de melhorar o humor do ariano. É como se ele tivesse um estoque infinito de piadas e memes guardados na manga. Juntos, esses dois signos têm sonhos grandiosos, daqueles que parecem impossíveis, mas que com muita dedicação e foco podem se tornar realidade.

As brigas são épicas! É argumento atrás de argumento, com uma pitada de ironia e uma colherada de deboche. Um verdadeiro show de *stand-up*! Mas o melhor de tudo é que nenhum dos dois guarda rancor. Eles preferem deixar as mágoas de lado e buscar sempre tirar uma lição das tretas de casal. Juntos, tornam a vida um espetáculo de risadas e descobertas.

Áries ♡ Capricórnio

Essa é uma das relações mais trabalhosas do zodíaco. O capricorniano traz consigo um senso de responsabilidade muito grande, enquanto o ariano, cheio de energia e impulsividade, não tem tempo para ficar pensando nas contas a pagar. Capricórnio leva tudo a sério, já Áries é mais brincalhão.

O capricorniano acaba assumindo o papel de babá do ariano, cuidando dele como se fosse uma planta que precisa de rega constante. É claro que a vida em comum não é um mar de rosas.

Para que esse relacionamento funcione, ambos precisam estar dispostos a ceder e aprender a respeitar as diferenças; caso contrário, a separação é sempre a melhor saída. No entanto, apesar de todas as diferenças, esses dois são fiéis um ao outro.

Quando o casal está em harmonia, o relacionamento é mais ardente que pimenta. Nesta parceria de ambiciosos, Áries e Capricórnio obtêm sucesso nas decisões de trabalho, pois Capricórnio sabe gerenciar seus negócios e Áries tem ideias inovadoras. Não se surpreenda se eles assumirem a presidência do Banco Central.

Áries ♡ Aquário

É uma relação cheia de desafios, mais ou menos como juntar uma tempestade de fogo com um furacão, uma mistura explosiva, digna de filme de ação. No entanto, quando dá certo, o relacionamento é firmado na realidade, regado a muita criatividade e com espaço garantido para a diversão.

Esse é um casal muito curioso, que ama viajar e se aventurar e está sempre em busca de alcançar novos objetivos. O aquariano, com seu jeito excêntrico, consegue atiçar o lado amigável do ariano, que é conhecido por ser impulsivo e estourado. É uma tarefa difícil, quase como domar um carneiro selvagem com um sorriso.

O problema é que o aquariano, quando coloca uma coisa na cabeça, não desiste fácil. Na verdade, os dois precisam aprender a lidar melhor com suas emoções. Nessa relação, Aquário faz promessas de amor e Áries pode acabar se decepcionando, já que cria muitas expectativas.

O importante é aproveitar cada momento, rir das loucuras e lembrar que, no fim das contas, o amor é a única coisa que pode superar até mesmo uma discussão sobre quem vai lavar a louça.

Áries ♡ Peixes

Essa pode ser uma das relações mais turbulentas do zodíaco. Áries e Peixes, fogo e água. A chama de Áries se apaga quando a água de Peixes está na área.

ÁRIES ♈ 45

Essa é uma combinação tão delicada quanto tentar equilibrar um elefante em cima de um palito de dente.

O pisciano vai dar o melhor de si para agradar, enquanto o ariano, com a segurança de quem tem o controle da situação, traz um pouco mais de realismo para a vida do parceiro de Peixes. Satanáries traz mais segurança ao piscianjo, como se fosse um salva-vidas pronto para resgatar o peixinho das profundezas do oceano emocional.

Mas cuidado, ariano: o pisciano precisa do seu impulso para não ficar nadando em círculos e se perder nas próprias emoções. Além disso, os dois devem controlar as crises de ciúme; se estiverem infelizes na relação, vão ser adeptos dos encontros clandestinos.

Áries e Peixes é um par improvável, mas que pode render uma sinfonia de aprendizados e surpresas se ambos estiverem prontos para viver um relacionamento sério — e cheio de histórias engraçadas para contar!

Como conquistar o coração de um ariano?

Essa tarefa não é para os fracos de espírito. Os arianos são cheios de energia e estão sempre em busca de emoção e novidade. Se você vai encarar o desafio, siga estas dicas e prepare-se para embarcar em uma montanha-russa emocional.

Primeiro, controle suas expectativas. Se você é do time dos ansiosos, isso pode ser um pouco difícil, mas lembre que os arianos são pessoas espontâneas e imprevisíveis. Não espere que eles sigam um roteiro definido, pois eles adoram viver o presente e mudar de ideia a qualquer momento.

Ter energia é essencial. Os arianos são pessoas ligadas no 220V e esperam que você seja capaz de acompanhá-los em atividades intensas e aventuras emocionantes, seja uma viagem improvisada ou uma saída noturna sem destino definido. Se você faz o tipo mais calmo e tranquilo, isso pode ser um desafio, mas mostre que está disposto a se jogar de cabeça nas loucuras de Áries. Como dá para perceber, os arianos não suportam o tédio e a mesmice, então seja criativo e flexível na hora de quebrar a rotina e proporcionar momentos únicos.

Não se esqueça do humor. Os arianos são atraídos por pessoas que sabem rir e não levam a vida tão a sério. Ouse nas piadas e não tenha medo de fazer graça de si mesmo. A diversão é uma forma eficaz de conquistar o coração ariano.

Tenha personalidade e imponha suas vontades. Áries sente atração por pessoas seguras de si. Mostre quem você é e não tenha medo de expressar suas opiniões e seus desejos. Seja autêntico e não se deixe levar pelas vontades alheias. Mas também é legal se revelar aos poucos, porque um pouco de mistério pode ser intrigante para o ariano. Deixe que ele descubra aos poucos quem você é.

A primeira impressão é fundamental na conquista. Capriche no visual e demonstre que você se preocupa com a aparência. Seja confiante e esteja sempre bem cuidado. Um visual interessante pode ser o ponto de partida para cativar o ariano.

Ganhar sua confiança é um processo gradual. Não pressione demais, leva um tempo para ele se entregar totalmente. Seja paciente e mostre que você está ali para ficar. Também evite ser inseguro, pegajoso ou ciumento demais. Lembre que confiança é a base de qualquer relacionamento saudável.

Por fim, os arianos são conquistadores por natureza. Eles adoram desafios e se sentem atraídos por pessoas que não se entregam facilmente. Portanto, não torne as coisas fáceis demais. Trate de manter um grau de mistério e faça com que ele se esforce para conquistar sua atenção. Essa é uma das fases favoritas dos arianos no romance.

Conquistar um ariano pode ser um desafio emocionante. Esteja preparado para embarcar nessa aventura repleta de sentimentos, mas lembre-se sempre de ser você mesmo. No fim das contas, a melhor estratégia é ser autêntico, divertido e apaixonado pela vida.

Quando Áries se interessa por alguém, ele deixa bem claro, sem rodeios ou enrolações. Os arianos não conseguem disfarçar os sentimentos e agem de maneira impulsiva quando estão apaixonados.

A paixonite o deixa meigo e carinhoso. Ele faz de tudo para que você perceba o quanto está interessado, desde declarações de amor até gestos românticos inesperados. Eles se apegam de um jeito tão intenso que nem os mais céticos duvidam. E, é claro, não se assuste com o ciúme, que faz parte do pacote. Com um ariano apaixonado, a vida nunca será monótona!

O relacionamento com Áries

O lado bom

Em primeiro lugar, a honestidade e a sinceridade são a marca registrada desse signo. Nada de joguinhos ou meias-verdades. O ariano vai direto ao ponto, não tem papas na língua. Ninguém merece ficar perdendo tempo com indiretas e enrolações, né?

Além disso, eles são independentes e superotimistas. Não tem essa de ficar grudado no seu pé o tempo todo, pedindo atenção. Os arianos sabem curtir a própria companhia e te dão espaço para fazer o mesmo.

Eles sempre conseguem enxergar um lado bom, até mesmo nos momentos difíceis, e te incentivam a seguir em frente. Não abaixam a cabeça diante dos problemas, não. Encaram cada desafio com coragem e te ajudam a superar qualquer obstáculo. Sabe aquela sensação de ter um parceiro de verdade ao seu lado?

Eles adoram inovar no relacionamento. Topam viver qualquer aventura e sabem como seduzir e garantir momentos inesquecíveis ao seu lado. As surpresas e experiências que o ariano vai te proporcionar vão te deixar com um sorriso bobo no rosto.

Os desafios

Namorar um ariano é como subir em um ringue de luta livre. Já ouviu falar que o gênio do ariano é do cão? Pois é, não mentiram. Ele adora uma treta, qualquer coisa vira motivo para discussão. E não podemos esquecer a brutalidade. O ariano é especialista em dar coices gratuitos, daqueles que machucam mesmo. Parece que não tem filtro. Não espere por um príncipe encantado de contos de fadas, porque o ariano está mais para ogro mesmo.

Ele gosta de mandar e de dar a palavra final. O dono da razão, sabe? Não admite os próprios erros e tem uma dificuldade imensa em aceitar a opinião alheia. É como se o mundo girasse em torno do seu ego gigante.

Outra característica peculiar dos nativos de Áries é a facilidade em se entediar. Depois que conquista o coração da pessoa, ele perde rapidamente o interesse. O processo de sedução o encanta, mas o entusiasmo vai embora assim que a novidade acaba. Além disso, falta paciência para levar adiante ou terminar aquilo que começa. Os arianos são mestres em abandonar projetos no meio do caminho.

O sexo com Áries

Esse signo de fogo incendeia de verdade quando o assunto é sexo. O ariano é cheio de atitude e espontaneidade na hora H. Sem medo de dominar a situação e de mostrar quem manda na cama, ele é como um leão, pronto para se aventurar em novas posições e experimentar todas as variantes possíveis.

Quando um ariano se apaixona, prepare-se para sentir toda a intensidade do seu desejo. Ele sabe como agradar e mostrar sua pegada forte. Com beijos suaves e provocantes, ele excita e prepara o terreno para um sexo ardente.

Para um ariano, o céu não é o limite. Ele adora explorar lugares diferentes para transar e tornar a experiência ainda mais emocionante. Seja no chuveiro, na cozinha ou até mesmo em um lugar público, eles não têm vergonha de demonstrar paixão.

Diferentemente de outros signos, os arianos não são fãs de preliminares longas. Eles preferem partir direto para o que lhes interessa e aproveitar uma boa rapidinha. A iniciativa é sempre deles, e eles adoram tomar as rédeas da situação.

Quando o assunto é sexo selvagem, os arianos não se contentam com o básico e gostam de explorar novas fantasias e fetiches. Desde jogos de dominação até brinquedos eróticos, estão sempre dispostos a apimentar a relação, e costumam deixar claro quais são suas preferências.

Mas os arianos têm um ponto fraco: odeiam sexo sem atitude. Para eles, é essencial que ambos os parceiros estejam igualmente envolvidos e dispostos a se entregar ao prazer. A monotonia e a falta de entusiasmo os fazem desligar rapidamente.

Em resumo, o sexo com um ariano é vertiginoso. Eles não têm medo de se arriscar, adoram tomar a iniciativa e estão sempre em busca de novas experiências. Se você estiver preparado para se entregar a essa aventura, pode ter certeza de que será uma experiência inesquecível.

Quando Áries leva um pé na bunda

Se isso acontece, Áries fica meio revoltado, como se o universo inteiro estivesse conspirando contra ele, mas não se deixa abater. Ele segue o baile, de cabeça erguida e determinado a superar a desilusão amorosa.

Sendo um signo orgulhoso, Áries não vai correr atrás da pessoa que o dispensou. Ele sabe que seu valor é inestimável e não está disposto a mendigar atenção ou amor. Deixa claro que não tem tempo para joguinhos emocionais e prefere investir o tempo em coisas que realmente importam.

A solteirice é um presente para Áries, que aproveita ao máximo a liberdade. Ele apronta muito, curte a vida com intensidade e conhece pessoas novas sem esforço. E esquece tranquilamente a outra pessoa quando encontra alguém mais interessante e empolgante.

É claro que às vezes podem surgir umas tretas pelo caminho. Áries é conhecido pela natureza impulsiva e explosiva, o que pode gerar brigas e desentendimentos. No fundo, o que ele busca é um amor que seja tão intenso e apaixonante quanto ele.

Em meio a tudo isso, Áries segue o lema "vamos amar o próximo porque o anterior foi perda de tempo". Com muito bom humor, ele encara os desafios amorosos como meras experiências e não se deixa abalar. Afinal, para Áries, o amor verdadeiro está sempre ao virar da esquina, pronto para ser conquistado.

O ex de Áries

Se ele ainda sente algo por você, não vai medir esforços para reconquistar o seu coração. Por outro lado, se o sentimento acabou, ele seguirá em frente bem depressa, sem olhar pra trás. O ariano tem a sinceridade na ponta da língua e às vezes pode falar coisas que magoam, mesmo que não seja sua intenção.

Não espere que ele aceite desaforos de ninguém. Ele é destemido e enfrenta qualquer desafio de cabeça erguida. Quando decide que a relação chegou ao fim, dificilmente mudará de ideia. Vai ser direto e claro quanto a isso. Não estranhe se, após o término, você descobrir que seus presentes foram parar no lixo, pois ele não guarda lembranças do passado.

Os arianos raramente ficam solitários por muito tempo. Eles são sociáveis e gostam de ter companhia. Portanto, é provável que depois do término ele encontre rapidamente novas amizades ou até mesmo um novo romance.

O corno de Áries

Ele é conhecido como "corno explosivo", daqueles que, quando se sentem traídos, transformam o ambiente em um campo de batalha. Não se engane: a briga é feia e intensa, muitas vezes beirando a violência, como se estivéssemos diante do fim do mundo. No entanto, depois que a tempestade passa e o ariano se acalma, ele conversa de boa, com a típica atitude de "ligar o foda-se", e, sem pensar duas vezes, termina a relação. Afinal, para essa pessoa de orgulho aceso, uma pulada de cerca é imperdoável.

Por mais que o assunto chateie, o ariano não fica parado se lamentando. Ele segue o baile, se joga na vida, conhece novas pessoas e tenta reconstruir sua felicidade. Mas uma coisa é certa: não ouse mencionar a traição ou tocar no assunto perto dele, pois esse se tornará um tema proibido e sensível.

Se por algum motivo você achar que essa traição abalou o corno de Áries, está muito enganado! Ele faz questão de mostrar para todo mundo que está por cima e que nada nem ninguém tem o poder de abalar sua autoestima. De cabeça erguida, desfila confiança, demonstrando que a traição foi apenas um tropeço, e não um tombo.

O infiel de Áries

O infiel do signo de Áries, o legítimo satanáries, é uma bola de fogo quando o assunto é atração por novidades. Regidos pelo fogo, os arianos buscam novidades, e isso não é diferente em matéria de amor. Quando um ariano está dando aquelas escapulidas, o primeiro sinal é que ele começa a tratar o parceiro com uma frieza que não é nem um pouco típica do calor do seu signo.

A impulsividade é uma das marcas registradas desse signo. O problema é que muitas vezes isso se traduz em atitudes precipitadas e — vamos ser sinceros — bem egoístas. Para alguns arianos, uma puladinha de cerca não deixa nenhum tipo de peso na consciência. Eles agem como se tudo estivesse normal, como se não tivessem feito nada de errado.

E, se você acha que o ariano vai ficar quietinho esperando a poeira baixar, se enganou! Ele tem habilidade para criar situações ou até mesmo brigas do nada. Sabe por quê? Para tentar justificar ou tirar o foco das suas escapadas. Se alguém estava esperando um arianjo, pode tirar o cavalinho da chuva! Eles são de fogo e, quando resolvem queimar a largada, o clima esquenta!

Áries no trabalho

No trabalho, Áries é um furacão. Com sua independência característica, ele segue regras e orientações sem problemas, mostrando-se extremamente dedicado. Sua energia é contagiante e ele trabalha com entusiasmo, mas, sinceramente, prefere um ambiente animado e descontraído, que ajuda na sua produtividade. Quem resiste a um bom desafio rodeado por risadas e piadas internas?

Se tem uma coisa que Áries sabe fazer bem, é liderar. Ele é um líder nato, daqueles que motivam a equipe. Sempre às voltas com ideias inovadoras, ele traça objetivos claros e estratégias precisas para alcançá-los. Desde que as responsabilidades sejam bem definidas, o ariano trabalha maravilhosamente bem em grupo, sem deixar que seu espírito competitivo ultrapasse os limites. Afinal, ele sabe que, para vencer, é necessário unir forças.

No entanto, o ariano é um ser peculiar: ele ama desafios, mas não suporta ser explorado. Ao menor sinal de que está sendo usado ou subestimado, ele simplesmente pula fora. Para se manter satisfeito na empresa, é fundamental que Áries se sinta útil e necessário, com suas habilidades e potencial devidamente reconhecidos. Do contrário, prepare-se para vê-lo buscando horizontes e desafios em outro lugar.

Outra característica marcante de Áries é a habilidade para identificar rapidamente as falhas e deficiências de seu chefe e sua equipe. Com a mente afiada, ele não tem medo de dar sugestões construtivas para melhorar a situação, sempre sincero e claro quanto às coisas de que não gosta. No entanto, essa honestidade muitas vezes é mal interpretada, e os colegas o veem como arrogante. Mas vamos combinar: Áries só é direto e não tem tempo a perder com rodeios.

Embora seja um funcionário honesto e confiável, Áries pode ser um tanto rebelde. Especialmente quando recebe falsas promessas ou se sente injustiçado, ele mostra seu lado mais combativo. Criticá-lo não é tarefa fácil, pois ele raramente admite que está errado ou que cometeu um erro. Se a ideia de demiti-lo passar pela sua mente, é bom se preparar com cautela, pois uma notícia dessa magnitude pode provocar um surto de raiva no ariano. É melhor manter distância nesses momentos explosivos.

Portanto, lidar com um ariano no ambiente de trabalho é um desafio constante. Sua independência, energia, liderança e franqueza podem causar algumas turbulências, mas no fundo ele é um funcionário valioso. Basta oferecer um ambiente estimulante, reconhecer sua contribuição e evitar pisar no calo desse guerreiro destemido.

Profissões para Áries

Entre as carreiras nas quais os arianos mais se destacam podemos mencionar aquelas ligadas à agricultura, à arte, à moda, à beleza e ao dinheiro. Mas Áries também vai ser bem-sucedido se decidir ser esportista, militar, dentista, diretor de cinema e televisão, engenheiro, publicitário, repórter, jornalista, cirurgião, negociante, empresário, designer, diretor financeiro, policial e delegado.

Profissões dos sonhos para Áries

Barraqueiro profissional, personal stylist, bombeiro, gogoboy, terapeuta sexual, presidente do país, dublê de filmes e pirotécnico.

O currículo de Áries

Qualificações:

- excelente para quem busca viver grandes aventuras;
- tem inteligência, entusiasmo e uma forte paixão pela vida;
- facilidade em oferecer diversão e bom humor gratuito;
- é otimista e ideal para quem gosta de ver o lado bom da vida.

Satanáries Ferreira do Pavio Curto
Data de nascimento: 11/04/1999
Avenida do Foda-se, nº 1,
Bairro da Ousadia, Lagoa da Confusão-TO
E-mail: arianjo@astroloucamente.com
Telefone: (63) 11111-1111

Formação acadêmica:

- graduação em Surtos Descontrolados;
- especialização em Pronto para o Combate;
- mestrado em Sinceridade Sem Dó nem Piedade;
- doutorado em Sempre Coberto de Razão.

Experiência profissional em:

- revirar os olhos;
- decisões erradas e impulsivas;
- colecionar inimigos obsessivos;
- seduzir, se apaixonar e depois pegar ranço eterno da pessoa.

Top 5 moods de Áries

❶ Mood satanáries

Gênio forte. Essa é a característica mais falada dos arianos. O satanáries é conhecido pela má fama e reúne todas as características mais barras-pesadas de Áries. Reza a lenda que esse tipo sabe convencer os amigos a embarcar nas suas loucuras; resumindo, ele leva os amigos para o mau caminho. Não engole sapo e segue à risca a máxima da Inês Brasil: "Se me atacar eu vou atacar."

❷ Mood arianjo

Uma pessoa tão boa e calma na maior parte do tempo. Faz de tudo para viver em paz, evitando confusão e brigas desnecessárias. Só não se engane, porque, se o arianjo for provocado, o paraíso vira inferno em questão de segundos. Aí a coisa pode ficar feia, e ele pode acabar soltando um "baphão". Respeite esse arianjo e não mexa com quem tá quieto.

❸ Mood Casos de Família

Leva a vida como se estivesse no palco do programa da Christina Rocha no SBT. Limites? Desconhece. Gosta de bater boca e, se tiver plateia, desce o nível se preciso for. Geralmente coleciona desafetos e não liga nem um pouco para a opinião dos outros. Aqui o importante é causar.

❹ Mood atleta

O ditado "o importante não é ganhar, e sim competir" não funciona muito com Áries. É como se ele vivesse enfrentando uma eterna competição ou um jogo com os outros e consigo mesmo. Não aceita perder e luta pelo que deseja. Por ser muito honesto, não sabe o que fazer quando é derrotado ou quando fracassa. Se isso acontece, bate um sentimento de tristeza e ele fica arrasado.

❺ Mood rolezeiro

Quando se trata de uma festinha animada, Áries é sempre o primeiro a dar as caras. Ele chega chegando, pronto para causar e mitar na pista de dança. Quando exagera na bebida, Áries pode acabar pagando mico e fazendo coisas de doido. Mas nada impede o ariano de se divertir nos rolês, afinal a vida é uma festa e ele está sempre na ferveção.

Top 5 animais que poderiam ser de Áries

❶ Cachorro da raça Pinscher

Eles são cheios de energia. Áries é conhecido pela personalidade explosiva, e o Pinscher não fica atrás. Se algo não agrada esses dois, é melhor sair de perto! Eles são movidos pela força do ódio.

Tanto Áries como o pinscher surtam por qualquer coisinha. Uma simples contrariedade é suficiente para fazer esse signo pegar fogo. O pinscher, quando se sente ameaçado ou irritado, começa a tremer como se fosse explodir em mil pedaços. O ariano dispensa comentários, né? Quando a fúria toma conta desse signo, ele também treme todinho.

Mas, apesar do comportamento explosivo, tanto Áries quanto o Pinscher têm o coração valente. Eles são protetores e superleais a quem amam. Seja seu dono ou seu território, eles vão defendê-los ferozmente.

❷ Onça-pintada

Ambos são símbolos de coragem. Uma onça não tem medo de enfrentar desafios e protege seu território com unhas e dentes (literalmente!). Áries não é muito diferente, não. Se você mexer com um ariano ou uma onça-pintada, pode esperar por problemas.

Outra semelhança é a energia inesgotável. Áries está sempre pronto para a próxima aventura, cheio de vigor e vitalidade. E a onça-pintada? Bom, essa beldade felina é conhecida pelas incríveis habilidades de caça, graças à sua resistência e força. Ambos desconhecem o significado da palavra "descanso" e estão sempre prontos para a ação.

❸ Diabo-da-tasmânia

Eles têm temperamento forte. Áries é conhecido por ser um signo teimoso, assim como o diabo-da-tasmânia. Se você já viu um desses marsupiais em um momento de fúria, vai entender o que estou dizendo.

Eles podem parecer pequenos e fofinhos, mas, quando ficam irritados, é melhor sair de perto. Os arianos têm o gênio igualmente forte e não hesitam em expressar suas opiniões. Eles não têm medo de enfrentar desafios e podem até ser considerados briguentos. Mas vamos combinar: é melhor ter um ariano do seu lado em uma batalha, assim como ter um diabo-da-tasmânia como aliado, né?

④ Falcão

Antes de mais nada, vamos falar sobre determinação. Áries é conhecido por ser corajoso e focado, sempre buscando conquistar seus objetivos com uma força inabalável. E adivinha só quem também é assim. Isso mesmo, o falcão. Essa ave não mede esforços para conseguir o que quer. Planeja, mira o alvo e parte em uma investida implacável. Nada pode deter a determinação de um falcão — nem a de um ariano.

Outra característica em comum é a velocidade. Áries é um signo cheio de energia, sempre pronto para agir com rapidez. E o falcão? Bem, se você já viu um falcão em ação, sabe do que estou falando. Eles são verdadeiros foguetes. Seja caçando sua presa ou voando pelos céus, o falcão não perde tempo, vai direto ao ponto. Os arianos também são assim, sempre um passo à frente!

⑤ Canguru

Primeiro, temos que falar da energia que parece transbordar desses dois. Áries é conhecido pela vitalidade contagiante, sempre pronto para mergulhar de cabeça em qualquer aventura. E o canguru? Ah, esse bichinho simpático não fica atrás. Ele pula por aí como se não houvesse amanhã, mostrando ao mundo todo o seu vigor saltitante.

Falando em saltos, não podemos esquecer do jeito vaidoso desses dois. Áries adora ser o centro das atenções, gosta de se exibir e não tem medo de chamar a atenção para si. E o canguru? Esse mamífero adora dar show. Com seus pulos acrobáticos e movimentos elegantes, ele certamente sabe como conquistar fãs.

Top 5 personagens que poderiam ser de Áries

① Carminha (*Avenida Brasil*)

Essa vilã bem-humorada é a personificação perfeita do espírito ariano. Ela joga sujo como ninguém, por isso está sempre um passo à frente de todos. Com muita astúcia, transforma cada faísca em uma fogueira. Carminha é a prova de que os arianos têm uma habilidade natural para incendiar as coisas, seja no bom ou no mau sentido. E, quando nada dá certo, lá está ela gritando: INFEEEEEEERNO!

② Hulk (*O incrível Hulk*)

Esse grandalhão verde é uma explosão ambulante. Quando um ariano se irrita, é melhor correr e se esconder. Assim como o Hulk, o nativo de Áries tem uma força incontrolável e pode deixar um rastro de destruição por onde passa. A diferença é que os arianos não precisam de raios gama para se transformar em uma máquina de fúria. Basta um pequeno desentendimento para soltar a fera!

③ Rochelle (*Todo mundo odeia o Chris*)

A rainha do sarcasmo e dos cortes rápidos. Ela não leva desaforo para casa e sempre tem uma resposta na ponta da língua. Rochelle é uma grande defensora dos arianos, mostrando que eles têm coragem para enfrentar qualquer desafio, mesmo que seja na forma de um comentário ácido.

④ Dominic Toretto (*Velozes e furiosos*)

Ele é conhecido pelo jeitão bruto, mas ao mesmo tempo consegue ser afetuoso. Apesar do estereótipo esquentado, os arianos têm um lado afetuoso e preocupado com aqueles que consideram importantes. Dominic é conhecido pela lealdade a qualquer pessoa que considere da família. A lealdade é uma característica básica de Áries. Além disso, esse personagem é conhecido pelo lado competitivo e pelos acessos de raiva. Competição e raiva andam de mãos dadas na vida do ariano. Áries é conhecido pela natureza "pronta para o combate", por isso sente tanta necessidade de defender sua honra, o que pode levá-lo a confrontar aqueles que o insultam ou ameaçam.

⑤ Xena (*Xena: A princesa guerreira*)

Ela é uma mulher independente e não teme seguir o próprio caminho. Está sempre pronta para lutar por seus objetivos, não importa o quanto a jornada seja difícil. Embora seja conhecida pela força e destreza no campo de batalha, Xena tem uma sensibilidade que raramente revela ao mundo. Assim são os arianos, que dificilmente demonstram fraqueza diante dos outros.

Dez mandamentos para Áries

1. Aprenda a controlar a impulsividade
Sendo um ariano, você tem natureza impulsiva. Pratique pausar e pensar antes de agir, para evitar arrependimentos posteriores.

2. Ouça antes de falar
Áries pode ser impaciente e falar antes de ouvir os outros. Pratique a arte de escutar ativamente e dê espaço para que os outros expressem suas opiniões.

3. Exercite a paciência
A impaciência é uma característica comum em Áries. Aprenda a esperar e a entender que nem tudo acontece imediatamente. A paciência pode trazer resultados melhores.

4. Controle seu lado competitivo
Áries adora competir, mas pode levar isso ao extremo. Aprenda a admirar o sucesso dos outros e a colaborar em vez de competir o tempo todo.

5. Cultive a empatia
Como um signo de fogo, você pode se tornar autocentrado. Pratique colocar-se no lugar dos outros e compreender suas perspectivas e emoções.

6. Aprenda a lidar com a frustração
Áries pode se frustrar facilmente quando as coisas não saem como planejado. Trabalhe seu estresse e encontre maneiras saudáveis de lidar com a frustração.

7. Desenvolva a tolerância
Sua natureza impulsiva pode levar você a ter pouca paciência para as limitações dos outros. Pratique a tolerância e aceite que nem todos são tão rápidos quanto você.

8. Pratique a diplomacia
A sinceridade ariana pode ser interpretada como grosseria por outras pessoas. Trabalhe maneiras de expressar suas opiniões sem ofender os outros.

9. Pense antes de decidir
Áries é conhecido por agir impulsivamente. Pratique a reflexão antes de tomar decisões importantes e evite arrependimentos futuros.

10. Aceite a derrota
Áries odeia perder e pode ficar frustrado quando isso acontece. Aprenda a aceitar a derrota ocasionalmente e veja isso como uma oportunidade de aprendizado e crescimento.

Touro, o guloso

"Quero ir embora pra casa."
(Juma, *Pantanal*, 2022)

Perfil do signo

Nascidos entre: 21 de abril e 20 de maio
Apelido: Tauriguloso ou Taurianjo
Astro regente: Vênus
Elemento: ☐ fogo ☒ terra ☐ ar ☐ água
Glifo: ♉
Símbolo: touro
Frase: "Eu tenho."
Polaridade: ☐ positiva ☒ negativa
Modalidade: ☐ cardinal ☒ fixa ☐ mutável
Paraíso astral: Virgem
Inferno astral: Áries
Signo oposto complementar: Escorpião

Cores: tons de verde, azul-claro e rosa
Pedra: esmeralda
Metal: bronze
Talismã da sorte: Buda
Animal: bicho-preguiça
Planta: dorme-dorme (mimosa)
Parte do corpo: região do pescoço e garganta
Ditado popular: "Mais vale um pássaro na mão do que dois voando."
Palavras-chave: persistência, lealdade, sensualidade, teimosia e gula

Touro, Vênus e terra: a combinação apetitosa da astrologia

Regido pelo elemento terra, Touro tem os pés bem plantados no chão. Os taurinos são práticos e realistas e adoram segurança. Se você precisa de alguém para te ajudar a se centrar, eles são os parceiros perfeitos. Mas cuidado ao pedir que um taurino saia da zona de conforto, pois eles tendem a ser um pouco teimosos.

O planeta regente de Touro é Vênus, a deusa do amor e da beleza, o que explica a doçura característica desses nativos. Eles valorizam o conforto e a beleza, seja em uma boa refeição ou em um ambiente aconchegante. Se você tem um amigo taurino, pode apostar que ele vai te apresentar os melhores restaurantes da cidade.

O signo carrega a fama de guloso, mas a verdade é que Touro tem os cinco sentidos apurados. Eles têm o olfato apurado para fragrâncias — muitos taurinos, inclusive, têm uma variada coleção de perfumes — e para comidas, é claro. Com sua visão, apreciam tudo o que é belo. Valorizam a beleza, seja em ambientes, objetos ou pessoas. Touro tem uma queda por rostos bonitos e corpos atraentes.

Quando o assunto é audição, eles gostam de fazer suas atividades ouvindo uma musiquinha, mas também valorizam o silêncio. Os taurinos gostam de tocar, pegar, sentir o corpo do outro, a pele do outro. Não é à toa que curtem uma massagem relaxante; massagem tântrica, nem se fala... Eles cuidam da aparência e valorizam cada cuidado consigo mesmos.

Agora, vamos combinar que os taurinos também são conhecidos pelo paladar, não é mesmo? Touro gosta de comer, de saborear as refeições com calma e sem interrupções. É por isso que as pessoas associam muito os taurinos com a comida e os sabores. É o paladar mais apurado da astrologia, e o bem-estar ao comer é uma das sensações que ele mais aprecia.

É importante mencionar a persistência do taurino. Quando ele quer uma coisa, não desiste facilmente. E, quando o assunto é proteger as pessoas que ama, aí o lado "terra firme" vem com tudo! Touro é um signo leal e protetor e oferece apoio incondicional em meio aos desafios da vida.

Então, se você conhece alguém de Touro, saiba que pode contar com essa pessoa nas horas boas e ruins. Afinal, a combinação do elemento Terra com o planeta Vênus faz dos taurinos pessoas confiáveis e cheias de amor para dar!

O lado iluminado de Touro

O nativo desse signo transmite uma paz gostosa! O taurino é carinhoso, afetuoso e amigo como poucos. Confiança é seu sobrenome: quando você precisa de alguém para guardar um segredo a sete chaves, pode ter certeza de que ele será seu confidente pessoal.

Aliás, falando em cofre, Touro busca a estabilidade financeira como se a vida fosse um jogo de Banco Imobiliário. Determinação? Esse bicho teimoso é capaz de bater o pé até fazer uma montanha se mover. É esforçado porque sabe que a sua luta será recompensada. Com olhos de detetive, não perde um detalhe.

É pontualidade que você quer? Esse aí chega sempre na hora certa — parece ter um relógio invisível no pulso. Organizado como uma biblioteca, tem cada coisa no devido lugar. Se você precisar de alguém para colocar a mão na massa, pode chamar o taurino, porque ele vai fazer o trabalho certinho.

Alguns chamam o taurino de preguiçoso e guloso, mas eu prefiro chamar de "especialista em bem-estar". Afinal, ele sabe a importância de tirar uma soneca revigorante e saborear as melhores delícias. Ele é muito preocupado com a aparência e sempre que pode faz questão de se cuidar.

Resistente às pancadas da vida, o coração do taurianjo é mais forte que uma barra de ferro. Conflito não tem vez aqui. Ele consegue contornar as situações de crise com a maior naturalidade do mundo, um verdadeiro mestre do equilíbrio. A persistência está no seu DNA. Pode chamá-lo de tudo, menos de fraco, pois ele não se abala facilmente.

O lado sombrio de Touro

Touro é o rei da caretice e sempre deixa claro o quanto sua mente é fechada. Ele é o campeão da intransigência: mudanças inesperadas são seu pior pesadelo, deixando-o mais irritado do que alguém que vê uma mosca no seu café da manhã — e, acredite, ele não tolera moscas no seu café da manhã!

Teimosia é o nome do meio do taurino. Ele se acha o dono da verdade e sempre está tentando mostrar superioridade aos outros. Quer ser o chefão, aquele que manda e desmanda. Talvez seja porque ele não consegue lidar muito bem quando as coisas saem do controle.

Dinheiro é o que move a vida do taurino, mas há um ponto fraco que o desarma: a comida, com certeza! Ele briga por comida como se fosse a última refeição da vida e gosta de ser mimado assim. Além disso, o sedentarismo é uma das fraquezas dos nativos desse signo, que só sai do sofá para pegar mais lanchinhos na geladeira. Quem precisa de exercício quando se pode ter um estoque infinito de guloseimas?

Quando se apaixona, gruda feito chiclete e pode se tornar um pouco paranoico e possessivo. Apesar de não ser muito corajoso, quando Touro se interessa por alguém, vira um verdadeiro stalker: cria emboscadas dignas de um filme de ação, ficando obcecado quando quer conquistar algo ou alguém. É o perseguidor do "amor".

Os decanatos de Touro e os três tipos de nativo

PRIMEIRO DECANATO
21/04 até 30/04

O taurino persistente

Influenciado por Vênus (Touro), esse nativo é o mais cuidadoso, persistente e observador. Gosta de tudo relacionado a arte, música, cinema, séries e televisão. Amante dos prazeres da vida, tem uma forte atração pela própria cama, por comidas saborosas e por bons drinques. Muitas vezes é visto como uma pessoa chata por ter um jeito recatado e valores tradicionais e ser um conservador materialista. É muito apegado aos bens que conquistou e cultiva em si o amor ao dinheiro. Seu desafio diário é saber controlar o ciúme excessivo e a enorme teimosia.

SEGUNDO DECANATO
01/05 até 10/05

O taurino sensato

Esse taurino é influenciado por Mercúrio (Virgem) e é o mais prático e objetivo de todos. É inteligente e muito dedicado em tudo o que faz. Exigente, preza sempre pela perfeição e se atenta aos detalhes, mostrando-se um grande crítico tanto de si mesmo quanto dos outros. Rotina em sua vida é essencial, então esse nativo de Touro adora planejar tudo; aliás, ele sempre tem um plano B caso imprevistos aconteçam. Usa a razão para tomar suas decisões, não importa o que aconteça. Além disso, pode ser ciumento, nervoso e impaciente. Seu maior desafio é trabalhar a insegurança, a inflexibilidade e a ansiedade.

TERCEIRO DECANATO
11/05 até 20/05

O taurino batalhador

Influenciado por Saturno (Capricórnio), costuma ser trabalhador, dedicado e responsável. Para conquistar seus objetivos, vai à luta enfrentando todos os desafios possíveis. É materialista e tem uma forte relação com o dinheiro. Viciado em trabalho, está sempre buscando ascensão profissional, mostrando-se muito ambicioso. Normalmente ocupa cargos de liderança e, na posição de chefe, é superexigente, às vezes chega a ser cruel e mesquinho, deixando sobressair seu lado ruim. O ciúme, o pessimismo e as desconfianças são seus maiores desafios.

Touro no mapa astral

Sol em Touro

O nativo desse signo é a calma em pessoa, gosta de paz e tranquilidade e dificilmente se irrita. Quando isso acontece, porém... sai de perto: ele explode e assume a fúria de um touro.

O taurino faz tudo no seu tempo, devagar. Odeia ser pressionado e apressado e às vezes é bem acomodado. É um apreciador das coisas boas da vida, como dormir e comer, tanto que o sono dele é sagrado e o paladar, extremamente apurado.

Gosta de frequentar bons restaurantes, ter coisas de valor e qualidade e sempre preza pelo conforto e bom gosto. Supersensorial, adora um carinho, aprecia as sensações físicas.

Adepto de rotinas, Touro detesta surpresas e mudanças e ama o sentimento de segurança, podendo, por isso, ser muito teimoso. É persistente demais quanto aos seus objetivos e tem predisposição a valorizar a riqueza, tendo uma mentalidade focada no ter.

Ascendente em Touro
Comportamento

Pode ser muito apegado, principalmente às coisas materiais. Valoriza cada uma das suas conquistas e busca segurança financeira, não desistindo facilmente do que quer e seguindo à risca os passos para alcançar suas metas.

TOURO ♉ 63

Muitas vezes se mostra ciumento porque se sente inseguro; quando ressentido, guarda rancor por um bom tempo. Procrastina em tudo que pode e faz as coisas no seu tempo. Além disso, é muito resistente a aceitar opiniões diferentes das suas.

Aparência física

O rosto do taurino é calmo e seu semblante é tranquilo, transmitindo muita serenidade. Seus olhos são arredondados e atraentes, os lábios são carnudos e sensuais, a mandíbula tende a ser marcada e quadrangular e o pescoço e os ombros são largos.

Ele tem estatura média ou baixa, anda devagar com tranquilidade e leveza e tem uma enorme facilidade para ganhar peso, por isso vive tentando lidar com o efeito sanfona. Suas mãos são fortes e ele adora usar acessórios como colares, pulseiras e brincos. É bem comum os homens apresentarem calvície.

Lua em Touro

Quem nasceu com a Lua em Touro tem tendência a ser apegado a coisas materiais e a sentimentos, buscando segurança emocional e valorizando a família. Esse nativo gosta de receber atenção e ser mimado, mas não curte ser pressionado.

Sempre age com cuidado, transmitindo confiança em suas ações, e é comum criar teorias e suposições. Pode ter dificuldade em se adaptar a mudanças e vive uma guerra constante contra a preguiça. Além disso, demonstra muita sensibilidade nos cinco sentidos.

Mercúrio em Touro

É uma pessoa prática, mas que tende a ser lenta. Prefere ser realista e é cauteloso até demais. Desconfia de tudo e de todos e odeia lidar com mudanças. Valoriza a estética e se preocupa com ela. Não desiste facilmente, persiste até o fim. É altamente atento e está sempre observando.

Costuma ser teimoso quando se trata de mudar de opinião e se concentra muito no que faz. Pensa bastante antes de tomar decisões e tem bom senso para administrar as coisas. Usa seu raciocínio rápido para encontrar soluções para todo e qualquer problema.

Vênus em Touro

Esse nativo tem uma necessidade exagerada de segurança no amor e precisa sentir confiança em relação ao outro. Procura estabilidade na vida, tanto que formar família e ter filhos faz parte dos seus planos.

Dono de uma sensualidade natural e forte, costuma ser ciumento e possessivo em seus relacionamentos, no entanto não é de criar estratégias e jogos e leva certo tempo para se entregar totalmente a alguém. Só que, uma vez machucado, dificilmente volta a confiar. Essa pessoa é amante dos prazeres da vida e gosta de tudo que é de qualidade. Além disso, adora mimar e presentear quem ama e frequentar bons restaurantes.

Marte em Touro

Teimoso nível máximo! Ele não é dado a mudanças, gosta de ter o controle de tudo e por isso sempre planeja suas ações. Quando decide alguma coisa, vai até o fim. As finanças são o foco da sua atenção, pois tudo o que deseja em sua vida é estabilidade.

É muito de boa, mas não disfarça quando está chateado. Sua raiva vai se acumulando aos poucos até explodir. Quando se irrita, sai de perto: ele fica agressivo e se torna extremamente arrogante.

É conservador, mas adora viver aventuras sexuais. Na hora H, curte as preliminares. Seu apetite sexual vive nas alturas. Sensorial como é, ama ser tocado.

Júpiter em Touro

É um apreciador das coisas boas da vida. Com uma preferência marcante por conforto material, não é de surpreender que ele gaste seu dinheiro suado em comidas deliciosas. Sua dedicação e responsabilidade são tão grandes quanto sua generosidade.

No entanto, esse nativo tem uma tendência a acumular riquezas e a cair no comodismo. Mas não o julgue: ele não é egoísta quando se trata de dinheiro. Adora se divertir, mas precisa dar uma segurada na gula.

Saturno em Touro

É cauteloso, mas às vezes meio teimoso. Tem uma paciência invejável e nunca age por impulso. Realista e metódico, esse nativo cuida de suas coisas com precisão. Seus pensamentos e costumes são rígidos, o que pode surpreender alguns. Consegue controlar suas emoções durante períodos de crise, mas não espere muitas gracinhas. No entanto, mesmo fazendo uma linha mais séria, consegue ser gentil com quem merece.

Urano em Touro

Tão firme quanto suas convicções é sua ânsia por acumular bens materiais, provando que o ditado "dinheiro não traz felicidade" não o convence. Sua teimosia é lendária: ele se mantém obstinado nas escolhas, resistindo bravamente a qualquer vento de mudança.

Netuno em Touro

Ele é um grande apreciador dos prazeres da vida e tem um interesse inegável pelas artes, encantando-se com a harmonia das formas e cores. A busca por uma vida mais tranquila o faz evitar grandes esforços. Com sabedoria, esse nativo sabe que a vida é muito mais saborosa quando se permite desfrutar dos momentos sem pressa.

Plutão em Touro

Carrega uma alma antiga, como se tivesse vivido séculos atrás. Mantém uma relação íntima com o dinheiro, beneficiando-se de sua própria riqueza. É como se o dinheiro o escolhesse, em vez de ser ele a procurá-lo. Essa pessoa é capaz de transformar qualquer quantia em um tesouro valioso.

Lilith em Touro

Traz à tona a questão da estabilidade material e da dependência financeira, além de mostrar uma forte tendência ao ciúme possessivo nos relacionamentos. No entanto, é alguém que adora receber toques e carinhos, priorizando o conforto em momentos íntimos com o parceiro. Lilith é atraída por pessoas que valorizam a intimidade a dois, buscando uma conexão profunda. Essa posição astrológica destaca a importância do equilíbrio material e emocional na vida dessa pessoa.

Quíron em Touro

Quíron evoca o significado de certezas e o apreço pelos prazeres da vida. Contudo, essa posição também pode despertar dores ligadas ao apego excessivo aos bens materiais, tornando difícil aproveitar as alegrias que a vida oferece. O desafio está em encontrar o equilíbrio entre possuir e ser, aprendendo a valorizar as coisas sem se deixar dominar por elas. É uma oportunidade para compreender que a verdadeira felicidade não está na acumulação de bens, mas sim na capacidade de se desapegar do materialismo e apreciar as experiências mais simples e significativas.

Descendente em Touro

Busca, acima de tudo, um parceiro estável e carinhoso, alguém que se torne o alicerce dessa conexão. Mas esse nativo enfrenta desafios como ciúme, orgulho e teimosia, que podem se tornar obstáculos a superar. Apesar disso, é um indivíduo que valoriza o contato humano, mesmo que expresse dificuldade em demonstrá-lo.

Outra característica comum é sua apreciação pelo conforto, embora nem sempre consiga aproveitar. A busca por segurança emocional e material é frequente, então esse nativo está sempre em busca da estabilidade no seu par.

Meio do céu em Touro

Indica alguém que encontra prazer em trabalhar e que vê nisso a chave para a tranquilidade financeira. Dinheiro no bolso sempre! Para essa pessoa, trabalhar é sinônimo de se sentir seguro, e é por meio do próprio esforço que ele encontra estabilidade emocional e material. Trabalhar muito é essencial, pois é a partir desse esforço que essa pessoa obtém a sensação de confiança no próprio futuro. Isso desperta a necessidade de uma vida produtiva e recompensadora, na qual o trabalho é o alicerce para uma existência mais equilibrada e harmoniosa.

Fundo do céu em Touro

Representa a busca pela solução de conflitos e por harmonia no ambiente familiar. Essa pessoa é conhecida por ser apaziguadora, reflexo de uma infância serena, com acesso a recursos materiais. Ela se destaca como o elo que une a família e é valorizada como boa conselheira.

Sua responsabilidade e seu equilíbrio são notáveis, pois esse nativo é capaz de manter a harmonia em todas as situações que enfrenta.

Touro gosta de

Sexo
Rotina
Perfumes
Ouvir música
Ficar em casa
Fazer compras
Sair para comer
Ganhar dinheiro
Receber dinheiro
Produtos de beleza
Comidas saborosas
Amigos verdadeiros
Relacionamento sério
Presentes de qualidade
Relaxar sem fazer nada
Dormir por horas e horas
Pedir delivery de comida
Conforto de qualquer tipo
Beijos suaves, porém selvagens
Investigar uma coisa até descobrir a verdade

Touro não gosta de

Fazer dieta
Pedir ajuda
Desperdício
Desemprego
Sentir ciúme
Ficar solteiro
Ser apressado
Ficar sem sexo
Ficar sem dinheiro
Brigas e discórdia
Lidar com mudanças
Mentira na cara dura
Mudanças de última hora
Spoilers de filmes e séries
O som do despertador
Praticar exercícios físicos
Reconhecer que está errado
Que mexam nas suas coisas
Uma noite maldormida
Gastar dinheiro com comida ruim

A mãe de Touro

É daquelas que não deixam passar nada de errado. Ela é teimosa que só vendo, e, quando acredita em algo, não desiste fácil. As broncas no estilo "cadê isso, guarda no lugar certo" existem porque ela quer ver tudo organizado e em ordem. É chata às vezes, mas é porque se importa.

Ela é firmeza total. Ensina que os filhos têm que ser responsáveis e cumprir o que prometem. Ela se esforça demais por eles, e tudo o que faz é para deixar o lar agradável e seguro. Seja faxinando a casa ou planejando o futuro da família, faz tudo com um cuidado danado. E é vaidosa, viu? Gosta de ficar bonita e arrumada, para mostrar que se cuida apesar da correria.

Essa mãe mostra que ama de um jeito prático, seja resolvendo as coisas para os filhos ou dando conselhos responsáveis. Ah, no cardápio ela manda muito bem! Cozinha que é uma maravilha, com todo o amor. Comida é uma forma de ela dizer "te amo". Apesar desse jeitão, ela é carinhosa, embora não seja do tipo que fica abraçando e beijando o tempo todo. Gosta de ter os filhos por perto, e a família é tudo para ela.

Está sempre presente, cuidando e ensinando. E o jeito dela de amar deixa marcas boas na vida da gente.

O pai de Touro

Ele se destaca pela natureza protetora e afetuosa. É um paizão, sempre preocupado em garantir a segurança e o conforto de seus filhos. Sua dedicação a protegê-los é notável, e ele faz questão de estar presente nos momentos importantes da vida das crias.

Esse pai tem uma personalidade marcada por gostar das coisas do seu jeito, com preferências bem definidas e por ser apegado à rotina. Mesmo que possa parecer teimoso em algumas situações, sua intenção é proporcionar estabilidade e ordem para a família.

Praticidade e objetividade são características que definem sua abordagem à paternidade. O taurino é o tipo de pai que não mede esforços quando se trata do bem-estar de seus filhos. Ele está disposto a sacrificar tempo e energia para atender às necessidades da família. No fundo, ele adora ter a prole por perto, pois a sua presença traz uma sensação de alento e felicidade.

Quando se trata de ajudar, o pai taurino não pensa duas vezes. Está sempre pronto para oferecer apoio, seja emocional ou prático. A generosidade e a disposição dele são admiráveis e criam um ambiente de segurança para todos.

Ele se preocupa profundamente com o futuro dos rebentos. A responsabilidade é um dos valores mais importantes que ele transmite. Esse pai incentiva a busca por estabilidade financeira e a importância de planejar para alcançar os objetivos.

O pai de Touro é um alicerce sólido. A proteção, o senso prático e o comprometimento demonstram o amor e a dedicação por sua família. Ele é o exemplo vivo de como a responsabilidade e a presença constante podem moldar uma relação saudável e significativa.

Touro no amor

O taurino não brinca em serviço quando o assunto é o coração. Se é para se apaixonar, que seja de corpo e alma. Com Touro, o amor é um banquete de sensações em que toda mordida é apreciada e degustada lentamente, como se cada instante fosse um pedacinho de chocolate.

Assim como a deusa Vênus, os taurinos são mestres em encantar com sua presença e atrair corações com seu charme. Seja com um sorriso cativante ou com um olhar que enfeitiça, eles sabem como envolver as pessoas ao seu redor.

Não se engane: o nativo de Touro pode ser paciente como ninguém, mas, quando o amor bate à sua porta, se torna decidido como um touro investindo contra um alvo. É como se a calmaria desse lugar a um furacão de emoções, e quem estiver na rota desse furacão que se prepare para ser arrebatado por um sentimento intenso e verdadeiro.

Quando estão apaixonados, os taurinos gostam de se sentir seguros e confortáveis. São criaturas que apreciam os prazeres da vida, e isso inclui bons jantares, noites aconchegantes e muito carinho. Para conquistar o coração de um taurino, é necessário cultivar a paciência e a dedicação, regando o amor como quem cultiva um belo jardim.

As combinações de Touro no amor

Vamos falar de como o signo de Touro se relaciona amorosamente com os outros signos. Mas é bom lembrar: para entender de verdade a relação, é essencial conferir o mapa astral completo do parceiro. Cada pessoa tem seu jeitinho, e isso conta muito na hora da compatibilidade no amor.

Touro ♡ Áries
A atração física entre Touro e Áries é inexplicável, apesar de serem opostos — bem, eles se atraem, não é mesmo? De um lado temos Touro, com todo o seu poder de sedução venusiano; do outro lado, Áries, cheio de atitude e encanto irresistíveis. Nesse relacionamento existe equilíbrio e certa calmaria, ainda que passageira, e um costuma ser boa companhia para o outro. Touro analisa todas as possibilidades antes de qualquer ação. Áries traz agilidade e praticidade na hora de tomar decisões.

Quando há flexibilidade dos dois lados, não falta respeito aos desejos dos dois, que, juntos, fazem as melhores escolhas. O otimismo impulsiona a relação. Porém, os temperamentos diferentes podem, sim, ocasionar muitas brigas. Touro faz a linha mais cama, mesa e banho, enquanto Áries tem uma vida social mais intensa.

O ciúme e a desconfiança de Touro sufocam Áries. Por sua vez, tauriguloso é fã da procrastinação e adia tudo que pode, enquanto satanáries quer tudo para ontem. O jeito cabeça-dura de ambos é motivo de muito estresse, já que nenhum dois está disposto a ceder.

Touro ♡ Touro

O que acontece quando dois cabeças-duras se encontram? Será que o mundo está preparado para tanta teimosia junta? Vamos descobrir! Então, que venham os desafios e as discussões, porque Touro e Touro juntos são a prova de que a teimosia pode, sim, ser um elemento divertido e cativante em um relacionamento.

Essa dupla é garantia de muito sucesso. Eles gostam das mesmas coisas, conseguem acompanhar o ritmo um do outro e se compreendem muito bem. Não existe competição entre os dois, já que a natureza é a mesma, então eles procuram não ofender um ao outro e formam um casal mais metódico e formal. A vida deles é movida a praticidade, por isso eles pensam juntos em projetos mais sólidos, já que adoram o conforto e a luxúria.

Sim, esse casal adora sexo e se proporciona longas maratonas com direito a muito prazer. Eles gostam de satisfazer os desejos um do outro, mas reclamam do preço das coisas. Esse é um casal que luta para vencer o sedentarismo; o grande problema é que amam sair para comer todos os dias.

Touro ♡ Gêmeos

Uma dupla improvável no mundo dos relacionamentos. É como juntar um boi bravo com um malabarista de circo. Esses dois signos são tão diferentes que parecem ter caído em dimensões paralelas. Mesmo assim, Touro e Gêmeos têm um relacionamento de muita comunicação, adoram conversar sobre ambições, compartilham muitas ideias e se divertem muito juntos.

Eles conversam tanto que poderiam fazer um podcast de 24 horas. Ambições, projetos, sonhos... tudo é discutido exaustivamente. Mas vamos ser sinceros: a probabilidade de colocarem essas ideias em prática é menor que a de um unicórnio existir de verdade.

Gêmeos é quem conquista Touro com um sorriso sedutor, mas também é o primeiro a perder o interesse; Touro é mais fiel e não confia cem por cento em Gêmeos. O taurino gosta de ouvir o geminiano e, com seu jeito lento, tenta acompanhar o ritmo dele, mas acaba por fazer Gêmeos perder a paciência. E a fidelidade? O taurino leva essa medalha para casa. Já o geminiano... bem, ele está ocupado demais flertando com a garçonete enquanto espera a conta.

Touro ♡ Câncer

Ambos vivem uma relação de muita responsabilidade. Eles se entendem muito bem, um sustentando e protegendo o outro. Apesar de serem regidos por elementos diferentes, terra *versus* água, Touro e Câncer têm os mesmos defeitos e as mesmas qualidades — uma combinação perfeita para uma boa discussão ou reconciliação apaixonada.

A base dessa relação é a segurança emocional e financeira — afinal de contas, quem não gosta de estar com a carteira cheia e o coração tranquilo? O canceriano usa toda a sua intuição para melhorar a relação, enquanto o taurino protege o canceriano de tudo. É um casal que pode unir a criatividade e a dedicação para crescer junto. Essa relação tem tudo para dar certo, mas é uma jornada cheia de altos e baixos.

As inseguranças, os medos, as desconfianças e o ciúme de ambos podem colocar tudo a perder, mas, se os dois se empenharem para evoluir juntos, podem construir uma história de amor digna de um conto de fadas moderno. Ou pelo menos uma série de comédia romântica da Netflix!

Touro ♡ Leão

Essa pode ser uma combinação bem interessante, mesmo que os dois não sejam astrologicamente compatíveis. Eles tendem a fugir um do outro e há uma grande luta de egos, já que são muito teimosos e nenhum deles muda fácil de opinião. Só que, quando entram em equilíbrio, vivem uma relação super-romântica, desde que contem com jogo de cintura e uma dose extra de paciência de ambos os lados.

Os principais desafios dessa relação se devem à insegurança e à desconfiança de Touro. O guloso pode duvidar do leonino, afinal quem não se sentiria inseguro ao lado de uma personalidade tão brilhante? O taurino dá tudo de si na relação, até mesmo a última fatia de pizza. Já o leonino, esse exige mais atenção, quer ser paparicado, mimado, ter todos os holofotes em si.

Apesar de toda essa confusão, o leonino é um companheiro fiel. Ele pode até ser ciumento e possessivo, mas é só porque ama tanto, mas tanto, que fica com medo de perder seu precioso Touro. Esses dois signos podem formar uma dupla poderosa, desde que tenham em mente que a paciência é uma virtude indispensável.

Touro ♡ Virgem

Essa dupla entrega tudo! Ambos são regidos pelo mesmo elemento e trazem um pouco de ordem ao caos. O taurino vai descobrir que, ao lado do virginiano, tem muito a aprender. Não que o taurino seja um ignorante, mas o virginiano é daqueles que têm resposta para tudo, sabe? Ele vai encorajar o taurino a expandir seus horizontes intelectuais, aguçando a curiosidade que estava adormecida.

Juntos os dois evoluem, afinal a visão de mundo desses dois é bem parecida. Eles vão agir da mesma forma em muitas situações. Sim, é como se fossem almas gêmeas... ou talvez só estivessem seguindo o mesmo tutorial na internet. O que importa é que eles se complementam com perfeição.

Infelizmente, nem tudo são mil maravilhas. Virgem está sempre criticando Touro e tem dificuldade em lidar com seu jeito monótono e seu apego à procrastinação. Já Touro não suporta o pessimismo de Virgem e vive buscando formas de explorar seu lado romântico. No fim das contas, é um relacionamento mais racional. Ambos têm a cautela e a prudência como sobrenomes.

Touro ♡ Libra

Não tem quem resista ao charme desse casal astrologicamente poderoso. Sim, além do rostinho bonito, essa dupla é regida por Vênus, planeta do amor e da beleza. Touro e Libra combinam, se atraem de um jeito irresistível e existe muita sedução e paixão entre eles. Mas, apesar de ser uma relação rica, é preciso versatilidade para não cair no tédio.

O guloso taurino costuma não resistir às investidas do carismático libriano, que encanta com sua elegância e até com seu tom de voz aveludado. O problema é que Touro deseja estabilidade na relação, algo que Libra não pode oferecer, pois, enquanto Touro não muda de ideia, Libra faz isso como quem troca de roupa. O taurino é teimoso como uma mula, mas o libriano tem o dom de fazer a teimosia do outro parecer graciosa.

Por outro lado, Libra tende a fazer os gostos de Touro e precisa dele para tomar decisões, já que Touro tem a firmeza de que Libra tanto necessita.

Touro ♡ Escorpião

Essa relação é como um vulcão prestes a explodir ou uma panela de pressão pronta para estourar. Touro e Escorpião personificam a frase "os opostos se atraem", o que pode ser muito bom ou muito ruim, oito ou oitenta.

O amor entre eles pode ser muito bonito, daqueles que fazem a gente acreditar em contos de fadas. E, olha só, pode até acabar em casamento! Juntos Touro e Escorpião são muito ativos, criam projetos novos e ambiciosos e fazem muitas mudanças na vida.

Há entre os dois uma intensa troca de conhecimentos, já que ambos são independentes e tendem a disputar a liderança. Adoram ir em busca de novas aventuras. E no meio dessa loucura toda existe uma atração mágica.

É como se um ímã poderoso os mantivesse juntos o tempo todo. Touro e Escorpião ensinam um ao outro um pouco do próprio mundo. Só precisam de tempo para ganhar confiança, porque tanto o taurino quanto o escorpiano são inseguros, ciumentos e desconfiados. Aí já viu, né?

Touro ♡ Sagitário

Esses dois signos têm em comum a gula. Adoram comer do bom e do melhor. Nunca faltam bons restaurantes e rolezinhos culinários nas opções de lazer deles. Juntos eles vão à falência com o iFood. Calmo e tranquilo, o taurino se encanta pelo sagitariano, que é cheio de energia e vontade de conquistar o mundo.

Já aviso de antemão que não é um relacionamento para os fracos. O sagitariano leva o taurino para além das suas fronteiras, fazendo-o expandir os horizontes. É tudo uma questão de buscar desafios e, claro, experimentar a adrenalina de correr riscos.

Porém, o taurino precisa ter paciência, muita paciência, com o sagitariano. Touro tem vontade de controlar e comandar a vida de sagitário, que nasceu para ser livre, leve e solto (até que se diga o contrário). Nem tudo é um mar de rosas nessa relação.

Às vezes eles não estão em sintonia, e é aí que a coisa fica complicada. Eles precisam ceder, abrir mão de algumas coisas. Essa relação só tem sucesso quando ambos atingem a maturidade.

Touro ♡ Capricórnio

Eles têm algo em comum: são signos da terra, literalmente. O taurino não é muito fã de ser comandado, prefere agir no próprio ritmo, sem se preocupar com cronogramas. O capricorniano, por sua vez, é exigente, cheio de regras e metas a cumprir. Ele ensina o taurino a pensar antes de agir.

Apesar das divergências, os dois se entendem com uma facilidade surpreendente. Aliás, é um relacionamento bem tradicional, daqueles que fazem a vovó ficar toda orgulhosa. Os dois são discretos, nada extrovertidos. Preferem guardar segredos a compartilhar no Instagram. Querem ter uma família segura, casar e ter filhos.

E o que dizer sobre a acumulação de bens materiais? Esse casal é capaz de criar um império no ramo dos negócios, porque tem objetivos de vida parecidos. É uma relação que tem potencial, mas que precisa de respeito mútuo. É aquela coisa: cada um é cada um, mas juntos eles podem construir uma história linda ou um desastre épico. Que os astros estejam a favor, e que o amor floresça no meio de tanta terra!

Touro ♡ Aquário

O relacionamento entre esses dois pode ser de muita harmonia, mas são mundos bem diferentes. Alguém tem que ceder para dar certo, pois ambos são teimosos e turrões: um quer ter mais razão e mais argumento que o outro, cada um quer fazer as coisas à sua maneira. O fato é que eles são determinados em tudo, o que vem a ser bom e ruim ao mesmo tempo.

O aquariano, com seu jeito desapegado, toca no ponto mais sensível do taurino: o bolso. Sim, esses dois podem até se dar bem, mas, quando o assunto é dinheiro, prepare-se para uma batalha épica! Quem vai querer as coisas da sua maneira mais teimosa? Touro está se preparando para investir na bolsa de valores enquanto Aquário sonha em abrir um negócio revolucionário e inovador.

Por falar em teimosia, esses dois são imbatíveis! Ninguém quer dar o braço à torcer, parece até que estão competindo para ver quem é mais cabeça-dura. Quem sabe com um pouco de paciência, cedendo aqui e ali, eles descobrem que a diferença entre os dois pode ser a chave para uma relação equilibrada e divertida.

Touro ♡ Peixes

A relação pode dar certo, mesmo não sendo nada prática; com algum esforço eles podem se dar bem. São opostos que se atraem e inclusive podem formar um casal bem fogoso. Touro, que é pé no chão e deseja um relacionamento mais seguro, coloca Peixes em um pedestal. Já Peixes é um grande sonhador que deseja viver um conto de fadas e ilumina a vida de Touro.

Peixes deixa Touro muito mais sensível, mostrando a ele como a vida pode ser agradável e trazendo para sua vivência muitos amigos. O grande problema é que Touro pressiona Peixes, que por sua vez não aceita essa pressão e exige seu espaço para respirar.

Com um pouquinho de esforço, no entanto, eles se dão superbem. O pisciano ensina sobre os prazeres da vida, enquanto o taurino é quem realiza os comandos. É uma relação cheia de sensualidade, sabe? Um arrasa na imaginação, o outro na execução. Uma dupla dinâmica de dar inveja.

No fim das contas, é uma dança divertida entre água e terra. O importante é encontrar o equilíbrio e se permitir viver essa relação cheia de sonhos e realizações.

Como conquistar o coração de um taurino?

Vamos começar pelo mais importante: elogios. Se tem uma coisa que os taurinos adoram, é ter suas virtudes reconhecidas. Portanto, sempre que tiver uma oportunidade, solte aquele "você está incrível hoje" ou "você é a pessoa mais linda do mundo". Demonstre o quanto o taurino é importante para você. Faça-o se sentir especial e único, valorize suas opiniões e mostre que ele faz parte dos seus planos.

Agora, uma coisa que você precisa entender sobre os taurinos é que eles não gostam de correria. Eles preferem ir com calma, saboreando cada momento da conquista. Então, nada de pressionar ou tentar acelerar as coisas. Respeite o tempo dele e vá construindo a relação aos poucos. Leva um certo tempo para que Touro revele o que sente, mas, quando o faz, é pra valer. Mas não esqueça que esse signo tende a ser "um pouquinho" possessivo com a pessoa amada.

A confiança é uma das bases de qualquer relacionamento, e com Touro não é diferente. Conquiste a confiança do taurino e você o terá aos seus pés. Seja sincero, cumpra suas promessas e evite atitudes duvidosas, joguinhos, cenas dramáticas e muito menos desonestidade. Touro adora saber que pode contar com alguém estável e responsável.

Os taurinos valorizam a aparência. Então, evite estar desleixado perto deles. Capriche na roupa, cuide do cabelo e da barba (se tiver) e não se esqueça do perfume. Ah, falando em perfume, eles têm um olfato superdesenvolvido, então escolha uma fragrância das boas. Nada de exageros, afinal estamos falando de um nariz exigente.

Mimos também são uma ótima opção durante essa fase. Uma lembrancinha inesperada ou um presente surpresa vai deixar o taurino encantado. Mostre que você se importa e pense em algo de que ele goste. Pode ser um convite para assistir a um filme, um jantar romântico no seu restaurante favorito ou até mesmo uma escapada de fim de semana para um lugar especial.

Agora, uma dica importantíssima: não desanime! Fisgar um taurino pode demandar persistência. Ele não se entrega facilmente, então não desista logo de cara. Mostre que está disposto a investir tempo e energia nessa conquista e que ele vale a pena.

Por último, mas não menos importante, não tenha medo de tomar a iniciativa. Os taurinos podem ser um pouco tímidos quando o assunto é romance, então cabe a você dar o primeiro passo. Chame para sair, convide para fazer alguma coisa divertida. Deixe claro que está interessado e que ele não precisa se preocupar em dar o primeiro passo.

Aqui vai uma dica especial da Maria Talismã: lembre-se de usar e abusar dos cinco sentidos. Escolha um local bonito, capriche na comida, use aquele perfume irresistível, coloque uma música romântica, faça carícias que deixem o taurino arrepiado e não esqueça os chocolates — quem resiste a um bom chocolate?

Munido de todas essas dicas, é hora de partir para a conquista desse Touro indomável. Lembre-se de ser autêntico, divertido e de respeitar o tempo do seu taurino. Boa sorte e que o amor esteja ao lado de vocês.

O relacionamento com Touro

O lado bom

Sabe aquela pessoa que faz de tudo para te agradar? É exatamente assim que é um taurino. Ele é mestre em mimos e agrados e faz você se sentir a pessoa mais especial do mundo. Além disso, o taurino é protetor e zeloso com quem ama. É o tipo de parceiro que está sempre ali, de prontidão, para te defender de qualquer perigo ou ameaça.

A lealdade é a marca registrada desse signo, e você pode confiar nele de olhos fechados. Ele é respeitoso e mantém a confiança como um tesouro sagrado. Outra coisa incrível sobre o taurino é a persistência. Ele não desiste fácil dos seus objetivos. Além disso, o nativo de Touro deseja uma vida estável ao lado da pessoa amada, e quando decide isso você pode ter certeza de que ele vai se empenhar ao máximo para garantir o que quer.

Agora, vamos falar de um assunto picante? "Se garante na hora H" é pouco para descrever um taurino. Ele é inesquecível e insaciável em todos os sentidos. Prepare-se para momentos quentes e cheios de intensidade. Com um taurino ao seu lado, a monotonia não existe entre quatro paredes.

Os desafios

A rotina pode se tornar um obstáculo para essa relação. O taurino é conhecido por ser acomodado demais, o que pode acabar estragando a dinâmica do casal. Eles resistem às mudanças da vida e preferem ficar na zona de conforto. Admitir os próprios erros? Nem pensar! Para o taurino, isso é inconcebível. Eles preferem apontar os erros dos outros a encarar as próprias falhas.

Touro também é conhecido por ser rancoroso. Se você cometer um deslize, pode ter certeza de que ele vai guardar isso na memória para sempre. A teimosia e o orgulho do taurino também podem ser grandes obstáculos na relação. Eles têm dificuldade em aceitar a opinião dos outros e insistem em seguir o próprio caminho, mesmo quando estão claramente errados.

Outro aspecto complicado é que o taurino age como se fosse dono do outro, por causa da tendência que ele tem a querer controlar tudo e todos ao seu redor. Eles são ciumentos ontem, hoje, amanhã e sempre. Só Jesus na causa para dar conta de acalmar suas crises de ciúme.

O sexo com Touro

O taurino se garante! Especialista em preliminares, ele domina a arte de preparar o terreno para uma experiência prazerosa. Sabe como montar um cenário perfeito, valorizando as sensações táteis e criando um ambiente que desperta todos os sentidos.

Os taurinos são sensuais e intensos, não têm vergonha de se jogar numa relação. No entanto, para se entregar totalmente, eles precisam confiar na pessoa com quem estão. Portanto, a construção de uma base sólida de confiança é fundamental para eles.

Esses indivíduos gostam de abraços, toques e beijos intensos. Tudo acontece bem devagar, apreciando cada momento e prolongando o prazer ao máximo. Uma massagem relaxante pode ser uma excelente opção de preliminar, já que os taurinos adoram explorar as sensações corporais.

São sensuais por natureza e não hesitam em abusar dos cinco sentidos durante o sexo. Eles se entregam completamente a essa experiência, buscando envolvimento emocional e uma conexão profunda com o parceiro. O sexo para eles vai muito além do físico; é um momento de troca de sentimentos e cumplicidade.

Para os taurinos, a satisfação sexual é a base de um relacionamento saudável. Eles valorizam a intimidade e se dedicam a proporcionar prazer ao parceiro. Maratonas sexuais não são raras quando se trata desse signo, já que eles estão dispostos a se entregar por horas a fio, explorando todas as possibilidades de prazer.

É importante ressaltar que o sexo para Touro não tem nada de frieza; é uma experiência que envolve muito sentimento. O taurino se conecta emocionalmente com seu parceiro, buscando uma troca intensa de energia e emoções. Para ele, o sexo é uma forma de conexão profunda.

Portanto, se você está envolvido com um taurino, prepare-se para uma jornada de prazer, romance e intensidade. Valorize as preliminares, crie um ambiente propício para o sexo demorado e esteja pronto para explorar todas as sensações que o corpo pode proporcionar. Com confiança, entrega e muito sentimento, você e seu parceiro taurino podem desfrutar de momentos inesquecíveis.

Quando Touro leva um pé na bunda

Ele nunca sai de uma situação por baixo. Faz o desentendido: "Pé na bunda? O que é isso? É de comer?" Por mais que esteja sofrendo, jamais deixa transparecer. Afinal, mostrar fraqueza não está no dicionário do taurino. Leva um tempo para ele esquecer tudo. Cada lembrança, cada momento compartilhado, parece se alojar em sua mente de forma duradoura. No entanto, mesmo que seja assombrado por memórias dolorosas, essa pessoa jamais volta atrás para pedir outra chance.

Demora um tempo considerável para processar tudo o que aconteceu e esquecer o passado, mas uma coisa é certa: depois que esquece, o taurino nunca mais vai querer ver a cara da outra pessoa. Ele é conhecido por ser rancoroso, e, quando alguém o magoa, dificilmente terá uma segunda chance. Enquanto sofre caladinho, o taurino exterioriza seu sofrimento. Ele prefere guardar para si todas as lágrimas e desabafos, mantendo uma aparência firme e controlada.

Diferentemente de outros signos, o taurino não é de correr atrás de outra chance. Ele valoriza sua dignidade e não se rebaixa. Se alguém o deixou, é assim que as coisas vão ficar. Não é ele quem vai implorar por reconciliação. Touro acredita que merece alguém que esteja disposto a lutar por ele, não alguém que o deixe de lado sem pensar duas vezes.

O ex de Touro

O taurino busca um amor para sempre. Teimoso por natureza, ele não costuma aceitar o término facilmente. Vai analisar todos os detalhes do relacionamento, buscando entender o que deu errado. Esse exame minucioso faz parte de sua personalidade determinada.

Após o fim da relação, ele pode agir de maneiras diferentes. Às vezes sua teimosia o leva a tentar manter contato no início, na esperança de reacender a chama. No entanto, se perceber que não tem volta, ele é capaz de virar a página de forma surpreendente, fingindo que aquela pessoa nunca fez parte de sua vida. Superar o término pode incluir uma pitada de vingança, buscando provar a si mesmo que está tranquilo sem a outra pessoa.

Embora o ex taurino possa stalkear o antigo parceiro, ele nunca vai admitir abertamente que ainda sente alguma coisa. Sua natureza orgulhosa o impede de mostrar as emoções com facilidade. Mesmo que o sentimento permaneça, ele se esforça para manter uma fachada forte. No fim, o ex de Touro enfrenta o final do relacionamento com determinação, buscando seu próprio jeito de seguir em frente.

O corno de Touro

Quando falamos do taurino traído, estamos falando de um corno educado, daqueles que aparentam calma e compostura. Mas não se engane: quando descobre a pulada de cerca, o taurino se transforma. Vira um touro raivoso, pronto para atacar. A sensação de traição desperta nele uma fúria difícil de conter, e as consequências de seu furor são, sem dúvida, terríveis.

Depois de se sentir traído, o taurino carrega o peso do rancor. Ele não é do tipo que perdoa fácil; pelo contrário, fica remoendo o episódio, com o coração magoado e a mente atormentada pela dificuldade em aceitar e superar a situação. O tempo pode até passar, mas a mágoa permanece, marcando-o profundamente.

Por fim, mesmo depois do vendaval emocional, quando tenta retomar o controle de sua vida e seguir adiante, o taurino carrega as cicatrizes do passado. Torna-se mais desconfiado e inseguro, o que, inevitavelmente, influencia suas relações futuras. A confiança quebrada o deixa sempre com um pé atrás, afetando a maneira como se relaciona com os outros.

O infiel de Touro

Ele não é daqueles que traem por impulso ou por simples desejo de aventura. Só dá esse passo em situações extremas, e normalmente é motivado por razões como falta de atenção, crises persistentes no relacionamento ou ausência de intimidade. Dá pra entender? O taurino não pula a cerca por qualquer coisa. E, quando resolve fazer isso, age com uma discrição ímpar, sempre com muita cautela.

Por falar em cautela, um aspecto curioso do traidor taurino é o fato de ele ser avesso a mudanças. Tem um receio danado de bagunçar a ordem das coisas e estragar a imagem que construiu. Por conta disso, muitas vezes Touro se vê levando uma vida dupla, mas, veja só, faz isso com um senso de responsabilidade quase impressionante. Parece até que ele consegue administrar dois mundos sem deixar a peteca cair.

E sabe o que é mais surpreendente? Mesmo com toda essa trama, o infiel taurino tem uma energia que parece inesgotável, principalmente no sexo. Dá conta do recado superbem e pode-se dizer que é bem animado. É aquela história: o taurino não brinca em serviço!

Touro no trabalho

Determinado e focado, o taurino está sempre pronto para dar o seu melhor. Seja qual for a tarefa ou responsabilidade, ele é dedicado e comprometido, buscando sempre alcançar a excelência. É tão seguro em suas habilidades que não teme críticas — as construtivas, é claro —, aceitando-as de bom grado para melhorar ainda mais.

Uma das características mais marcantes do taurino é o fato de adorar a rotina. Pontualidade é a palavra-chave para esse signo, que é reconhecido por ser extremamente responsável em relação às suas atribuições laborais. No entanto, é importante que essas tarefas sejam claras e bem definidas, pois o taurino não é fã de surpresas no ambiente profissional.

Apesar de ser confiável e de ter um senso prático admirável, o taurino tem suas peculiaridades. Ele não gosta de ser pressionado e trabalha em um ritmo mais lento do que a média. Cumprir prazos pode ser um desafio para o nativo de Touro, que é um legítimo procrastinador. Sua lendária teimosia ajuda a ter tudo feito do seu jeito. Por isso, seus colegas de trabalho podem vê-lo como um pouco mandão.

No entanto, na maior parte do tempo o taurino é prestativo e está sempre disposto a ajudar. A paciência é um ponto forte, tornando-o um bom ouvinte, capaz de suportar situações estressantes sem perder a compostura.

Quando se trata de motivação no trabalho, o taurino se interessa mais por vagas que ofereçam benefícios extras e vantagens. Se você quer vê-lo se esforçar ao máximo, basta oferecer recompensas e incentivos. Ele valoriza chefes cordiais e generosos, que reconheçam seu trabalho árduo. No entanto, se a intenção é demiti-lo, rodeios e desculpas não são necessários. O taurino prefere as notícias claras e diretas em relação às expectativas alheias e, se necessário, às consequências.

Em resumo, o taurino é um colega de trabalho confiável, dedicado e comprometido. Ele traz segurança para o ambiente profissional, mas precisa de orientações objetivas e de tempo para executar suas funções no seu ritmo. Embora possa ser obstinado e ter preferências específicas, é um bom profissional e está sempre disposto a ajudar.

Profissões para Touro

Entre as profissões para esse signo, podemos destacar aquelas ligadas à agricultura, arte, moda, antiguidades, beleza e dinheiro — administrador, arquiteto, advogado, artista, bancário, estilista, cabeleireiro, caixa, cantor, cozinheiro, economista, engenheiro, esteticista, florista, músico, pintor e profissional da indústria alimentícia.

Profissões dos sonhos para Touro

Herdeiro, apresentador de programa de culinária, personal stylist, magnata do ramo imobiliário, degustador de comida e vinho, político, testador de odores, escritor de livros sobre casais.

O currículo de Touro

Touriguloso Seduciony da Silva
Data de nascimento: 05/05/1993
Avenida Dona da Razão, nº 2,
Bairro do Mão de Vaca, Almoço-PA
E-mail: cabecadura@astroloucamente.com
Telefone: (94) 22222-2222

Qualificações:

- tem força e determinação para vencer na vida;
- excelente para zelar e proteger aqueles que ama;
- persistente e elegante, mostra bom gosto em tudo que faz;
- tem facilidade em oferecer companheirismo e segurança.

Formação acadêmica:

- graduação em Cochilos Viciantes;
- especialização em Ciuminho Inofensivo;
- mestrado em Procrastinação Incontrolável;
- doutorado em Teimosia Descontrolada.

Experiência profissional em:

- fazer anotações no caderninho do rancor;
- confiar na própria desconfiança;
- namoros longos e duradouros;
- levantamento de garfo e copo.

Top 5 moods de Touro

❶ Mood reclamão

O lema do reclamão é: "Meu signo não é só comida!" Essa associação tão óbvia já cansou esse taurino, que se transformou num crítico profissional dos posts da internet. Toda vez que vê alguma coisa relacionando Touro a guloseimas, esse nativo revira os olhos em sinal de desaprovação. "Eu mereço ser representado de forma mais complexa!"

❷ Mood Gracyanne Barbosa

Esse Touro consegue ser superfitness e cuidadoso com o corpo, pois sabe que a saúde é fundamental para poder desfrutar dos prazeres da vida. É por isso que não mede esforços para manter a boa forma. Segue aquela velha máxima: mente sã, corpo são. Para Touro, essa é uma verdade absoluta. "Foco no treino e flash no close!"

❸ Mood sedentário

O melhor da vida é o conforto e a tranquilidade do lar! Ele adora ficar em casa, assistir a suas séries preferidas, ler um bom livro e, claro, comer bastante. Touro até paga a academia, mas sempre acaba deixando o treino de lado para se dedicar ao seu esporte preferido: o levantamento de garfo. É difícil resistir a uma mesa farta e deliciosa, não é mesmo? E não há nada mais importante do que se sentir seguro dentro de sua própria casa.

❹ Mood dono da razão

Este taurino tem a fama de sempre estar coberto de razão. E não é à toa, afinal o orgulho de Touro fala mais alto e muitas vezes o impede de admitir os próprios erros. Para um taurino, reconhecer que errou pode ser uma tarefa difícil e dolorosa. Ele quer ser o dono da verdade! Mas, como diz o ditado popular, "errar é humano". E quem sabe um dia Touro aprenda a reconhecer os próprios erros...

❺ Mood *Cinquenta tons de cinza*

Caliente! Touro é insaciável e não dispensa um bom momento de intimidade. Ele é fã de sexo e sempre procura novas experiências. Muito inteirado no Kama Sutra, o taurino conhece todas as posições possíveis e imagináveis para satisfazer seus desejos. Para ele, o sexo é uma forma de expressar seu amor e sua paixão, e quando entra no clima é difícil segurar essa energia toda.

Top 5 animais que poderiam ser de Touro

❶ Elefante

Se você fez alguma coisa para irritar um taurino ou mexeu com um elefante, pode ter certeza de que eles não vão esquecer tão cedo. É como se as memórias desses dois ficassem registradas em uma planilha do Excel.

Outra característica em comum entre Touro e o elefante é o lado rancoroso. Sim, meu amigo, esses dois têm uma tendência a guardar rancor. Se você fizer algo para magoá-los, pode ter certeza de que eles vão se recordar disso e podem ter certo ressentimento. É melhor não arrumar encrenca com essa dupla, ou ela pode te lembrar disso para o resto da vida.

❷ Bicho-preguiça

Experts em relaxar, os dois sabem como aproveitar a vida devagarinho, sem pressa. Enquanto todo mundo está correndo de um lado para o outro, Touro e o bicho-preguiça preferem se acomodar e curtir o momento.

Isso para alguns pode até ser visto como preguiça, mas a verdade é que eles gostam de fazer suas atividades no próprio tempo. O bicho-preguiça pode ser devagar, mas não é trouxa. Se quiser alcançar uma folhinha suculenta no alto da árvore, ele vai se esforçar lentamente até conseguir.

❸ Cavalo-marinho

Vamos comer? Tanto o taurino quanto o cavalo-marinho curtem uma dieta variada. Eles não se contentam com uma comidinha básica, não; gostam de experimentar de tudo um pouco. E, quando a fome aperta de verdade, tanto Touro quanto o cavalo-marinho podem surpreender com a quantidade de comida que conseguem mandar para dentro.

Mas não é só no quesito alimentação que eles se assemelham, os dois são mestres na arte da camuflagem. Enquanto os cavalos-marinhos mudam de cor para se misturar com o ambiente e se proteger de predadores, os taurinos são especialistas em manter suas verdadeiras emoções escondidas.

❹ Esquistossomo

O signo de Touro é conhecido por ser leal, e, olha só, o *Schistosoma mansoni* tem um comportamento bem parecido! Tanto o macho quanto a fêmea desse parasita vivem grudados, como se estivessem em uma relação monogâmica inseparável. Eles simplesmente não conseguem viver um sem o outro.

Assim como o Touro, que valoriza a estabilidade nos relacionamentos, o *Schistosoma mansoni* também não é fã de "ficadas" passageiras. Seu relacionamento é para valer e pode durar anos. Ele têm um amor verdadeiro, ou melhor, uma conexão parasitária verdadeira.

❺ Marmota

Esse bichinho gosta de ficar no sossego da toca. Sabe aquela pessoa que detesta badalação e não troca a paz da própria casa por nada neste mundo? Essa pessoa só pode ser de Touro. E é assim que a marmota se comporta: ela é caseira e sabe valorizar seu cantinho, onde se sente segura e protegida.

Os taurinos são marmotas humanas: também adoram ficar em casa. Para eles, não há nada melhor do que o aconchego do lar, doce lar.

Top 5 personagens que poderiam ser de Touro

❶ Magali (*Turma da Mônica*)

Ela é a personificação do taurino. Uma amiga de verdade, sempre disposta a ajudar seus companheiros da turma quando eles precisam, e também uma comilona de carteirinha. Essa garota não resiste a um bom banquete, e seu estômago parece ter um compartimento secreto só para sobremesas. Assim como os taurinos, ela sabe aproveitar os prazeres gastronômicos da vida.

❷ Aurora (*A Bela Adormecida*)

É a representação do lado tranquilo e pacífico dos nativos de Touro. Assim como a princesa, os taurinos sabem aproveitar o descanso e apreciar os momentos de relaxamento. Nada melhor que uma soneca revigorante, não é mesmo? E, se tem alguém que entende disso, é Aurora.

❸ Shrek (*Shrek*)

Ele vive em sua pacífica casa no pântano, longe da agitação do mundo exterior. Valoriza os momentos tranquilos e as pequenas coisas que a vida oferece. O taurino também é conhecido pela personalidade mais caseira e não é fã das badalações. Além disso, Shrek é completamente apaixonado por Fiona e demonstra ser muito leal. Mais taurino impossível, né?

❹ Wolverine (*X-Men*)

Touro é conhecido por sua serenidade e estabilidade emocional, e essas características também são evidentes em Wolverine. Apesar de carregar um passado repleto de dor e tragédia, esse personagem desenvolveu uma força interior que o ajuda a manter a calma e o equilíbrio mesmo nos momentos mais difíceis.

❺ Sininho (*Peter Pan*)

Os taurinos são extremamente leais e protetores com as pessoas que consideram importantes em na vida deles. Da mesma forma, Sininho é leal a Peter Pan e sempre está ao seu lado, independentemente dos desafios que enfrentem juntos. Além disso, a personagem nutre um certo ciúme da relação de Peter Pan com Wendy. Sininho também é considerada teimosa, muitas vezes age por conta própria e pode ser difícil convencê-la a mudar de ideia.

Dez mandamentos para Touro

1. Seja flexível
Touro pode ser teimoso, por isso é importante aprender a se adaptar a novas situações e ideias.

2. Controle o materialismo
Como um signo regido por Vênus, Touro pode ter uma forte ligação com bens materiais. Aprenda a valorizar experiências e relacionamentos mais do que coisas.

3. Evite a teimosia
A capacidade de Touro de persistir é valiosa, mas lembre-se de que às vezes é necessário ceder para evitar conflitos desnecessários.

4. Cuide da saúde
Touro pode se entregar a deleites culinários de forma desmedida, por isso é importante buscar equilibrar o prazer com uma alimentação saudável e exercícios físicos.

5. Expresse suas emoções
Touro pode ter dificuldade em compartilhar seus sentimentos, o que pode levar à frustração. Trabalhe na comunicação emocional com amigos e familiares.

6. Saia da zona de conforto
A tendência de Touro a resistir a mudanças pode impedi-lo de crescer pessoalmente. Esteja aberto a novas experiências e desafios.

7. Controle os pensamentos sobre as finanças
A preocupação com segurança financeira pode levar a uma mentalidade de escassez. Procure equilibrar o planejamento financeiro com o prazer de gastar em coisas que lhe tragam felicidade.

8. Seja grato
Touro tende a buscar sempre mais e a esquecer de apreciar o que já tem. Pratique a gratidão diariamente para valorizar as bênçãos presentes em sua vida.

9. Desenvolva a resiliência
Quando Touro enfrenta obstáculos, pode se sentir desmotivado. Exerça a capacidade de se recuperar de adversidades e seguir em frente.

10. Ouça os outros
Os taurinos são elogiados por serem bons ouvintes, mas às vezes podem ser um pouco inflexíveis em suas opiniões. Esteja aberto a aprender com as perspectivas dos outros.

Gêmeos, o polêmico

"Eu, por exemplo, sou ou não sou louca?"
(Emília, *Sítio do Picapau Amarelo*, 2001)

Perfil do signo

Nascidos entre: 21 de maio e 20 de junho
Apelido: Geminolouco ou Geminomônio
Astro regente: Mercúrio
Elemento: ☐ fogo ☐ terra ☒ ar ☐ água
Glifo: ♊
Símbolo: irmãos gêmeos
Frase: "Eu penso."
Polaridade: ☒ positiva ☐ negativa
Modalidade: ☐ cardinal ☐ fixa ☒ mutável
Paraíso astral: Libra
Inferno astral: Touro
Signo oposto complementar: Sagitário

Cores: tons de azul, amarelo e cores mescladas
Pedra: ágata
Metal: mercúrio
Talismã da sorte: yin-yang
Animal: camaleão
Planta: maria-sem-vergonha
Partes do corpo: pulmões, braços, mãos e dedos
Ditado popular: "Quem conta um conto aumenta um ponto."
Palavras-chave: inteligência, comunicação, versatilidade, bom humor e fofoca

Gêmeos, Mercúrio e ar: a combinação inteligente da astrologia

Representado pelo elemento ar e regido pelo ágil planeta Mercúrio, o geminiano é dono de uma personalidade cativante e multifacetada. O símbolo de Gêmeos retrata dois irmãos cheios de curiosidade. Já viu dois irmãos tão parecidos que eles mesmos se confundem? Pois Gêmeos é o signo que pode fazer você se perguntar se está falando com uma ou duas pessoas.

Pense em alguém que adora papear, tem resposta para tudo e não para quieto. O nativo desse signo é conhecido pela mente inquieta e está numa eterna busca de novidades e de conhecimento. Seja uma notícia atual ou um fato curioso do passado, ele está sempre antenado e captando informações.

A conexão com o elemento ar é muito justa, pois, como o próprio ar, Gêmeos tem a capacidade incrível de estar em todos os lugares ao mesmo tempo. Você quer um papo animado? É com o geminiano mesmo! Precisa de conselhos sábios? Lá está ele novamente! A energia leve desse elemento traz uma agilidade mental única para o nativo desse signo, o que muitas vezes o faz parecer um malabarista de informações.

Falando em malabarismo, Mercúrio, o planeta regente de Gêmeos, é como um mestre de cerimônias do zodíaco. Ele comanda as funções mentais, as habilidades de comunicação e o jeito de pensar do geminiano. Sabe aquela pessoa que sempre tem uma tirada engraçada na ponta da língua? É outro traço típico de Mercúrio, que dá um toque de bom humor e agilidade para a personalidade geminiana.

No entanto, apesar da animação, os geminianos podem ter seus momentos de tempestade mental. Afinal, com tanta informação circulando, é natural que sintam uma certa inquietação. Mas isso não é necessariamente um problema. Como diz o ditado, "mente vazia, oficina do diabo", e, com Gêmeos por perto, tédio é uma palavra que simplesmente não existe.

Quando o geminiano está entediado, sua natureza curiosa o leva a buscar novas aventuras intelectuais e sociais. Ele adora aprender, participar de debates interessantes e trocar ideias com pessoas diferentes. Isso faz dele o parceiro ideal para aquelas conversas que viram a noite, regadas a muita risada e conhecimento compartilhado.

Porém, nem tudo são flores. Assim como o clima pode mudar de uma hora para outra, Gêmeos pode ter altos e baixos em suas emoções. Mas nada que o bom humor e um toque de leveza não resolvam. Ele sabe como ninguém transformar momentos tensos em situações descontraídas.

O lado iluminado de Gêmeos

O signo dos falantes de plantão também tem muita luz, viu? O geminiano é superadaptável, sabe contornar as dificuldades com um sorriso no rosto e consegue cuidar de várias coisas ao mesmo tempo. Também está sempre disposto a ajudar e surpreender as pessoas que ama. Ele é tão habilidoso em resolver problemas que poderia ganhar uma medalha da categoria Rir pra Não Chorar. E, falando em rir, o geminiano tem uma aptidão natural para arrancar risadas, graças ao seu sarcasmo.

É admirável como os nativos desse signo são mente aberta e sem preconceitos com o que desconhecem. Megacuriosos, eles são eternos estudantes e absorvem novos conhecimentos como uma esponja. Assim, são capazes de conversar sobre os mais variados assuntos, desde a teoria das cordas até a receita do melhor bolo de chocolate do mundo.

Festeiro? Opa, o geminianjo está sempre pronto para animar qualquer ambiente. Sociável no nível influencer, ele é o amigo que te afasta do tédio e transforma qualquer encontro em diversão. A comunicação é sua habilidade nata, por isso ele não consegue ficar em silêncio por muito tempo. E a gente ama ouvir o que ele fala! Prepare-se para piadas e trocadilhos que vão te fazer rir até a doer barriga.

O lado sombrio de Gêmeos

O mestre da malícia e do perigo! O nativo desse signo esconde segredos difíceis de descobrir, sabe exatamente como manipular as pessoas, é malicioso na arte da conversa e usa e abusa da lábia para semear a discórdia. Adora criticar e falar pelas costas. Se for um escândalo dos bons, melhor ainda. Dada a sua aptidão para a fofoca, qualquer dia desses um geminiano assume a apresentação do *Fofocalizando*.

Gêmeos também pode ser imaturo e imprudente e se recusar a crescer, mantendo atitudes infantis. Sempre tem uma resposta malcriada na ponta da língua. Curioso e intrometido, vive metendo o nariz onde não é chamado e tem sérias dificuldades para manter o foco. Com um raciocínio veloz, fala tão rápido que engana até a si mesmo.

A mente inquieta nunca tira férias — sempre a mil por hora, pulando de uma ideia para outra. Por causa disso, o geminiano tende a acumular trabalhos inacabados, projetos abandonados e promessas não cumpridas. Isso faz de Gêmeos um signo difícil de entender: ele é dois em um, uma contradição em si mesmo. Seu humor muda constantemente, de feliz a triste, e é um desafio acompanhar esse sobe e desce.

O coração geminiano é mais gelado que o polo Norte, e lidar com sentimentos não é seu forte, até porque o geminiano pode ser muito superficial. Compromisso sério? Disso ele foge sem olhar para trás. Prefere flertar aqui e ali, se envolvendo com mais de uma pessoa ao mesmo tempo. O que ele quer é provar um pouco de tudo.

Os decanatos de Gêmeos e os três tipos de nativo

PRIMEIRO DECANATO
21/05 até 30/05

O geminiano divertido

Influenciado por Mercúrio (Gêmeos), costuma ser inteligente e brincalhão. Dono de um poder de persuasão e de habilidades de comunicação inigualáveis, convencer pessoas é a sua especialidade. O geminiano fala pelos cotovelos, é curioso e tem uma enorme facilidade de captar informações. É por isso que carrega a fama de fofoqueiro e até de duas caras. É um eterno estudante, amante dos livros, e encarar novos desafios é com ele mesmo. No entanto, precisa controlar a pressa, o nervosismo e o humor instável.

SEGUNDO DECANATO
31/05 até 09/06

O geminiano carismático

É influenciado por Vênus (Libra), por isso é o mais indeciso dos três. Procura ser justo e busca equilíbrio na vida, um dos motivos pelos quais evita brigas e discussões. É vaidoso e carinhoso, e consegue despertar os melhores sentimentos nas pessoas. Nem sempre é capaz de expressar suas emoções como gostaria e tem uma enorme dificuldade em dizer não, por causa da necessidade constante de agradar os outros e ser aceito. Seu humor é extremamente instável, e terminar o que começa é o seu maior desafio.

GÊMEOS ♊

TERCEIRO DECANATO
10/06 até 20/06

O geminiano independente

Sob a influência de Urano (Aquário), tem uma personalidade excêntrica. É o mais independente e curioso dos três, amante da liberdade e da natureza e interessado em conhecer novos povos e culturas. Inquieto, agitado e comunicativo, é direto ao expressar sua opinião e odeia mi-mi-mi. Alguns dizem que ele tem uma pedra de gelo no lugar do coração, pelo jeito indiferente e desapegado. Expressar seus sentimentos e controlar a impaciência acabam sendo grandes desafios.

Gêmeos no mapa astral

Sol em Gêmeos

O nativo desse signo é pra lá de comunicativo, fala pelos cotovelos, ama trocar informações e é muito convincente. Tem uma mente genial, ama livros e é um eterno estudante, sempre buscando aprender coisas novas.

Superextrovertido e amigável, vive rodeado de amigos. Também, pudera: possui um humor contagiante; faz piada de si e dos outros. Não suporta monotonia, é inquieto e perde o interesse rapidamente pelas coisas, mas por outro lado se adapta muito bem às mudanças da vida.

Esse cara é bom em solucionar problemas e age muito mais pela razão do que pela emoção. Antes de tomar uma decisão, analisa criteriosamente todas as consequências. Só que muitas vezes fica cheio de dúvidas, dividido, muda rápido de opinião e fala o que as pessoas desejam ouvir em vez de falar o que pensa.

Ascendente em Gêmeos
Comportamento

Saber levar a vida com leveza é divertido. O geminiano ama a liberdade e conquista desde cedo a independência, absorvendo muito rápido tudo que lhe é ensinado. Tem uma inquietude natural: está sempre procurando alguma coisa para fazer. O problema é o costume de deixar projetos inacabados no meio do caminho, devido à sua indecisão.

Muito indiscreto no dia a dia, adora saber o que está rolando, curioso que só! Sabe se comunicar muito bem e fala tanto que pode ganhar fama de palestrinha. Ao falar com desconhecidos, a intimidade é quase imediata. É por isso que ele ama flertar, seduzir e atiçar os outros.

Aparência física

Aparenta ser mais jovem do que é, sendo comum ter um rosto de adolescente. Os olhos são brilhantes, o nariz é afilado e pontudo, e os lábios, finos. Suas mãos bem-feitas e compridas gesticulam muito enquanto ele fala, sempre sorrindo. Geralmente é muito alto ou muito baixo, o tórax é pequeno, e as pernas, compridas. Devido à inconstância, passa por diversas transformações na aparência.

Lua em Gêmeos

Um misto de sentimentos, uma dúvida constante. A ansiedade desse nativo revela sua natureza inquieta e preocupada, além de uma imaturidade para lidar com determinados assuntos. Desapegado das coisas materiais, quem tem a Lua em Gêmeos valoriza mais as experiências e os momentos. Esse espírito aventureiro o faz querer mudar tudo o tempo todo e tentar abraçar o mundo com as pernas. Seu humor oscila, e ele parece demonstrar frieza e carinho ao mesmo tempo. Não consegue entender os próprios sentimentos e não se apega às coisas do coração.

Mercúrio em Gêmeos

Esperto, articulado e de pensamento veloz, tem facilidade com o aprendizado e adora se atualizar. Precisa de estímulo constante e está sempre disposto a compartilhar fofocas e informações com os amigos. Seu bom humor contagia; quem nasceu com Mercúrio em Gêmeos vive de esbanjar simpatia. Ama aprender coisas novas e está sempre em busca de informação. Apesar de mudar de opinião e de gosto com frequência, encontra soluções rápidas para todas as situações. Gosta de conversar e de participar de debates, se expressando com clareza para que todos possam entender.

Vênus em Gêmeos

Essa é a Vênus mais polêmica da astrologia. Reza a lenda que os que têm essa Vênus mostram uma tendência a ser infiéis nos relacionamentos. Será? Prefiro não comentar. O fato é que ele consegue se apaixonar por mais de uma pessoa ao mesmo tempo e costuma viver relacionamentos abertos ou exóticos.

Essa pessoa tem a melhor lábia do mundo e um papo muito envolvente, mas às vezes enrola e não toma a iniciativa. Inteligência o atrai mais que beleza, no entanto se encanta e enjoa das pessoas com a mesma rapidez. É um grande amigo, mas é importante para ele ter sua individualidade e liberdade respeitadas.

Marte em Gêmeos

Sabe se comunicar como ninguém e usa muito bem as palavras ao seu favor. Seu poder de persuasão é tanto que, em qualquer debate, não tem pra mais ninguém. Tem um ar de independência e é ativo e inquieto, não desiste das coisas facilmente, mas peca pela falta de foco; o bom é que está em constante evolução.

Seu lema de vida sem dúvida é: "Faça o que eu digo, não faça o que eu faço!" Se sente atraído por pessoas joviais, de bom humor e inteligentes. Na cama vale tudo, desde que o parceiro seja divertido e saiba surpreender.

Júpiter em Gêmeos

Superficial com suas emoções, muda de rumo como quem troca de canal na TV. Sua inteligência versátil encanta e confunde, deixando todos à sua volta perplexos. Consegue transmitir conhecimento de forma hipnotizante. Movido por uma energia agitada, não consegue ficar parado por muito tempo, sempre em busca da próxima experiência. Vive a inconstância, o que torna seu dia a dia imprevisível.

Saturno em Gêmeos

Essa pessoa tem uma inteligência acima da média, mas o desenvolvimento pode ser um pouco mais lento para ela, como se a mente brilhante precisasse de tempo para absorver todo a sabedoria do universo. Além disso, a frieza é sua característica marcante. O ceticismo corre nas veias: só acredita naquilo que pode ver. São excelentes professores, pois sabem repassar todo o conhecimento que têm.

Urano em Gêmeos

É o tipo de pessoa que leva o mundo da criatividade a outro nível. Sabe inovar como ninguém, transformando ideias em realidade de forma surpreendente. Tem talento na arte da escrita graças ao turbilhão que é sua capacidade de imaginação, eficaz em criar histórias fantásticas e soluções inovadoras.

Netuno em Gêmeos

Sua intuição é tão acentuada que consegue farejar problemas a quilômetros de distância. Preocupado por natureza, está sempre com a mente trabalhando. Tem uma curiosidade infinita e procura respostas para tudo o tempo todo. Mas sua habilidade em desvendar segredos pode acabar incomodando alguns.

Plutão em Gêmeos

Abandona o passado com grande facilidade, porque mudança e renúncia são suas características. A transformação é a essência de sua existência. Sua mente inquieta é bombardeada por pensamentos e ideias na velocidade da luz.

Lilith em Gêmeos

É estimulado por trocas intelectuais e conversas para manter o interesse nas relações. Tem uma habilidade única em usar as palavras para conquistar, mas isso pode passar uma imagem de falta de confiabilidade e de estabilidade. Por ser flexível, se adapta facilmente a qualquer situação.

No amor, busca parceiros que estimulem sua mente e compreendam sua necessidade de independência. Para conquistá-lo, é preciso apreciar sua inteligência e respeitar seu jeitinho; só assim ele se abrirá para um relacionamento.

Quíron em Gêmeos

Está ligado à troca, ao fluxo de informações e ao raciocínio. No entanto, a presença desse posicionamento pode trazer consigo algumas dificuldades. As dúvidas que surgem podem desencadear dores emocionais, causando uma sensação de insegurança. Com dedicação e disposição, porém, é possível enfrentar os desafios impostos por Quíron em Gêmeos, transformando as dificuldades em oportunidades de crescimento pessoal e desenvolvimento intelectual.

Descendente em Gêmeos

Em sua busca por um parceiro criativo, de espírito livre e animado, esse indivíduo valoriza o relacionamento, mas evita ser controlado. A honestidade pode ser um desafio, e a mentira pode fazer parte de sua vida ocasionalmente. Mas seu interesse é despertado por pessoas inteligentes e perspicazes. A comunicação é importante para ele, que aprecia a troca de ideias e o aprendizado mútuo.

Meio do céu em Gêmeos

Sente uma necessidade forte de se comunicar e interagir. O empenho em obter conhecimento é uma característica marcante, pois o objetivo é adquirir sabedoria para ensinar e transmitir o máximo possível. Ele sabe a importância de usar a palavra para expandir suas ideias e ensinamentos.

O contato com outras pessoas é valorizado, pois cada interação é vista como uma oportunidade de crescimento e aprendizado. Além disso, esses indivíduos têm a natureza curiosa, que faz deles excelentes comunicadores ou professores dedicados.

Fundo do céu em Gêmeos

Aprecia a conexão com a família e a celebração de momentos especiais. Sociável, ama a companhia de amigos e familiares em qualquer oportunidade. Sua habilidade para organizar eventos é notável, e a alegria dele é planejar festas para todas as ocasiões. O entrosamento e a conversa são aspectos essenciais de sua natureza, tornando-o uma presença acolhedora e envolvente.

Gêmeos gosta de	Gêmeos não gosta de
Celular	Tédio
Planejar coisas	Rotina
Fazer compras	Silêncio
Conhecer lugares	Burocracia
Saber das novidades	Envelhecer
Ficar de bobeira na internet	Obrigações
Contar histórias	Falta de humor
Aprender	Prazos
Rolês que surgem do nada	Encarar a solidão
Leituras interessantes	Ficar sem internet
Telefonemas inesperados	Repetir o que já falou
Matar a curiosidade	Ouvir lição de moral
Assistir a filmes ou séries	Ser deixado no vácuo
Ser livre e independente	Ser vencido em uma discussão
Paquerar sem pretensão	Ficar muito tempo em casa
A companhia dos amigos	Não ter com quem conversar
Ter alguém para lhe ouvir	Pessoas de mente fechada
Memes e vídeos de humor	Conversas melancólicas
Festas e shows	Não saber o que está acontecendo
Sair sem ter hora para voltar	Gente que tenta controlar sua vida

A mãe de Gêmeos

Ter uma mãe geminiana é tipo ter duas mães numa só. Ela é superantenada, sempre ligada na moda e nas novidades do mundo. Sabe aquela energia boa que parece que está sempre irradiando? É ela! É toda otimista, sempre procurando ver o lado bom das coisas, e isso faz a casa ficar alegre o tempo todo.

Adora bater papo e fazer brincadeiras. É aquela pessoa que começa as conversas e deixa todo mundo participar. E a mãe de Gêmeos também é mestre em contar histórias engraçadas e fazer piadas para a gente rir até doer a barriga.

Pensa numa mãe que está sempre por dentro de tudo — ela conhece a última tendência, seja na roupa, no celular ou no que está passando na tv. A gente fica sabendo dos assuntos interessantes com ela.

Considera a escola importante demais. Ela fica de olho nas notas e ajuda os filhos a aprender de um jeito legal, sabe? Quando precisa ser firme, a mãe geminiana também sabe botar ordem na parada, mas isso é só porque ela se preocupa.

Algumas vezes ela está toda animada; em outras ocasiões já fica mais séria. Uma coisa é certa: ela é hilária. aqueles É capaz de criar momentos superdivertidos e memórias legais. E, mesmo quando dá aqueles esporros, tipo, "Atende o telefone, droga!", dá pra perceber que é porque ela se importa. No fim das contas, ela é essa mãe incrível que enche a casa de amor, risadas e felicidade.

O pai de Gêmeos

Esse pai é fonte inesgotável de energia e entusiasmo, muitas vezes até mais do que seus próprios filhos. Ele tem uma abordagem liberal e a mente aberta. Sua atitude receptiva permite que os filhos se sintam à vontade para expressar ideias e opiniões, sabendo que ele está sempre disposto a ouvir.

Conversar é com ele mesmo! O pai de Gêmeos adora bater papo e muitas vezes é um contador de histórias habilidoso. Usa suas palavras para educar, entreter e incentivar os filhos. A comunicação é um dos principais pilares da relação com eles.

Com sua natureza prática e racional, busca soluções eficientes para os desafios do dia a dia. Ele é capaz de ensinar aos filhos a importância de lidar com situações de maneira inteligente e ágil. Ao mesmo tempo, não mede esforços para orientar a vida escolar da prole, garantindo que esteja na direção certa.

98 · GÊMEOS ♊

O geminiano é um pai descolado e adora tecnologia, internet e celular. Não apenas entende as tendências atuais, como também as abraça. É a pessoa ideal para despertar a curiosidade dos herdeiros para o mundo, incentivando-os a explorar e aprender constantemente.

O humor desse pai oscila ao sabor dos acontecimentos. Mas essa variação não é motivo de preocupação; na verdade, ela torna a vida mais emocionante. O pai de Gêmeos transmite a importância do otimismo, mostrando que enfrentar a vida com um sorriso no rosto pode fazer toda a diferença.

Os valores transmitidos pelo pai geminiano são marcados pelo amor a comunicação, curiosidade, versatilidade e positividade. Ele ensina aos filhos a importância de se adaptar às situações, explorar o mundo e manter uma mentalidade otimista, independentemente dos obstáculos que possam surgir.

Gêmeos no amor

O geminiano é cativante, capaz de fascinar até mesmo a mais resistente das almas. Seu coração não conhece fronteiras e está aberto para explorar novas conexões em todos os lugares por onde passa. Ele é um embaixador do flerte, capaz de conquistar com um simples olhar ou uma piada bem colocada.

No jogo do amor, o geminiano tem uma superlábia. Sua habilidade para se comunicar tem uma potência que, aliada ao charme natural, cria uma combinação irresistível. Adora bater papo, enviar mensagens, telefonar e está sempre conectado com o mundo virtual, onde pode conhecer pessoas e ampliar o círculo amoroso.

Mas não se engane: ele pode se apaixonar perdidamente e, antes que você perceba, mudar de ideia e seguir em frente. Isso não significa que seja volúvel, mas sim que sua curiosidade natural o leva a explorar outras possibilidades.

A dualidade de Gêmeos pode ser intrigante no amor. Você se sente lidando com duas pessoas diferentes em um mesmo corpo. Em um momento é romântico e apaixonado; no outro, parece distante e indiferente. Essa mudança intermitente pode confundir o parceiro, mas no fundo é só uma parte do encanto geminiano.

As combinações de Gêmeos no amor

Vamos mergulhar nas histórias de amor de Gêmeos com os outros signos do zodíaco. Só não esqueça que, para ter uma ideia completa, é importante ver o mapa astral de cada um. Afinal, cada nativo tem seu jeito único, e isso é chave para entender as combinações amorosas.

Gêmeos ♡ Áries

É quase um encontro de almas gêmeas. A simpatia entre os dois surge no primeiro contato, e eles logo descobrem que têm muitas afinidades e falam pelos cotovelos. Na competição para um falar mais que o outro, Gêmeos e Áries gastam muita energia.

Não há espaço para tédio nessa relação, por isso é uma combinação que dá muito certo, com aprendizado constante e troca de conhecimentos. Gêmeos traz o senso da direção, e junto com Áries explora novos caminhos. A vida social desse casal é animadíssima — nunca falta um programa, uma viagem ou aventura de última hora.

Há aqui o equilíbrio perfeito entre a razão (Gêmeos) e a emoção (Áries), mas nem tudo é um mar de rosas: Gêmeos é livre como o ar, e Áries gosta de controlar o parceiro. Se houver imaturidade, pode rolar treta das grandes. Mas com respeito e jogo de cintura eles conseguem evitar as discussões bobas e as crises de ciúme.

Gêmeos ♡ Touro

Essa dupla tem mais assunto que grupo de WhatsApp da família! Quando estão juntos, simplesmente não conseguem parar de falar sobre suas ambições. É quase um episódio de podcast! Pena que as coisas nem sempre sejam fáceis.

Difícil é aturar as fases de impaciência de Gêmeos. Ele precisa estar sempre no lugar certo e no ritmo certo, senão o bicho pega! O taurino tenta confiar no geminiano, mas este é mais misterioso que senha de wi-fi de vizinho. Gêmeos usa seu poder de persuasão e sabe conquistar com seu sorriso sedutor, e o Touro é fiel até a raiz do cabelo.

Entre altos papos e eventuais discussões, eles descobrem que são diferentes, mas o charme de ambos mantém essa relação firme e forte. Touro e Gêmeos precisam achar seu ponto de equilíbrio, o que aliás é um mandamento para casais de todos os signos. No fim das contas, é aquela história: com muito diálogo, paciência, memes engraçados e um tantinho de sorte, eles podem fazer essa união funcionar.

Gêmeos ♡ Gêmeos

Essa dupla dinâmica é uma explosão de energia e renovação. Eles não perdem tempo e colocam projetos em prática na velocidade da luz! Impulsivos e inquietos, vivem no modo turbo. O Flash teria dificuldade em acompanhar.

Os dois respeitam o espaço alheio, afinal sabem que precisam de espaço para soltar as asinhas e voar por aí. O casal de Gêmeos não costuma ter crises de ciúme, mas curte jogos de provocação e sedução, além de adorar se presentear. Como um é reflexo do outro, suas mentes reunidas são mais ágeis; eles nunca param de trabalhar e de se envolver em projetos, o que pode gerar competição e exigir paciência.

Outra vantagem dessa dupla é o senso de humor: a risada é garantida o tempo todo! Nesse relacionamento cheio de cumplicidade, um encontra segurança no outro. Quem melhor para entender alguém de Gêmeos do que outro geminiano?

Gêmeos ♡ Câncer

O geminiano e o canceriano estão sempre tentando coisas novas, porque os dois adoram uma aventura. E vamos combinar que criatividade é o que não falta nessa relação. Mesmo assim, não deixa de ser um relacionamento com muitos desafios, porque sentimentos de insegurança e desconfiança rondam o casal.

Com temperamentos opostos, nessa mistura de ar e água eles precisam se esforçar muito para fazer dar certo. A agitação reflete o humor inconstante do casal, o que pode ser um barril de pólvora muitas vezes.

Gêmeos tem uma língua ferina e é amante do deboche. Já o canceriano, tadinho, se magoa por qualquer coisa. O geminiano é frio, enquanto o canceriano é um vulcão prestes a explodir. É preciso amadurecimento e comprometimento de ambas as partes para fazer esse romance dar certo.

Gêmeos ♡ Leão

Uma relação com ares de comédia romântica, uma dupla dinâmica que se diverte junto. A harmonia entre esses dois é fenomenal, principalmente quando concordam em discordar. Juntos, eles têm ideias brilhantes e ensinam muito um ao outro. Se o assunto é escolher metas e projetos, então, eles são imbatíveis. O único problema é que, entre tantos projetos mirabolantes, os dois passam muito tempo com a cabeça nas nuvens.

O geminiano vê o leonino como o rei, mas, se perceber que seu espaço está sendo invadido, a confusão está armada. O leonino, por sua vez, é fascinado pela versatilidade do geminiano, afinal não existe tédio para quem está ao lado de Gêmeos. Na ponta do lápis, o leonino tem mais paciência com o geminiano do que o contrário — aguentar alguém com múltiplas personalidades é só para os fortes.

Para evitar maiores problemas, eles sabiamente não interferem na liberdade um do outro. Não se deve mexer com quem está quieto, especialmente se esse alguém for um Leão.

Gêmeos ♡ Virgem

Uma relação cheia de desafios. O meticuloso virginiano tenta a todo custo restringir a energia borbulhante do geminiano. Mas vamos combinar: não é fácil conter o furacão de informações que passa pela cabeça de Gêmeos em um único minuto. O problema desse casal é que um não ouve o outro; é como se estivessem em frequências diferentes.

Enquanto o virginiano faz pausas para analisar cada detalhe, o geminiano vive a mil por hora, pulando de um assunto para outro. Eles são atraídos pelos interesses que compartilham, mas, além de terem ritmos distintos, muitas vezes competem entre si.

Apesar das diferenças, há muitas coisas em comum entre esses dois. Ambos são regidos por Mercúrio, planeta da comunicação. Por isso, tanto Gêmeos como Virgem são inteligentes e adoram uma boa conversa. Com esforço, compreensão e franqueza ao se expressar, eles podem encontrar o equilíbrio.

Gêmeos ♡ Libra

Essa combinação é tão emocionante que os astros fazem festa quando os dois se encontram. Nesse filme de ação cheio de reviravoltas, a criatividade faz parte do enredo.

Em uma relação de grande compatibilidade, os dois são maduros o suficiente para encarar os desafios de um relacionamento, e ainda sobra tempo para ensinar ao mundo as lições de dedicação que aprenderam juntos. Eles conseguem manter uma convivência saudável, regada a bom humor e muito crescimento pessoal.

E não falta sensualidade e paixão para esses dois, que acendem uma fogueira com uma simples troca de olhares. Eles têm muitas afinidades e podem passar horas discutindo qual é o melhor filme de todos os tempos ou o sabor de sorvete mais incrível que existe.

Sim, ambos são indecisos e sofrem na hora de tomar atitudes ou de fazer escolhas na vida profissional. Mas, convenhamos, toda pessoa indecisa é uma caixinha de surpresas. Com isso, esse casal todo combinandinho passa longe de ser previsível.

Gêmeos ♡ Escorpião

Essa combinação é emocionante, um caso de amor e ódio, como aqueles casais de novela que brigam o tempo todo mas não conseguem viver separados.

O escorpiano gosta de ter o controle da relação e o geminiano não tolera ser controlado, afinal estamos falando do elemento ar. Escorpião é sempre um enigma, cheio de segredos e mistérios. Gêmeos, curioso que só, não resiste ao desafio de desvendá-los.

Mesmo com todas as diferenças, esses dois conseguem encontrar um ponto em comum: o prazer de ajudar o próximo. É como se eles juntassem forças e se tornassem uma dupla de super-heróis, prontos para salvar o mundo. Gêmeos traz sua habilidade de comunicação; Escorpião, seu poder de transformação. Juntos eles formam uma combinação explosiva.

Nesse novelão do cotidiano, as brigas são acaloradas, as reconciliações são apaixonadas e a maioria das cenas é carregada de drama. Com tanta adrenalina, é preciso uma dose a mais de maturidade e vontade para que se chegue ao final feliz — impossível não é!

Gêmeos ♡ Sagitário

O sagitariano contagia o geminiano com seu entusiasmo. O geminiano, por sua vez, é atraído pelos encantos de Sagitário. Não é surpresa quando um relacionamento desses termina em casamento.

Esses dois se completam: o sagitariano ensina o geminiano a ser otimista, enquanto o geminiano mostra ao sagitariano que nem tudo é uma aventura épica. De um jeito ou de outro, a liberdade é o lema desses dois, que estão sempre em busca de experiências desconhecidas e dispostos a viver muitas histórias.

O sagitariano, movido pela emoção, arrasta o racional geminiano para desbravar o mundo. Juntos, eles encontram caminhos para saciar sua curiosidade e descobrir tudo que precisam saber. Esse casal está sempre rindo, brincando e se provocando, numa disputa para ver quem é mais debochado.

Mas atenção: o sagitariano precisa controlar os impulsos do geminiano, senão as coisas podem sair do eixo. E é bom lembrar que a infidelidade pode ser uma armadilha para esses dois. Afinal, quando se é tão charmoso e aventureiro, é difícil resistir às tentações que surgem pelo caminho.

Gêmeos ♡ Capricórnio

Não espere um conto de fadas entre esses dois. Gêmeos e Capricórnio formam uma combinação pouco provável se pensarmos em estereótipos românticos, mas podem se unir por um elo surpreendente: o dinheiro e a busca por bens materiais.

Nessa relação, Gêmeos é o mais inconstante, mudando de ideia mais rápido que o tempo em São Paulo. Capricórnio é conservador, daqueles que fazem exigências e traçam planos meticulosos. O problema é que o capricorniano, com suas exigências e padrões elevados, consegue fazer até o mais zen dos geminianos se estressar. Mas não é tão difícil entrarem em equilíbrio juntos.

O geminiano perde um pouco da liberdade nessa união, mas ganha aulas práticas de como ser direto e objetivo, afinal não há tempo a perder quando o capricorniano está por perto. O sarcasmo é uma arma que ambos utilizam para proteger suas vulnerabilidades, e essa atitude pode, por vezes, criar uma barreira na comunicação.

Ao compreenderem e aceitarem as peculiaridades um do outro, no entanto, Gêmeos e Capricórnio podem transformar suas diferenças em uma parceria duradoura.

Gêmeos ♡ Aquário
Um casal que promete e entrega tudo de bom. Essa mistura pode dar muito certo, já que eles se completam perfeitamente. Ambos gostam de aprender e de explorar o mundo. O aquariano, com seu jeito excêntrico e inovador, pode acabar trazendo serenidade para Gêmeos, que às vezes parece uma estação de rádio ligada 24 horas.

Mais que um casal, eles são melhores amigos e conseguem sobretudo respeitar as opiniões um do outro. Amam sua liberdade, cada um no seu quadrado, sempre mantendo o respeito. Enquanto o aquariano se preocupa com o futuro, pensando em criar algo fora do comum para dominar a Terra, Gêmeos está ali apoiando e incentivando, porque todo mundo precisa de um parceiro para realizar as suas loucuras. Bônus: os dois são igualmente solidários e queridos pelos amigos.

Gêmeos ♡ Peixes
Essa dupla causa um rebuliço no zodíaco! A relação entre os dois é complexa e cheia de desafios. São considerados incompatíveis, e, como resultado, o relacionamento pode ser repleto de instabilidade emocional, insegurança e desconfiança. No entanto, há espaço para crescimento e aprendizado mútuo.

A instabilidade emocional desses dois é de deixar qualquer montanha-russa com inveja. O pisciano precisa conter as próprias emoções; já o geminiano é um iceberg, a frieza em pessoa, com uma sinceridade que pode doer no outro. E a paciência? Gêmeos não tem. Com isso, o sensível pisciano acaba se magoando.

Apesar das diferenças, Gêmeos e Peixes podem encontrar diversão e aprendizado juntos. Gêmeos é um signo comunicativo e intelectualmente curioso, o que pode despertar o interesse de Peixes em explorar novas ideias e perspectivas. Se conseguirem passar por cima dessas dificuldades, Gêmeos e Peixes têm chance de construir um relacionamento único e crescer juntos.

Como conquistar o coração de um geminiano?

Respire fundo e embarque nessa aventura cheia de risadas e momentos inesquecíveis. Os nativos de Gêmeos são conhecidos pela personalidade versátil e pela aptidão à comunicação, então é preciso estar preparado para manter a chama acesa.

Primeiro, atice a curiosidade do geminiano. Esse signo adora descobrir coisas novas e está sempre em busca de conhecimento. Desperte a atenção dele com assuntos interessantes e intrigantes. Seja criativo nas conversas e compartilhe informações que causem sua admiração.

Além disso, convide-o para passeios agradáveis. Os geminianos curtem se movimentar. Planeje atividades diferentes e divertidas, como visitas a exposições, excursões em parques temáticos ou até mesmo uma viagem inesperada. Aventura é a palavra-chave para mantê-lo sempre interessado, então saia da rotina e surpreenda-o com novidades. Seja espontâneo e esteja aberto a sair da zona de conforto. Ele pode facilmente se entediar com a mesmice do dia a dia.

Respeitar a individualidade do geminiano é essencial. Ele valoriza sua liberdade e precisa de espaço. Portanto, não tente sufocá-lo com excesso de desvelo ou cobranças. Deixe-o ser quem ele é e mostre que você também tem uma vida. Os geminianos não são do tipo romântico ou grudento, mas apreciam estar na presença da pessoa amada. Se um geminiano fizer questão de compartilhar risadas e momentos significativos com você, então é provável que ele esteja cativado.

Outra dica importante é ser um bom ouvinte. Eles adoram compartilhar histórias e experiências. Esteja presente e preste atenção ao que têm a dizer. Mostre interesse genuíno em suas palavras e faça o diálogo render. Isso demonstrará que você valoriza a opinião e companhia dele. Quando o geminiano se apaixonar, ele se tornará ainda mais comunicativo. Ele vai querer estar perto de você, conversar por horas a fio e se declarar de todas as maneiras.

O nativo de Gêmeos tem um talento natural para a comunicação e adora uma troca de ideias. Esteja atualizado sobre diversos assuntos e seja capaz de discutir sem perder o charme.

GÊMEOS ♊ 105

O geminiano merece um parceiro descontraído e bem-humorado. O humor é uma arma poderosa para conquistar o coração desse signo. Envie memes ou vídeos divertidos a ele. Marque-o em posts engraçados. Pode parecer pouca coisa, mas ele vai se sentir especial em ser lembrado.

Só tenha cuidado com o excesso de carência, pois Gêmeos foge de gente pegajosa. Dê espaço e deixe-o sentir saudade de você. Não imponha sua presença a todo momento. Aja com tranquilidade, sem exagerar nas emoções ou fazer pressão. Construir e fortalecer uma amizade é o caminho certo para conquistar um geminiano.

Essa conquista pode ser um desafio, mas é uma experiência inesquecível (para o bem ou para o mal), cheia de risadas e descobertas. Mais que um parceiro romântico, você terá um amigo para todas as horas.

O relacionamento com Gêmeos

O lado bom
Ele é incrível por muitos motivos, a começar pelo fato de que não vai pegar no seu pé. O geminiano entende e respeita a individualidade do parceiro. Além disso, essa pessoa é pura alegria. Adora conversar, compartilhar histórias engraçadas e fazer piadas. Tem uma habilidade incrível para cativar quem está ao redor, afastando o tédio e tornando qualquer situação mais divertida.

Os geminianos estão sempre abertos a novidades no amor. Nunca temem se arriscar e comemoram a chance de curtir uma aventura ao seu lado. Você nunca vai se sentir entediado com Gêmeos por perto, pois ele sempre tem algo para contar ou um plano mirabolante para colocar em prática.

Outro aspecto maravilhoso é a habilidade do geminiano de ouvir. Ele presta atenção no que você tem a dizer e sempre tem ótimos conselhos para oferecer. Além de bom ouvinte, está ao seu lado, tanto nos momentos bons quanto nos ruins. Acima de tudo, um geminiano é um companheiro para todas as horas, que demonstra seu amor por meio de atitudes.

Os desafios
É uma aventura conviver com alguém cujo humor oscila o tempo todo. Uma hora está feliz e radiante, na outra já está desanimado e reclamando de tudo. Ser inquieto e mudar de ideia como quem troca de roupa pode ser irritante para muitos, porque é impossível saber o que o geminiano quer.

Não importa a situação, esse tagarela compulsivo age como um eterno solteiro e dá muito valor à vida social. Faz questão de estar com os amigos e nem sempre inclui o parceiro nessa agenda. É como se estivesse sempre à procura de algo novo e emocionante, mesmo que isso signifique magoar outra pessoa. E o mais curioso é que Gêmeos consegue enrolar todo mundo, de forma que o parceiro às vezes nem percebe com o que concordou.

Além disso, Gêmeos carrega consigo a fama de infiel. Dizem que ele pula a cerca com a maior facilidade, mas isso depende de muita coisa, viu? Primeiro, é preciso levar em conta os valores pessoais e culturais de cada um. Toda pessoa é única — tem gente que valoriza demais a fidelidade e leva os compromissos afetivos a sério, enquanto outros podem ter uma visão mais flexível. Se o geminiano for honesto e leal em todas as áreas da vida, é mais provável que se mantenha fiel no relacionamento também.

O sexo com Gêmeos

Quando o assunto é sexo, esse signo sabe bem como tornar o momento leve e prazeroso. Com sua habilidade de comunicação e mente sagaz, ele consegue enlouquecer o parceiro sem muito esforço. O geminiano sabe exatamente como provocar sussurrando sacanagens. Mestre em excitar com palavras, ativa a imaginação do parceiro e deixa o clima cada vez mais envolvente. Mas, assim como gosta de falar, ele também gosta de ouvir palavras quentes. Nada como um bom jogo de palavras para apimentar a relação.

E não pense que o geminiano é adepto apenas das preliminares demoradas, que ele adora. Uma rapidinha em momentos não programados também é bem-vinda. Ele não tem frescura nem pudor quando o assunto é experimentar coisas novas. Curte um sexo virtual e não descarta uma experiência a três, sempre aberto a novas possibilidades de prazer. A rotina é um inimigo para o geminiano, que fará de tudo para evitar que ela se instale na intimidade. Afinal, para esse signo, a espontaneidade e a variedade são o tempero do sexo.

Se você tem um geminiano em vista, prepare-se para muito prazer. Com ele, o sexo vai ser divertido, descontraído e cheio de surpresas. Comunicação, imaginação e criatividade são as palavras-chave para satisfazê-lo. Aproveite essa energia e deixe-se levar pelo mundo de prazer que ele tem a oferecer.

Quando Gêmeos leva um pé na bunda

Conhecido pela dualidade e inconstância, o nativo desse signo não perde tempo com lamentações. Manda seguir o baile rápido, mostrando que não gosta de perder tempo e que está sempre pronto para novas experiências. Em vez de se entregar à tristeza, o geminiano aciona seus contatinhos. E assim, enquanto sofre pela pessoa que o desprezou, já está dando em cima de outras cinco. Gêmeos entende que a vida continua e que há muitas oportunidades esperando por ele.

Não se surpreenda se o geminiano der uma festinha para comemorar a liberdade recém-adquirida. Ele enxerga o fim de um relacionamento como uma chance de se divertir e de curtir a vida ao máximo.

Suas emoções oscilam bastante, então é possível que ele sofra um pouco ao se lembrar de quem partiu seu coração, mesmo que no dia seguinte esteja fazendo piada da própria situação. A capacidade de rir de si mesmo é uma das características marcantes desse signo. Ele entende que a vida é cheia de altos e baixos, e não hesita em encontrar humor nas situações mais improváveis.

O ex de Gêmeos

Ele lida com o término de maneira bastante tranquila. Entende que não é o fim do mundo e muitas vezes consegue desapegar bem rápido. Mesmo que pareça seguir em frente, ele frequentemente mantém uma amizade com os ex-parceiros, talvez para não admitir que perdeu totalmente a conexão. Se foi rejeitado, não se preocupe, logo encontrará outra pessoa, pois é ágil em recomeçar.

É comum ver oscilações de sentimentos no geminiano. Em um momento pode querer voltar, e no outro afirmar que te esqueceu para sempre. Recaídas não são raras nesse cenário. Ele provavelmente vai dar uma olhadinha nas redes sociais para ver como está a sua vida, mas também pode tentar fingir desinteresse. Às vezes, mesmo tentando dar um gelo, acaba cedendo e chamando para conversar.

O geminiano costuma guardar lembranças do ex como recordação dos bons momentos vividos juntos. Apesar das idas e vindas, ele valoriza o relacionamento que tiveram. No fim das contas, esse ex é alguém que flutua entre diferentes emoções, mas sempre encontra uma maneira de seguir em frente e continuar sua jornada amorosa.

O corno de Gêmeos

É o chifrudo moderno, que parece sempre estar antenado com as novidades. Porém, apesar do seu jeitinho descolado, não pense que traição passa batido com ele. Os geminianos podem ser impulsivos e, quando se sentem traídos, perdem as estribeiras e o papo flui mais do que o normal. Eles sabem de verdade dar lições de moral e, acredite, você vai ouvir um montão!

Agora, se você pensa que depois de uma traição o geminiano fica de cabeça baixa, se enganou. Ele sempre quer sair por cima! Não se espante se ele der o troco de alguma forma e depois sumir do mapa, como se você nunca tivesse existido na vida dele. Esse é o tipo que, se for preciso, se desfaz de todas as lembranças e literalmente toca fogo em tudo que lembra o ex.

Mesmo assim, ele não é de se lamentar por muito tempo. Pode até dar uma sofridinha de leve, mas exageros não fazem parte do seu estilo. No fim das contas, o corno geminiano sabe que nasceu para ser feliz. Por isso, "seguir o baile" é sempre a melhor opção para ele. Porque a vida, meu amigo, é pra frente!

O infiel de Gêmeos

O mais famoso infiel da astrologia? Estamos falando de Gêmeos, claro! Dispensa apresentações, né? O geminolouco é quase uma celebridade quando o assunto é infidelidade. Tá sempre no topo da lista e carrega, sem dúvida, uma das piores reputações.

Vamos combinar, o geminiano tem uma lábia que impressiona! Bom de papo, namoradeiro e mestre na arte de seduzir, é aquele tipo que sabe exatamente o que falar e quando. Mas aí vem a ironia: com tantos contatinhos, parece que ele fica perdido e não sabe o que fazer com suas 101.029.284 vítimas.

O mais intrigante é que muitas vezes ele está em um relacionamento superbacana mas não consegue resistir às novidades. Alguns dizem que é da natureza do geminiano ser propenso à infidelidade. Ele é movido por novas experiências e, infelizmente, nem sempre sabe se manter fiel. Seja como for, cuidado ao se envolver com esse signo, hein!

Gêmeos no trabalho

O geminiano não sabe lidar com o tédio. Com a mente ativa e vivaz, não responde bem a atividades repetitivas. Seu lema é "mudança é vida", por isso Gêmeos se destaca em ambientes que oferecem constantes desafios e novidades. Muito habilidoso e totalmente adaptável, ele consegue assumir qualquer tarefa na empresa, tornando-se o faz-tudo por excelência.

GÊMEOS ♊ 109

No entanto, o geminiano precisa de um superior que saiba controlar seus impulsos e explorar seu potencial sem limitações. Com a dose certa de liberdade e direcionamento, ele é capaz de resolver problemas com segurança e de alcançar resultados surpreendentes.

Comunicativo e agregador, Gêmeos é a alma das equipes de trabalho. Ele gosta de conhecer cada indivíduo que faz parte do ambiente profissional, criando um vínculo forte com todos. Sua energia anima qualquer grupo, tornando o geminiano a atração principal dos encontros e festas da empresa. Além disso, ele se destaca na organização e na gestão da agenda de trabalho, sempre disposto a ajudar na solução de problemas.

No entanto, quando se trata de enfrentar uma nova tarefa, o geminiano precisa de uma explicação detalhada, pois sua mente anseia por compreender todos os aspectos envolvidos. É como se ele precisasse montar o quebra-cabeça antes de começar a trabalhar. Se bem direcionado, porém, seu desempenho é excepcional, excedendo as expectativas.

Para motivar Gêmeos, as recompensas são um fator crucial. Ele está sempre em busca de superar a si mesmo e aos outros. Competitivo por natureza, não se importa em ser avaliado no trabalho, desde que as críticas sejam bem-intencionadas — criticar a qualidade de seu trabalho sem uma boa justificativa é a receita certa para desmotivá-lo.

Gêmeos é um profissional incansável, cheio de energia e de habilidades. É capaz de se adaptar a qualquer situação e de jogar em todas as posições. Se tiver reconhecimento e desafios na maior parte do tempo, Gêmeos vai brilhar, garantindo sucesso e alegria ao ambiente de trabalho.

Profissões para Gêmeos

Entre as profissões indicadas para esse signo, podemos destacar aquelas ligadas a comunicação, relações públicas ou as que pressuponham o contato com o público — jornalista, influenciador digital, repórter, apresentador de TV, professor, radialista, publicitário, comerciante, roteirista, escritor, diplomata, vendedor, guia turístico, matemático, engenheiro e assistente pessoal.

Profissões dos sonhos para Gêmeos

Influenciador, blogueiro, animador de festas infantis, fofoqueiro com registro em carteira, fiscal da vida alheia, criador de fake news, político, hacker e jornalista de celebridades.

O currículo de Gêmeos

Geminialdo Tagarelli da Silva
Data de nascimento: 20/06/1995
Avenida da Lábia Convincente, nº 3,
Bairro dos Linguarudos, Chã de Alegria-PE
E-mail: blablabla@astroloucamente.com
Telefone: (81) 9975-96445

Qualificações:

- facilidade em aprender e se adaptar;
- excelente companhia para afastar o mau humor e o tédio;
- domínio das técnicas de argumentação e convencimento;
- criatividade e talentos secretos.

Formação acadêmica:

- graduação em Indecisão Total;
- especialização em Paciência Mandou Lembranças;
- mestrado em Procurar Respostas no Google;
- doutorado em Mudanças Doidas de Humor.

Experiência profissional em:

- rir da própria desgraça;
- piadinhas em momentos inoportunos;
- começar e não terminar as coisas.
- revelar segredos sem autorização.

Top 5 moods de Gêmeos

❶ Mood colecionador de histórias alheias

Se você quer ficar por dentro do que está acontecendo no mundo, é só procurar um geminiano. Ele está sempre ligado nas últimas notícias e é expert em compartilhar informações de maneira objetiva e clara. "Não faço fofoca, eu noticio fatos", é o que ele diz.

❷ Mood Eu presto

Leal e confiável como poucos, Gêmeos é o amigo que todo mundo quer ter ao lado, e não tem fofoca ou intriga que estrague a amizade. Ele sabe separar as coisas e não é falso. No amor, mesmo gostando de flertar, consegue ser fiel e dedicado ao parceiro.

❸ Mood comerciante

Gêmeos é dono de uma lábia daquelas, capaz de convencer até o mais resistente dos ouvintes. Com um carisma que não acaba mais, consegue falar por horas sem cansar. Seus argumentos são os melhores, sempre bem fundamentados e prontos para desbancar qualquer ideia contrária.

❹ Mood palhaço

Gêmeos é um mestre do humor! Com uma piadinha na ponta da língua a qualquer momento, esse signo arranca risadas sem fazer esforço. E não é só isso: ele consegue rir da própria desgraça, mostrando que o bom humor é a melhor saída para os momentos difíceis. Gêmeos tem uma pasta infinita de memes e vídeos de humor, fazendo a alegria de todo mundo. É risada garantida!

❺ Mood naja

Venenoso, esse geminiano adora causar confusão e jogar lenha na fogueira. Sempre com opiniões afiadas e pronto para alfinetar, o deboche é seu principal aliado na arte de cutucar. Quando não está causando intriga, está se divertindo com ela, fazendo graça até com coisa séria.

Top 5 animais que poderiam ser de Gêmeos

❶ Papagaio

Gêmeos tem um talento natural para conversar com qualquer pessoa sobre qualquer assunto. E não é diferente com os papagaios, que adoram repetir vozes, sons e até mesmo palavras. Com suas imitações engraçadas, conseguem arrancar risadas até mesmo da pessoa mais séria desse mundo. São capazes de reproduzir as conversas mais inusitadas. E os geminianos são conhecidos pelo humor e pela capacidade de afastar o tédio.

❷ Borboleta

Igualzinho à lagarta, que inicia sua jornada sem fazer alarde, o geminiano adora explorar caminhos diferentes e descobrir coisas interessantes. É na metamorfose que a mágica acontece. A lagarta, que antes rastejava pelo chão, transforma-se em borboleta.

Da mesma forma, os geminianos passam por transformações ao longo da vida, graças ao seu poder de adaptação. Gêmeos encontra seu equilíbrio nas mais diferentes situações e amadurece lindamente com o passar dos anos.

❸ Camaleão

Os geminianos são versáteis e flexíveis, não se apertam diante das mudanças, e assim é o camaleão, que muda de cor para assegurar a própria sobrevivência. Como ele, Gêmeos tem a habilidade incrível de se adaptar à ocasião e se dar bem em qualquer lugar, seja em uma festa animada ou em um encontro tranquilo.

❹ Polvo

Esse animal marinho é tido como muito inteligente, assim como os geminianos. Além disso, tanto Gêmeos quanto o polvo são conhecidos pela habilidade de se adequar a diferentes situações. Os polvos têm a incrível capacidade de se camuflar, alterando sua cor e textura para se misturar ao ambiente. Já os geminianos, se integram facilmente aos mais diversos grupos e sabem como se comportar em cada situação.

❺ Beija-flor

O geminiano pode ser tão inquieto como o beija-flor, sempre em busca de mais experiências e desafios. Essa ave muda de localização todos os anos, indo atrás das melhores condições para se alimentar e se reproduzir. Com isso, o beija-flor precisa de um grande poder de adaptação para se integrar ao novo ambiente — e lembra muito o geminiano. Além disso, ambos precisam desfrutar da liberdade para viver.

Top 5 personagens que poderiam ser de Gêmeos

❶ Coringa (DC Comics)

Esse vilão imprevisível, rei das piadas macabras, representa o lado mais travesso do signo de Gêmeos. Com suas múltiplas personalidades e trocas rápidas de humor, o Coringa mostra como os geminianos podem ser misteriosos e inconstantes. Nunca se sabe o que esperar deles, assim como nunca se sabe qual é o próximo plano insano do Palhaço do Crime.

❷ Paola Bracho (A usurpadora)

A vilã mexicana mais amada do mundo é conhecida pelo humor cínico e debochado. A personagem é dona de um carisma e de um poder de persuasão que poucos igualam. Os geminianos são conhecidos por serem ótimos comunicadores, e Paola compartilha dessa habilidade. Ela é extremamente articulada, conseguindo o que deseja com sua lábia afiada. Além disso, os geminianos são namoradores incansáveis, e Paola dispensa comentários: ao longo da novela ela se envolve com pelo menos cinco amantes.

❸ Emília (Sítio do Picapau Amarelo)

A bonequinha de pano que marcou a infância de muita gente fala pelos cotovelos. Emília é comunicativa, assim como os geminianos, que geralmente são muito sociáveis e gostam de interagir. A personagem também vive se metendo em mil e umas aventuras por ser muito curiosa, que nem os nativos de Gêmeos. Além de tudo isso, a boneca tem pressa para descobrir coisas novas, seja no sítio da Dona Benta ou no mundo lá fora.

114 GÊMEOS ♊

❹ Feiticeira Escarlate (*WandaVision*)

Wanda é extremamente versátil. Ela pode assumir diversas aparências, manipular a realidade e usar uma gama de habilidades mágicas, mostrando uma flexibilidade que é típica dos geminianos. Além disso, demonstra a curiosidade dos geminianos quando tenta entender e explorar seus poderes mágicos e a realidade ao seu redor.

❺ Agostinho Carrara (*A grande família*)

Gêmeos é um signo eclético, com interesse em diversas áreas. Da mesma forma, Agostinho está sempre envolvido em diferentes projetos, mudando de emprego sempre que surge uma oportunidade. O personagem é conhecido pelo jeito malandro, espertalhão, e consegue levar qualquer um no papo. Além disso, tanto Gêmeos quanto Agostinho são conhecidos pelo senso de humor apurado e por conseguir rir até mesmo diante das piores situações.

Dez mandamentos para Gêmeos

1. Cultive a paciência
Gêmeos tende a ser impaciente, portanto pratique o controle emocional e a compreensão, evitando tomar decisões precipitadas.

2. Tenha atenção plena
A mente de Gêmeos está sempre em movimento. Aprenda a se concentrar no presente, valorizando o momento e suas experiências.

3. Busque aprofundar seus conhecimentos
Gêmeos tem a mente curiosa, mas às vezes pode se dispersar em muitos assuntos superficiais. Procure se aprofundar em temas de seu interesse.

4. Seja decidido
A indecisão é um dos principais defeitos dos geminianos. Trabalhe para tomar decisões firmes e assumir a responsabilidade por suas escolhas.

5. Estabeleça metas realistas
Evite a tendência de querer fazer muitas coisas ao mesmo tempo. Defina metas realistas e priorize o que é mais importante para você.

6. Aprenda a lidar com o tédio
Gêmeos tende a ficar entediado facilmente, o que pode levá-lo a uma busca incessante por novidades. Aprenda a apreciar momentos de tranquilidade e rotina.

7. Seja fiel aos compromissos
A inconstância é um defeito típico de Gêmeos. Trabalhe para cumprir suas promessas e ser mais confiável.

8. Desenvolva a empatia
Ser racional demais às vezes o impede de se conectar emocionalmente com os outros. Pratique a empatia e demonstre mais compreensão com as pessoas ao redor.

9. Ouça mais do que fala
Você adora conversar, mas é igualmente importante aprender a ouvir com atenção. Dê espaço para os outros se expressarem e absorva suas perspectivas.

10. Aprenda a aprofundar relacionamentos
Os geminianos podem ser sociáveis, mas às vezes têm dificuldade em criar relacionamentos profundos. Invista em conexões genuínas e duradouras.

Câncer, o sofredor

"Por que sempre gostamos de quem não gosta de nós?"
(Jenna Rink, *De repente 30*, 2004)

Perfil do signo

Nascidos entre: 21 de junho e 22 de julho
Apelido: Canceriemo
Astro regente: Lua
Elemento: ☐ fogo ☐ terra ☐ ar ☒ água
Glifo: ♋
Símbolo: caranguejo ou lagosta
Frase: "Eu sinto."
Polaridade: ☐ positiva ☒ negativa
Modalidade: ☒ cardinal ☐ fixa ☐ mutável
Paraíso astral: Escorpião
Inferno astral: Gêmeos

Signo oposto complementar: Capricórnio
Cores: branco, prateado, bege e preto
Pedra: pedra da lua
Metal: prata
Talismã da sorte: Lua
Animal: elefante
Planta: lágrima-de-cristo
Partes do corpo: seios e estômago
Ditado popular: "Quem não chora não mama."
Palavras-chave: proteção, sensibilidade, memória, intuição e drama

Câncer, Lua e água: a combinação emotiva da astrologia

Um oceano de emoções profundas, onde as marés da sensibilidade e da intuição se unem em uma só alma. Tanto o caranguejo como a lagosta, que representam esse signo, são conhecidos por serem sensíveis e protetores. Câncer vive mergulhado em lágrimas, quero dizer, no elemento água, o que o torna um ser encantador, misterioso e, claro, um pouquinho emocionado.

Assim como a Lua tem fases, o estado de espírito do canceriano passa por altos e baixos. Um dia ele está feliz e radiante como a lua cheia, iluminando o céu, e no outro pode estar um tanto rabugento, assim como a lua nova, que se esconde e nos deixa no escuro — e é melhor não incomodar o canceriano nesses momentos, pois seu humor pode ser tão instável quanto as marés.

O signo de Câncer é conhecido por ser protetor e carinhoso com seus amigos e familiares — a mãezona do zodíaco. No entanto, é bom lembrar que ele também precisa de um pouco de espaço para si mesmo. Afinal, um caranguejo que se preze quer ficar quieto dentro da concha de vez em quando.

A criatividade e a imaginação do canceriano não têm limites; suas ideias fluem como mágica. Essa pessoa tem uma capacidade única de entender as emoções alheias e muitas vezes se torna o ombro para chorar ou o conselheiro para os momentos difíceis. É como se o canceriano tivesse uma conexão especial com a Lua, que o presenteou com o dom da empatia.

O romantismo do nativo desse signo é algo que merece destaque. Quando está apaixonado, ele se entrega de corpo e alma, como uma onda que se funde com o mar. É capaz de fazer surpresas adoráveis e de criar um ambiente acolhedor e aconchegante para a pessoa amada. No entanto, é bom estar preparado para as mudanças de humor repentinas. É o tipo de pessoa que muda do mel para o limão de um instante para o outro.

A Lua, planeta regente de Câncer, confere a esse signo uma sensibilidade única para perceber as energias ao seu redor. Assim como as forças lunares afetam as marés, o canceriano sofre influência das energias do ambiente, por mais sutis que elas sejam. Isso pode explicar seus momentos de reclusão para recarregar as baterias.

O lado iluminado de Câncer

O signo de Câncer é sinônimo de afeto. O companheiro perfeito, com quem você sempre pode contar, não importam as circunstâncias. Ele é o parente amorzinho e o amigo sempre lembrado, aquele que zela pelo bem-estar dos entes queridos — e os defende com todas as forças. Está por perto nas horas mais difíceis e é excelente ouvinte e conselheiro. Graças à sua humildade, ele não faz alarde das próprias virtudes, por isso é como se você tivesse um tesouro escondido. Brilhando em sua própria novela mexicana, o canceriano transborda suas emoções e não está nem aí.

Mas ele gosta de ficar na dele, viu? E é caseiro demais. O canceriano valoriza acima de tudo o aconchego de casa. O nativo de Câncer adora passar um tempinho só, talvez para recarregar as energias, por isso o quarto é seu santuário, onde se esquece da vida aqui fora.

Sentimentalista de carteirinha, ele chora até mesmo assistindo a um comercial mais emocionante. Além disso, guarda as suas lembranças com muito cuidado. Atento como a *Choquei*, nunca deixa passar um detalhe importante. Apego ao passado? Sim, mas sempre com o olhar no futuro. É que o canceriano tem o superpoder de prever o que vai acontecer, aquela intuição de milhões...

Ao mesmo tempo sensível e forte, o nativo de Câncer coloca amor em tudo o que faz. A lealdade é uma de suas qualidades mais bonitas.

O lado sombrio de Câncer

O nativo de Câncer mostra um jeitinho inofensivo, mas é o perigo em forma de gente. Sentimental demais, se chateia e chora por qualquer coisa. Ainda tem a mania de desconfiar de tudo e todos — se sua intuição der um sinal, ele vai entrar no modo detetive e escarafunchar até descobrir o que precisa. Nada escapa dessa criatura pra lá de observadora. Ainda por cima, o canceriano nunca esquece as pisadas na bola alheias. E o pior: usa tudo isso para manipular os outros, se fazendo de vítima a fim de arrancar o que quiser.

As mudanças de humor desestabilizam todo mundo à sua volta. Além de reclamar bastante, é medalha de ouro no quesito irritação. Muito detalhista, o canceriano raiz está sempre de olho no lance, pega informações no ar e depois faz uso disso no momento apropriado. E às vezes fica satisfeito com a desgraça alheia — que feio!

Uma das características mais marcantes desse indivíduo é o fato de nunca deixar o passado para trás. Câncer é um colecionador de mágoas! Pode até perdoar, mas esquecer? Jamais. Seu caderninho do rancor está sempre à mão, e nele consta cada deslize alheio.

O mais curioso é que o canceriano de vez em quando procura motivos para ficar triste. Isso mesmo, ele gosta de se chatear com bobagens para transformar tudo em lágrimas mais tarde.

No amor, Câncer pode ser grudento e criar paranoias o tempo todo. E nunca vai aceitar um término facilmente. Adora implicar com os amigos e parece ter prazer em controlar a vida dos outros. Mas no fim acaba estendendo a mão... Claro, não sem antes sacar do bolso a lista dos favores que já fez — só para refrescar a memória dos ingratos.

Os decanatos de Câncer e os três tipos de nativo

PRIMEIRO DECANATO
21/06 até 30/06

O canceriano afetuoso

Influenciado pela Lua (Câncer), costuma ser o mais intuitivo, sensível e nostálgico dos cancerianos. Mantém uma relação forte com a família e os amigos, protegendo-os sempre e até se autossacrificando pelos seus. Sabe como ninguém virar o jogo ao seu favor, e a receita é sempre a mesma: faz um drama digno de novela das nove e chora com uma enorme facilidade. O humor muda mais que as fases da Lua. Corre o risco de afundar no pessimismo e adora reclamar de tudo e todos. O ciúme, a ansiedade e o apego ao passado são os seus maiores desafios.

SEGUNDO DECANATO
01/07 até 10/07

O canceriano intenso

Esse nativo sofre influência de Plutão (Escorpião) e tem um gênio difícil. Pode ser considerado o mais inquieto e impulsivo entre os cancerianos, e seu ar misterioso e olhar enigmático costumam fascinar as pessoas. Determinado, não desiste fácil dos objetivos, gosta de ter o controle da situação e carrega dentro de si uma ânsia de poder que nunca está satisfeita. Intenso em todos os sentimentos, é obsessivo e ciumento com quem ama. O excesso de drama e a dificuldade em perdoar são desafios constantes em sua vida.

120

CÂNCER ♋

TERCEIRO DECANATO
11/07 até 22/07

O canceriano bondoso

O canceriano desse decanato é influenciado por Netuno (Peixes) e geralmente é supergeneroso. Muito empático, se doa por completo e costuma colocar outras pessoas como prioridade em sua vida. Tem uma excelente intuição e é bastante espiritualizado, mas, por viver nas profundezas emocionais, pode se viciar em sentimentalismo e autodestruição. Criativo e de imaginação fértil, precisa aprender a não confiar demais nos outros e a não criar expectativa — a mãe da decepção.

Câncer no mapa astral

Sol em Câncer

O nativo desse signo é dono de um humor oscilante. Com as emoções sempre à flor da pele, a energia do ambiente e das pessoas ao redor sempre o afeta demais. É por isso que o canceriano costuma ter pressentimentos e sonhos reveladores e que sua intuição é muito certeira. A família está sempre em primeiro lugar nesse coração, especialmente sua mãe.

Dentro de si o nativo de Câncer carrega a necessidade de se sentir seguro, de ter e ser abrigo e aconchego. Muito caseiro, seu quarto é seu porto seguro. Esse amigo acolhedor está sempre pronto para ajudar quem o procura, pois não resiste ao instinto de cuidar. A memória é um dos traços mais marcantes desse indivíduo, e pode ser usada para divertir os amigos ou para lembrar de uma ferida que não cicatrizou. O apego às coisas do passado o torna rancoroso e muitas vezes vingativo.

Ascendente em Câncer
Comportamento
À primeira vista, é uma pessoa muito tímida com quem não conhece e aparenta ser ingênuo, coisa que não é. Antissocial, adora ficar em casa e é muito apegado à mãe. Curte contar histórias da família para todo mundo e não para de reviver suas recordações.

Movido pelos sentimentos, quem tem ascendente em Câncer se magoa fácil e não perdoa com facilidade; são muitos caderninhos do rancor guardados na gaveta. Discreto, não gosta de chamar a atenção e tem um humor que varia como as fases da Lua. Está sempre com um pé atrás e quase nunca erra na intuição.

Aparência física

Sua expressão é suave e mostra certa inocência, mas as emoções são bem perceptíveis em seu rosto redondo. As sobrancelhas são arqueadas e o olhar é inocente e compassivo. De nariz pequeno e arrebitado, quem tem ascendente em Câncer costuma ter bochechas marcantes e o queixo arredondado.

Pode ter estatura mediana ou ser baixinho. O corpo é cheio de curvas e normalmente as mulheres têm seios fartos e arredondados. Emagrece e engorda com muita facilidade. As pessoas que andam distraídas por aí geralmente têm ascendente em Câncer.

Lua em Câncer

Quem nasceu com a Lua em Câncer tem um instinto materno forte, manifestado no amor e cuidado com todos. Ao mesmo tempo, esse nativo é emocionalmente dependente das pessoas, buscando conforto e segurança nas relações. Na ligação com a mãe, ele encontra um porto seguro. Gosta do aconchego da família, mas também aprecia momentos de solidão e vez ou outra se isola.

Suas emoções e seu humor vivem em uma gangorra eterna, porque ele é altamente sensível à energia alheia, captando as vibrações boas e as ruins. Mesmo assim, sua mente criativa não para de explorar novas possibilidades.

Mercúrio em Câncer

Uma pessoa intuitiva e curiosa, com uma memória excelente. Dona de uma mente criativa e fértil, sempre aproveita as experiências vividas para refletir. No entanto, quem tem Mercúrio em Câncer é facilmente influenciável pelos outros e deixa as emoções controlarem sua vida.

É comum para ele guardar mágoas, por isso tende a tomar decisões depois de pensar bastante. Valoriza suas lembranças, mas não deixa de recorrer à chantagem emocional se for preciso.

Vênus em Câncer

Tem um jeito discreto de conquistar e adora presentear a pessoa amada, construindo memórias agradáveis e guardando datas e lembranças. Deseja viver relacionamentos estáveis e duradouros e tem o sonho de formar uma família, apresentando um forte instinto para cuidar dos outros.

Carente em todos os aspectos, para ferir seu coração não precisa de muito. É comum viver relacionamentos abusivos ou tóxicos, pois depende completamente do outro. Altamente desconfiado e ciumento, dificilmente volta a se entregar se for magoado.

Marte em Câncer

É daqueles que lutam até o fim pelo que desejam, mas às vezes se precipita ao tomar decisões e acaba se chateando quando as coisas não saem como planejado. Quem tem Marte em Câncer é mandão, insiste em resolver tudo por todos e muitas vezes entra em atrito com as pessoas próximas por causa disso. Nessas ocasiões ele é dramático, faz pressão, fecha a cara e se sente ofendido.

Ele é movido pela emoção e tem a sensibilidade bem acentuada, porém na hora H, se tiver intimidade com o parceiro, se transforma completamente. Aprecia uma pegada mais forte e consegue se expressar com segurança no relacionamento, mas vai procurar parceiros que lhe transmitam confiança.

Júpiter em Câncer

Seu coração generoso o faz ajudar o próximo sempre que pode. Protetor por natureza, defende aqueles que ama. Os que nasceram com Júpiter em Câncer são sentimentais e materialistas, já que valorizam cada memória e cada objeto que foram parte de sua jornada.

Esse nativo é um apreciador dos prazeres da mesa! Uma qualidade que ele tem é a habilidade de fazer negócios, transformando oportunidades em sucesso.

Saturno em Câncer

Busca a segurança desesperadamente, mas vê o mundo com lentes de pessimismo e desconfiança. A melancolia é sua companheira constante e às vezes rola uma bad. A timidez o leva a se isolar das pessoas. Além disso, quem tem Saturno em Câncer é ambicioso e incrivelmente egocêntrico, sempre se colocando em primeiro lugar. No entanto, ele tem uma habilidade fantástica para administrar o dinheiro da família. Se você morar com essa pessoa, nunca vai saber o que é um aperto financeiro.

Urano em Câncer

Com uma dose extra de insegurança, esse indivíduo está sempre em meio a um turbilhão de emoções, se debatendo com as dúvidas. Para completar, seu comportamento excêntrico mantém as pessoas do seu convívio em estado de alerta, sempre na expectativa do que vai aprontar. A vida com esse nativo nunca é monótona; o caos e a incerteza estão sempre juntos.

Netuno em Câncer

A intuição desse indivíduo ganha ares de poder sobrenatural. Com uma precisão surpreendente, ele consegue prever o futuro. No entanto, quando se trata de enfrentar os problemas da própria vida, mostra uma habilidade impressionante para fugir da realidade. Se houver um problema em sua frente, buscará todas as alternativas possíveis para ignorá-lo.

Plutão em Câncer

Com uma intuição muito apurada, quem nasceu com Plutão em Câncer é capaz de antecipar as mudanças e os desafios que lhe aguardam. Porém, infelizmente, essa pessoa tem predisposição a sofrer perdas de entes queridos ao longo da vida. Sua vida familiar, aliás, sofre mais reviravoltas que as novelas do Walcyr Carrasco.

Lilith em Câncer

Para ele, a base está em valorizar relacionamentos seguros e parceiros sensíveis, que compreendam a importância da família. A intimidade e o acolhimento são essenciais nas suas relações. Quando se trata de sexualidade e sentimentos, aqueles com Lilith em Câncer são livres e expressivos, desde que haja aceitação do próprio corpo. A confiança no parceiro é essencial para que ele possa desfrutar do prazer na cama.

Quíron em Câncer

É ligado às dores emocionais e à atenção dedicada aos outros. Essa posição indica a busca por reciprocidade nas relações e a possibilidade de se ferir quando não encontra esse apoio. No entanto, é essencial aprender a cuidar das próprias necessidades para ter um crescimento emocional saudável. Algumas pessoas insistem em colocar as necessidades alheias em primeiro lugar, mas é importante olhar para si com a mesma consideração.

Descendente em Câncer

Esse indivíduo busca um parceiro confiável, sensível e que valorize o ambiente familiar. Porém, enfrenta desafios para lidar com as próprias mudanças de humor. Tem tendência a buscar constantemente orientação e conselhos, pois julga que a segurança está em alguém próximo. Sua natureza amorosa e cuidadosa costuma fazê-lo renunciar à própria vontade para manter a harmonia no relacionamento.

Meio do céu em Câncer

Mantém uma conexão profunda com o sentimento maternal, buscando nutrir e amparar os outros de maneira afetuosa. Porém, a solidão pode desencadear sentimentos de tristeza e provocar sensação de incompletude. É importante para essa pessoa encontrar apoio emocional em suas relações e atividades, pois isso fortalece a confiança e o equilíbrio interior.

Fundo do céu em Câncer

É conhecido pela ligação forte com a família, buscando o tempo todo a conexão emocional com aqueles que estão ao redor. No entanto, esse traço também desperta a necessidade de momentos de recolhimento para recarregar as energias emocionais. A dualidade entre o apego à família e a vontade de passar tempo sozinho revela a maneira como essa pessoa encara suas relações e obtém satisfação emocional. É por isso que encontrar o equilíbrio entre o cuidado com os entes queridos e a autossuficiência é essencial para sua saúde mental.

Câncer gosta de	Câncer não gosta de
Textos fofos	Frieza
Ficar em casa	Ingratidão
Comida afetiva	Arrogância
Colecionar coisas	Despedidas
Amar e ser amado	Barracos em família
Seguir sua intuição	Filmes violentos
Aconselhar	Perguntas invasivas
Curtir a paz do seu quarto	Ouvir lição de moral
Relembrar o passado	Falta de consideração

Ajudar quem precisa	Perder alguém que ama
Abraços verdadeiros	Pensar demais nas coisas
Nostalgia	Desbravar o desconhecido
Tranquilidade financeira	Que falem mal dos seus entes queridos
Planejar compras imaginárias	Sofrer por quem não merece
Pessoas que demonstram afeto	Stalkear e não descobrir nada
Ser reconhecido pelo seu trabalho	Chorar por quem não o valoriza
Postar indiretas por meio de músicas	Ficar longe de casa
Ouvir a mesma música em loop infinito	Ser forçado a se expor
Saber que se lembraram do seu aniversário	Se desfazer de coisas guardadas
Contar histórias engraçadas que já viveu	Que esqueçam a data do seu aniversário

A mãe de Câncer

Ela é mãezona, sempre pronta para encher os filhos de carinho. Faz de tudo para ver seus familiares bem e não mede esforços para garantir que todos estejam felizes e confortáveis. A proteção é uma das marcas registradas dessa mãe. Ela defende os filhos com unhas e dentes e enfrenta qualquer desafio para mantê-los seguros. Seu instinto maternal é forte, e ela se preocupa profundamente com o bem-estar dos seus pequenos.

A mãe de Câncer tem um jeitinho especial de demonstrar afeto, muitas vezes recorrendo a um draminha para expressar seu amor. Essa tendência pode trazer um toque de humor às situações do dia a dia. Ela adora seu lar, valoriza a harmonia em casa e se dedica a criar uma atmosfera aconchegante para a família.

Com uma intuição aguçada, a mãe canceriana é capaz de compreender as necessidades emocionais dos filhos sem que eles precisem dizer uma palavra. Ela participa da vida escolar, sempre acompanhando o progresso acadêmico e incentivando o aprendizado. Essa mãe também sabe como tranquilizar os filhos em momentos de incerteza ou preocupação. Seu apoio emocional é inestimável, tanto que ela está sempre pronta para ouvir e aconselhar.

A humildade é um valor que a mãe de Câncer transmite aos filhos. Ela ensina a importância de cultivar a gratidão e de apreciar as pequenas coisas da vida. Acredita com todo o coração que nasceu para ser mãe, e é no papel de cuidadora e protetora que encontra sua realização. Com chavões como "Tá levando casaco? Vai esfriar, hein!" e "Eu avisei, não avisei?", essa mãe mostra seu jeito preocupado e carinhoso. É uma figura central no lar, proporcionando amor, apoio e um ambiente acolhedor.

O pai de Câncer

Ele merece o título de pai coruja com todo o orgulho. Se derrete pelos filhos e não perde a oportunidade de mostrar o quanto os ama. Sua dedicação e seu carinho são evidentes em cada atitude, e ele se preocupa constantemente com o bem-estar e a felicidade de seus bebês.

Ver os filhos crescerem pode ser um misto de alegria e nostalgia para o pai de Câncer. Ele sofre quando percebe que seus pequenos estão se tornando independentes e trilhando o próprio caminho. Apesar disso, ele os apoia incondicionalmente em ao longo da jornada.

Pai conselheiro por natureza, está sempre pronto para ouvir e oferecer orientações. Seus conselhos vêm do coração, embasados em sua experiência e sabedoria. Ele é aquele ombro amigo que os filhos podem procurar a qualquer momento.

Um toque de drama também faz parte da personalidade desse pai. Ele expressa suas emoções de maneira intensa e muitas vezes melodramática. Seja para expressar alegria ou preocupação, nunca economiza nos gestos e nas palavras.

O canceriano participa ativamente da vida dos filhos. Ele se envolve em cada etapa, desde os primeiros passos até as grandes decisões. Faz questão de demonstrar seu amor e apoio e se esforça para proporcionar a eles tudo o que há de bom e de melhor na vida.

A humildade é um dos maiores valores que ele transmite aos filhos. Esse pai ensina que a verdadeira grandeza está em ser gentil. Ele é cuidadoso e sempre se coloca no lugar do outro. Sua criação é como um abraço caloroso, protegendo os rebentos debaixo de suas asas e cultivando valores que moldarão adultos empáticos e amorosos.

Câncer no amor

Se você se envolver com alguém desse signo, pode esperar uma montanha-russa de sentimentos e uma dose extra de carinho. Por fora eles podem parecer tímidos e reservados, mas transbordam de amor e compreensão.

Os cancerianos são leais e valorizam a estabilidade e a segurança nos relacionamentos, buscando um porto seguro para ancorar. No entanto, podem ser carentes, necessitados de mimos e abraços.

A diversão é uma arma poderosa do canceriano na vida a dois. Ele tem um senso de humor cativante e é capaz de fazer qualquer um rir até doer a barriga. Em momentos de tensão, consegue aliviar o clima e trazer a descontração. Além disso, o canceriano tem um radar especial para as necessidades emocionais do parceiro. Ele é um verdadeiro detetive sentimental, pois percebe que algo não está bem com a pessoa amada mesmo antes que ela diga qualquer coisa. Quem não gosta de se sentir compreendido e amado de verdade?

As combinações de Câncer no amor

Vamos conferir como os cancerianos combinam no amor com cada um dos outros signos. Mas, veja bem, é importante saber que só o signo solar não diz tudo. Para entender melhor, a gente tem que ver o mapa astral completo, porque cada pessoa tem um jeito único que influencia no amor.

Câncer ♡ Áries

Essa é uma relação que pode dar bastante trabalho. Eles possuem gênios opostos, mas, com muita paciência, é possível superar os desafios. Câncer oferece seu amor mais puro e verdadeiro, fazendo Áries se sentir valorizado. O caranguejo faz questão de incluir o carneiro nos seus planos para o futuro. O arianjo, por sua vez, encoraja e apoia o canceriano nos seus projetos.

É uma relação que garante diversão e aventuras inesperadas. O gênio explosivo de Áries ocasiona muitas brigas, e o canceriano sempre que pode recorre ao drama. Quando Áries pensa que Câncer já superou a treta, se surpreende com o parceiro jogando a situação na sua cara e relembrando com riqueza de detalhes as brigas passadas.

O ciúme pode ser um problema também, já que nenhum dos dois gosta de dividir o que é seu. A vida social agitada de Áries provoca atritos, pois o canceriemo prefere fazer a linha bela, recatada e do lar. Aos poucos, contudo, os dois podem criar uma relação harmoniosa. Se superarem as diferenças e procurarem se compreender, esse encontro pode proporcionar aprendizado e crescimento.

Câncer ♡ Touro

O sentimental e o cabeça-dura. Taí uma relação que a gente respeita, viu? A união desses dois é baseada em segurança emocional e financeira. Eles se compreendem muito, falam uma língua que só os dois entendem, um sustenta e protege o outro e a base de tudo é a fidelidade, mas há uma exagerada dependência emocional. Eles não gostam de brincadeirinhas e ostentam os mesmos defeitos e as mesmas qualidades, então precisam se empenhar para evoluir juntos.

Nessa relação, Touro protege Câncer de tudo e em contrapartida pode se sentir limitado, pois Câncer limita seus passos; Touro, mesmo sendo teimoso, precisa ceder muitas vezes para as coisas darem certo.

Câncer usa sua intuição para melhorar e estimula a mente de Touro. Juntos, eles são criativos e tendem a explorar novos conhecimentos. Se tiverem o mesmo propósito, o céu é o limite! É muito comum esse casal enriquecer da noite para o dia e multiplicar o seu patrimônio.

Câncer ♡ Gêmeos

Essa combinação não é das melhores. Uma relação de altos e baixos emocionais e de muita agitação, pois se trata do encontro de ar e água. É um relacionamento de desafios, enfim. Quando os dois se unem para tentar coisas novas, é certeza de que a criatividade vai rolar solta!

O canceriano traz a segurança para o relacionamento, e o geminiano, o humor para animar. O canceriano é o mestre do chororô, mas aí o geminiano, todo frio, diz: "Não enche, tá? Guarda as lágrimas pra mais tarde!" O problema desse casal é que o geminiano pode demorar demais para amadurecer. Já o canceriano deixa a insegurança falar mais alto e faz questionamentos do tipo "Será que ele me ama? Será que eu sou bom o suficiente?".

Se der certo, vira lenda! Uma história de amor, superação e paciência que merece ser contada para as próximas gerações. Entre os momentos de estresse existem risos e lágrimas, brincadeiras e DRs. Vale a pena tentar porque, com muito esforço e amor, eles podem encontrar a fórmula para um relacionamento divertido, criativo e até mesmo duradouro. Só o tempo dirá se essa dupla vai protagonizar uma comédia romântica ou um filme de terror.

Câncer ♡ Câncer

É a maior novela mexicana que você pode imaginar, com direito a amor, paixão e um exagero de drama e lágrimas. Mas a relação entre os dois pode dar certo. É um duelo de emoções em que cada um espera que o outro tome a iniciativa para revelar seus sentimentos. Quando estão juntos, eles conseguem enxergar as virtudes um do outro.

É como se o mundo girasse em torno do casal canceriano. Eles pensam em casar, em construir um lar, em compartilhar cada pedacinho da vida. E adoram colecionar momentos. É como se cada detalhezinho fosse importante para reafirmar a paixão. Ambos precisam, porém, aprender a lidar com as inseguranças e a comunicar suas necessidades emocionais.

Quando supera os desafios dessa combinação, o casal de Câncer tem potencial para construir uma relação profundamente amorosa e estável. A conexão íntima intensa entre os dois pode ser a base para uma parceria duradoura, desde que sejam capazes de se apoiar mutuamente, cultivando a confiança e a segurança emocional.

Câncer ♡ Leão

Imagine uma mistura entre água e fogo, só que com uma dose extra de emoção e uma pitada de caos. O canceriano, todo protetor, quer abraçar o leonino como se fosse um bichinho de pelúcia. Só que o leão, cheio de si, quer dominar tudo. E aí a coisa complica.

Leão se encanta com o jeito fofo do canceriano, mas se sente angustiado pela sua insegurança. É um mix de medo e controle, uma montanha-russa de emoções que nem sempre tem fim. O leonino naturalmente anseia por comandar as coisas, o que pode gerar atrito com o lado protetor e maternal de Câncer. Essa competição pelo domínio pode provocar desentendimentos e dificuldades de comunicação.

Câncer busca proteger e proporcionar estabilidade emocional, enquanto Leão anseia por segurança e admiração constante. Encontrar um ponto de equilíbrio entre essas necessidades é fundamental para a harmonia do casal. No fim das contas, pode até ser uma relação de sucesso, viu? Com paciência, compreensão e respeito, ambos podem deixar os obstáculos para trás e desfrutar de uma conexão duradoura e enriquecedora.

Câncer ♡ Virgem

Esse relacionamento pode ser descrito como positivo, apesar das diferenças. Os dois signos têm planos e cultivam ideias inovadoras. As semelhanças entre eles superam as divergências, permitindo que encontrem um terreno comum em seus objetivos e nos valores compartilhados.

A busca incessante pela perfeição permeia essa relação. Câncer proporciona a sensação de segurança, oferecendo proteção e cuidado. Por sua vez, Virgem contribui com sua natureza prática e estável, fornecendo um senso de constância para a união. Essa combinação de características pode criar uma base sólida, permitindo que ambos se sintam apoiados e confortáveis.

Claro, existem as diferenças. Câncer se magoa facilmente, e precisa lidar com Virgem, frio como um iceberg. Esses contrastes podem levar a desentendimentos e conflitos. Compreender e respeitar as diferenças um do outro, além de buscar o equilíbrio entre expectativa e realidade, são elementos essenciais para fortalecer o vínculo entre eles.

Câncer ♡ Libra

Essa é uma combinação com altos e baixos. Apesar de todos os obstáculos, Câncer e Libra têm algo em comum: o desejo de ter um lar aconchegante e uma família feliz. Eles valorizam muito o ambiente doméstico e têm uma afinidade natural para cuidar um do outro e valorizar o equilíbrio emocional, o que torna a conexão entre eles intensa e apaixonada.

Câncer encoraja Libra a tomar decisões mais seguras. Libra, por sua vez, sabe seduzir Câncer como ninguém. Os apelidos fofos tornam o convívio leve e divertido. É *amor* pra cá, *vida* pra lá, mas tanto Câncer quanto Libra têm uma tendência a guardar seus sentimentos, o que pode resultar em mal--entendidos e frustrações.

Câncer valoriza a segurança emocional, mas é exageradamente inseguro e desconfiado. Em resumo, a relação é uma mistura de paixão, cuidado e desafios emocionais. Para que essa parceria prospere, eles precisam aprender a expressar o que sentem, construir a confiança mútua e estar dispostos a enfrentar os reveses da vida a dois.

Câncer ♡ Escorpião

Existe uma atração física inegável entre esses dois, além da poderosa conexão emocional. Câncer e Escorpião compartilham uma afinidade natural, que é fortalecida pela sensibilidade de ambos.

Os dois procuram estabilidade e segurança no relacionamento. E, olha só, eles são bem intuitivos. Conseguem sentir o cheiro de mentira a quilômetros de distância. Na relação com Câncer, Escorpião tende a proteger e apoiar seu parceiro, incentivando-o a sair da zona de conforto e experimentar mudanças.

No entanto, a luta pelo controle pode criar conflitos entre esses dois signos, que têm a mesma natureza dominadora. A busca pelo poder e o desejo de impor sua vontade podem desgastar a relação. Para que essa união prospere, é essencial aprender a respeitar as necessidades e limitações um do outro.

Câncer ♡ Sagitário

O sagitariano, esse ser cheio de energia e vontade de viver, consegue deixar o canceriano confortável. Afinal, quem vai querer ter paz e sossego quando se tem um sagitariano por perto para animar as coisas? Apesar disso, o canceriano valoriza muito seu casulo. Enquanto o sagitariano quer se aventurar, o canceriano quer ficar no seu mundinho fechado. E é aí que o sagitariano entra em cena, ensinando ao canceriano como ser otimista, abrir as asas e voar.

A vantagem é que o sagitariano tem o poder de contagiar o canceriano com seu bom humor. E é assim, cedendo e exigindo, com cobranças e concessões, que essa relação pode dar certo — os dois só precisam de um manual de sobrevivência para transpor todos os obstáculos.

Câncer ♡ Capricórnio

Uma dupla de fazer inveja! Um caso clássico de opostos que se atraem e dão certo. Enquanto o canceriano mergulha de cabeça nas emoções e nos sentimentos, o capricorniano tem o pé no chão e traz uma dose extra de responsabilidade para a relação. É um verdadeiro show de equilíbrio.

Câncer tem o dom de conquistar a confiança do capricorniano, usando todo o seu charme emocional. Já Capricórnio, muito autoconfiante, acaba segurando as pontas do canceriano em suas fragilidades. É uma relação de crescimento, na qual um apoia o outro nos momentos bons e ruins. E também são ótimos parceiros de negócios, porque sabem se ajudar a conquistar o mundo.

Esses dois são gratos por ter um ao outro. E é uma relação para a vida toda! Embora haja momentos em que eles podem se estranhar, as diferenças são superadas pela busca comum por segurança e solidez. No geral, eles têm a receita certa para um relacionamento cheio de amor, estabilidade e boas risadas. Quem diria, hein?

Câncer ♡ Aquário

É uma combinação intrigante, pela atração irresistível. Ambos têm características que podem contribuir para uma relação próspera, mas enfrentam desafios que precisam ser superados para que o vínculo perdure.

Câncer é um signo regido pela emoção e pelo apego ao passado. Esse ser sentimental e protetor entrega de bandeja seu coração e sua confiança a Aquário. Mas o que ele recebe em troca? Uma sensação constante de ausência. Aquário é conhecido por ser mais racional e muitas vezes imprevisível. Em toda a sua incerteza, acaba não tolerando muito bem a sensibilidade de

Câncer. É importante que o aquariano aprenda a expressar suas emoções com clareza e se comprometa com a estabilidade emocional que Câncer tanto busca.

O desafio para esse relacionamento é encontrar o equilíbrio entre as necessidades emocionais de Câncer e a independência de Aquário. Para que a união tenha sucesso, ambos os signos precisam estar dispostos a fazer ajustes e assumir compromissos.

Câncer ♡ Peixes

Essa dupla lembra um casal de novela depois do final feliz. Juntos, eles nadam lado a lado, buscando crescimento e fortalecimento, com muitas afinidades. Ambos são intuitivos e conseguem captar as emoções do outro. Uma troca constante de olhares significativos, suspiros profundos e lágrimas estrategicamente derramadas. Sonham com o casamento perfeito e acreditam que, juntos, podem fazer uma diferença expressiva no mundo ao seu redor.

Eles valorizam a segurança emocional e desejam se sentir protegidos um pelo outro. Câncer e Peixes têm uma grande capacidade de se nutrir e se apoiar. No entanto, é importante reconhecer que essa busca frenética por segurança pode ser baseada em inseguranças pessoais. Os dois signos podem ter medo do abandono ou da rejeição, o que é capaz de afetar o relacionamento se não for enfrentado adequadamente.

Ambos têm a capacidade de se conectar em um nível profundo e de estabelecer um vínculo duradouro. No entanto, eles devem estar conscientes de suas inseguranças e trabalhar juntos para superá-las.

Como conquistar o coração de um canceriano?

A primeira coisa que você precisa fazer é demonstrar interesse. Cancerianos são mestres em captar a energia alheia, então seja verdadeiro. Mostre que você quer conhecê-lo, sem joguinhos ou meias-palavras. O nativo de Câncer gosta de se sentir desejado e valorizado. Pergunte sobre as coisas de que ele gosta, demonstre curiosidade, faça-o se sentir importante.

Além disso, você precisa mostrar que é uma pessoa confiável. O canceriano é muito cauteloso e precisam se sentir seguro para abrir seu coração. Seja honesto, esteja presente e cumpra suas promessas. Assim, você vai conquistar a confiança dele aos pouquinhos.

Uma dica quente é encontrar coisas que vocês têm em comum. Os cancerianos ficam encantados quando sentem que têm uma conexão significativa com alguém, então descubra interesses mútuos e aproveite para explorá-los juntos. Seja um filme, uma série, uma música ou qualquer outra coisa, encontrar pontos de afinidade ajudará a fortalecer o vínculo entre vocês.

Pensar em programas a dois é mais difícil, pois o canceriano é caseiro. Então, convide-o para locais tranquilos e gostosos. Um jantar romântico em casa, um passeio no parque ou até mesmo uma caminhada na praia no fim da tarde são opções que podem cativar o coração canceriano.

Quanto às demonstrações de carinho, não economize. Os nativos de Câncer são conhecidos por serem bastante tímidos quando se trata de demonstrar sentimentos. Adoram receber carinho e atenção, mas só se soltam quando se sentem seguros. Mostre seus sentimentos por meio de gestos, abraços, beijos, palavras e, principalmente, atitudes. Não adianta falar, é preciso agir. Um gesto inesperado pode tocar verdadeiramente o coração de um canceriano.

Como são pessoas sensíveis, os cancerianos valorizam muito uma conexão íntima e emocional. Invista em conversas profundas, compartilhe seus medos e sonhos e deixe que ele também se abra para você. Desse jeito você vai ajudá-lo a se sentir seguro na sua companhia.

Não tem como falar de cancerianos sem mencionar a família, né? Eles são superligados aos parentes e adoram conversar sobre eles. Demonstre interesse, ouça com atenção e compartilhe também suas próprias histórias familiares. Eles vão amar essa troca de experiências.

Lembre-se de que conquistar um canceriano requer tempo e paciência. Eles constroem suas relações de forma sólida e duradoura. Depois que conquistar sua confiança, você terá um companheiro para os momentos felizes e tristes da vida.

Então, mergulhe de cabeça na jornada de amor com um canceriano. Mostre sua verdade, seja carinhoso, atencioso e leal. Desenvolva um vínculo intenso com ele, compartilhe momentos em família e sempre o surpreenda com gestos afetuosos. E lembre-se: o coração de um canceriano é para ser conquistado devagar.

O relacionamento com Câncer

O lado bom

Se está procurando "dedicação total a você", o canceriano é a pessoa certa. Câncer quer cuidar, proteger e se doar. É como ter um anjo da guarda do seu lado 24 horas por dia, sete dias por semana. Eles são experts em criar vínculos afetivos duradouros e se entregam de corpo e alma ao relacionamento.

A lealdade é um dos pontos fortes do canceriano. Uma vez que ele se compromete, é pra valer. Essa pessoa nunca vai te deixar na mão e sempre estará ao seu lado, nos momentos bons e nos ruins. Além disso, a presença de um canceriano é sempre gostosa e agradável. Você se sente acolhido e amado em todos os momentos.

E tem mais: se você sonha com casamento e filhos, pode ficar tranquilo. Esses planos fazem parte do pacote de vida do canceriano, que tem o instinto materno aflorado. Eles não só acreditam no amor eterno como querem construir uma família sólida.

Os desafios

Quem convive com um canceriano sofre com suas constantes mudanças de humor. Não adianta tentar entender, só Jesus na causa para decifrar os altos e baixos desse signo. Se agora está radiante e apaixonado, daqui a cinco minutos está desconfiado e inseguro, sempre achando que você está aprontando alguma. É como se ele tivesse um detector de traição interno, constantemente ligado e disparando alarmes sem motivo aparente.

Além disso, o canceriano tende a ser rancoroso. Ele adora remoer assuntos do passado e tem dificuldade em perdoar. Se você cometer um deslize, prepare-se para ouvir sobre isso até enjoar. Quando você pensa que ele esqueceu ou superou, lá está ele trazendo o assunto novamente, como um disco arranhado.

E não podemos nos esquecer do talento dos canceriemos para o drama. Eles se colocam no papel de protagonistas de uma produção da Televisa, transformando os problemas cotidianos em tragédias épicas. Prepare-se para presenciar choros dramáticos, suspiros profundos e frases dignas da Maria do Bairro. É preciso senso de humor e um estoque infinito de paciência para lidar com o teatro emocional dos cancerianos.

O sexo com Câncer

Não se engane: a fama de romântico que esse signo carrega esconde um vulcão. É como dizem: não julgue o livro pela capa. Quando a luz se apaga, adeus, carinha de santo. O canceriano pode até ser tímido, mas, quanto maior a intimidade, mais ele se solta. O ar inocente é fachada, porque o canceriano faz questão de explorar suas fantasias sexuais, mantendo o contato visual intenso. É emoção do começo ao fim! Devagar e sempre, ele se entrega.

Falando em devagar, o canceriano capricha nas preliminares, porque é exatamente isso que o deixa mais soltinho. Ele curte surpreender seu parceiro com o fôlego e a ousadia que traz para a cama.

E não pense que eles só gostam de romance. Os cancerianos também têm uma queda pelo sexo mais selvagem. Sem medo de se aventurar e de experimentar coisas diferentes, eles sabem que é preciso apimentar a relação de vez em quando.

Depois de tudo, se a intimidade rolar de verdade, eles vão querer dormir de conchinha, porque o aconchego é a cereja do bolo. Quando estão em um relacionamento sério, o sexo se torna o momento de entrega, o que fortalece ainda mais a união.

Se você está pensando em se jogar numa relação com um canceriano, esteja preparado para muitas surpresas agradáveis. Ele vai te mostrar um lado arisco e apaixonado, e, acima de tudo, te proporcionar uma experiência intensa, que vai além do simples ato físico. Aproveite o lado *caliente* do canceriano e curta todas as possibilidades que o sexo com ele tem a oferecer!

Quando Câncer leva um pé na bunda

A primeira coisa que ele faz é buscar o conforto nas músicas mais tristes da playlist. É um festival de sofrência — de Marília Mendonça a Adele. As lágrimas rolam enquanto ele se afoga em um oceano de desilusões e saudade. No entanto, o canceriano não fica só na melancolia. Ele sofre para esquecer o que aconteceu, revirando cada detalhe e remoendo o assunto por um tempinho. Para lidar com a tristeza, encontra conforto nos doces e lanches. É como se cada mordida fosse uma tentativa de preencher o vazio deixado pelo término.

É nesse momento que o canceriano começa a planejar vinganças imaginárias. Ele imagina os mais elaborados planos para fazer o ex-parceiro sentir o mesmo sofrimento que ele está vivendo. No fim das contas, porém, o canceriano deixa que o karma se encarregue. Ele acredita que tudo que vai volta, e confia que o universo se encarregará de fazer justiça.

Depois de viajar nessa montanha-russa emocional, o canceriano se torna frio e nunca mais volta a ser o que era. Quando finalmente decide que acabou, leva essa verdade muito a sério. Ele fecha o coração com cadeado e joga a chave fora, jurando para si mesmo que nunca mais vai se entregar a alguém com tanta intensidade. A dor do pé na bunda é uma lição que ele aprende da forma mais dolorosa, por isso faz questão de não repetir o mesmo erro.

O ex de Câncer

Quando chega o momento de terminar, para ele é como se o universo estivesse desmoronando. Ele é do tipo que coloca músicas tristes e se isola para chorar no cantinho. Deixar para trás um relacionamento é como abrir mão de um pedaço do próprio coração.

Desapegar não é tarefa fácil para o canceriano, que leva uma eternidade para se desligar das lembranças e dos sentimentos que tinha com o ex. Esquecer a pessoa? Isso demora muito. Esse signo tende a guardar rancor, e o término pode se tornar um evento que ele remói incansavelmente, como se revirasse cada detalhe do que aconteceu.

Manter contato com o ex? Nem pensar. O canceriano prefere se afastar completamente para poder lidar com suas emoções sem a interferência do passado. Quando finalmente consegue esquecer, ele risca a pessoa da sua vida como se ela nunca tivesse existido. No entanto, o rancor permanece como uma cicatriz.

O corno de Câncer

Ele é sem dúvida o mais sofredor do zodíaco. Quando descobre a traição, o baque emocional é como um soco no estômago: intenso e doloroso. Não tem jeito, ele vai chorar rios, desabafar com os amigos e viver aquela *bad* profunda, mas sempre mantendo a dignidade. "Por que comigo?", ele se pergunta, enquanto tenta entender onde errou.

E, como todo bom canceriano, a trilha sonora durante esse período de luto amoroso não poderia ser outra senão a sofrência pura. Prepare-se para ouvir Marília Mendonça, Adele e todos aqueles artistas que parecem cantar exatamente o que ele está sentindo. É quase como se eles soubessem da sua dor e compusessem músicas especialmente para ele. Porque, vamos combinar, o corno de Câncer tem um talento especial para afundar no sofrimento.

Mas a verdade é que, por mais que pareça interminável, essa fase de dor tem seu fim. Depois de muito chorar e se lamentar, o canceriano encontra uma força interna surpreendente. E, quando decide seguir em frente, ele realmente faz isso. A pessoa que o traiu? Bom, pode ter certeza de que será riscada da vida dele para sempre. Afinal, quem precisa de negatividade quando se pode ter paz?

O infiel de Câncer

Quando se sente negligenciado no amor, o canceriano pode tornar-se o infiel que procura carinho fora do relacionamento. Se ele percebe que não está recebendo aquela dose de afeto melado que tanto ama, ou se suspeita que o parceiro anda de olho em outra pessoa, a infidelidade pode ganhar espaço. E ele, num impulso de ressentimento, pode querer dar o troco!

Se confrontado com suas escapadas, o canceriano vai colocar em ação todo o seu talento para o drama. Vai negar, e negar, e depois vem a manipulação emocional. Na vibe novela mexicana, ele se tornará a vítima da situação, dirá que "não queria, mas aconteceu" e carregará com altivez o título de O Mais Arrependido do Zodíaco.

E cuidado! O auge desse drama todo pode ser intenso. Lágrimas — e não necessariamente sinceras — vão rolar. E ele pode até, por desespero, mencionar ideias bem extremas para tentar convencer o parceiro de que merece uma segunda chance. O canceriano sabe como comover no coração das pessoas, então é preciso ser firme, porém compreensivo, ao lidar com ele nesses momentos.

Câncer no trabalho

O canceriano é um trabalhador extremamente leal e dedicado ao que faz. Está sempre disposto a oferecer o seu melhor e se esforça para entregar resultados impecáveis. Detalhista e exigente consigo mesmo, Câncer lida de maneira prática com tarefas extensas e burocráticas. É daqueles que não descansam até que tudo esteja perfeito, afinal não há tempo para erros quando se trata do sucesso da empresa.

Na área de planejamento e produção, a atuação do profissional de Câncer se destaca. Sua personalidade intuitiva o beneficia, pois ele consegue enxergar possibilidades promissoras onde ninguém ainda percebeu. Além disso, ele tem ideias criativas que sempre geram resultados positivos. Com sutileza, mas bastante firmeza, ele consegue bater as metas profissionais uma a uma, impressionando a todos com sua eficiência.

Apesar de observador e prudente, o canceriano não é do tipo que impõe suas opiniões sem ser solicitado. Ele é reservado e só oferece conselhos quando acredita que seja útil. Quando alguém procura sua ajuda, ele pensa cuidadosamente na melhor maneira de oferecer suporte, sempre levando em consideração as dificuldades dos outros. A compreensão e empatia fazem dele um colega de confiança para desabafos e problemas pessoais.

No entanto, Câncer pode enfrentar dificuldades no ambiente ocupacional. Sua natureza tímida e pouco sociável pode tornar o trabalho em equipe um desafio. Ele prefere ser independente, com total controle sobre as tarefas e seguindo seu próprio ritmo. Muito sensível, não lida bem com críticas e pode interpretar mal até mesmo as colocações mais simples.

Leva tempo até que ele consiga aceitar a crítica construtiva de outra pessoa. Abandonar a própria opinião não é tarefa fácil para o canceriano, especialmente se ele acreditar que está certo. Nesse caso, seu lado rancoroso o torna duro e indiferente com a pessoa que ousou criticá-lo.

Mesmo assim, o profissional de Câncer é um colaborador valioso para qualquer empresa. Sua lealdade, dedicação e capacidade de pensar fora da caixa o tornam um ativo importante. É necessário apenas um pouco de compreensão e paciência para lidar com a sua natureza reservada. Se precisar de um conselho, não hesite em procurá-lo. Ele estará lá para oferecer apoio da melhor maneira possível, desde que você esteja preparado para aceitar sua opinião única e inegavelmente preciosa.

Profissões para Câncer

Entre as profissões recomendadas, podemos destacar aquelas ligadas à saúde, psicologia, educação, publicidade, gastronomia, marketing, hotelaria, história e arte — médico, professor, chefe de cozinha, criador de conteúdo, astrólogo, biólogo, enfermeiro, fisioterapeuta, publicitário, historiador, publicitário, corretor de imóveis e terapeuta.

Profissões dos sonhos para Câncer

Psicólogo, acumulador de mágoas, atriz mexicana, madrinha de casamento profissional, empresário do ramo de caderninhos do rancor, diretor de teatro, manipulador de fantoche e stalker profissional.

O currículo de Câncer

Dramatheus Bracho del Barrio
Data de nascimento: 26/06/1993
Avenida do Coração de Mãe, nº 4, Bairro das Expectativas, Mãe dos Homens-MG
E-mail: mariadobairro@astroloucamente.com
Telefone: (31) 9985-9665

Qualificações:

- tem intuição forte, é decidido e resiliente;
- excelente para cuidar e proteger aqueles que ama;
- compreensivo e ponta-firme para ouvir e aconselhar;
- possui excelente memória.

Formação acadêmica:

- graduação em Como Virar o Jogo ao meu Favor;
- especialização em Não Sei se Choro ou Dou Risada;
- mestrado em Relembrar o Passado com Frequência;
- doutorado em Intuição e Pressentimentos Assustadores.

Experiência profissional em:

- guardar o nome de quem não deu feliz aniversário;
- stalkear, ver o que não queria e depois ficar na bad;
- confundir falta do que fazer com fome;
- compras imaginárias na internet.

Top 5 moods de Câncer

❶ Mood safofo

Se tem uma coisa de que o signo de Câncer não pode reclamar, é falta de fogo! Eles são pura safadeza, uma verdadeira explosão de sem-vergonhice! E não adianta negar, todo mundo sabe que os cancerianos têm uma vida sexual agitada e fervorosa. Estão sempre dispostos a um bom rala e rola.

❷ Mood De repente 30

Câncer curte um culto à nostalgia, viu? A vontade é voltar no tempo e viver tudo de novo. E o melhor é que ele se lembra do passado com uma riqueza de detalhes que chega a assustar.

❸ Mood caseiro

Todo canceriano é fissurado pela paz do seu lar. É o signo que mais valoriza o "Meu quarto, minha vida". Balada, agito, nenhum rolê vale tanto quanto ficar em casa, aconchegado e protegido. E quem pode culpá-lo? Tem coisa melhor do que relaxar no seu cantinho, na sua própria companhia? Para Câncer, a resposta é não!

❹ Mood psicólogo

O canceriano é o chamado "para-raios de gente problemática". Pessoas que precisam de ajuda acabam se aproximando dele. É porque Câncer tem o dom de oferecer os melhores conselhos, e está sempre disposto a ouvir os problemas dos outros — e fazer o que puder para resolvê-los.

❺ Mood fundo do poço

Câncer muda de humor do nada. Parece que está bem, dali a pouco está com cara de poucos amigos. Quando isso acontece, é melhor você vestir a sua capa da invisibilidade e nem perguntar o que houve. Nas horas em que o céu se fecha, o canceriano prefere se fechar no seu mundo e é difícil fazê-lo sair de lá. Tendo motivo ou não, ele curte uma melancolia.

Top 5 animais que poderiam ser de Câncer

❶ Orangotango

Eles têm em comum o instinto materno. Sabe aquele jeitinho que as mães cancerianas têm de proteger a cria? Os orangotangos são assim também! Eles cuidam dos filhotes como se fossem sua própria sombra, não os largam por nada neste mundo.

Assim como os cancerianos são conhecidos por serem protetores e carinhosos com seus entes queridos, os orangotangos são capazes de demonstrar amor e ternura. Eles são cuidadosos até com a escolha das frutas que comem.

❷ Tatu

O tatu adora ficar enfiado na toca, do mesmo jeito que o canceriano ama ficar em casa. Câncer é reconhecido por ser caseiro, ficar no seu canto, curtindo o próprio mundinho. Assim como o tatu, ele encontra paz e segurança no conforto do lar.

Outra semelhança é que tanto o tatu quanto o canceriano têm um jeitinho meio desconfiado. O tatu, quando se sente ameaçado, se enrola na própria carapaça, como se quisesse se esconder do mundo. Já o canceriano prefere observar as coisas antes de se abrir completamente. Eles precisam de um tempo para se sentir seguros.

❸ Elefante

O canceriano e o elefante têm mais em comum do que você imagina. O nativo de Câncer é conhecido por ter uma memória incrível — a famosa memória de elefante — e se lembra em detalhe de coisas que aconteceram há muito tempo

Quando o assunto é rancor, tanto o canceriano quanto o elefante são especialistas. Se você fizer alguma coisa para magoar um canceriano, pode ter certeza de que ele não vai esquecer tão cedo. Não importa quanto tempo passe, seu nome continuará anotado no caderninho.

❹ Pinguim

Se existe uma coisa que o pinguim e o canceriano têm em comum, é o amor pela família. Assim como o pinguim cuida dos filhotes, os cancerianos são mestres na arte de proteger e amar os entes queridos. Eles valorizam a união familiar como ninguém!

Se você é próximo de um canceriano, pode ter certeza de que terá um porto seguro para se abrigar. Como os pinguins, Câncer adora estar cercado de pessoas e faz questão de criar laços profundos e duradouros.

❺ Crocodilo

Não dá para negar que tanto Câncer quanto o crocodilo têm fama de chorões. Para os cancerianos, supersensíveis e emotivos, as lágrimas podem rolar com facilidade, embora não sejam sempre lágrimas de crocodilo. De um jeito ou de outro, o lema do canceriano é: "Quem não chora, não mama."

Top 5 personagens que poderiam ser de Câncer

❶ Maria do Bairro (*Maria do Bairro*)

A mocinha mexicana é a personificação perfeita do espírito canceriano. Ela é pura emoção e sempre coloca o coração em primeiro lugar. Com a sensibilidade à flor da pele, Maria chora por conta de suas aflições e diante de alegrias inesperadas. Os cancerianos se identificam com a intensidade dos sentimentos de Maria e entendem perfeitamente a gangorra emocional que ela enfrenta. A vida do canceriano parece uma novela mexicana, não dá pra negar.

❷ Joe (*You*)

Esse personagem representa o lado mais obsessivo e protetor dos cancerianos. Joe é capaz de qualquer coisa para proteger aqueles que ama, mesmo que isso signifique invadir a privacidade alheia. Os cancerianos têm um instinto protetor fortíssimo e se preocupam profundamente com o bem-estar das pessoas ao redor. Além disso, eles têm uma tendência a stalkear e são ótimos em descobrir e desvendar mistérios. Ainda bem que não chegam aos extremos cometidos por Joe!

❸ Ana Francisca (*Chocolate com pimenta*)

Assim como os nativos do signo de Câncer, Aninha tem a natureza inocente e confia demais nas pessoas, muitas vezes se deixando levar pela bondade que vê nelas. Uma vez enganada, porém, jamais esquece as humilhações por que passou. O mais legal é que ela sabe dar a volta por cima. Os cancerianos são resilientes e têm uma grande capacidade de se recuperar dos problemas da vida.

Embora sejam conhecidos pela natureza carinhosa e compreensiva, podem ter um lado emocionalmente complexo que, em certas situações, descamba para o sentimento de vingança — e a fase vingativa de Ana Francisca é deliciosa.

❹ Esther (A órfã)

A icônica personagem dessa novela é reservada, escondendo suas verdadeiras intenções por trás de um rostinho ingênuo. Os cancerianos têm um carisma quase angelical, mas a fachada de pureza esconde manipuladores habilidosos. Da mesma forma, Esther utiliza seu talento para manipular as emoções dos outros, fazendo todo mundo agir conforme seus desejos. Essa menina também demonstra emoções intensas, muitas vezes fingindo fragilidade e vulnerabilidade para chamar a atenção e conseguir o que quer. No fundo, ela está lutando pela sobrevivência.

❺ Dona Nenê (A grande família)

Dona Nenê preza muito pela família e é uma mãezona. Ela demonstra preocupação e cuidado com os filhos e o neto, fazendo de tudo para garantir o bem-estar deles. Mais do que isso: se esforça para manter a harmonia familiar. Assim como os cancerianos, ela valoriza demais o ambiente doméstico, pois sabe que é um espaço acolhedor para quem precisar de apoio.

Dez mandamentos para Câncer

1. Aprenda a expressar suas emoções
Em vez de guardar tudo para si, procure compartilhar suas emoções com pessoas de confiança. Isso pode ajudá-lo a aliviar o estresse emocional.

2. Cultive a autoconfiança
Confie mais em suas habilidades e capacidades. Isso ajudará a reduzir a insegurança que pode surgir em momentos desafiadores.

3. Estabeleça limites claros
Como todo canceriano, você tende a se doar muito. Defina limites saudáveis para evitar a sobrecarga emocional.

4. Evite guardar rancor
Câncer pode ser propenso a guardar mágoas. Trabalhe a capacidade de perdoar e seguir em frente.

5. Cuide-se física e emocionalmente
Aprenda a cuidar de si mesmo, tanto no aspecto físico quanto no emocional. Isso inclui praticar atividades que o ajudem a relaxar e a se sentir bem consigo mesmo.

6. Evite a autocrítica excessiva
Câncer pode ser autocrítico demais e se colocar para baixo. Busque ferramentas para construir uma autoimagem mais positiva.

7. Pratique o desapego emocional
Câncer pode ser apegado ao passado e às pessoas. Pratique o desapego emocional quando necessário para seguir em frente.

8. Seja gentil com você mesmo
Permita-se errar e aprender com os erros. Não seja tão duro consigo mesmo.

9. Aprenda a dizer não
Não se sinta obrigado a agradar os outros o tempo todo. Saber dizer não é necessário para preservar sua energia.

10. Desenvolva sua resiliência
Trabalhe em sua capacidade de superar adversidades e recuperar-se emocionalmente.

Leão, o superstar

"Gostosa. Irresistível. É impressionante como o tempo só te valoriza."
(Nazaré Tedesco, *Senhora do destino*, 2004)

Perfil do signo

Nascidos entre: 23 de julho e 22 de agosto
Apelido: Leolindo ou Legonino
Astro regente: Sol
Elemento: ☒ fogo ☐ terra ☐ ar ☐ água
Glifo: ♌
Símbolo: leão
Frase: "Eu sou."
Polaridade: ☒ positiva ☐ negativa
Modalidade: ☐ cardinal ☒ fixa ☐ mutável
Paraíso astral: Sagitário
Inferno astral: Câncer
Signo oposto complementar: Aquário

Cores: amarelo, dourado, laranja e prata
Pedra: diamante
Metal: ouro
Talismã da sorte: olho grego
Animal: pavão
Planta: gloriosa
Parte do corpo: coração
Ditado popular: "Quem tem luz própria incomoda os que estão no escuro."
Palavras-chave: generosidade, amor-próprio, alegria, paixão e ostentação

Leão, Sol e fogo: a combinação poderosa da astrologia

Você reconhece os leoninos em qualquer lugar, afinal eles são a realeza do zodíaco. Seu símbolo é o leão, e, assim como esse felino, eles têm uma presença marcante e não passam despercebidos. O leonino ama ser o centro das atenções e tem uma personalidade que brilha mais que o Sol — aliás, o astro regente desse signo é justamente o dito-cujo.

Com o elemento fogo impulsionando sua chama interior, o leonino é corajoso e apaixonado. Os nativos desse signo parecem uma queima de fogos de artifício, sempre prontos para iluminar o mundo com sua energia esfuziante. Sabe aquela festa que deixa saudade em todo mundo? Provavelmente tem um leonino nela garantindo que a alegria esteja em alta!

Mas não pense que todo esse carisma é apenas para se exibir. Leão pode até parecer autocentrado, mas seu coração é generoso. Ele se preocupa verdadeiramente com as pessoas à sua volta e está sempre disposto a proteger e apoiar aqueles que ama. Só não pise no calo do leonino... assim como seu símbolo felino, ele pode rugir bem alto se sentir que está sendo ameaçado.

A autoconfiança e autoestima do leonino são inspiradoras, e ele sabe brilhar como ninguém em qualquer situação. Sem medo de enfrentar desafios, encara a vida com uma ousadia invejável. Às vezes pode até se arriscar um pouquinho além da conta, mas é assim que aprende e cresce. Afinal, quem não arrisca não petisca, certo?

Assim como o Sol é o centro do nosso sistema, o leonino adora ser o centro das atenções. Ele brilha sem pudor em qualquer ambiente. Mesmo assim, sabe dividir os holofotes e valorizar as outras pessoas.

O leonino tem energia pra dar e vender, e estar perto dele é como sentir o calor do Sol aquecendo a alma. É um líder nato, e muitas vezes acaba assumindo o comando das situações sem nem perceber. É que é difícil resistir ao magnetismo de Leão.

No fundo ele gosta de ser mimado e elogiado. Uma palavrinha de reconhecimento é sempre bem-vinda e pode fazer o coração do leonino bater mais forte. Só tome cuidado para não exagerar, porque ele fareja a falsidade de longe e não gosta de bajuladores.

Então, se você tem um amigo leonino, saiba que guarda um tesouro! Ele está sempre pronto para animar o seu dia e enfrentar qualquer desafio ao seu lado. Seja em uma festa, em uma aventura ou em um momento difícil, o leonino vai estar lá para iluminar o caminho com seu brilho único e especial.

O lado iluminado de Leão

É a alegria em forma humana, o palhaço da festa, arrancando risadas de todo mundo. Divertido como um meme viral, seu humor é tão contagiante que faz o mais ranzinza se render ao seu carisma. Com toda essa luz, não é de se surpreender que o leonino seja um ímã de gente: está sempre rodeado de admiradores e companheiros por onde passa.

Ousadia é a marca de sua personalidade. Leão se joga de cabeça em todas as aventuras que surgem pela frente. Usa sua coragem para enfrentar todos os desafios com garra e determinação. Claro, às vezes pode ser um pouco mandão, mas é porque sabe exatamente o que quer e não tem medo de lutar por isso. É o seu jeito peculiar de mostrar que nasceu para brilhar.

LEÃO ♌ 147

Valente, não tem medo de ser quem é e de mandar a real quando acha que é preciso. Além disso, é um amigo leal, disposto a ajudar a quem ama. Com um grande coração e uma vontade de ajudar os outros que não cabe no peito, o Leolindo desperta paixões e faz a diferença na vida de muita gente.

O lado sombrio de Leão

O deslumbrante leonino se acha a oitava maravilha do mundo, o que faz dele muito egocêntrico e, não raro, egoísta. Não economiza no exagero, viu? Tudo tem que ser grande e escandaloso. Leão é tão preocupado com a aparência que faz do espelho o seu melhor amigo. Roupas de grife, joias... Ele adora exibir suas posses, mas será que essa ostentação se estende aos amigos? Só se for para aparecer ainda mais, porque no fundo ele pode ser bem arrogante. Ah, e ele julga todo mundo pela capa, como se fosse o crítico de moda da humanidade.

A intolerância é outro de seus defeitos marcantes: o leonino acha que sabe tudo e quer ditar as regras em todo lugar. Aceitar críticas? Nem pensar! A autoestima de Leão é à prova de contrariedade. Mas olha só, por trás dessa pose toda... ele esconde uma insegurança danada. É por isso que ele precisa ser mimado, adorado, elogiado. Quer ser tratado como um rei.

No amor, Leão pode ter uma coleção de amantes, todos prontos para se arrastar aos seus pés e atender a todos os seus pedidos. Quando algum o desagrada, é descartado no mesmo instante. Leão ama intensamente, mas exige muito em troca.

Os decanatos de Leão e os três tipos de nativo

PRIMEIRO DECANATO
23/07 até 31/07

O leonino maravilhoso

É influenciado pelo Sol (Leão) e costuma ser o mais generoso, vaidoso e intenso dos três. Com a vida marcada por entusiasmo e alegria, esse leonino tem um coração pra lá de bondoso. A palavra "impossível" não existe em seu dicionário. Tem facilidade em liderar e espera que o mundo gire ao seu redor. Para ele, um elogio nunca é exagerado, mas o gesto é compensado com muito carisma e simpatia. Seu maior desafio é controlar a impaciência e o orgulho. Além disso, precisa aprender a não ser tão autoritário.

SEGUNDO DECANATO
01/08 até 11/08

O leonino otimista

Regido por Júpiter (Sagitário), costuma ser sincero, independente e *good vibes*. Tem facilidade em fazer amigos e ama organizar festas e confraternizações. Odeia ser controlado e coloca a liberdade acima de qualquer coisa. Viciado em adrenalina, tem paixão por aventuras. Esse leonino é inteligente, ágil e bom em solucionar problemas, não é de ficar pra baixo e se lamentando pelos cantos. Geralmente se contém para não entrar em brigas. O orgulho, o drama e a gula são os seus maiores desafios.

TERCEIRO DECANATO
12/08 até 22/08

O leonino corajoso

Influenciado por Marte (Áries), é destemido, honesto e impulsivo. Tem as emoções à flor da pele, por isso explode por qualquer coisinha e fica agressivo e irritado com facilidade. Amante de competições, não entra em nada para sair perdendo. Além disso, gosta de mandar e é um excelente líder. Quando define um objetivo, luta até o fim. Se mostra muito poderoso e emana energia e confiança. Ambicioso e materialista, tem o ciúme e a impaciência como seus maiores desafios.

Leão no mapa astral

Sol em Leão

O nativo desse signo tem luz própria, é protagonista da sua história e tem certeza de que nasceu para brilhar. Por onde passa atrai olhares e mesmo sem intenção chama a atenção para si. Gosta de se expressar, é muito criativo, tem uma energia admirável e exala esplendor.

Vaidoso, a preocupação excessiva com a aparência e o amor-próprio superdesenvolvido podem se transformar em egocentrismo. Às vezes o orgulho fala mais alto e a sensação de estar sendo menosprezado vira um drama. O leonino não suporta ser ignorado por ninguém.

Muito extrovertido e simpático, é o mais brincalhão da roda de amigos, e sabe ser leal ao que acredita e àqueles que ama. Seu coração é generoso, por isso mesmo o leonino pode ser consumista, gastando desenfreadamente para realizar seus desejos e os dos outros.

Ascendente em Leão

Comportamento

O primeiro impacto quando se conhece alguém com ascendente em Leão é a personalidade marcante, que muitas vezes revela um gênio do cão. Teimosia é o sobrenome do leonino, e ele costuma ser muito autêntico ao expor suas opiniões. A alegria contagia qualquer ambiente, e ele tem um coração de ouro. Quando magoado, porém, guarda rancor.

Esse indivíduo se preocupa com a impressão que causa nos outros e tem medo de ser rejeitado. Vaidoso ao extremo, está acostumado a se destacar na multidão mesmo que mantenha a discrição. Na verdade, ele ama receber elogios sinceros.

Aparência física

Quem nasceu com ascendente em Leão tem uma expressão altiva e nobre, a cabeça grande e o cabelo geralmente loiro — natural ou não — como a juba de um leão. As sobrancelhas são grossas e espessas, o olhar é forte e cintilante, o nariz é reto e arrebitado, e o sorriso, extremamente envolvente. Seu corpo é vigoroso, com tronco e braços bem desenvolvidos, pescoço musculoso, ombros largos, quadril estreito e mãos grandes. Costuma caminhar com passos largos e chama atenção de todos naturalmente. Gosta de usar cores fortes, vibrantes, às vezes com detalhes que brilham.

Lua em Leão

Pense numa personalidade apaixonada e intensa. Mas esse nativo também pode ser controlador, dramático e exigente consigo mesmo e com os outros. Seu senso de proteção em relação à família e aos amigos pode se tornar inconveniente em certas situações. Além disso, tem dificuldade em lidar com o orgulho e em aceitar os próprios erros. É que ele busca constantemente a aprovação dos outros e cria altas expectativas em suas experiências.

Mercúrio em Leão

Autoconfiante, tem um excelente senso de humor. Demonstra habilidades de liderança, sendo capaz de guiar uma equipe com o pé nas costas. Além disso, é uma pessoa criativa, com boas ideias, e tem o dom da comunicação. No entanto, há um traço de egoísmo em sua personalidade.

Quem nasceu com Mercúrio em Leão muda pouquíssimo de opinião e busca constantemente o reconhecimento por tudo o que faz. Tem o poder de motivar quem está ao seu redor, mesmo que sua opinião não seja aceita. Costuma se colocar como protagonista em todas as situações, correndo o risco de ser autoritário por acreditar que tem controle sobre tudo.

Vênus em Leão

Está sempre vestido para atrair olhares, mas consegue seduzir sem fazer muito esforço. Quando ama, é exagerado, intenso, se doando por completo ao relacionamento. Deseja ser paparicado e quer que a pessoa amada esteja sempre aos seus pés, fazendo demonstrações de amor. Com isso, cria expectativas que nem sempre são atendidas. Muito leal, exige a reciprocidade do outro, sendo comuns as crises de ciúme. Se o orgulho for ferido, entra de vez no modo soberba.

Marte em Leão

É a intensidade em pessoa, esbanjando energia e disposição. Seu jeito exuberante chama a atenção, e esse nativo e se mostra sempre determinado e decidido, transmitindo segurança em suas ações.

Orgulhoso em grande medida, é muito sensível a críticas e explode com facilidade, se tornando arrogante quando surta. Tem a vida sexual agitadíssima e vê o sexo como diversão, mas se preocupa demais com seu desempenho. É na cama que exibe seu trunfo, e espera ser elogiado por ele. Em um relacionamento, vive altos e baixos e pode se mostrar ciumento e possessivo.

Júpiter em Leão

Com um coração generoso e disposição incansável para ajudar, ele adora estar no centro das atenções. Sua ambição é tão ardente quanto o Sol, e ele anseia pelo destaque em todas as áreas da vida. Além disso, sua inteligência brilha, e ele faz questão de exibi-la sempre que possível. No entanto, é preciso ter cuidado com quem tem Júpiter em Leão, pois sua arrogância e falta de paciência podem ser notórias. Apesar desses traços, é um líder nato e adora estar à frente do grupo, mostrando todo o seu brilho.

Saturno em Leão

Tem um jeito dominador, gosta de comandar e de manter o controle. Por outro lado, a autoconfiança em doses saudáveis o ajuda a enfrentar os desafios de forma admirável. Com senso de humor e uma força de vontade invejável, a vida ao seu lado é sempre uma aventura. Cuide apenas para não despertar seu lado ciumento e a inveja reprimida, características podem rugir inesperadamente.

Urano em Leão

Líder de mão cheia, essa pessoa não tem medo de assumir o controle e de guiar os demais. No entanto, essa postura traz uma dose de arrogância e excentricidade. Dono de uma personalidade extravagante, pode se tornar convencido diante de tanta admiração.

Netuno em Leão

É uma explosão de criatividade artística. Com uma imaginação inquieta, é capaz de transformar qualquer ideia em algo grandioso. No entanto, mesmo com todo o seu talento criativo, busca incessantemente a aprovação, o reconhecimento e os aplausos alheios.

Plutão em Leão

Ele é rei em todos os sentidos. Com sua personalidade dominadora, anseia por ser o centro das atenções em qualquer circunstância. Não consegue ficar quieto um segundo sequer, sempre buscando destaque e reconhecimento. Sua habilidade para lidar com negócios estratégicos é impressionante.

Lilith em Leão

Os leoninos sob essa influência buscam exageradamente o controle e a liderança. A submissão é um desafio para eles, pois valorizam a independência e a liberdade acima de tudo. Qualquer sinal de autoritarismo ou restrição sentimental da outra parte pode levar ao fim do relacionamento.

A rebeldia se manifesta quando sentem sua posição de comando ameaçada, revelando um lado dominante e competitivo. Por outro lado, gosta de seduzir e cativar. A paixão pela vida fica evidente no seu amor pelo prazer, mas às vezes essa pessoa se excede na busca por diversão — seja no sexo, na bebida ou na comida.

Quíron em Leão

Revela inclinação para subestimar o próprio valor e a dificuldade em reconhecer seus talentos. Sua jornada de cura envolve uma busca interna pela autenticidade. Quando se permite a expressão criativa e acolhe a energia leonina sem críticas, a confiança é fortalecida.

Ao abraçar sua essência com coragem, esse indivíduo pode se alinhar com sua verdadeira personalidade, encontrando confiança e amor-próprio, que lhe permitirão brilhar para o mundo.

Descendente em Leão

Tem preferência por conviver com pessoas genuínas e reais. Sua presença marcante chama a atenção onde quer que esteja. Essa característica magnética, embora cativante, pode gerar conflitos com aqueles que se sentem ofuscados pela sua presença, mas precisam equilibrar essa intensidade para evitar atritos na relação.

Quando encontra harmonia em seus relacionamentos, pode brilhar como líder inspirador, irradiando força e determinação para impulsionar os outros em direção ao sucesso.

Meio do céu em Leão

Essa configuração revela uma grande necessidade de ser o centro das atenções e de obter reconhecimento. Essa pessoa quer se destacar, exibindo suas qualidades e talentos para serem admiradas pelos demais.
O reconhecimento e a valorização desempenham um papel fundamental em sua busca pela realização pessoal. Ao mesmo tempo, é preciso equilibrar a sede de destaque com humildade, para evitar cair em atitudes egocêntricas.

Fundo do céu em Leão

Tem a necessidade constante de ser valorizado pelos familiares, o que muitas vezes não acontece, causando-lhe insatisfação. A vontade de se destacar na família pode levá-lo a se cobrar excessivamente e a ter medo da rejeição por aqueles que amam.

Como a ligação emocional com a família nutre sua motivação, o anseio por um lugar de relevância em casa molda suas escolhas e caminhos de vida.

Leão gosta de

Selfies
Tirar férias
Pessoas leais
Viver nas redes sociais
Fazer compras
Elogios sinceros
Receber atenção
Ganhar presentes
Beijos apaixonados
Comida boa
Imaginar seu futuro
Produtos de beleza
Amar intensamente
Se admirar no espelho
Diversão com os amigos
Oferecer ajuda a quem ama
Comemorar seu aniversário
Aproveitar a vida
Festas (não importa de quem)
Gastar sem preocupação

Leão não gosta de

Tédio
Cobranças
Fazer dieta
Ser ignorado
Receber ordens
Falta de lealdade
Gente exibida
Perfumes baratos
Encarar a realidade
Economizar
Falta de amor-próprio
Que duvidem da sua palavra
O som do despertador
Ser impedido de se divertir
Ser acordado
Que lhe digam o que fazer
Reconhecer que está errado
Conviver com gente negativa
Não ter a roupa certa para sair
Críticas sobre sua roupa ou seu cabelo

A mãe de Leão

Essa mulher supervaidosa e elegante, que gosta de se cuidar e anda por aí com uma aparência impecável, é uma figura que chama a atenção por onde passa, irradiando autoconfiança e carisma. Com sua personalidade forte, essa mãe não hesita em mostrar que é a líder da casa. Pode ser um pouco mandona, mas tudo isso é movido pelo amor que sente pelos filhos. Assim como uma leoa, ela está disposta a proteger e lutar pelo bem-estar da sua cria.

A mãe de Leão é uma amigona para os filhos. Está sempre pronta para ouvir, aconselhar e apoiar, sendo uma excelente confidente para os momentos bons e difíceis. Sua sinceridade é uma das características mais marcantes. Verdadeira e transparente em suas ações e palavras, ensina aos filhos a importância da autenticidade, da generosidade e de compartilhar com os outros. A leonina é uma mãe que faz questão de encorajar seus filhos em todas as suas empreitadas. Acredita no potencial deles e incentiva o desenvolvimento de suas habilidades e talentos.

A orgulhosa e teimosinha, ela pode entrar em conflito com os filhos às vezes, porém tudo é movido pelo desejo de proporcionar o melhor para eles.

Ser valorizada é algo que a mãe de Leão aprecia muito. Ela gosta de sentir que seu esforço e sua dedicação são reconhecidos pelos filhos, e isso reforça o vínculo afetivo entre eles. Com expressões como "Enquanto estiver debaixo do meu teto, vai fazer o que eu mandar", mostra seu jeito autoritário, mas ainda assim carinhoso. Ela é uma figura notável na vida dos filhos, trazendo confiança, apoio e muita energia para o lar.

O pai de Leão

Ele é um coração puro e valente, sempre pronto para proteger e cuidar de sua filhos com o maior vigor. Com sua energia contagiante, traz alegria e animação para a vida dos pequenos. É aquele que transforma até os momentos mais simples em grandes situações cheias de diversão.

Brincalhão por natureza, adora se envolver em aventuras e atividades animadas com sua cria. Sabe como fazer todos rirem, mostrando que a vida foi feita para ser aproveitada ao máximo.

O leonino é um superpai, presente e sempre disposto a dar o seu melhor. É o herói dos filhos, aquele que está sempre ali para ajudar, aconselhar e apoiar. Sua determinação e confiança inspiram os herdeiros a serem intrépidos e a acreditarem em si mesmos.

O leonino pode ser um pai um pouco mandão às vezes, pois acredita que a sua vontade é sempre melhor para os filhos. A natureza protetora o leva a encorajá-los a lutar pelo que desejam na vida. Ele os impulsiona a serem corajosos e a enfrentarem os desafios de cabeça erguida.

Com garras afiadas, esse pai protege sua prole de qualquer ameaça ou perigo. Está sempre vigilante, pronto para fazer o que for necessário para mantê-los seguros e felizes. A generosidade é uma de suas características mais marcantes. Ele adora presentear os filhos e comemorar suas conquistas, por menores que sejam. Celebra cada vitória, cada progresso, tornando-se o seu maior torcedor.

Esse pai ama ser valorizado e reconhecido por suas ações. Ele se dedica inteiramente e espera amor e gratidão em retorno. A generosidade é um dos valores mais importantes que ele transmite, mostrando aos filhos a importância de cuidar dos outros e de compartilhar todos os momentos.

Leão no amor

Os leoninos são conhecidos pela personalidade forte, autoconfiança e paixão ardente. No amor, são ferozes e não têm medo de mostrar suas emoções.

Quando um leonino se apaixona, não poupa esforços para conquistar seu parceiro. Ele é mestre em demonstrar afeto e adora mimar quem ama. Leal e protetor, o nativo desse signo se dedica ao seu par como se fosse seu bem mais valioso. E é melhor não mexer com quem está ao lado dele, pois essa fera pode mostrar suas garras e rugir alto para defender essa pessoa.

Por outro lado, quando está no centro das atenções e recebe elogios, flores e declarações de amor, Leão brilha ainda mais. Por baixo da juba feroz existe uma alma sensível que anseia por aprovação. É aqui que entra o papel do parceiro, que deve elogiá-lo com sinceridade e incentivá-lo a alcançar metas e sonhos.

Amar um leonino é embarcar em uma aventura selvagem. Ele traz o calor, a intensidade e o entusiasmo para o relacionamento, tornando-o inesquecível. Com um pouco de paciência e muita alegria, você terá a chance de viver um amor majestoso e apaixonado ao lado desse rei ou rainha.

As combinações de Leão no amor

Vamos falar das combinações amorosas de Leão com os outros signos. Mas lembre-se: cada pessoa é única, tá? Para entender mesmo se dois signos combinam, é importante ver o mapa astral completo de cada parceiro.

Leão ♡ Áries

Ambos são regidos pelo elemento fogo, se complementam e têm inúmeras afinidades. É uma dupla de milhões, que por onde passa faz as cabeças se virarem. O bom humor e a paixão pela vida são a marca registrada desse casal.

Não falta entusiasmo e criatividade para superar os obstáculos na relação. Eles adoram iniciar projetos, sempre buscando novos caminhos a seguir. O leonino se sente vivo e forte para encarar qualquer tempestade ao lado de satanáries. Esse casal tem o dom de manter acesa a chama da paixão. Elogios entre eles não faltam, porque, nessa relação construída com muito carinho, um faz de tudo para satisfazer o outro.

Os desafios acontecem principalmente por causa da competição. A briga pelo topo é grande, e nenhum dos dois aceita o segundo lugar. Além disso, tanto o leonino como o ariano são orgulhosos; quando rola uma treta, só Jesus na causa para esperar alguém ceder e pedir desculpas.

Leão ♡ Touro

O rei chega chegando, com sua exuberância, achando que pode preencher as lacunas do taurino, mas este último só quer saber de paz e sossego. Touro é do tipo que não muda de opinião nem que a vaca tussa. E Leão, ah... Leão quer mandar em tudo.

Apesar disso, pode ser uma relação feliz. Já ouviu dizer que os opostos se atraem, né? O problema é que o taurino vai desconfiar do parceiro desde o início. Os dois têm em comum a teimosia, a vaidade e o gosto por dormir muitas horas. O taurino dá tudo de si nessa união, mas Leão exige cada vez mais atenção.

O taurino alimenta a vaidade do leonino e enche o ego dele de amor, enquanto o leonino saberá mimar seu parceiro com um jantar à luz de velas (todo mundo sabe que o caminho para o coração de um taurino passa pelo estômago).

Quem sabe, com muito bom humor e um toque de ironia, eles possam fazer essa relação durar. Se não der certo, pelo menos os dois terão boas histórias para contar.

Leão ♡ Gêmeos

A relação de Gêmeos com Leão é compatível, harmoniosa e de muito aprendizado. Juntos eles podem construir uma vida boa. É como se fosse uma parceria entre o palhaço e o dono do circo, porque, quando estão juntos, o humor é garantido. Eles são mestres nas piadas e sempre encontram motivos para se divertir: festas, shows, nunca faltam ideias de programas.

Se surge um rolê, os dois estão prontos. O geminiano enxerga o leonino como o rei do humor, e o leonino é fascinado pelo jeito leve e descontraído do geminiano. São tão compatíveis que, sem perceber, ficam parecidos até no jeito de se vestir.

A harmonia entre esse casal é show de bola: um apoia e equilibra o outro — na verdade, um acha que domina o outro, mas não há interferência na liberdade de cada um. Dito isso, é preciso atenção para evitar conflitos desnecessários. Se os dois souberem lidar com esses momentos e usá-los como combustível para se entenderem ainda melhor, nada será capaz de abalar essa relação tão especial.

Leão ♡ Câncer

É como misturar pimenta com chocolate. É verdade que esses dois signos têm muito a se beneficiar mutuamente. Câncer, sensível e protetor, encontra em Leão, audacioso e dominador, uma fonte de confiança e segurança. Juntos eles conseguem abrir seus horizontes e conquistar o mundo.

Quando digo conquistar, não estou falando só do coração alheio, mas também de bens materiais. Essa dupla é consegue dominar a arte de acumular riquezas. No entanto, é comum que surjam competições para determinar quem comanda a relação, o que pode dificultar o entendimento.

O canceriano pode se mostrar infantil, fazendo pirraça quando contrariado. O problema é que Leão não suporta o mau humor de Câncer.

Entre medo e segurança, risadas e tretas, esse casal vai ter que aprender a lidar com suas diferenças. Para que a relação prospere, a comunicação aberta e honesta é essencial. Com a devida dedicação e comprometimento, essa combinação tem potencial para florescer.

Leão ♡ Leão

Um relacionamento entre dois leões pode ser sinônimo de diversão e elogios constantes. Ambos são vaidosos e passam o dia trocando agrados. A admiração mútua fortalece o vínculo, alimentando o orgulho e a confiança de ambos. São generosos por natureza, cheios de talentos e habilidades.

Quando estão juntos, eles se tornam uma dupla imbatível. O espírito romântico também é uma característica marcante do casal, que fará de tudo para evitar a monotonia e a rotina, buscando sempre trazer novidades e emoção para o relacionamento. No entanto, é preciso ter cuidado, pois o orgulho excessivo pode se tornar um obstáculo.

Os dois leoninos podem entrar em conflito, cada um tentando superar o outro e afirmar sua própria superioridade. Leão com Leão pode ser uma combinação explosiva, mas também uma fonte inesgotável de paixão, energia e aventura. Se ambos estiverem dispostos a deixar o orgulho de lado e trabalhar juntos, serão capazes de construir um relacionamento duradouro, com momentos memoráveis.

Leão ♡ Virgem

Um duelo de forças e preferências bem diferentes. Afinal, Leão é o rei, cheio de orgulho e carente de atenção, enquanto Virgem é analítico e preocupado com os detalhes. Eles até podem se entender, mas não sem uma boa dose de esforço e paciência. Virgem, sempre cuidadoso e metódico, vai tentar controlar os gastos e as extravagâncias financeiras de Leão.

O leonino vai ter que lidar com os toques de realidade do seu parceiro sistemático. E é aí que a coisa pega fogo. Leão, com seu ego gigante, não costuma aceitar muito bem as críticas. Mas sabe o que é engraçado nisso tudo? Virgem é tão dedicado à relação que chega a ser emocionante. Ele está sempre lá, colocando o parceiro de Leão em primeiro lugar. Então, mesmo com as diferenças e as batalhas constantes, há uma chance real de harmonia entre o casal.

Eles precisam aprender a ceder, encontrar um terreno comum onde possam brilhar juntos. Com bom humor, respeito mútuo e sem se levar muito a sério, esses dois podem viver um relacionamento desafiador, mas repleto de aprendizado e crescimento.

Leão ♡ Libra

Sabe aquele casal de filme romântico, que não para de dar demonstrações públicas de amor? Leão e Libra sabem como seduzir um ao outro, pois são mestres na arte da conquista. Essa dupla adora planejar viagens para explorar o mundo e criar memórias queridas. Quando estão juntos, não falta assunto para conversar. Eles nunca se cansam.

O leonino, para variar, quer ser o rei desse relacionamento. Ele faz a linha mandão e às vezes extrapola todos os limites, enquanto Libra tenta equilibrar as coisas. O libriano se encanta com a inteligência e o carisma de Leão, e está sempre disposto a atender às necessidades e aos desejos de seu parceiro. Libra, por sua vez, busca a harmonia em todas as situações, mas corre o risco de se tornar submisso.

Se quiserem fazer essa relação dar certo, os dois precisam equilibrar suas forças. Leão deve segurar sua vontade de ser o protagonista da história para que Libra também possa brilhar. E Libra não pode se perder nas vontades do leonino, para não ter sua personalidade apagada. Com isso, eles têm todas as ferramentas para construir um relacionamento harmonioso.

Leão ♡ Escorpião

Emoções a mil por hora. Pode-se dizer que este é o par perfeito, com direito a drama e paixão. É como misturar fogo e gasolina e se preparar para a explosão iminente. Os dois travam uma batalha diária para ver quem assume o controle. E, vamos ser honestos, os dois têm certeza de que mandam.

Apesar das brigas, há algo nesse relacionamento que mantém Leão e Escorpião juntos. Talvez seja a atração magnética típica dos opostos, ou então a necessidade mútua de adrenalina e intensidade. Quem sabe eles só estejam esperando para protagonizar a próxima novela das nove. O fato é que essa dinâmica de poder e manipulação pode gerar um ciclo de conflitos e desentendimentos constantes.

LEÃO ♌ 159

A relação entre Leão e Escorpião requer uma dose extra de paciência, compreensão e comunicação efetiva para que os dois possam superar as diferenças e encontrar um equilíbrio saudável. É fundamental que ambos sejam capazes de reconhecer e respeitar as necessidades e limitações um do outro. No fim das contas, o relacionamento entre um leonino e um escorpiano tem ares de dramalhão mexicano, com emoções exageradas e cheio de reviravoltas.

Leão ♡ Sagitário
A relação entre Leão e Sagitário é marcada pela intensa atração física e pela conexão emocional profunda. Os dois signos compartilham uma energia jovial e vibrante, e aqui a tristeza dificilmente encontra espaço. Ambos têm uma disposição positiva e uma genuína vontade de fazer o relacionamento funcionar, o que os torna parceiros promissores.

Sempre em busca de diversão, os dois compartilham a paixão por viagens, loucos para explorar novos horizontes juntos. A sede por descobertas proporciona uma base sólida para a construção de memórias duradouras e momentos especiais compartilhados.

No entanto, Leão é um bicho teimoso. Sem ceder um milímetro, ele espera que Sagitário se adapte às suas vontades. O sagitariano, por sua vez, é mais maleável e consegue ensinar uma coisinha ou outra a Leão com seu otimismo contagiante.

Apesar de todas as diferenças e pequenas batalhas que podem despontar, eles se comunicam bem e sempre encontram um jeitinho de superar os obstáculos que surgem pelo caminho.

Leão ♡ Capricórnio
Esses dois signos podem até se sentir atraídos, mas a compatibilidade é um pouco complicada. Os leoninos são extrovertidos e adoram ser admirados, têm aversão à rotina e se sentem atraídos por situações emocionantes. Já a frieza característica de Capricórnio e sua tendência à estabilidade e à disciplina são fonte de desconforto para Leão. Ao contrário do leonino, Capricórnio não busca a atenção constante dos outros e pode parecer distante para Leão.

Apesar dessas diferenças, é importante destacar que a união de Leão e Capricórnio também pode trazer benefícios. A paciência e a disciplina de Capricórnio podem ajudar Leão a amadurecer e desenvolver um maior senso de responsabilidade. Enquanto isso, a confiança e o entusiasmo do leonino são capazes de levar Capricórnio a se soltar um pouco mais e encontrar prazer nas atividades fora de sua zona de conforto. Esforço, compreensão mútua e respeito são os ingredientes certos para que eles possam apreciar as qualidades únicas que cada um traz para a relação.

Leão ♡ Aquário

Essa relação é marcada pela atração intensa. No entanto, pode ser delicada e desafiadora para ambos. A convivência entre Leão e Aquário nunca é monótona, mas eles sempre encontram um jeito de se entender. O leonino vai querer comandar, ditar as regras e deixar claro quem é que manda. Aquário, de sua parte, vai ficar só observando com aquele ar de mistério.

O pior é que Aquário é especialista em esconder os sentimentos. Pode até ser um signo de ar, mas, quando se trata de falar o que sente, parece que a língua trava. Já Leão está lá, sempre à espera de um elogiozinho.

Mesmo com todas essas diferenças e desafios, a relação entre Leão e Aquário pode ser surpreendentemente duradoura. Os dois se completam de um jeito meio torto e divertido. Leão traz o fogo da paixão, enquanto Aquário tem a mente aberta e compartilha ideias revolucionárias. Juntos, eles podem descobrir um mundo novo, cheio de emoção e aventura, desde que sempre renovem o estoque de paciência e de humor.

Leão ♡ Peixes

Essa é uma combinação intrigante. Leão é conhecido por sua natureza dominadora, gosta de liderar e de tomar decisões pelo casal. Por outro lado, Peixes é sensível e prefere sonhar a realizar. Peixes pode fascinar e acalmar Leão com sua imaginação e criatividade. Ao mesmo tempo, é atraído pela força e confiança do leonino e tende a idolatrar o parceiro.

O problema é que Peixes tem sonhos e aspirações elevados e muitas vezes não consegue lidar com o egocentrismo de Leão. Essa diferença pode causar conflitos, especialmente se nenhum dos parceiros estiver disposto a ceder e a compreender as necessidades do outro.

Leão pode se sentir frustrado com a tendência de Peixes a se perder em devaneios e fantasias, enquanto o pisciano pode se sentir sufocado pela necessidade de controle e liderança de Leão. No entanto, a vontade de trabalhar juntos e chegar ao entendimento pode trazer a chance de equilíbrio e crescimento para essa relação. Essa combinação improvável pode se transformar em uma bela jornada de amor e aprendizado.

Como conquistar o coração de um leonino?

Primeiro de tudo, faça-o se sentir desejado, especial e valorizado. Os leoninos adoram ser o centro das atenções, então trate de ressaltar a importância dele na sua vida. Enalteça suas habilidades, sua personalidade e sua presença marcante. E não economize nos elogios: eles adoram. Mas não passe do ponto: eles sabem reconhecer quando é forçação de barra. Atenção e respeito ao espaço pessoal é a combinação perfeita para conquistar o coração dessa pessoa.

Outra estratégia infalível é apelar para o espírito romântico de Leão. Capriche nas demonstrações de afeto: envie flores, faça um jantar especial ou planeje encontros animados. Leve seu leonino a lugares interessantes, cheios de vida e energia. Chame-o para ir ao cinema e escolha filmes estimulantes e divertidos.

Ah, e não se esqueça de sorrir com ele, prestar atenção em suas histórias e demonstrar interesse nos assuntos de que ele gosta. Procure aprender mais sobre o tema para poder conversar. Todo leonino ama um bom papo e um alto-astral, por isso corre de gente tediosa e mal-humorada.

Não se esqueça da elegância! Os leoninos são atraídos pelo brilho e pela sofisticação. É preciso mandar ver no visual, na escolha de roupas que realcem sua beleza e personalidade. Mostre-se refinado e encante seu leonino com muito estilo. E não esqueça o perfume. Gente cheirosa é outro nível, né?

Por último, mas não menos importante, dê provas do sua afeição e paixão. O leonino aprecia a sinceridade e a intensidade das emoções. Mostre a ele o quanto você está disposto a investir nesse relacionamento. Seja leal, verdadeiro e afetuoso sem medo de ser feliz.

Se o nativo de Leão estiver apaixonado por você, todo mundo vai saber. Ele vai em busca do que quer e não tem medo de expor seu interesse. Espere por declarações exageradas em público, selfies nas redes sociais, demonstrações de afeto em todo lugar e muitas outras maneiras incríveis de demonstrar esse amor.

O relacionamento com Leão

O lado bom

Ele estará ao seu lado nos momentos bons e ruins, pronto para te dar todo o suporte necessário. A força de vontade do leonino é de tirar o chapéu: nunca desiste! Faz de tudo para a relação dar certo, investindo tempo e energia para construir um vínculo sério e duradouro. Não está neste mundo para brincadeira. Quer construir algo real.

Prepare-se para ser amado intensamente. Os leoninos são mestres em expressar seu amor de maneiras criativas e impactantes. Adoram seduzir e levar a pessoa amada ao ápice do prazer, fazendo de cada momento uma experiência inesquecível.

Além disso, Leão tem um senso de humor contagiante. Ele consegue transformar a vida em uma festa, garantindo risos para todos os momentos. Estar ao lado de um leonino é certeza de diversão constante. Prepare-se para ser amado intensamente, chorar de tanto rir e viver dias incríveis.

Os desafios

Orgulhoso até o último fio da juba, ele raramente assume seus erros. Mandão? Sim, ele sente um prazer absurdo em dar as ordens. Adora deixar claro quem dá as cartas na relação. Se você gosta de paz e tranquilidade, prepare-se para as turbulências. O nativo desse signo provoca brigas sem motivos aparentes, só para ter a atenção do parceiro.

Cuidado com o espelho: o excesso de vaidade pode tornar o leonino um tanto fútil. Ele se ama tanto que às vezes se esquece de olhar para o lado e perceber que existem outras pessoas no mundo. Sim, ele pode ser altamente egoísta e pensar apenas em si mesmo. "Eu, eu e eu" pode ser o lema desse indivíduo, que muitas vezes vive um relacionamento consigo mesmo.

Em matéria de ciúme, ele não brinca em serviço. Extremamente possessivo, zela pelo seu território com afinco. Ter um leonino ao seu lado é contar com um guarda-costas de milhões, mas cuidado para não se sentir sufocado dentro dessa jaula de possessividade.

O sexo com Leão

Prepare-se para uma experiência selvagem, uma verdadeira celebração do prazer. Com um leonino, o sexo surpreende, sempre cheio de ousadia, fôlego e uma energia voraz.

A intimidade para ele não tolera limites ou pudores, é uma experiência vigorosa, de paixão e entrega. Ele está disposto a explorar cada cantinho do corpo do parceiro sem hesitação ou inibições. E adora ser explorado também.

Quando um leonino se apaixona, faz de tudo para garantir que cada encontro seja inesquecível. Leão é mestre na arte da sedução e adora uma boa mão boba e palavras quentes sussurradas ao pé do ouvido do parceiro. Um amante generoso, ele valoriza o prazer do casal e está sempre disposto a se superar na busca por noites inesquecíveis.

LEÃO ♌ 163

Para ele, o prazer do casal é o mais importante, tanto que não mede esforços para satisfazer os desejos e as fantasias do parceiro, buscando sempre novas formas de proporcionar momentos intensos e memoráveis na cama.

Outra característica marcante do leonino é a necessidade de ser elogiado. Ele valoriza demais ouvir o parceiro reconhecer que sua performance está acima da média. Isso eleva sua confiança e o estimula a se superar cada vez mais.

Quando tem recursos financeiros, o leonino curte investir em experiências sexuais luxuosas. Valoriza o ambiente onde o encontro acontece e não tem preguiça de visitar motéis ou outros lugares exuberantes. Para ele, o cenário certo pode transformar uma noite comum em um evento inesquecível.

Uma curiosidade: o leonino adora ter espelhos no ambiente para admirar sua própria performance. Para ele, o prazer é uma obra de arte, então nada melhor do que garantir que está arrasando.

E, se você achava que o leonino desconhece limites, espere até descobrir que é bastante comum um nativo de Leão gravar suas noites de amor. Eles adoram ter registros do seu desempenho para poderem reviver esses momentos de prazer no futuro — mas, é sempre bom lembrar, não deixe de tomar seus cuidados se vier a estrelar uma dessas *sex tapes*.

Quando Leão leva um pé na bunda

Mesmo sofrendo, o leonino jamais vai deixar transparecer sua dor. Para começar, ele faz questão de mostrar ao mundo que está muito bem, obrigado. Sua arma secreta são as redes sociais, que ele vai atualizar com uma frequência impressionante sempre que estiver na fossa. Fotos provocativas, selfies em shows, festas e eventos badalados são postadas incessantemente. Os stories são renovados a todo momento. Parece que ele quer provar para o universo que está vivendo a melhor fase da vida.

E, claro, a culpa pelo término do relacionamento sempre recai sobre a outra pessoa. O leonino se recusa a assumir qualquer tipo de responsabilidade quanto a isso. Faz questão de falar mal do ex, expondo as falhas e deslizes dele. Ele é o dono da verdade e não aceita que sua imagem seja manchada.

Na verdade, o leonino não é do tipo que fica lamentando e chorando pelos cantos. Ele entende que a vida é curta e que a fila anda rápido. Aproveita ao máximo sua fase de solteiro, cercado de amigos e de paqueras em potencial. Vida que segue, não dá para perder tempo sofrendo por alguém que não soube valorizar sua majestade.

O ex de Leão

Após o término, ele nunca vai deixar transparecer que está sofrendo. O leonino guarda seus sentimentos a sete chaves, sem mostrar fraqueza. A amizade com o ex não é algo que ele costuma manter, pois gosta de exibir que saiu por cima na situação.

Se ele quiser retomar o relacionamento, prepare-se para o drama. O leonino vai usar de todas as artimanhas para conquistar novamente sua atenção e seu coração. Se for preciso encerrar os laços, ele fará questão de mandar buscar todos os seus pertences na sua casa, cortando os vínculos de forma definitiva.

Nas redes sociais, é comum ver fotos dele em festas e eventos, mostrando ao mundo que está seguindo em frente e se divertindo. Manter contato com o ex não é uma prioridade para o leonino, a menos que seja absolutamente necessário. Ele valoriza sua independência e dignidade, sempre buscando se destacar, mesmo quando as coisas não saem como ele planejou.

O corno de Leão

É o verdadeiro "corno estrela". Quando descobre que levou um chifre, não tem jeito: surta, quebra tudo e faz questão de espalhar por aí quão péssima era a pessoa que fez isso com ele. E depois desse furacão de emoções? Simplesmente age como se o ex nunca tivesse feito parte de sua história, como se fosse um completo estranho.

Mesmo com essa postura de rei da selva, o coração do leonino fica ferido. Sofre? E como! Mas ele tem uma capacidade incrível de esconder isso. Mesmo que por dentro esteja devastado, vai mostrar ao mundo que está por cima, feliz da vida e dançando no ritmo da superação.

E esse período pós-chifre é um espetáculo à parte. O corno de Leão se joga na diversão: bebe, cai na balada, ri alto e, claro, não perde uma oportunidade de registrar tudo isso. Seja em fotos deslumbrantes ou em uma enxurrada de stories, faz questão de mostrar que, apesar de tudo, está vivendo a melhor fase de sua vida. E, sinceramente? Ele até acredita nisso. Porque para o leonino a vida é feita de altos e baixos, mas a coroa nunca cai.

O infiel de Leão

O leonino adora ser o centro das atenções. É o tipo de pessoa que se sente viva quando é valorizada e admirada. No entanto, quando sente que não está recebendo o carinho e a atenção que merece, Leão pode acabar escorregando para o lado da traição sem muita consideração ou arrependimento.

Agora, tem também aquele leonino que tem a arte da sedução correndo nas veias. Para ele, flertar é quase como respirar. E às vezes, mesmo quando conquista alguém, fica meio perdido, sem saber exatamente o que fazer com sua última conquista.

Por outro lado, se tem uma coisa que o leolindo não é bom, é em esconder suas escapadas, principalmente quando está de fato apaixonado pela nova pessoa. A intensidade desse signo o leva a dar mancadas, mostrando que andou pulando a cerca. Porque, né, quando o coração de Leão bate mais forte, fica difícil disfarçar.

Leão no trabalho

O leonino é um trabalhador exemplar. Com sua dedicação feroz, segue à risca as orientações recebidas para a realização de suas tarefas. Nada escapa de Leão, que se esforça ao máximo para impressionar seus superiores e transparecer seu potencial. É aquele funcionário que não mede esforços para entregar resultados excepcionais.

Motivado por desafios, Leão brilha quando é colocado à prova. É como se sua força interior fosse despertada, impulsionando seu desempenho a níveis ainda mais altos. No fim das contas, a recompensa vem. O trabalho árduo é reconhecido e valorizado, o que o motiva a continuar se superando.

Com sua grande tendência a liderar, Leão se destaca. A ambição o impulsiona a buscar constantemente promoções e cargos melhores. No entanto, o leonino não lida bem com críticas constantes. Uma única advertência já é suficiente para acender seu espírito de melhoria. Ele se esforça ao máximo para entregar o melhor de si, mas, se algo der errado vai culpar os outros, buscando manter seu brilho intocado.

O leonino é altamente competitivo, sempre em busca de ascensão. Ele pode até ser prestativo e ajudar um colega, desde que isso não atrapalhe suas próprias tarefas. Leão não gosta de perder tempo com conversas de trabalho e evita se envolver em situações capazes de comprometer seu crescimento na empresa. Sua visão é direcionada para o sucesso pessoal. Foco é a palavra!

Leão não se deixa abalar facilmente, mas tem uma coisa que o chateia ao extremo: não ter seu trabalho reconhecido e admirado. Ele não se conforma em investir talento e competência e não ser o funcionário do mês.

LEÃO ♌

166

É impossível não admirar Leão, que personifica garra e determinação. Sua lealdade a quem o lidera é inabalável, e sua busca incessante por crescimento e sucesso é contagiante. Mesmo com seu jeito todo especial de agir, Leão é um líder legítimo, capaz de motivar e inspirar seus colegas.

Profissões para Leão

Entre as profissões recomendadas para esse signo, podemos destacar as ligadas à área artística, ao show business, à produção de eventos, além de beleza, engenharia, educação, política — administrador, advogado, ator, bailarino, cantor, médico, músico, desenhista, cineasta, modelo, empresário, promoter, gerente, piloto, professor universitário, CEO e presidente da República.

Profissões dos sonhos para Leão

Dono da razão, criador de conteúdo 18+, chefe de estado, pastor, general, blogueiro, influenciador e apresentador de TV.

O currículo de Leão

Qualificações:

- facilidade em comandar e liderar;
- ideal para cargos que exigem inteligência e bom humor;
- otimismo, generosidade e valentia;
- facilidade em demonstrar força e lealdade.

Leonlindo Maravilhoso Pantaleão
Data de nascimento: 15/08/1989
Avenida O Rei do Pedaço, nº 1,
Bairro dos Holofotes, Estrela-RS
E-mail: leaolicia@astroloucamente.com
Telefone: (54) 111111-111111

Formação acadêmica:

- graduação em Amor-Próprio à la Nazaré Tedesco;
- especialização em Hibernar por Horas;
- mestrado em Inseguranças Ocultas Silenciadas;
- doutorado em Criar Expectativas e Depois Quebrar a Cara.

Experiência profissional em:

- eu mando e você obedece;
- palmas pra mim porque eu mereço;
- não passar frio por estar sempre coberto de razão;
- tirar um milhão de fotos e sofrer para escolher uma.

Top 5 moods de Leão

❶ Mood super-herói

Sempre fervilhando de ideias, Leão não tem medo de encarar desafios e está disposto a resolver todos os problemas do mundo. Para um leonino não existe tarefa difícil demais... Ele tem a habilidade incrível de realizar milhões de coisas ao mesmo tempo, como se tivesse superpoderes! Se você tem uma batata quente na mão, recomendo que peça ajuda a um leonino.

❷ Mood madeixas

O cabelo do leonino é um show à parte, sempre brilhoso e cheio de estilo. O seu lema é "meu cabelo, minha dignidade", pois são as madeixas que dão o tom em sua autoestima. Leão gasta fortunas em produtos para manter os fios sempre impecáveis. E, convenhamos, sempre dá certo. Se o cabelo está bom, a vida está boa, e para o leonino a vida está sempre iluminada!

❸ Mood dono da verdade

Leão acha que sempre está coberto de razão. O orgulho está no seu coração e a humildade não é seu forte... Sempre se acha certo e não suporta ser contrariado. Entenda: o leonino nunca vai admitir que está errado, mesmo que pareça estar vivendo em uma realidade paralela.

❹ Mood realeza

Cheio de personalidade, ele adora mandar. Tudo tem que ser do jeito dele. Esse rei ou essa rainha sempre tem tudo o que deseja e nunca admite um não como resposta. O problema é que Leão gosta de delegar funções, e nem sempre as pessoas são tão eficientes quanto ele mesmo. Mas não importa; de um jeito ou de outro, ele sempre vai ter as coisas como quer.

❺ Mood Susana Vieira

Leão tem amor-próprio no DNA. O nativo desse signo sabe de verdade valorizar a si mesmo e garantir que não existe ninguém capaz de se igualar a ele. Com sua vaidade de milhões, o leonino desperta inveja por onde passa. E não é só por causa do charme natural, viu? É porque ele tem uma autoestima bem trabalhada. Como diz a Susaninha, são mais de 130 milhões de brasileiros que a amam.

LEÃO ♌ 169

Top 5 animais que poderiam ser de Leão

❶ Vaga-lume

Assim como os vaga-lumes, os leoninos têm a aura radiante. Não conseguem passar despercebidos, são verdadeiras estrelas. Seja em uma festa, no trabalho ou mesmo nas redes sociais, o leonino sabe como atrair os olhares e brilhar intensamente. Os vaga-lumes usam sua luz para atrair parceiros, e os leoninos não são diferentes. O charme é irresistível: o nativo de Leão conquista corações por onde passa. Seu brilho é capaz de iluminar até mesmo os corações mais sombrios.

❷ Pavão

Pense em duas criaturas cheias de personalidade e exuberância. Os leoninos, assim como os pavões, têm um talento natural para serem vistosos. O pavão exibe suas penas coloridas para atrair olhares. Já o leonino, os looks e a beleza de milhões.

O nativo de Leão rouba a cena em qualquer festa. Vaidoso, adora cuidar da aparência e se apresentar da melhor forma possível. Assim como o pavão desfila com suas penas orgulhosamente abertas, o nativo de Leão está sempre impecável, pronto para brilhar em qualquer ocasião.

❸ Galo

Tanto o leão quanto o galo não levam desaforo para casa. Eles são corajosos e não têm medo de uma boa briga. O leonino pode surtar se for provocado, enquanto o galo bate as asas e parte para o ataque. São dois valentões, cada um à sua maneira. E não é só isso: tanto o Leão quanto o galo têm um talento especial para seduzir. Os leoninos usam seu magnetismo para atrair os olhares de todos ao redor, assim como o galo, que exibe suas penas coloridas para conquistar o coração das galinhas. Com esse show de sedução, é difícil resistir ao encanto!

❹ Raposa

As raposas são tão leais aos seus pares quanto os leoninos. Elas criam laços afetivos fortes com a família e são protetoras incansáveis. Outra característica que os leoninos compartilham com as raposas é a inteligência. Ambos são conhecidos pela esperteza — são capazes de elaborar planos mirabolantes para pegar suas presas e sabem como usar a inteligência para alcançar o que desejam.

⑤ Sagui

Os saguis têm uma característica em comum com os leoninos: são incrivelmente sociáveis. Assim como os saguis pulam de galho em galho na floresta, os leoninos adoram estar rodeados de gente e têm uma facilidade incrível para fazer novas amizades. São mestres em criar conexões e adoram fazer parte de grupos animados e divertidos.

Além disso, tanto os nativos de Leão, com seu senso de humor sempre renovado, quanto os saguis, conhecidos por sua natureza travessa de quem adora aprontar, são superbrincalhões.

Top 5 personagens que poderiam ser de Leão

① Nazaré Tedesco (*Senhora do destino*)

A maior representante do espírito leonino na teledramaturgia, essa vilã é conhecida pela exuberância. Nazaré não tem medo de brilhar e rouba a cena com sua personalidade extravagante. Como os leoninos, ela é a rainha do amor-próprio, além de dona de uma autoestima de causar inveja. Adora ser o centro das atenções, mesmo que seja por suas maldades. Quem não conhece os memes dessa diva? "Gostosa. Irresistível. É impressionante como o tempo só te valoriza!" Se isso não é ter orgulho de si mesma, não sei mais o que é!

② Harry Potter (saga *Harry Potter*)

O bruxinho mais adorado dos livros e filmes também tem características leoninas. Com um carisma acima da média, é capaz de inspirar as pessoas ao redor. Harry é corajoso, leal e protagonista nato. Como um bom leonino, ele sabe comandar a cena e liderar seus amigos nas batalhas contra o mal. E, claro, com sua cicatriz reluzente, não passa despercebido em lugar nenhum.

③ Homem de Ferro (*Marvel*)

Tony Stark é conhecido pela personalidade magnética e carismática. Capaz de liderar qualquer situação naturalmente, o Homem de Ferro está sempre em destaque, seja junto aos Vingadores ou na posição de CEO da Stark Industries. Apesar de muitas vezes parecer arrogante, o Homem de Ferro é conhecido pela generosidade. Ele se importa com seus amigos e aliados e está disposto a ajudar aqueles que precisam de uma forcinha.

LEÃO ♌

④ Regina George (*Meninas malvadas*)

Assim como muitos leoninos, Regina nasceu para liderar. Ela domina o grupo das Poderosas, e as outras garotas acabam se inspirando nela até que se flagram seguindo suas ordens. O signo de Leão é conhecido pelo magnetismo irresistível, e Regina tem essa qualidade, o que a torna popular e influente na escola. Além disso, o leonino pode ser drama queen, seguindo o exemplo de Regina, que não dispensa um showzinho quando quer o palco para ela.

⑤ Senhor Incrível (*Os incríveis*)

Esse super-herói é um líder nato. Ele assume o comando e toma as decisões para guiar sua família. O Senhor Incrível tem espírito competitivo e adora desafios, características frequentemente associadas aos leoninos, que querem se destacar em tudo que fazem. Carismático, o marido da Mulher-Elástica atrai a atenção de todo mundo mesmo quando a intenção não é essa. Igualzinho ao leonino típico.

Dez mandamentos para Leão

1. Aprenda a ouvir
Os leoninos são líderes natos, mas saber ouvir os outros é essencial para ter relacionamentos harmoniosos.

2. Pratique a humildade
Evite deixar o orgulho dominar suas atitudes e esteja disposto a reconhecer seus erros e aprender com eles.

3. Controle o ego
Os nativos de Leão têm uma autoconfiança natural, mas é importante não deixar que ela se transforme em arrogância.

4. Seja menos dramático
Evite transformar situações corriqueiras em grandes dramas, e aprenda a lidar com os problemas com mais tranquilidade.

5. Tenha paciência
Aceite que nem tudo acontece no seu tempo e que às vezes é preciso esperar para obter os melhores resultados.

6. Seja mais tolerante com as falhas dos outros
Nem todo mundo é perfeito, nem você é. Então, aceite o fato de que as pessoas ao seu redor têm suas imperfeições.

7. Aprenda a lidar com a rejeição
Nem todos vão concordar com você o tempo todo, e está tudo bem! Aprenda a lidar com a rejeição com maturidade.

8. Não busque a aprovação dos outros
Valorize a sua própria opinião e confie nas suas escolhas sem depender do aplauso alheio.

9. Desenvolva a empatia
Coloque-se no lugar dos outros e tente entender seus sentimentos e pontos de vista.

10. Cuide do seu bem-estar emocional
Reconheça os momentos em que precisa de um tempo para si mesmo e cuide das suas emoções para não se sobrecarregar.

Virgem, o cri-cri

"Será que vocês não podem ficar quietos?"
(Lula Molusco, *Bob Esponja*, 1999)

Perfil do signo

Nascidos entre: 23 de agosto e 22 de setembro
Apelido: Virginicricri
Astro regente: Mercúrio
Elemento: ☐ fogo ☒ terra ☐ ar ☐ água
Glifo: ♍
Símbolo: donzela com o ramo de trigo
Frase: "Eu observo."
Polaridade: ☐ positiva ☒ negativa
Modalidade: ☐ cardinal ☐ fixa ☒ mutável
Paraíso astral: Capricórnio
Inferno astral: Leão

Signo oposto complementar: Peixes
Cores: branco, bege, cinza e tons pastel
Pedra: peridoto
Metal: Mercúrio
Talismã da sorte: estrela de Davi
Animal: abelha
Planta: língua-de-serpente
Partes do corpo: intestino e sistema nervoso
Ditado popular: "Um olho no peixe, outro no gato."
Palavras-chave: responsabilidade, dedicação, observação, detalhes e chatice

Virgem, Mercúrio e terra: a combinação eficiente da astrologia

Se você já conheceu um virginiano, provavelmente notou que essa pessoa tem uma espécie de charme discreto, que cativa sem fazer alarde. O signo de Virgem é representado por uma donzela segurando um ramo de trigo, símbolo de pureza e fertilidade. Mas não se engane: os virginianos passam longe dos contos de fadas. Eles têm os pés bem firmes no chão, o que se deve ao elemento que rege seu signo — a terra.

Assim como o trigo, que cresce forte e sustenta muitos, os virginianos são pessoas práticas e confiáveis. Eles são mestres na arte de observar e analisar cada detalhe à sua volta, como se estivessem colhendo informações preciosas.

Nada escapa à sua percepção minuciosa, e é por isso que os amigos sempre recorrem a eles em busca de conselhos sábios.

O planeta regente dos virginianos é Mercúrio, o veloz mensageiro dos deuses. Isso explica a agilidade mental e a habilidade para a comunicação que são tão características desse signo. Todo nativo de Virgem tem a capacidade de pensar rápido e de encontrar soluções práticas para os problemas mais complexos. Eles são detetives amadores, sempre buscando resolver enigmas e aprimorar suas habilidades em qualquer área pela qual se interessem.

Apesar de toda a praticidade e seriedade, o virginiano também tem um lado divertido e brincalhão. Ele sabe ser engraçado — desde que não ultrapasse os limites do bom senso, é claro. Às vezes, solta uns comentários sarcásticos e inesperados, pegando todo mundo de surpresa. É como se escondesse um senso de humor refinado sob o manto da postura sisuda.

Outra característica marcante do virginiano é a preocupação com o bem-estar dos outros. Como se tivesse uma habilidade especial para ler as necessidades alheias, ele está sempre disposto a ajudar e oferecer apoio. Você pode contar com um virginiano para estar ao seu lado nos momentos difíceis e também para, juntos, comemorarem as vitórias.

Por outro lado, é importante lembrar que nenhum signo é perfeito, e o virginiano, assim como os demais, tem seus desafios. Às vezes pode ser crítico demais, tanto consigo mesmo quanto com os outros. Também tende a se preocupar excessivamente com os detalhes e perder de vista o todo. No fim das contas, é tudo parte da personalidade fascinante desse signo.

O nativo de Virgem é como a essência da terra: confiável, sólido e fértil em ideias e valores. Sob a regência ágil de Mercúrio, é capaz de prosperar em diversos campos e encantar a todos com seu humor inteligente. Se você tiver a sorte de ter um virginiano em sua vida, pode ter certeza de que encontrou um tesouro.

O lado iluminado de Virgem

Existe signo mais perfeitinho do que Virgem? Eu acho que não, viu? O virginiano tem uma inteligência surpreendente. Sério, ele é tipo um gênio super-responsável. Se eu tivesse que indicar alguém para o cargo de CEO de uma grande empresa, apostaria num nativo de Virgem. Eles levam tudo a sério *mesmo*! Nada de brincadeira ou enrolação: é foco total nos compromissos. Mais atento que um agente do FBI, ele não deixa escapar nenhum detalhe. Virgem não se distrai com bobagens e mantém o foco nas metas.

VIRGEM ♍

Você não corre o risco de sofrer com falsidade se lidar com um virginiano: ele fala o que pensa sem rodeios. Se ele não gostar de alguma coisa, vai dizer isso na sua cara. Se você tiver que ouvir umas verdades, vai ser direto e reto. Fingir simpatia é para os fracos. Por falar em falsidade, enganá-lo é uma missão impossível: o nativo desse signo consegue farejar uma mentira a quilômetros de distância.

Ah, e não posso esquecer o autocuidado impecável. Os virginianos são tão cheirosos e limpinhos que poderiam ser embaixadores de alguma marca de produto de higiene pessoal. Gostam de limpeza e arrumação e também se preocupam muito com a saúde, procurando sempre se alimentar bem e praticar atividades físicas. É por isso que têm uma disposição invejável. Aliás, a organização beira a perfeição para esse indivíduo. Ele ama ver tudo no lugar certinho. Nada de bagunça ou confusão, ambientes arrumados são seu paraíso particular.

Quando se trata de encarar a vida, ele é o mestre dos mestres. Sem atalhos ou ilusões, tem os pés no chão e enfrenta os desafios com grande coragem. Ah, espere só até conquistar a confiança de um virginianjo. Depois que alcançar essa graça, você terá o melhor amigo que poderia desejar.

O lado sombrio de Virgem

O perfeccionismo exagerado acaba afetando a convivência de Virgem com as pessoas. Ele é tão crítico, tão crítico, que chega a dar raiva. Apegado aos mínimos detalhes, já que organização é o lema da sua vida, o virginiano segue a rotina à risca, e, se algo não sai como ele quer, fica todo irritadinho. No fim, ele pratica a arte de transformar a vida em um fardo.

Negatividade é com esse sujeito. Ele vê o lado sombrio até no dia mais ensolarado. Reclamão? Com toda a certeza! Rabugento de primeira, Virgem detém o título mundial do mi-mi-mi. Apontar os erros alheios é seu esporte favorito. Ele é duro consigo mesmo e com todos ao seu redor. Infelizmente não há neste mundo alguém capaz de atingir o seu padrão de exigência. Ninguém nunca será bom o suficiente, nem o próprio virginiano.

Surpresas? Ele odeia tanto que já dorme planejando cada minuto do dia seguinte. Além disso, Virgem observa tudo e percebe quando estão mentindo para ele. Não é de criar confusão, evita brigas, mas, mesmo assim, não perde a oportunidade de destilar um sarcasmo aqui, uma alfinetada ali.

A limpeza é uma obsessão para o nativo de Virgem. Mais uma característica: ele não gosta muito de contato físico, então viver ao seu lado pode ser uma experiência decepcionante. No fim das contas, ele se sente em paz... estando sozinho, é claro.

Os decanatos de Virgem e os três tipos de nativo

PRIMEIRO DECANATO
23/08 até 01/09

O virginiano responsável

Influenciado por Mercúrio (Virgem), costuma ser objetivo, prático e dedicado. Tem a mente agitada e não é raro sofrer com crises de ansiedade. Disciplinado, adora colocar tudo no devido lugar. Rotina é fundamental em sua vida, por isso esse nativo tem o hábito de programar o dia seguinte inteirinho antes de dormir. Gosta de trabalhar e não se importa em fazer hora extra, merecendo sempre o prêmio de funcionário do mês. A timidez, a insegurança e o nervosismo são seus maiores desafios. Além disso, precisa aprender a vencer a autossabotagem.

SEGUNDO DECANATO
02/09 até 11/09

O virginiano dedicado

É regido por Saturno (Capricórnio), sendo o mais perseverante, tímido e cauteloso dos três. Dono de uma força que surpreende muita gente, sabe superar as dificuldades diante dos problemas, mas se aborrece quando perde o controle das coisas. Seu cotidiano é muito monótono — ele não gosta de ter uma vida badalada, dificilmente será visto em festas e odeia perder tempo com bobeira. Aprecia conversas intelectuais e é obcecado por status e reputação. O pessimismo e a desconfiança são seus maiores desafios.

VIRGEM ♍

TERCEIRO DECANATO
12/09 até 22/09

O virginiano persistente

É influenciado por Vênus (Touro) e costuma ser o mais vaidoso, equilibrado e determinado do trio. Tem facilidade para expressar seus sentimentos, mas é controlador e ciumento. A teimosia é um dos seus grandes defeitos: nada nem ninguém consegue mudar sua opinião a respeito daquilo que pensa. Sempre atento às minúcias, é uma pessoa muito confiável e estável. Conservador e supermaterialista, costuma ser recatado e defender valores tradicionais. A desconfiança excessiva e a inflexibilidade são seus maiores desafios.

Virgem no mapa astral

Sol em Virgem

O nativo desse signo é tímido, discreto e muito gentil no modo de falar e agir. É um amigo legal e se sente útil ao servir as pessoas, fazendo-se presente nos momentos de dificuldade. Bastante observador, capta informações no ar e entende tudo que está acontecendo. Tem um senso de humor ácido e às vezes exagera no sarcasmo.

Pode ter mania de limpeza e organização e demonstra grande preocupação com sua qualidade de vida, sempre cuidando da alimentação e da higiene pessoal. Sua vida gira em torno da perfeição, por isso essa pessoa vive inquieta e preocupada, lutando contra a insegurança. Metódico, sistemático, gosta de rotina e é pontual nos compromissos. É exigente consigo mesmo na vida pessoal e na profissional, esbanjando competência.

Ascendente em Virgem

Comportamento

Reservado, não gosta de chamar a atenção, e muitas vezes é considerado antissocial. Desde criança é obediente e disciplinado, adora ter contato com a natureza e se preocupa com a própria saúde.

Observador, tem o raciocínio analítico; nada de pensamento caótico aqui. É daquelas pessoas que amam listas e roteiros, porque precisa ter o controle de tudo e se apega aos mínimos detalhes. Nas ações do dia a dia, usa o senso prático e costuma levar na manga os planos A, B e C. Com uma enorme dificuldade em aceitar falhas, vive uma busca eterna pela perfeição e tem mania de consertar as imprecisões alheias.

Aparência física

Aparenta ser mais jovem do que é e tem feições bem delicadas. Geralmente sua cabeça é grande e redonda, mas o rosto tem traços suaves. Os olhos são amendoados ou redondos, os lábios são finos, e a expressão mostra um jeito muito desconfiado e observador. Tem altura acima da média e um corpo bem-feito e com proporções harmoniosas. Seus movimentos são controlados, caminha com leveza, no entanto tem certa pressa e é bem comum ter um tique nervoso ou mania estranha.

Lua em Virgem

Quem nasceu com a Lua em Virgem costuma ser introvertido e reflexivo, dono de uma mente analítica. Esse nativo muitas vezes entra em conflito com as próprias emoções e pode ter dificuldade em expressar os sentimentos, o que o faz parecer frio. Com um senso de responsabilidade bem aguçado, tem um desejo natural de ajudar os outros e cuida bem da própria saúde. Apesar da habilidade inata para aprender e memorizar, pode ser crítico consigo mesmo, desenvolvendo assim insegurança e problemas de autoestima.

Mercúrio em Virgem

Embora seja um indivíduo reservado, sabe se comunicar com clareza, de maneira objetiva e direta. Costuma ser sensato e pragmático, mas suas críticas podem ser duras, pois é o tipo de pessoa que espera uma perfeição inatingível. Sua capacidade intelectual impressiona e desperta inveja. Sempre espera o pior das coisas e amadurece precocemente.

Esse nativo é exigente consigo mesmo, e tanto perfeccionismo pode ser um obstáculo. O rigor com a organização e a obsessão pelos padrões o tornam intolerante a falhas. A paranoia com doenças pode se tornar exaustiva.

Vênus em Virgem

Sendo tão autossuficiente, muitas vezes pode parecer uma pessoa fria, e às vezes é assim mesmo. Seu mantra é "antes só do que mal acompanhado". Discreto nas atitudes, tem o hábito de inibir seus reais sentimentos e desconfia até da própria sombra.

Esse nativo não é de seguir seu coração: realista e pé no chão, age movido pela razão. Mesmo assim, é uma pessoa honesta e ótima companhia. Seu desejo é ter vínculos sólidos e duradouros, mas é comum entrar em relações em que não é valorizado o suficiente.

Marte em Virgem

Costuma tomar decisões somente depois de pensar muito, pois odeia correr riscos. Todos os seus passos são calculados, o que o faz gastar uma energia enorme para alcançar as metas. Seu lado crítico não descansa: exige perfeição de si e dos outros, por isso sempre se destaca nas funções que ocupa. No entanto, não é raro estar estressado.

Muito sensual, demonstra isso de modo sutil. Sua libido vive nas alturas, e ama as preliminares. Quem nasceu com Marte em Virgem se interessa por tudo que está relacionado ao erotismo, mas nunca deixa de reparar nos detalhes e de dar uma conferida na higiene do parceiro.

Júpiter em Virgem

Essa pessoa se destaca pela atitude perspicaz, detectando até mesmo os deslizes mais sutis. Cético ao extremo, quem nasceu com Júpiter em Virgem questiona tudo, desde teorias mirabolantes até desculpas esfarrapadas.

Apesar disso, sua gentileza e educação são impecáveis. A atenção aos mínimos detalhes é notável: o que passa despercebido aos olhos de muitos não escapa do seu radar. Além de tudo, temos aqui um apaixonado por assuntos técnicos e científicos, que encontra prazer em mergulhar no conhecimento.

Saturno em Virgem

Um verdadeiro mestre da organização e precisão. Se não for para ser minucioso, ele nem sai de casa. Sua dedicação à vida profissional é admirável, sempre se empenhando ao máximo nas tarefas.

Seu olhar crítico é implacável, tanto que o virginiano pode alardear um erro banal até transformá-lo em uma catástrofe monumental. Esse ar de censura constante revela o desejo de atingir o sucesso planejando cada passo com muita exatidão.

Urano em Virgem

Do desempenho profissional até o look do dia, essa pessoa sempre vai ter um comentário a fazer sobre os outros. Se você perguntar o que ele acha, vai ouvir tudo sem rodeios, gostando ou não. Outro traço desse nativo é a preocupação excessiva com a saúde, levando a hipocondria a um nível completamente novo. Máscara, luvas, desinfetante... para quem nasceu com Urano em Virgem, esses itens estão sempre na lista de compras, e a primeira tosse já é um sinal de doença iminente. Seu lema: "Melhor prevenir do que remediar!"

Netuno em Virgem

Esse indivíduo tem uma habilidade incrível de analisar todos os aspectos de uma situação. Nada escapa ao seu olhar aguçado e minucioso. Seja um jantar mal preparado ou um filme com roteiro fraco, ele não vai hesitar em fazer uma lista de gafes em ordem alfabética — e vai achar defeitos onde os outros nem sequer teriam percebido.

Plutão em Virgem

Sua mente analítica desvenda até mesmo os enigmas mais complexos. No entanto, o que poderia ser uma habilidade impressionante acaba se tornando um desafio, porque ele não para de pensar que conseguiria estar fazendo tudo melhor. Apesar da insegurança, esse indivíduo anseia por compreender os problemas do mundo.

Lilith em Virgem

Eis aqui uma personalidade que valoriza muito o cotidiano. Essa pessoa se preocupa profundamente com os detalhes e busca o bom funcionamento em todas as áreas da vida. Nos relacionamentos, pode parecer fria e indiferente, correndo o risco de afetar a relação. Por trás da aparência reservada, porém, existe alguém sedutor e carinhoso, que demanda paciência do outro até se revelar. É importante lembrar que essa atitude esconde a busca por um vínculo sólido e seguro — para conquistá-lo, é só se provar confiável.

Quíron em Virgem

Esse posicionamento mostra uma conexão forte com a saúde e o corpo, demandando atenção especial nesses aspectos. A postura perante a vida pode trazer para esse indivíduo desafios relacionados à busca incessante por ordem e perfeição, correndo o risco de causar — adivinha — problemas de saúde. Para lidar com esses desafios, é essencial resgatar o bom senso e a praticidade no cotidiano, evitando se perder em detalhes pouco importantes. Um estilo de vida equilibrado, com espaço para lazer e descanso, pode ajudar a vencer as dificuldades e promover a cura interior.

Descendente em Virgem

Tudo que ele deseja é um parceiro organizado e atento aos detalhes. Esse nativo valoriza a cautela e a persistência em seus relacionamentos e tem o anseio por ordem e aperfeiçoamento como uma característica marcante na vida amorosa. Como quase todo mundo, quer muito viver uma relação estável, mas a necessidade de estrutura e harmonia pode influenciar suas escolhas sentimentais. O segredo é buscar alguém que compreenda e valorize seu jeito.

Meio do céu em Virgem

Quem nasceu sob esse posicionamento sonha se sentir útil e contribuir de maneira positiva em todas as suas interações. Além disso, é uma pessoa movida pelo desejo de ser produtiva e eficiente, daquelas que se sentem incompletas quando não conseguem alcançar esse objetivo. Encontra satisfação quando percebe que faz a diferença no cotidiano.

Fundo do céu em Virgem

Com uma forte necessidade de organização e estrutura, aqueles que nasceram sob essa configuração geralmente são criados em ambientes disciplinados, com pais rigorosos e superprotetores. Outro atributo importante é a tendência para o perfeccionismo e o controle — essa pessoa às vezes quer organizar até mesmo o que não lhe diz respeito. A necessidade de planejamento e eficiência está sempre presente, tornando-a intolerante em suas ações e decisões.

Virgem gosta de	Virgem não gosta de
Colecionar	Bagunça
Fazer listas	Pedir ajuda
Pontualidade	Ostentação
Ficar sozinho	Imaturidade
Itens de papelaria	Dever favores
Ser elogiado	Sentir medo
Planejar a vida	Ruídos estridentes
Higiene e ordem	Falta de higiene
Comida saudável	Quebra da rotina

Resolver problemas	Gírias e palavrões
Cheirinho de limpeza	Erros ortográficos
Controlar suas emoções	Não ter o que fazer
Stalkear e investigar	Pessoas desleixadas
Honestidade e sinceridade	Delírios emocionais
Ter o controle da situação	Descaso com a saúde
Caixas e armários interessantes	Desconfiar de alguém
Plantas ou animais de estimação	Ser o centro das atenções
Dar sua humilde opinião	Gente que reclama
Ser reconhecido pelo seu trabalho	Duvidar da própria capacidade
Livros ou programas sobre investigação criminal	Pensamentos negativos sobre si

A mãe de Virgem

É como uma agente do FBI, sempre atenta a cada detalhe. Não deixa passar nada, buscando sempre garantir o conforto e a segurança dos filhos. Com uma abordagem prática em tudo o que faz, essa mãe oferece o seu melhor para cuidar da família. É aquela pessoa que está sempre pronta para ajudar e resolver qualquer problema que possa surgir.

Ela também é conhecida pela sinceridade. Diz o que pensa e não hesita em oferecer orientações úteis e realistas para os herdeiros. Cheia de regras e bem organizada, a mãe de Virgem é toda certinha. Gosta de manter tudo em ordem e espera que as crias sigam a mesma linha. Uma das principais preocupações dessa mãe é a saúde delas. Ela está sempre de olho na alimentação, higiene e bem-estar, se certificando de que todos estejam saudáveis e em condições ideais.

Apesar da abordagem cuidadosa, a mãe de Virgem pode perder a paciência em segundos, especialmente quando as coisas não saem como planejado. Mas tudo é movido pelo desejo de ensinar a responsabilidade e a importância de se comprometer com as tarefas.

A desordem e o desleixo não têm lugar na casa dessa mãe. Ela ensina aos filhos o valor da organização e do esmero com o ambiente em que vivem. Expressões como "Isso não é um quarto, é um chiqueiro!" ou "Vem comer, senão vai esfriar" mostram o jeito de general dessa mãe.

O pai de Virgem

Esse pai é conhecido pela supereficiência e pela habilidade de lidar com qualquer situação. É um faz-tudo, disposto a resolver problemas e a encontrar soluções práticas. Sua natureza meticulosa e organizada o ajuda a estar sempre um passo à frente.

Apesar da eficiência, esse pai pode se aborrecer rapidamente com as imperfeições e a desordem. Valoriza a organização e a disciplina e tende a se irritar quando as coisas não estão do jeito que ele gostaria.

O virginiano é uma verdadeira fera quando se trata de cuidar da família. Assume tarefas e responsabilidades para garantir o bem-estar dos filhos e não mede esforços para estar presente e ajudar em todas as áreas, desde tarefas escolares até afazeres do dia a dia.

A abordagem prática se reflete em todas as áreas de sua vida, incluindo a forma como ele cria seus filhos. Ele se envolve na rotina da prole, auxiliando nas atividades e orientando-a no caminho certo. No entanto, nem sempre expressa seu afeto de maneira explícita, pois sua preocupação muitas vezes se manifesta em ações e gestos.

O pai de Virgem valoriza muito a independência e a autonomia. Ele deseja que seus filhos sejam capazes de cuidar de si mesmos e de tomar decisões conscientes. Incentiva a responsabilidade e o desenvolvimento de habilidades práticas que serão úteis ao longo da vida.

Um dos traços mais marcantes desse pai é sua habilidade em explicar o porquê das coisas. Busca ensinar os filhos a compreender o raciocínio por trás de suas ordens e seus conselhos, incentivando o pensamento crítico e a compreensão das escolhas que fazem.

A responsabilidade é um dos maiores valores transmitidos aos filhos. O pai virginiano ensina a importância de honrar compromissos e de lidar com as obrigações de maneira dedicada e comprometida. O pai de Virgem está sempre lá para guiá-los na jornada da vida com integridade e eficácia.

Virgem no amor

Os virginianos são conhecidos pela natureza meticulosa e detalhista, e isso se reflete também nas questões sentimentais. Para começar, quem nasceu sob o signo de Virgem não é do tipo que sai por aí abrindo o coração para qualquer um. Ele é seletivo e precisa garantir que está investindo na pessoa certa.

Virgem adora observar cada detalhe do seu amado. Na primeira conversa, já está analisando o jeito de falar, o sorriso, a maneira de andar... tudo!

Ele pode não ser o mais romântico ou expressivo dos parceiros, mas é extremamente leal e comprometido. Se você precisar de conselhos práticos sobre a vida, pode contar com ele: o virginiano é como um coach de relacionamentos, capaz de criar uma lista de tarefas para tornar o amor ainda melhor. Ah, e fique sabendo que ele não é nada certinho na hora H!

O virginiano cuida do relacionamento como se fosse um jardim delicado, regando e protegendo o amor com carinho e atenção. Nesse porto seguro você sabe que pode se ancorar e ser você mesmo.

As combinações de Virgem no amor

Vamos falar das combinações amorosas com base no comportamento de Virgem com os outros signos do zodíaco. Mas, para saber direitinho, é bom olhar o mapa astral inteiro da pessoa. Cada um tem o seu, e isso faz toda a diferença para ver se a combinação vai dar certo.

Virgem ♡ Áries

Esses dois têm um magnetismo muito forte. Química de milhões? A gente vê por aqui. O virginiano aprecia a audácia do nativo de Áries e no fundo gostaria de agir como ele, mas prefere ser cauteloso, pesando sempre os prós e contras de tudo que vive e faz.

Mesmo sendo regidos por elementos diferentes, quando ambos compartilham o objetivo de construir um relacionamento sério, se esforçam para cultivar uma boa convivência. Por amor, encontram formas de aceitar e lidar com suas divergências. Fácil não é, mas com flexibilidade, respeito e reciprocidade essa jornada se torna possível.

Virgem controla a teimosia e a impulsividade de Áries, que por sua vez traz a coragem que falta a Virgem. A fase paz e amor do casal termina quando Virgem tenta controlar e organizar a vida de Áries, que não aceita de jeito nenhum. Então vêm as brigas com direito a desaforos e ofensas, já que ambos têm uma língua afiada. A vida social também é motivo para tretas. Áries costuma ser mais saidinho e adora um rolê, já Virgem prefere os programas que possam ser feitos usando pijama, longe dos perigos noturnos.

Virgem ♡ Touro

Essa é uma combinação que parece saída de um manual de autoajuda para relacionamentos. Não é que esses dois se dão bem? Quem diria! O taurino aprende mais com o virginiano do que com os próprios erros. O virginiano, por sua vez, sempre com seu ar de sabe-tudo, vai lá e encoraja o parceiro a sair da zona de conforto. Pode não parecer, mas é um grande avanço para o taurino, que é paciente e não gosta muito de mudanças. Eles têm uma visão do mundo bastante parecida.

Geralmente esses dois se complementam, tipo café com leite, um não vive sem o outro. Só que nem tudo são flores no jardim desses dois signos de elemento terra. O taurino não suporta o pessimismo do virginiano, e este, por sua vez, fica tentando convencer o taurino a jogar um pouquinho de água fria nas suas ilusões românticas. No fundo é um relacionamento racional, pois ambos são cautelosos e prudentes. Eles podem brigar como cão e gato, mas o amor está lá, firme e forte, com todas as suas imperfeições.

Virgem ♡ Gêmeos

É como juntar água e óleo. A atração é forte, é verdade, mas a convivência diária pode ser um desafio digno de BBB. Embora sejam motivados por interesses semelhantes e tenham muitas coisas em comum, um não ouve o outro e há uma disputa para ver quem será o líder. É por isso que essa relação depende de muito empenho para funcionar.

Gêmeos, o mestre das mil faces, sempre com uma ideia mirabolante na cabeça e um sorriso travesso no rosto, não tem tempo para dar atenção o virginiano, que está ali lutando para estabelecer uma rotina organizada e previsível. O virginiano tenta, coitado, pôr ordem na bagunça caótica de pensamentos e projetos do geminiano. É por isso que a disputa pela liderança é uma constante nessa relação.

Gêmeos quer ser o rei da festa, o líder da matilha, o dono do pedaço. Mas Virgem não fica pra trás: ele também quer assumir o controle. Nesse duelo épico de egos, ninguém quer ceder. Para que a relação dê certo, é necessário dedicação, paciência e doses generosas de bom humor. Rir para não chorar quase sempre funciona.

Virgem ♡ Câncer

Esses dois signos têm lá suas semelhanças. Ambos têm uma afinidade natural, porque adoram fazer planos e falar sobre ideias novas. Câncer transmite segurança emocional a Virgem, oferecendo-lhe estabilidade, proteção e cuidado. Por sua vez, Virgem traz para a relação sua confiança e seu senso de responsabilidade, o que pode ser reconfortante para o canceriano em momentos de incerteza.

No entanto, nem tudo corre às mil maravilhas nesse relacionamento. Câncer se magoa facilmente, enquanto Virgem pode ser frio como um cubo de gelo. Quando essas diferenças se chocam, é um festival de críticas e de emoções à flor da pele, com cobranças dos dois lados. Câncer quer ser valorizado, enquanto o virginiano pressiona bastante o parceiro.

Porém, nessa competição feroz em que a crítica e a exigência não dão trégua, é possível encontrar equilíbrio se ambos apreciarem as virtudes do outro e oferecerem empatia, que os dois têm de sobra. Tendo isso em mente, eles podem construir um relacionamento duradouro e enriquecedor.

Virgem ♡ Leão

Dizem que os opostos se atraem, né? Bom, no caso deles, parece que os opostos se atraem, brigam, se acalmam, brigam de novo e assim seguem a vida. Virgem é o mestre das finanças, o perfeccionista das planilhas e o guardião do cofrinho, enquanto Leão é o rei da extravagância, um esbanjador nato e dono da ostentação. Já dá pra imaginar o choque de realidades. Virgem se contorce, analisa cada centavo gasto por Leão e faz cálculos mentais o tempo todo para manter as coisas sob controle.

Apesar desses desafios, eles têm seus momentos de harmonia. Quando se unem, são capazes de grandes realizações. Leão traz o brilho, a coragem e a criatividade para a relação, enquanto Virgem oferece a precisão, a organização e o senso prático. Virgem é extremamente dedicado à relação com Leão. Está sempre disposto a colocar o parceiro em primeiro lugar e se preocupa profundamente com seu bem-estar.

Virgem é um cuidador por natureza e deseja que Leão tenha uma vida boa, oferecendo conselhos e apoio sempre que necessário. Essa dedicação e preocupação genuína podem criar uma base sólida para o relacionamento, permitindo que os dois superem as diferenças e encontrem o equilíbrio.

Virgem ♡ Virgem

A união entre duas pessoas desse signo pode ser descrita como tranquila e racional. Ambos são seletivos e muito objetivos, o que os leva a serem exigentes um com o outro desde o início. O que aproxima dois virginianos é o intelecto. Eles encontram qualidades similares um no outro, se sentem atraídos pela inteligência do parceiro. No entanto, essa semelhança pode criar uma dinâmica competitiva, com ambos desejando liderar e disputando para ver quem pode criticar mais. Nada escapa ao olhar atento desses dois.

A rotina é importante para esse casal, mas a dedicação excessiva ao trabalho muitas vezes os impede de passar tempo suficiente juntos, o que requer paciência e comprometimento para que o relacionamento funcione.

Enfim, pode parecer que essa relação é um pouco fria, mas quem precisa de clichês românticos quando se pode ter uma vida perfeitamente planejada? Com paciência e diálogo, os dois virginianos têm condições de construir um vínculo estável e significativo.

Virgem ♡ Libra

Uma combinação ousada e diferente. Virgem encontra em Libra um parceiro que compartilha seu desejo por equilíbrio e justiça. Ambos querem ter um lar impecavelmente organizado, onde tudo esteja no devido lugar, incluindo os sentimentos, é claro.

No entanto, quando se trata de responsabilidades, é o virginiano quem geralmente assume o papel de chefe. Ele gosta de dar ordens e quer colocar limites no libriano. Mas é preciso permitir que ele também tenha voz ativa nas decisões e que ambos aprendam a trabalhar juntos em busca de uma equidade verdadeira.

Quem diria que alguém seria capaz de trazer emoção para o coração gelado de Virgem? Libra, que se derrete em demonstrações de carinho, ensina ao virginiano o real significado do afeto. Não importa o quanto essa relação seja complicada, Virgem com Libra até pode dar certo. Afinal, eles têm a capacidade de encontrar a estabilidade necessária para fazer esse laço se estreitar.

Virgem ♡ Escorpião

Temos aqui uma curiosa interação de ambições, com parceiros impulsionados por ideias, buscando se desenvolver ao máximo para conquistar seus objetivos. A relação entre esses dois signos é marcada por excitação e agitação.

Escorpião é conhecido pela intensidade e paixão ardente, que incendeia a vida de Virgem. Virgem, por sua vez, traz uma abordagem mais cautelosa para a união, analisando cuidadosamente cada situação. Essa combinação única proporciona uma harmonia equilibrada entre emoção e lógica, criando uma atmosfera de estabilidade e crescimento mútuo.

No entanto, nem tudo são flores. Escorpião, com todo o seu entusiasmo e sua intensidade, precisa aprender a lidar com as críticas afiadas de Virgem. Já o virginiano, bem, ele precisa abrir um pouco mais o coração. Claro, é importante que ambos tenham cuidado para não magoar um ao outro. Se conseguirem manter o diálogo aberto e sincero sem perder o respeito, esses dois signos podem viver em uma harmonia deliciosa.

Virgem ♡ Sagitário

A relação entre Virgem e Sagitário é uma mistura entre perfeccionismo e espontaneidade. Virgem, expert em organização e amante das listas de tarefas, vai cobrar responsabilidades de Sagitário, um ser que não abre mão de sua independência. A questão da rotina é um desafio para esse casal improvável.

Enquanto Sagitário é o otimismo em forma de gente, Virgem carrega nas costas o peso do pessimismo. O virginiano pode acabar cobrando demais de Sagitário, impondo atitudes mais maduras e limitando sua liberdade. Por sua vez, o sagitariano pode se sentir sufocado por Virgem e resistir a ser controlado.

Porém, Sagitário pode contagiar Virgem com seu entusiasmo e ensiná-lo a ver o lado positivo da vida. Em troca, Virgem é capaz de ajudar o sagitariano a se tornar um pouco mais organizado. Apesar das diferenças gritantes, se o casal encontrar um meio-termo, pode viver um relacionamento bem interessante. E vamos ser sinceros: Sagitário vai garantir que a vida de Virgem seja uma festa constante.

Virgem ♡ Capricórnio

Essa relação pode ser descrita como uma combinação de sucesso. Virgem e Capricórnio têm uma série de semelhanças: trabalham arduamente, investem no futuro e se cobram muito. Além disso, ambos são conhecidos pela natureza disciplinada e organizada, o que traz um senso de estabilidade e constância para o relacionamento.

Eles levam os compromissos muito a sério. Dedicados e determinados, batalham pelos seus objetivos e se esforçam para conquistar os bens materiais. No entanto, é importante ressaltar que essa dedicação ao trabalho pode levar a um excesso de cobranças mútuas. Virgem e Capricórnio precisam encontrar um equilíbrio saudável entre a vida profissional e a pessoal.

Para que essa união prospere, é necessário que o virginiano e o capricorniano aprendam juntos a relaxar e aceitem que nem tudo precisa ser perfeito o tempo todo. Eles podem se beneficiar ao incorporar um pouco mais de alegria e espontaneidade na vida a dois, permitindo-se maior flexibilidade e capacidade de adaptação às situações.

Virgem ♡ Aquário

Esses dois signos têm opiniões fortes e dificilmente mudam de ideia. Afinal, por que passar a ter uma opinião diferente quando se pode travar uma discussão por horas sobre o assunto? É um show de teimosia!

Pé no chão e perfeccionista, Virgem pode fazer exigências rigorosas demais para Aquário. O virginiano não suporta a falta de responsabilidade do parceiro aquariano. Além disso, ambos têm perspectivas e interesses divergentes na vida, o que pode gerar atritos e disputas. No entanto, apesar das dificuldades, Virgem e Aquário são capazes de estabelecer combinados que atendam às necessidades de ambos.

Para que essa relação seja bem-sucedida, é fundamental que os dois aprendam a respeitar suas diferenças. Virgem precisa aceitar que Aquário é naturalmente livre e excêntrico e que nem sempre seguirá os padrões convencionais. Quando conseguem superar suas diversidades e se comprometem a entender e valorizar as perspectivas um do outro, podem criar um ambiente tranquilo e feliz para a relação a dois.

Virgem ♡ Peixes

Almas gêmeas astrológicas? Pode parecer que não, mas eles são, sim. A atração entre Virgem e Peixes é um fenômeno interessante e, em alguns casos, pode ser a base para um vínculo duradouro. No entanto, a união não é fácil e requer esforço e comprometimento de ambas as partes.

Em sua tentativa de compreender e lidar com Peixes, Virgem pode acabar tentando controlar seu parceiro. Em vez disso, ele precisa aceitar e apreciar o jeito sonhador de Peixes. Ao abraçar a imaginação e a espiritualidade de seu parceiro, o virginiano pode descobrir uma nova perspectiva e uma profundidade emocional que antes lhe faltava. Se essa pessoinha controladora puder oferecer mais gentileza e expressar seu afeto de maneira mais suave, isso pode ajudar a fortalecer a conexão com o parceiro pisciano.

Apesar das diferenças, Virgem e Peixes podem aprender muito um com o outro e cultivar um relacionamento enriquecedor. O virginiano aprende a soltar a imaginação com Peixes, enquanto o pisciano faz de tudo por extrair mais doçura e compreensão de Virgem. Expandindo suas qualidades, eles podem iniciar sua caminhada rumo ao seu final feliz.

Como conquistar o coração de um virginiano?

A primeira dica é ser perfeito. Relaxa, é brincadeira! Ninguém é perfeito, nem mesmo os virginianos. Agora, falando sério, vamos aos toques reais para encantar o nativo desse signo tão especial.

É importante entender que o virginiano pode ser um pouco tímido e reservado, então não espere que ele tome a iniciativa. Se você também é tímido, encontre um jeitinho de lidar com essa vergonha toda e mostre interesse de maneira sutil. Vá com calma, sem pressa.

Quando convidar um virginiano para sair, escolha locais discretos e reservados. Eles gostam de ambientes mais intimistas, onde possam conversar tranquilamente e conhecer melhor a sua companhia. Nada de agito e espaços lotados.

Todo virginiano adora beijos profundos e duradouros. Então, capriche nos momentos românticos e demonstre seu carinho com toda a intensidade. Mas não se esqueça de estar sempre impecável! Hálito agradável, perfume gostoso, look escolhido com esmero. O virginiano se derrete ao perceber que o parceiro pensou nele ao se produzir. E, se ele te elogiar, prepare-se para ser surpreendido: esse nativo é extremamente detalhista e vai enaltecer coisas que você nem imaginava — seu corte de cabelo, sua maquiagem bem feita, seu perfume irresistível...

Apesar de não admitir facilmente, Virgem gosta de ser seduzido. Mostre seu interesse e encante-o com charme e simpatia. Mas lembre-se: tudo com muita sutileza. Se você pesar a mão, vai ver o virginicricri correr para as colinas.

Além de estar bem cuidado, é essencial ter um papo inteligente e mostrar que é uma pessoa informada. O virginiano ama conversas estimulantes e tem uma queda por quem tem coisas para contar. Então, esteja preparado para trocar ideias sobre os mais diversos assuntos. Se você falar e escrever muito bem, ganhará um ponto a mais na média.

É importante saber que o nativo de Virgem não gosta de ser pressionado. Seja paciente e respeite o tempo dele, evite cobrar e deixe acontecer naturalmente. Demonstre que está ali para apoiá-lo e faça-o se sentir seguro ao seu lado.

Sempre é bom reforçar: seduza o seu virginiano em um lugar sossegado. O nativo de Virgem aprecia a privacidade e se sente mais à vontade se não estiver cercado de gente. Encontre um ambiente calmo e romântico e só depois parta para a ação.

Para conquistar o coração de alguém desse signo, mostre-se genuíno, leal e comprometido com o relacionamento. Seja alguém em quem ele possa confiar nos momentos bons e ruins. Isso ajudará a criar uma base sólida para um amor estável e tranquilo. À medida que a confiança entre vocês começar a crescer, o lado atencioso, cuidadoso e preocupado do virginiano virá à tona. Ele estará sempre disposto a ajudar e apoiar você, com as melhores intenções possíveis.

O relacionamento com Virgem

O lado bom

Ele leva o relacionamento afetivo a sério; é difícil encontrar alguém mais dedicado que o virginiano. É o tipo de pessoa que vai cuidar de você com um carinho sem igual. Se você ficar doente, vai ganhar sopa e remédios e ainda vai rir com os memes engraçados recebidos de hora e hora no WhatsApp. Ele é fofo! O problema é que sua preocupação com a saúde pode descambar para o excesso. Mesmo assim, não dá para negar que é bom ter alguém que se preocupe tanto com seu bem-estar.

Sabe aquele incentivo de que você precisa para seguir seus sonhos? Virgem é especialista nisso. Ele está sempre pronto para te apoiar e te ajudar a alcançar seus objetivos. Seja para estudar para uma prova difícil ou abrir o próprio negócio, ele vai estar lá, aplaudindo de pé e gritando "Você consegue!".

Leal e comprometido, o nativo desse signo trabalha com foco para construir uma relação duradoura. Na intimidade, a atenção que ele dá aos detalhes vai te surpreender. Ele se dedica a explorar cada centímetro do corpo do parceiro e a garantir que ambos atinjam o máximo de prazer. Prepare-se para uma experiência única, com direito a massagem, aromaterapia e uma trilha sonora escolhida com carinho.

Os desafios

Primeiro, é importante destacar que o virginiano é superinseguro e desconfiado. É como se estivesse sempre esperando pelo momento em que tudo finalmente vai dar errado. Outra coisa importante a saber é que essa pessoa adora estar no controle, devido a sua necessidade de organizar tudo e de mandar em todo mundo.

Há quem diga que o virginiano vive de mau humor, e ele é exigente e detalhista mesmo. Então, prepare-se para ter suas ações e escolhas minuciosamente analisadas — a opinião dele é a que conta, pois se acha o dono da verdade. Se você pretende mostrar um ponto de vista diferente, prepare-se para um debate. O virginiano ama implicar e arranjar motivos para brigar.

Por fim, é importante mencionar que o nativo de Virgem costuma ter dificuldade em expressar o que sente. Esse é um signo cem por cento racional, e nos assuntos do coração é como se falasse uma língua diferente. Você vai precisar de paciência se curte declarações de amor, posts compartilhados nas redes sociais e outros clichês do gênero, pois esse comportamento não combina com os virginicricri.

O sexo com Virgem

Taí uma experiência recheada de surpresas. Apesar do jeito sério e reservado, os virginianos se revelam verdadeiras feras entre quatro paredes. Prepare-se para uma noite intensa e cheia de prazer!

O nativo de Virgem não dispensa uma conversa picante e sabe como criar um clima sensual e envolvente, capaz de acender a chama em qualquer um.

Essa pessoa tem um pique impressionante e se preocupa com a satisfação do parceiro. Ela deseja que cada momento seja aproveitado ao máximo e fará de tudo para garantir que isso aconteça. Desde as preliminares até o clímax, o virginiano se empenha em cada pormenor — ele ama se dedicar às minúcias, e isso vale para o sexo também.

Falando em preliminares, elas são um ponto alto para ele. Virgem capricha nos toques, nos beijos profundos e em todas as carícias possíveis. Ele sabe exatamente o que fazer para conduzir o parceiro em um turbilhão de sensações!

Ser meticuloso e organizado pode parecer chato, mas não quando essas qualidades são usadas para agradar aquela companhia especial. O nativo de Virgem gosta de planejar e organizar a noite de amor nos mínimos detalhes, desde a escolha da playlist para embalar o encontro até a roupa de cama impecável. Tudo é pensado para criar o clima perfeito.

Além disso, o virginiano curte paparicar e ser paparicado. Ele valoriza um ambiente agradável e acolhedor, onde possa se sentir à vontade para explorar todas as fantasias e os desejos do casal. Dá o maior valor à higiene e à arrumação, pois sabe que um espaço bem cuidado ajuda a criar um clima gostoso e acolhedor.

Em resumo, o sexo com o nativo de Virgem é uma aventura repleta de energia e zelo. Com seu jeito minucioso, o virginiano se transforma e faz de tudo para proporcionar prazer, garantindo que cada etapa do sexo seja uma experiência inesquecível. Prepare-se para se render aos encantos desse amante perfeccionista e aproveitar momentos de puro êxtase!

Quando Virgem leva um pé na bunda

Quando sofre uma decepção amorosa, o nativo desse signo entra em estado de profunda reflexão, questionando a si mesmo sobre os possíveis motivos que levaram ao fim do relacionamento. Ele analisa cada detalhe, buscando respostas que possam acalmar sua mente inquieta. Então, para abstrair, o virginiano mergulha de cabeça no trabalho. Ele se entrega a projetos e tarefas, dedicando-se obsessivamente para evitar pensar na dor. Sua produtividade aumenta consideravelmente nessas ocasiões, porque ele utiliza o trabalho como uma válvula de escape.

Diferente de muitos, o nativo de Virgem não reage com tristeza depois de um rompimento; nem ao contrário, com felicidade. Sua mente analítica não permite que as emoções transbordem de forma descontrolada. Ele aprende a lidar com a dor e a seguir em frente. Mesmo assim, enquanto mantém sua fachada de tranquilidade, o virginiano stalkeia as redes sociais do ex. Ele quer saber se o outro está seguindo em frente, se encontrou alguém novo ou se ainda lamenta a perda. Essa curiosidade discreta o mantém informado sem exposição.

Contudo, Virgem faz questão de não manter contato com o ex. Por saber que é melhor evitar recaídas emocionais, ele entende que manter distância é a melhor escolha para ambos. Em momentos de dor, o virginiano se isola em seu próprio mundo e se recolhe em sua mente, onde se sente seguro e protegido. O isolamento temporário é sua maneira de se reconstruir e se preparar para conhecer outra pessoa — ou simplesmente dar um tempo sozinho.

O ex de Virgem

Em geral, ele não deixa o relacionamento acabar facilmente. É prestativo, o tipo de companheiro que está ao seu lado em todos os momentos, sempre pronto para ajudar. Mesmo depois do término, é possível que ele continue nutrindo esse amor, mostrando-se dedicado.

Quando as coisas chegam mesmo ao fim, o ex do signo de Virgem não demonstra ressentimentos ou mágoas. Em vez disso, ele provavelmente terá mil argumentos cuidadosamente pensados para discutir a relação e o fim dela. E nunca apelará para jogos emocionais ou momentos de nostalgia.

Uma característica marcante desse ex é a autocrítica. Ele tende a se culpar pelo fim do relacionamento, analisando todos os detalhes em busca de respostas. Apesar disso, faz questão de mostrar que sua vida está seguindo adiante da maneira mais perfeita, ainda que por dentro possa estar enfrentando uma grande provação.

O corno de Virgem

Dentre todos os signos, esse aqui sabe como agir diante da traição. Enquanto muitos perderiam a cabeça e chorariam rios, o virginiano age com frieza, quase que com uma calculada indiferença. Você pode até tentar pedir desculpas ou dar explicações, mas para ele isso soará quase como uma comédia *stand-up*. Pode até rir ou debochar da situação, mas no íntimo já colocou um ponto-final e, por mais que doa, não vai deixar rolar nem uma lágrima.

Agora, nas redes sociais, o corno de Virgem vira mestre das indiretas! E, quando digo indiretas, quero dizer daquelas bem diretas e venenosas. Ele vai postar como se estivesse vivendo seu melhor momento, ostentando uma autoestima que, na real, está mais no fundo do poço do que se pode imaginar.

O problema é que essa experiência acaba deixando marcas. O virginiano é naturalmente desconfiado, e, depois de passar por uma traição, leva sua desconfiança a níveis estratosféricos. Esse receio acaba sendo um obstáculo nas futuras relações, pois ele vai estar sempre com um pé atrás, se preparando para o próximo golpe. É um estado de defesa compreensível, mas que pode acabar prejudicando sua chance de encontrar alguém legal de verdade.

O infiel de Virgem

Quem olha para o virginiano pensa logo: "Ah, deve ser fielzinho, com essa cara de sério e comportado." Mas não se engane! O virginicricri sabe manter as aparências. Ele é cauteloso, faz tudo no sigilo, e não é porque é tímido, não, mas sim porque tem um medão de ser descoberto. Ele valoriza demais o que os outros pensam a seu respeito e não quer manchar a sua reputação.

Mas, se você acha que ele vai sair pulando de galho em galho, errou de novo. Quando o relacionamento tá meio capenga, Virgem pode sentir uma vontadezinha de provar outros temperos. E é aí que a organização típica desse signo entra em cena. Em vez de viver aventuras aleatórias, o virginiano prefere ter amantes fixos. Ele gosta de tudo certinho, até nos momentos de infidelidade.

No entanto, apesar das escapadelas, o infiel de Virgem tem um ponto a seu favor: ele sabe bem como separar as coisas. Dificilmente você o verá misturando os rolos e trocando tudo. Para o virginiano, as puladas de cerca são só isso mesmo, e raramente viram algo mais sério. Ou seja, ele trai, mas não se enrola. Se isso é bom ou ruim, aí já é outra conversa!

Virgem no trabalho

O profissionalismo é uma característica marcante desse signo. Responsabilidade é seu sobrenome, e ele segue cuidadosamente todas as orientações para realizar suas tarefas. Organizado e metódico, analisa tudo nos mínimos detalhes, sempre buscando a perfeição. No entanto, a dedicação extrema ao trabalho muitas vezes o faz ser visto como um carrasco pelos colegas.

Além de dedicado, o virginiano costuma se destacar pela inteligência, pois os desafios que estimulam o raciocínio são a sua motivação. A disciplina constante o faz ser pontual e eficiente em cumprir prazos, e muito ágil ao realizar suas atribuições.

Para ele, a pedra no sapato são as pessoas que tentam se aproveitar de seu esforço para pegar carona nas vantagens. Por essa razão, apesar de se virar bem nos projetos em equipe, o virginiano prefere mil vezes trabalhar sozinho.

A integridade é um valor fundamental para o virginiano. Ele sempre expressa suas reais habilidades e espera o mesmo dos outros em relação às posições que irão ocupar. Sua competência como articulador o ajuda a se destacar no planejamento de ações, por isso o nativo de Virgem é um ótimo conselheiro em questões profissionais. Apesar da eficácia e do brilho, porém, Virgem não vê problemas em assumir um papel secundário em decisões e trabalhos em grupo.

Embora seja tímido e valorize a interação no local de trabalho, o virginiano pode parecer indiferente às questões emocionais, pois sua mente analítica e focada na realização muitas vezes o impede de demonstrar seus sentimentos com facilidade. Ainda assim, ele é atencioso com os colegas e vê o ambiente profissional como um espaço que permite interações e aprendizados.

Quanto às críticas, o virginiano as encara de maneira construtiva. Ele aprende muito com elas, desde que sejam feitas de maneira civilizada. Aceitar ser corrigido não é fácil, mas Virgem acaba assimilando o que o ajuda a se aperfeiçoar. Porém, quando confrontado com acusações infundadas, ele não reage bem, pois valoriza sua reputação e integridade.

O virginiano é um profissional esforçado, inteligente e disciplinado. O perfeccionismo pode assustar os colegas, mas sua integridade e as habilidades de conciliador o tornam um colaborador valioso. Comedido e ao mesmo tempo atencioso, o nativo de Virgem está sempre disposto a aprender e melhorar.

Profissões para Virgem

Entre as profissões indicadas para o nativo de Virgem, podemos destacar aquelas ligadas a saúde, nutrição, limpeza, educação, animais, farmacologia, engenharia, química e computação. Ele pode ser um bom advogado, analista, arquivista, artesão, comerciante, contador, detetive particular, nutricionista, enfermeiro, funcionário público, médico, professor ou veterinário.

Profissões dos sonhos para Virgem

Revisor de texto, personal organizer, fiscal da vida alheia, stalker profissional, diarista e crítico de cinema.

O currículo de Virgem

Virginicricri da Silva Perfeito
Data de nascimento: 29/08/1993
Rua da Humilde Opinião, nº 6,
Bairro da Desconfiança, Varre-Sai-RJ
E-mail: linguaferina@astroloucamente.com
Telefone: (21) 66666-6696

Qualificações:

- facilidade em observar e analisar detalhes;
- excelente em desvendar mentiras, traições e mistérios;
- grande inteligência, difícil ser passado para trás;
- responsável, disciplinado e organizado.

Formação acadêmica:

- graduação em Correção de Erros Ortográficos;
- especialização em Stalkear ao Estilo FBI;
- mestrado em Reclamações e Críticas Infinitas;
- doutorado em Sofrer por Antecipação.

Experiência profissional em:

- fazer listas de metas;
- reparar em detalhes minúsculos e lembrar deles para sempre;
- se importar demais, mas fingir que não sente nada;
- fazer tudo sozinho para não ter o rabo preso com ninguém.

Top 5 moods de Virgem

❶ Mood antes só do que mal acompanhado

Virgem valoriza a tranquilidade e a harmonia. Prefere ficar sozinho a estar rodeado de gente chata. Na verdade, esse nativo tem mais afinidade com plantas e animais do que com seres humanos, pois detesta confusão. Quando alguém folgado cruza o seu caminho, já começa a pensar em maneiras de se livrar da pessoa. Vixe... melhor deixá-lo quietinho com suas samambaias.

❷ Mood empreguete

Virgem pode ser o louco da faxina. Para o nativo desse signo, arrumar a casa é uma terapia; afinal, nada melhor do que ver cada coisa em seu lugar. O virginiano tem um talento especial para a ordem e curte muito deixar seu espaço cheirosinho. Quem visita um virginiano vai sentir a maior satisfação ao pisar na sua casa, pois tudo transpira capricho. A casa deles é sempre impecável!

❸ Mood corretor ortográfico

O rei dos detalhes aponta os defeitos alheios como se fosse sua missão na Terra. Virgem perde o amigo, mas não perde a chance de corrigir um equívoco. Se pudesse, passaria o dia todo tentando "dar um jeito" nas pessoas. É questão de honra não deixar um erro passar batido. Chega a sentir uma dorzinha no peito quando vê uma vírgula fora do lugar. (Não vai encrencar com a autora do livro, hein!)

❹ Mood lar, doce lar

Inimigo do fim? Que nada, o virginiano é inimigo do começo. Para ele, a melhor programação é maratonar uma série, ler um livro e ficar de bobeira em casa. Socializar não é a praia desse signo. Quem precisa de festa quando se tem Netflix e pipoca? Ele sempre vai preferir um programa tranquilo e relaxante, e não costuma trocar o conforto do seu lar por muita coisa.

❺ Mood FBI

Com uma habilidade investigativa de dar medo, Virgem é capaz de descobrir até a cor da calcinha da pessoa se quiser. É o detetive particular que você não precisa contratar, pois ele está sempre de olho em tudo. Seja nas redes sociais ou na vida real, o virginiano é expert em juntar as peças de um quebra-cabeça e desvendar os mistérios mais complexos. Cuidado ao tentar enganá-lo: enquanto você está indo com a farinha, ele já está voltando com o bolo pronto.

Top 5 animais que poderiam ser de Virgem

❶ Abelha

Tanto os virginianos quanto as abelhas são conhecidos por serem organizados e sistemáticos. Os virginianos são conhecidos pela habilidade de planejar e analisar minuciosamente cada detalhe, enquanto as abelhas são extremamente coordenadas em suas tarefas. Elas sabem direitinho qual é o papel de cada membro da colônia e trabalham em harmonia para o bem da colmeia.

Além disso, tanto os nativos de Virgem quanto as abelhas são muito dinâmicos. Os virginianos são admirados pela dedicação ao trabalho e pela ética. E as abelhas? Bem, elas passam a maior parte do tempo voando de flor em flor, coletando néctar e fazendo o famoso mel, então sabem como se manter ocupadas e produtivas.

❷ Polvo

Pode até parecer estranho, mas esses dois têm mais em comum do que se imagina. E a palavra-chave aqui é inteligência. Sim, os virginianos são seres que costumam se destacar por sua aptidão cognitiva. O polvo, por sua vez, é considerado um dos mais inteligentes do reino animal.

Outra semelhança é a capacidade de adaptação, um atributo que os dois esbanjam. Assim como o polvo, que consegue se camuflar e se transformar para se adequar ao seu ambiente, o virginiano coloca sua flexibilidade em prática quando lhe convém, o que pode ser bem útil em situações inesperadas.

❸ Aranha

A aranha é um bichinho engenhoso e meticuloso, muito perfeccionista ao tecer sua teia. O virginiano, por sua vez, tem uma habilidade impressionante para planejar cada passo da vida. Ele é mestre em fazer listas e não sabe viver sem uma rotina estabelecida, e nisso é muito parecido com a dona aranha.

Outro ponto em comum entre eles é a capacidade de observação minuciosa. Do mesmo jeito que a aranha espera atenta e pacientemente pela presa, o virginiano permanece atento aos mínimos detalhes ao seu redor. Nada escapa ao olhar analítico desses dois. Apesar da frieza e do "pensamento estratégico" que os caracteriza, tanto os virginianos quanto as aranhas têm um lado prático e eficiente que merece ser destacado. Eles não gostam de perder tempo com coisas desnecessárias e preferem focar em tarefas que realmente importam.

❹ Gato

Tanto os virginianos quanto os gatos têm um senso de higiene digno de troféu. É como se tivessem um GPS para detectar a sujeira. Os gatos passam horas lambendo o próprio pelo, garantindo que cada fiozinho esteja no lugar certo. Já os virginianos são os mestres da arrumação, conhecidos por gostarem de ter as coisas no lugar e por serem extremamente cuidadosos com a limpeza.

Além disso, eles são independentes. Os dois sabem como aproveitar o tempo sozinhos. Os gatos adoram se enfiar em cantinhos acolhedores para curtir a tranquilidade. Os virginianos, por sua vez, apreciam seu espaço pessoal e valorizam o tempo na sua própria companhia.

❺ Víbora

Assim como a víbora, o virginiano pode ser bem venenoso. Calma lá, não estou falando de veneno de verdade, ok? É que o nativo de Virgem tem a língua afiada, capaz de soltar comentários que podem chocar as pessoas. É sincericídio que fala, né?

O virginiano é mestre em observar cada questãozinha e enxergar além do óbvio. Assim como a víbora, que rasteja sorrateiramente, o nativo de Virgem tem uma habilidade incrível de se mover nas entrelinhas das situações, captando até mesmo as menores imperfeições.

Top 5 personagens que poderiam ser de Virgem

❶ Dona Hermínia (*Minha mãe é uma peça*)

Ela é conhecida por ser organizada, sincera e dedicada, características típicas dos virginianos. Ao longo dos filmes dessa franquia, a protagonista está sempre às voltas com as saias-justas que cria depois de expor sua humilde opinião, seja sobre o comportamento dos filhos ou de outras pessoas.

Dona Hermínia não tem papas na língua, mas, embora possa exagerar um pouquinho, suas intenções são sempre genuínas, o que é uma característica comum de Virgem. Além disso, ela tem um cuidado redobrado com os filhos, o que espelha o comportamento zeloso e preocupado com o bem-estar alheio que todo virginiano ostenta. Uma curiosidade: Dona Déa, mãe e musa inspiradora de Paulo Gustavo, é virginiana. Agora tudo faz sentido, né?

❷ Lula Molusco (Bob Esponja)

É a pura personificação do espírito virginiano. Esse vizinho rabugento está sempre reclamando da bagunça e da falta de organização ao seu redor. Assim como os virginianos, Lula Molusco valoriza a limpeza, a ordem e a exatidão em tudo. Ele é o mestre da organização e o rei da burocracia, mostrando que o perfeccionismo tem seu lugar, mesmo que seja na Fenda do Biquíni.

❸ Hermione (saga Harry Potter)

Hermione poderia ser virginiana, pois mostra uma inteligência rara, além de um raciocínio lógico e analítico. Ela é amada pela capacidade incrível de solucionar problemas e sempre busca entender as situações antes de tomar decisões.

Os virginianos são observadores e críticos, e Hermione compartilha dessa maravilhosa característica. Ela está sempre de olho nos detalhes e é rápida em perceber coisas que os outros às vezes nem notam. A bruxinha ainda demonstra uma grande preocupação com os amigos e está disposta a fazer sacrifícios por eles. A gente sente de longe a energia virginiana, né?

❹ Velma (Scooby-Doo)

Embora seja um membro importante da equipe de solução de mistérios, ela muitas vezes age de maneira reservada e introvertida. Os virginianos podem ser tímidos e mantêm um círculo pequeno de amigos (verdadeiros). Velma é conhecida pelas deduções lógicas e pela habilidade de resolver enigmas. Uma excelente detetive, ela resolve os casos com a maior tranquilidade e eficiência. Isso reflete a natureza perspicaz e detalhista dos virginianos. Dentro de todo virginiano mora um stalker.

❺ Monica Geller (Friends)

Um virginiano raiz é perfeccionista e cheio de manias, e Monica é um excelente exemplo disso. Obcecada com limpeza, organização e detalhes, ela delira quando consegue controlar as coisas e se desespera quando não consegue. Além disso, muitas vezes se preocupa em excesso e acaba chateando todo mundo mesmo tendo boas intenções.

Dez mandamentos para Virgem

1. Pratique o perdão
Os virginianos tendem a ser muito críticos consigo mesmos. Lembre que todos cometemos erros e aprendemos com eles.

2. Seja flexível
Aceite que as coisas nem sempre acontecerão exatamente como planejado. Esteja aberto a mudanças e adapte-se a novas situações.

3. Dê uma maneirada no perfeccionismo
Embora a busca pela perfeição seja admirável, saiba que nem tudo precisa ser absolutamente impecável. Permita-se relaxar e aproveitar as coisas, mesmo que não estejam cem por cento em ordem.

4. Seja gentil com os outros
Reconheça que nem todos têm os mesmos padrões de excelência que você. Evite ser excessivamente crítico com os outros e aprenda a apreciar as qualidades únicas de cada pessoa.

5. Saiba delegar
Você não precisa fazer tudo sozinho. Confie nas habilidades e competências das outras pessoas e compartilhe responsabilidades quando possível.

6. Cuide da sua saúde mental
Reserve um tempo para si mesmo e pratique atividades que promovam seu bem-estar, como meditação, exercícios de respiração ou hobbies relaxantes.

7. Exercite o desapego
Os virginianos têm tendência a acumular coisas e se apegar a objetos materiais. Aprenda a se desfazer do que não é mais útil ou necessário, liberando espaço físico e mental.

8. Encontre o equilíbrio entre trabalho e lazer
Mesmo amando o que faz, lembre-se de reservar tempo para relaxar, se divertir e desfrutar da vida fora do ambiente profissional.

9. Expresse seus sentimentos
Os nativos de Virgem tendem a ser reservados emocionalmente. Pratique a expressão saudável de seus sentimentos para criar conexões mais profundas com os outros.

10. Acredite em si mesmo
Tenha confiança em suas habilidades e conhecimentos. Lembre que você é capaz de lidar com desafios e de superar obstáculos.

Libra, o conquistador

"Meu Deus, que difícil é ser eu!"
(Mia Colucci, *Rebelde*, 2004)

Perfil do signo

Nascidos entre: 23 de setembro e 22 de outubro
Apelido: Librianjo
Astro regente: Vênus
Elemento: ☐ fogo ☐ terra ☒ ar ☐ água
Glifo: ♎
Símbolo: balança
Frase: "Eu amo."
Polaridade: ☒ positiva ☐ negativa
Modalidade: ☒ cardinal ☐ fixa ☐ mutável
Paraíso astral: Aquário
Inferno astral: Virgem
Signo oposto complementar: Áries

Cores: tons pastel, rosa, salmão e azul-claro
Pedra: jade
Metal: bronze
Talismã da sorte: pirâmide
Animal: galinha
Planta: flor-do-beijo
Partes do corpo: rins
Ditado popular: "Quando um não quer, dois não brigam."
Palavras-chave: harmonia, equilíbrio, beleza, amor e indecisão

Libra, Vênus e ar: a combinação irresistível do zodíaco

Sem dúvida, esse é o signo mais charmoso e equilibrado de todos. Com seu jeitinho diplomático e um talento inato para encontrar o meio-termo em todas as situações, os librianos são mestres em resolver conflitos e levar harmonia aonde quer que vão.

O símbolo escolhido para representar esse signo não poderia ser mais apropriado. Assim como a balança, o libriano está sempre buscando o equilíbrio. Amor, trabalho, amizades — ele deseja que tudo esteja em harmonia, agindo como um expert da simetria na vida.

Com o elemento ar soprando a seu favor, Libra é extremamente sociável e comunicativo, adora estar rodeado de amigos. Se uma pessoa querida está triste, lá vem o libriano com seu jeitinho carinhoso e palavras doces para tentar trazer o sorriso de volta ao rosto dela. Se há uma briga no grupo, ele logo coloca os pingos nos is e acalma os ânimos com sua vibe paz e amor.

Vênus, o planeta regente de Libra, contribui para o charme irresistível desses seres encantadores. Esse é o planeta do amor e da beleza, e os librianos certamente sabem como se destacar nesses quesitos. Eles têm o gosto refinado e apreciam as coisas mais belas da vida. Pode apostar que a casa de um libriano será sempre aconchegante, com uma decoração impecável e requinte em cada detalhe. Além disso, o nativo de Libra é conhecido pela elegância e pelo estilo, está sempre bem-vestido e expressa uma simpatia cativante.

Mas nem tudo é um mar de rosas para o libriano! Como qualquer outro signo, ele enfrenta desafios. A indecisão é uma característica comum do nativo de Libra — afinal, com tanta habilidade para ver os dois lados de uma situação, é natural que ele encontre dificuldade para tomar decisões.

E, claro, não podemos esquecer que, apesar de todo o seu equilíbrio e sua diplomacia, quando um libriano se sente injustiçado, pode revelar a face de quem luta ferozmente pela justiça! Ele não tem medo de confrontar situações arbitrárias nem de batalhar pelo que acredita ser correto.

Levando em conta todas essas habilidades, não há como resistir ao encanto desse signo apaixonante: Libra conquista o coração de todos. Então, se você quer uma companhia agradável para sair hoje à noite, escolha um libriano. Com certeza ele vai sugerir o melhor lugar, aliando diversão, boa comida e um belo visual.

O lado iluminado de Libra

Ele é o signo mais yin-yang que existe — todo trabalhado no equilíbrio! Ninguém sabe pesar as coisas com mais precisão antes de tomar uma decisão. O senso de justiça é a qualidade mais bonita dos nativos de Libra. Seu lema é: "Não faça com os outros aquilo que não gostaria que fizessem com você." É tão gentil que dá vontade de emoldurar e pendurar na parede.

Com muita classe e gentileza, Libra emprega como ninguém as regras de etiqueta e cordialidade. Paz e amor é com ele mesmo! Ele procura viver em harmonia e longe de problemas, uma alma zen em um mundo hostil. Com a vaidade de uma Barbie, adora se cuidar e tem um gosto irrepreensível.

Está precisando de um conselho? Ele faz a linha guru, capaz de iluminar o caminho de quem está perdido com uma sabedoria inquestionável. Parceiro de primeira linha, vai estar sempre ao seu lado, pronto para enfrentar qualquer desafio. Mais que um amigo, é um anjo da guarda que sempre está presente para te apoiar.

Atencioso, o librianjo sabe exatamente o que fazer para deixar as pessoas à vontade. É muito ligado em causas sociais e luta por um mundo melhor, onde todos possam viver em paz e igualdade. Além disso, ele acredita no poder dos sonhos e no amor verdadeiro.

O lado sombrio de Libra

Ele faz o que for preciso para ter uma vida fácil e supérflua. Vaidoso ao extremo, passa mais tempo se admirando do que vivendo a própria vida. É sempre o último a chegar nos compromissos porque leva uma eternidade para decidir o que vestir. Capricha em tudo, nos mínimos detalhes, porque precisa sentir o gostinho do poder.

Quando está interessado em alguém, o libriano procura não demonstrar e disfarça muito bem. Brincar com os sentimentos alheios é o que Libra faz de melhor. Ele consegue flertar como ninguém e seduz suas vítimas para depois partir o coração delas. Vixe... que maldade.

Libra parece estar ocupado mesmo quando não está fazendo nada. É um signo que adora receber visitas em casa, mantendo as aparências de uma pessoa adorável e hospitaleira... Mas isso é só fachada, porque, quando a visita vai embora, Libra solta o veneno e começa a julgar.

A indecisão não impede o libriano de ser um mestre da manipulação. Com seu rostinho angelical, ele sabe como convencer as pessoas a aceitar suas ideias e seus planos como se fosse a coisa mais natural do mundo. Com muita lábia, faz você acreditar que o melhor é seguir a opinião dele. Então, da próxima vez que se deparar com um libriano fofo, pense duas vezes antes de ceder às suas artimanhas.

Os decanatos de Libra e os três tipos de nativo

PRIMEIRO DECANATO
23/09 até 01/10

O libriano gente boa

Esse nativo é influenciado por Vênus (Libra), por isso é gentil e carismático. Considerado o mais indeciso e vaidoso dos três, adora estar acompanhado dos amigos e é agradável com todo mundo. Evita se envolver em atritos e preza muito pela harmonia, buscando sempre agir de forma imparcial e justa. Procura estar ao lado de quem ama, é fascinado pelo poder do amor e é comum que se case cedo — antes disso, porém, coleciona muitos contatinhos. O consumismo e as mudanças de humor são os seus maiores desafios.

SEGUNDO DECANATO
02/10 até 11/10

O libriano ousado

Influenciado por Urano (Aquário), costuma ser destemido, autêntico e criativo. Curioso, adora a sensação de liberdade. Tem opiniões fortes e grande poder de persuasão, se afastando daqueles que têm pensamentos contrários aos seus. Foge de gente pegajosa e carente e detesta companhias ciumentas e controladoras. Nunca passa aperto quando tenta arranjar companhia, mas é daqueles que, quando acaba o relacionamento, quer distância do ex. Conter a impaciência, aprender a tomar decisões mais seguras e deixar o comodismo de lado são seus maiores desafios.

LIBRA ♎

TERCEIRO DECANATO
12/10 até 22/10

O libriano divertido

É influenciado por Mercúrio (Gêmeos) e costuma ser ágil, animado e inquieto. Detesta monotonia. Acelerado e muito agitado, pode se mostrar bem intrometido. Gosta de se divertir; uma boa festa é com ele mesmo. Sabe se comunicar e tem uma lábia boa. Além de um charme irresistível e uma inteligência impressionante também é bastante impaciente. Mostra uma eterna exuberância juvenil e se recusa a crescer e amadurecer. É difícil conquistar seu coração, pois esse libriano perde o interesse muito rápido. A indecisão e a inconstância são desafios que o acompanham pela vida afora.

Libra no mapa astral

Sol em Libra

Amigável e sociável, o libriano raiz gosta de estar rodeado de pessoas. Naturalmente empático e diplomático, odeia presenciar brigas e discussões, mas, quando isso acontece, age como conciliador, pois não suporta injustiças. Busca uma vida de equilíbrio e aprecia estar em ambientes harmoniosos.

O libriano fala com delicadeza e é gentil, sabe dar e receber amor, age pensando em não desagradar os outros e tem uma enorme dificuldade em dizer não. Vaidoso, cuida ao máximo da aparência e se porta com elegância. Costuma se importar em demasia com a opinião alheia e também é indeciso, daqueles que sofrem por não conseguir tomar uma atitude rapidamente.

Ascendente em Libra
Comportamento

A vaidade não o impede de exalar simpatia, encantando a todos com seu jeito delicado e agradável. Está sempre rodeado de amigos e disponível para ajudar, só que às vezes pensa primeiro nos outros e deixa a si mesmo em segundo plano. Sempre evita brigas e busca solucionar os problemas, assumindo o papel de conciliador. Procura viver em equilíbrio e não é muito de ação, pois pensa demais. A indecisão o faz refletir mil vezes sobre os prós e contras antes de tomar alguma medida. Costuma agir pela razão e não pela emoção, e qualquer coisinha o deixa inseguro.

Aparência física

Tem feições angelicais. É librianjo que fala, né? O rosto é redondo ou oval, simétrico e delicado, o cabelo é volumoso, e a testa é alta e larga. Geralmente tem olhos grandes, atraentes e provocantes, lábios desenhados e covinhas no queixo ou nas bochechas. Pode ter estatura média ou ser mais alto, além de corpo curvilíneo, pernas longas e uma tendência marcante a ganhar peso. Costuma andar graciosamente e distribuir simpatia com seu sorriso charmoso.

Lua em Libra

Esse nativo vive em meio a dúvidas, continuamente preocupado com o bem-estar de todos. Sabe como agradar as pessoas, pois seu coração transborda bondade e desejo de sempre fazer o melhor. Nunca tem certeza das coisas e pode pecar pelo excesso de cuidado. Embora seja ansioso, jamais age por impulso e pensa muito antes de tomar uma providência. Evita ao máximo entrar em conflito, buscando sempre a harmonia no ambiente e na vida. Por ter um senso de justiça apurado, costuma ser certeiro ao identificar o que vem para o bem ou para o mal.

Mercúrio em Libra

É uma pessoa pacífica, que evita conflitos nas relações. Gentil, sabe se expressar de um jeito encantador. Não suporta falta de educação e trata todos com amabilidade. Busca viver em harmonia e paz e sempre pondera suas decisões para evitar injustiças. Sua meta é ter equilíbrio na vida.

Valoriza bastante a opinião dos outros, por isso age tentando agradar todo mundo. Seu poder de persuasão é evidente. Além disso, consegue ser sincero sem ser mal-educado. A indecisão muitas vezes atrapalha seu progresso.

Vênus em Libra

Se apaixona fácil, mas perde o interesse na velocidade da luz. É capaz de manipular quem quiser com sua conversa e de seduzir com seu jeito cativante — e depois simplesmente não sabe o que fazer com aqueles que conquista. Isso acontece porque o libriano não resiste a um rostinho bonito. Esse é seu ponto fraco: a atração pelo belo.

Quem tem Vênus em Libra nunca fica muito tempo sozinho. Essa pessoa adora a sensação de amar e até mesmo o estágio da paquera. Mima bastante o parceiro e sonha com a união ideal vivida numa casa perfeita, criando muita expectativa em cima disso.

Marte em Libra

Esse nativo busca uma vida de equilíbrio, evita agir por impulso e se comporta de modo a não desagradar ninguém, omitindo suas insatisfações e se abstendo até mesmo de suas vontades em favor do outro. No entanto, quando estoura, se torna frio e indiferente. É muito honesto em tudo o que faz, mas muda de ideia com rapidez. É o caso típico de pessoa boa na teoria que deixa a desejar na prática.

Quem nasceu com Marte em Libra é megarromântico e um mestre na arte da sedução. Gosta de conversas excitantes e maliciosas, e na cama expressa com clareza o que deseja. Tem atração por pessoas educadas, gentis e refinadas e aprecia encontros em ambientes harmoniosos, calmos e bonitos.

Júpiter em Libra

É conhecido por ser o anfitrião perfeito, impecável na arte de receber convidados. Sua natureza solidária o faz escutar atentamente os dois lados de uma história, buscando sempre equilíbrio e justiça. Esse indivíduo também pode apresentar uma dose generosa de preguiça e comodismo, o que às vezes atrapalha sua produtividade. Apesar disso, seu coração é caridoso e doce, espalhando amor por onde passa. Seus talentos artísticos são surpreendentes, conquistando admiradores.

Saturno em Libra

Costuma ser generoso, sempre oferecendo mais do que recebe, mas sua gentileza pode ser um tanto exagerada. Procura entender as situações antes de fazer julgamentos precipitados. Paciência é o sobrenome dessa pessoa, que tem a espiritualidade intensa e aflorada. Embora procure ser imparcial, suas dúvidas são tantas que vive se questionando sobre tudo que acontece ao redor. Seu maior desejo é ter um companheiro bacana com quem possa compartilhar a vida.

Urano em Libra

É conhecido por se tornar dependente das pessoas, especialmente no campo sentimental. Tem um radar interno que busca parceiros dispostos a assumir as responsabilidades e decisões cotidianas. Enquanto outros procuram relacionamentos saudáveis e equilibrados, esse nativo sempre opta pela comodidade de ter alguém para pensar e agir por ele.

Netuno em Libra
É alguém que sabe administrar bem os relacionamentos. Idealista, está sempre em busca de harmonia e equilíbrio para todos. Seu jeito encantador cativa corações, e sua habilidade de unir almas gêmeas é impressionante. Com seus traços de liderança, consegue transformar circunstâncias caóticas em conexões duradouras.

Plutão em Libra
Consegue enxergar além das aparências e tem habilidade para administrar negócios, trazendo estabilidade e demonstrando equilíbrio em suas ações. Essa combinação única de características confere a essa pessoa uma perspectiva diferenciada.

Lilith em Libra
A vida amorosa é sua prioridade, mas a busca incessante por um amor idealizado pode dificultar as coisas nas relações verdadeiras, resultando em mágoas. Quando surgem conflitos, esse nativo acaba se calando para manter a paz. Valoriza a beleza, a classe e o bom gosto em qualquer situação e evita todo tipo de vulgaridade. Tem como desafio aprender a se comunicar melhor, expressando seus sentimentos e desejos de maneira saudável, sem medo de confrontos.

Quíron em Libra
Essa configuração exerce influência nas relações amorosas ou de amizade, sendo um indicativo de possíveis dificuldades em vivenciar parcerias equilibradas — o que pode resultar em dores emocionais. No entanto, os conflitos podem servir como oportunidades de crescimento pessoal. Para enfrentar esses desafios, a diplomacia e o lado racional de Libra são essenciais.

Descendente em Libra
Esse nativo valoriza parceiros sociáveis e atenciosos. Porém, apesar de apreciar os laços estreitos, pode se cansar facilmente das relações, pois valoriza demais sua liberdade e seu espaço pessoal. É importante respeitar esses preceitos. Atraído por pessoas emocionalmente equilibradas e que sabem se comunicar,

ele proporciona equilíbrio às parcerias e está disposto a fazer adaptações no seu jeito de ser para manter a paz.

Meio do céu em Libra

A busca por harmonia e equilíbrio é sua essência. Essa pessoa se sente motivada a propagar a justiça e a ética no ambiente ao seu redor, e tem como missão contribuir para um mundo mais solidário, justo e sereno. Tem o desejo de promover um ambiente onde todos possam viver em paz. Sua presença é como um farol que ilumina o caminho para a resolução de conflitos e a busca por um mundo melhor.

Fundo do céu em Libra

Essa configuração é marcada pela busca constante por paz e harmonia, principalmente no ambiente familiar. As pessoas com esse posicionamento estão sempre dispostas a resolver desentendimentos com quem está próximo. Sua natureza sociável e amigável motiva todos a se esforçarem para se reconciliar após qualquer briga ou discussão. Além disso, esse indivíduo tem a capacidade de enxergar o lado de todos os envolvidos na situação, sem tomar partido. Temos aqui um excelente mediador de conflitos.

Libra gosta de	Libra não gosta de
Flertar	Brigas
Tirar férias	Solidão
Dar risada	Grosseria
Ser desejado	Mau gosto
Debater ideias	Ser julgado
Ganhar presentes	Tomar decisões
Realizar sonhos	Falta de respeito
Beijos apaixonados	Ser pressionado
Conversas picantes	Falta de empatia
Imaginar seu futuro	Gente sem educação
Lugares agradáveis	Dúvidas no amor
Produtos de qualidade	Falar sobre os ex
Liquidações	Desapontar
Se divertir com os amigos	Pessoas desleixadas
Oferecer ajuda a quem ama	Polêmica com seu nome

Perfume com frasco bonito
Sair com o melhor amigo
Fazer compras sem precisar economizar
Ouvir conselhos (apesar de não seguir)
Dividir um acontecimento inesquecível com uma pessoa querida

Presenciar injustiças
Ficar muito tempo sozinho
Ter que se arrumar rápido
Ficar com a consciência pesada
Ser deixado de lado

A mãe de Libra

A mãe libriana é cem por cento gente boa e sociável. Amigável, está sempre disposta a ouvir e ajudar seus filhos. Ela é vaidosa, adora se cuidar e se arrumar, mostrando a importância de se empenhar na aparência e se sentir bem consigo mesma. Conversa até demais! Essa mãe está sempre pronta para trocar ideias e opiniões com os filhos.

Preocupada com o bem-estar dos rebentos, a mãe de Libra não descuida das necessidades deles e faz de tudo para garantir que estejam felizes e seguros. Além de ser amiga, essa mãe é cuidadosa por natureza. Ela se dedica a todos os aspectos da vida de seus filhos e faz de tudo para ser a melhor mãe possível, se esforçando para oferecer amor, suporte e orientação em todas as situações.

Apesar de não gostar de brigas, quando é necessário ela entra em uma e não quer mais sair. Com uma habilidade natural para solucionar problemas, a mãe libriana é boa em encontrar soluções e resolver conflitos. Ela ensina aos filhos a importância da justiça e da equidade, incentivando-os a serem íntegros em suas ações e decisões.

Expressões como "Pede pro seu pai" ou "Tudo sou eu nessa casa!" mostram sua disposição para compartilhar as responsabilidades com o parceiro e a intenção de não ser sobrecarregada. A mãe de Libra traz harmonia e equilíbrio para a família, ensinando valores de justiça, cuidado e comunicação.

O pai de Libra

O pai desse signo está sempre disposto a conversar com seus filhos e a ouvi-los. Ele fomenta a comunicação e a troca de ideias, criando um canal aberto para que seus filhos possam expressar seus sentimentos e suas opiniões. É aquele pai com quem você pode contar para desabafar e receber conselhos.

Esse pai estimula a criatividade e a imaginação de seus filhos, sempre procurando maneiras divertidas de aprender e crescer junto com eles. Ele pode

LIBRA ♎ 213

ser um pouco vaidoso, preocupado com a aparência e o estilo pessoal. Valoriza a beleza e o bom gosto e muitas vezes transmite esse valor a seus rebentos. Pode até mesmo compartilhar dicas de moda e de cuidados pessoais com eles.

O pai de Libra é um amigão: busca construir uma relação de amizade e cumplicidade, e está sempre disponível para momentos de diversão e descontração. Ele sabe como transformar situações cotidianas em ocasiões especiais. No entanto, pode ter a tendência de deixar a bronca e a autoridade mais rigorosa para a mãe, buscando manter o papel de bom amigo.

Dizer "não" pode ser um desafio para o pai libriano, já que ele tem dificuldade em recusar pedidos e quer agradar os filhos ao máximo. Quando se trata de disciplina, evita o castigo rígido, preferindo abordagens mais suaves e estimulantes, que envolvam a criatividade e a reflexão. Ele acredita que o diálogo e a compreensão são formas mais eficazes de lidar com questões problemáticas. Mas ele também entende a importância de definir limites, o que pode ser um aprendizado tanto para ele quanto para as crianças.

O senso de justiça é um dos maiores valores que o pai de Libra transmite aos filhos. Ele não tolera a injustiça e sempre busca agir com equilíbrio e imparcialidade, ensinando a seus filhos a importância de tratar todos com igualdade e respeito, da maneira como gostariam de ser tratados. Sua abordagem amigável e ponderada deixa uma marca duradoura na formação de princípios.

Libra no amor

O libriano é conhecido por sua busca incessante pelo amor e a harmonia nas relações. Manda muito bem na arte do romance e dão tudo de si para conquistar corações e criar conexões profundas.

Se você for alvo da paixão de um libriano, será sempre recebido com um grande sorriso e um charme matador. Ele domina as artimanhas do flerte, usando suas habilidades sociais para criar um ambiente agradável e aconchegante.

Uma das características mais marcantes de Libra é a necessidade de buscar o equilíbrio em todas as coisas, e isso se reflete em seus envolvimentos afetivos. Aqueles nascidos sob a regência desse signo desejam um parceiro que seja o seu complemento, alguém que preencha as lacunas e que ajude a criar uma sinfonia perfeita de emoções. Quando encontram essa conjuntura, se entregam ao romance e se empenham para estabelecer uma parceria igualitária e respeitosa.

Contudo, para os librianos, a tomada de decisões pode ser uma tarefa difícil, até mesmo em assuntos do coração. Nos relacionamentos, eles são conciliadores. Se houver uma discussão, farão o possível para encontrar um ponto em comum e resolver as diferenças.

Os nativos de Libra são muito generosos e dedicados nas relações amorosas. Fazem de tudo para ver o parceiro feliz e amado, e não medem esforços para tornar os momentos a dois verdadeiramente especiais.

As combinações de Libra no amor

Vamos falar de como o signo de Libra se relaciona no amor com os outros signos. Cada signo tem um jeito único de amar, mas, para entender de verdade, a gente precisa olhar o mapa astral todo. Só assim dá para saber se a combinação vai ser boa ou não.

Libra ♡ Áries

Existe uma poderosa atração física entre esses dois, uma conexão magnética que pode ser difícil de resistir. Áries e Libra são complementares de muitas maneiras e, quando se unem, podem formar um par ideal. A relação entre os dois é marcada por uma admiração mútua.

Cada um tem qualidades que o outro valoriza e admira. Libra traz compaixão e calmaria para a vida agitada de Áries, levando-o a refletir quanto a suas ações precipitadas. Por outro lado, Áries consegue canalizar suas energias de maneira mais produtiva quando está ao lado de Libra. Juntos, eles são capazes de tomar boas decisões e de encontrar o equilíbrio.

Mas cuidado: quando a harmonia entre eles se desgasta, o circo pega fogo. Áries pode ficar impaciente diante das indecisões de Libra, enquanto Libra pode se frustrar com a impulsividade de Áries. No fim das contas, ariano e libriano podem formar o par perfeito, mas só por um tempo. É o típico relacionamento de verão: quente, apaixonado e intenso — se vai durar ou não, ninguém é capaz de opinar.

Libra ♡ Touro

Dizem por aí que esses dois signos se encaixam feito feijão e arroz, praticamente feitos um para o outro. O libriano, com seu charme refinado, sabe exatamente como agradar o taurino. Ele faz os gostos do parceiro sem se sacrificar, e acaba agradando.

LIBRA ♎   215

Touro, por sua vez, não resiste às investidas de Libra. É uma luta entre a estabilidade taurina e a indecisão libriana. Apesar dos desafios, esse relacionamento transborda amor e afeto. A paixão e a sedução entre eles são intensas, e não é só isso: o libriano encanta em todos os detalhes, até mesmo no tom de voz.

É um entrosamento surpreendente, mas há risco de a relação cair no tédio. O taurino anseia pela estabilidade que o libriano não tem, enquanto o libriano depende do taurino para tomar decisões. Quando o taurino mostra sua firmeza e o libriano exibe sua elegância, é como juntar dois ímãs.

Libra ♡ Gêmeos

Uma combinação empolgante! Esses dois juntos dão um show de criatividade e charme. É como misturar fogos de artifício com confete, um resultado único e vibrante! O libriano, com seu jeitinho equilibrado, dá lições de dedicação aos geminianos tagarelas.

A relação é tão saudável que eles conseguem manter a balança perfeitamente equilibrada. E não dá para negar: a paixão e a sensualidade entre eles são impossíveis de ignorar. Uma química forte pra caramba, e o mais legal é que eles se entendem superbem no dia a dia. Não tem enrolação, não tem mi-mi-mi. O diálogo é sincero e direto.

Quando o assunto é gosto, é incrível como são semelhantes. Parece até que combinam as playlists do Spotify, porque têm sempre a mesma música favorita. Resumindo, Gêmeos e Libra são tipo a receita do bolo do sucesso: criatividade, maturidade, dedicação e muito amor — tudo misturado, batido e assado com uma boa dose de paixão. Difícil resistir ao charme desse casalzão!

Libra ♡ Câncer

A relação entre eles é um misto de desafios e afeto intenso. Ambos compartilham uma profunda necessidade de cuidar um do outro, o que cria um vínculo emocional único. Um dos maiores obstáculos para esse relacionamento, porém, é a dificuldade que os dois têm de expressar as emoções. Ambos escondem seus sentimentos a sete chaves.

Quando o assunto é sedução, Libra sabe como ninguém o que fazer para conquistar Câncer. O libriano tem um arsenal de estratégias românticas capazes de derreter o mais frio dos cancerianos. A questão da segurança também é um ponto sensível nessa relação. Câncer é uma criaturinha cheia de dúvidas, desconfiada até o último fio de cabelo. Ele não tem certeza se esse relacionamento vai durar, se Libra vai manter o interesse ou se é apenas mais uma história passageira.

Apesar de todos os empecilhos, esses dois signos têm um ponto em comum: o desejo de ter um lar acolhedor e uma família feliz. Se ambos estiverem dispostos a se abrir, conversar e lidar com as diferenças, podem encontrar o equilíbrio entre o amor apaixonado e a estabilidade emocional.

Libra ♡ Leão

O casal mais lindo da astrologia. Muito atraídos, seduzem um ao outro com facilidade. Existe uma conexão forte entre eles, baseada em afeto e carinho, o que contribui para a harmonia da relação. Além disso, eles compartilham o amor por viagens e aventuras, o que lhes permite desfrutar de momentos especiais juntos.

No entanto, mesmo com todas essas qualidades, existem contratempos. Leão tem uma personalidade dominante e tende a extrapolar os limites que Libra busca manter. Isso pode originar desafios e conflitos, pois Leão corre o risco se tornar excessivamente controlador, enquanto Libra tenta encontrar a harmonia em todas as situações.

Para que essa relação seja duradoura, é fundamental que ambos aprendam a ceder em suas dinâmicas. O leonino precisa exercer seu poder de maneira mais consciente e respeitosa, evitando sufocar o libriano. Ao mesmo tempo, Libra tem que aprender a desenvolver a autoconfiança e a expressar as próprias necessidades, estabelecendo limites saudáveis dentro do relacionamento.

Libra ♡ Virgem

Essa combinação é um verdadeiro encontro entre o equilíbrio e a disciplina, entre a leveza e a organização. Os dois precisam de um ambiente impecável, com tudo nos devidos lugares. A diferença é que Virgem é quem acaba assumindo a responsabilidade de colocar ordem na casa, mandando e desmandando, impondo limites a Libra.

O dinheiro é o responsável pelos conflitos do casal: Libra é superconsumista, e Virgem, pão-duro, e os dois convivem no fio da navalha. Quando se trata de emoções, o libriano é emotivo, enquanto o virginiano é mais contido ao se expressar. Virgem assume a liderança e toma as decisões em nome de Libra. Embora possa parecer controlador em alguns momentos, Virgem oferece uma perspectiva prática que pode ajudar o indeciso libriano.

Libra pode se sentir sufocado com o rigor e a seriedade de Virgem, já que costuma ver a vida de uma perspectiva mais leve. Para que essa união seja bem-sucedida, ambos precisam se esforçar bastante na comunicação, expondo suas necessidades e seus desejos de maneira clara e respeitosa.

Libra ♡ Libra

Essa é uma combinação astrológica que promete diversão e aventura. Eles sabem exatamente como seduzir um ao outro, mantendo a chama do amor sempre acesa. Não há como resistir a tanto charme e carinho.

Os momentos íntimos são repletos de ternura e cumplicidade, o que contribui para uma vida a dois gratificante e duradoura. Apreciam a companhia de pessoas queridas e sabem como criar um ambiente acolhedor para seus convidados. As festas e os encontros sociais se tornam ocasiões de alegria compartilhada.

Os dois podem ser indecisos e demorar para tomar medidas importantes. Tudo precisa ser debatido, argumentado, pesquisado, consultado. Essa indecisão toda pode gerar impasses no relacionamento, mas, se ambos os parceiros se empenharem para ouvir um ao outro e buscar soluções equilibradas, conseguirão superar tudo isso.

No fim, eles podem passar a vida inteira juntos e ser muito, muito felizes. Esses dois são a prova de que o equilíbrio existe e pode ser encontrado em uma relação em que diversão é a palavra de ordem.

Libra ♡ Escorpião

Os dois signos se veem presos em uma atração intensa e em um clima de muita excitação. Essa dinâmica é alimentada por um magnetismo mútuo, que os mantém próximos e envolvidos um com o outro.

No entanto, conhecido por ser o signo mais ciumento e possessivo de todos, Escorpião pode enfrentar dificuldades quando se depara com o lado sociável de Libra. Já o libriano muitas vezes provoca ciúme sem intenção, o que pode levar a conflitos quando ambos os parceiros perdem a paciência. É importante que eles aprendam a lidar com suas emoções e a comunicar suas preocupações de maneira aberta e honesta para evitar que os atritos se intensifiquem.

Apesar dos desafios, Libra se sente seguro ao lado de Escorpião. A força e a intensidade desse signo ajudam a acalmar as inseguranças do libriano, permitindo que ele se sinta protegido e amado. Escorpião também desempenha um papel importante no crescimento pessoal de Libra, ajudando-o a se tornar mais independente e a valorizar suas próprias conquistas. Essa dinâmica fortalece o relacionamento, pois ambos aprendem e crescem juntos.

Libra ♡ Sagitário

Essa dupla tem potencial para dar certo, mas vamos combinar que os dois precisam ceder um pouquinho, né? Sagitário, o extrovertido, e Libra, o discreto, formam um casal que não passa despercebido. Eles sabem se divertir, viajar e organizar festas de deixar qualquer um com inveja.

Quando se trata de tomar a iniciativa, Libra entra em cena. Ele sempre dá o primeiro passo, mas é Sagitário quem o ajuda a tomar decisões. Apesar dessa camaradagem, Sagitário precisa aprender a respeitar o tempo de Libra; é que o libriano pode ficar meio confuso com tanta impulsividade.

Libra ajuda Sagitário a ser mais ponderado, enquanto Sagitário ensina Libra a soltar as rédeas de vez em quando. Se esses dois conseguirem buscar compreensão e carinho um no outro, pode ter certeza de que a felicidade vai dar as caras nessa relação. É uma parceria que tem tudo para dar certo, desde que eles aprendam a lidar com suas diferenças e aproveitem o que cada um tem de melhor. É justamente a combinação dessas diferenças que torna esse casal tão especial e único.

Libra ♡ Capricórnio

Embora haja discordâncias entre os parceiros, eles compartilham alguns valores em comum. Ambos são movidos pela lógica e desejam viver em um mundo perfeito, o que os une em um objetivo comum. Mais sociável, Libra gosta de sair e se divertir com outras pessoas. Capricórnio é mais reservado e tende a valorizar momentos de solidão.

Essa diferença pode criar algumas tensões na relação, uma vez que Capricórnio pode se sentir sufocado com as constantes solicitações sociais de Libra. O capricorniano geralmente age com rapidez e eficiência. Libra, por sua vez, tende a ser mais indeciso e valoriza a opinião do parceiro. Felizmente, eles também têm seus momentos de conexão.

Juntos, eles planejam construir um lar. A estabilidade e segurança oferecidas por Capricórnio são fundamentais para Libra, consolidando uma base afetiva harmoniosa. Compreensão, diálogo e respeito são ingredientes para o sucesso dessa relação, permitindo que eles superem desafios e cresçam juntos em direção ao mundo perfeito que desejam.

Libra ♡ Aquário

Um casal pra lá de especial, esses dois têm uma sintonia mental incrível.

Uma das características que tornam Libra e Aquário compatíveis é a atração física intensa. Ambos são naturalmente sedutores e criativos quando se trata de romance. Os dois estão sempre em busca do equilíbrio entre seus desejos, explorando novas formas de se conectar. Embora existam diferenças entre Libra e Aquário, como o lado autoritário do primeiro e a inflexibilidade do segundo, esses obstáculos podem ser superados com um diálogo aberto e sincero.

Aquário desperta em Libra um espírito livre e aventureiro, mostrando que a vida não precisa ser tão séria e que para é possível ser feliz sem seguir todas as regras do manual do relacionamento perfeito. Libra, por sua vez, oferece ao aquariano o apoio e a compreensão necessários para que ele se sinta verdadeiramente valorizado.

Para que essa dupla funcione, Libra precisa aceitar o jeito desapegado de Aquário. Eles são a prova de que, mesmo com discordâncias, o amor pode ser uma viagem divertida e cheia de surpresas.

Libra ♡ Peixes

Este relacionamento aqui é uma combinação apaixonante. Libra é atraído pelo lado sensível de Peixes e supre a necessidade de segurança emocional do parceiro, demonstrando apoio. Peixes, com sua natureza sonhadora e pouco prática, encontra em Libra uma âncora para a realidade.

A atenção cuidadosa de Peixes é um complemento perfeito para Libra, auxiliando-o no cuidado com sua saúde física e emocional. A união pode ser duradoura, pois cada um supre as necessidades e carências do outro. Libra oferece estabilidade e racionalidade para a sensibilidade de Peixes, enquanto o pisciano traz profundidade emocional e compreensão para o mundo de Libra.

A vida social agitada do libriano pode frustrar Peixes, que não troca nada pelo conforto do lar. As crises de ciúme podem gerar conflitos e discórdias entre os dois, mas, com paciência, compreensão, dedicação e respeito mútuo, eles serão capazes de equilibrar essa relação desafiadora.

Como conquistar o coração de um libriano?

O libriano é conhecido pela natureza indecisa e pelo anseio por equilíbrio e harmonia. Portanto, se você quer conquistar o coração desse querido, a primeira dica é ser direto e tomar a iniciativa. Ele geralmente tem dificuldade para escolher um caminho, então mostre que está interessado e que vale a pena arriscar. Mas lembre-se: nada de pressioná-lo! Ele não suporta isso e pode se afastar num instante.

Outro ponto importante é se aproximar dos amigos do libriano. Ele valoriza muito a amizade e espera que o parceiro se dê bem com o seu círculo social. O librianjo valoriza a conexão com pessoas próximas e se sente mais à vontade quando todos estão em sintonia.

Libra adora ser admirado, então faça a sua parte. Demonstre interesse na vida dele, seja atencioso e carinhoso. Invista no jogo da sedução. Os librianos gostam do desafio e adoram um flerte divertido. Mostre que está disposto a entrar nessa dança e deixe a magia acontecer. Mas nada de exageros ou de joguinhos maldosos, viu?

Não podemos esquecer a importância do visual para um libriano. Capriche no estilo e encante-o com seu charme. Vista-se com elegância e nunca subestime o poder de um bom perfume. A fragrância certa pode despertar sensações mágicas no coração do nativo desse signo tão romântico.

Beleza é essencial, afinal os librianos têm uma quedinha especial por rostinhos bonitos. No entanto, isso é apenas uma peça do quebra-cabeça. Para conquistar Libra de verdade, é preciso ter conteúdo. Mantenha conversas interessantes e inteligentes, mostre que tem predileções e opiniões elaboradas. O libriano valoriza parceiros que estimulem seu intelecto e que estejam a fim de mergulhar em papos profundos e significativos.

Além disso, persistência é fundamental. O nativo de Libra aprecia aquele que se empenha para fazer dar certo. Prove a ele que está disposto a investir tempo e energia nesse relacionamento. Uma demonstração de comprometimento pode derreter o coração de um libriano em um piscar de olhos.

Educação e classe também são extremamente valorizadas pelos nativos de Libra. Seja gentil, atencioso e demonstre respeito em todas as interações. Esses gestos simples podem fazer toda a diferença na conquista do coração de quem nasceu sob esse signo.

Por último, mas não menos importante, prepare um jantar romântico e convide seu libriano especial para uma noite agradável. Deixe vir à tona o seu lado romântico e o desejo de conhecer profundamente o mundo interior desse indivíduo. Os librianos adoram momentos íntimos e significativos, então aproveite essa oportunidade para estreitar os laços entre vocês.

Agora que você tem essas dicas valiosas em mãos, é hora de colocá-las em prática. Quando menos esperar, os dois estarão trocando apelidos fofos. Boa sorte na jornada para conquistar o coração mais disputado do zodíaco.

O relacionamento com Libra

O lado bom

Em primeiro lugar, Libra transmite serenidade e paz. É capaz de iluminar qualquer ambiente com sua energia. Se não for para animar e fazer os outros sorrirem, ele nem sai de casa. Quando está comprometido, é um excelente companheiro, dedicado e atencioso. Tem uma habilidade natural de se conectar com a pessoa amada. É tipo telepatia, sabe?

Além disso, o libriano é capaz de sacrificar as próprias necessidades em prol do bem da relação. Coloca o relacionamento em primeiro lugar e está disposto a fazer o que for necessário para mantê-lo saudável e feliz. E, é claro, não podemos esquecer a lenda que envolve os librianos: eles têm o beijo mais gostoso do zodíaco! Seus lábios são suaves e habilidosos, capazes de envolver o parceiro em uma labareda de paixão e prazer.

Por fim, Libra sempre tira da cartola uma solução incrível para contornar situações difíceis. Seja nos desafios do dia a dia ou em momentos de atrito, essa pessoa sabe como encontrar o melhor caminho e manter a harmonia ao seu redor. Sua natureza pacífica e diplomática faz dele um excelente mediador, capaz de evitar que pequenos problemas se transformem em grandes tretas.

Os desafios

É preciso entender que o libriano vive em cima do muro e que tomar decisões é uma verdadeira tortura para ele. Isso pode causar frustração e impaciência, especialmente para quem busca uma resposta rápida. Libra também adora gastar e pode facilmente se afundar em dívidas, o que tende a trazer sérios problemas para o relacionamento.

Além disso, esse campeão da procrastinação tem a incrível habilidade de adiar tudo o que pode, desde tarefas simples até providências importantes. O libriano vai sempre encontrar uma desculpa para deixar para depois. Ah, e ele ama dar uma de Bela Adormecida para fugir das preocupações, mas no fim acaba sonhando com os problemas.

O libriano tem um lado sedutor incomparável e adora flertar. Sua queda por uma bela fisionomia pode ser um desafio para a relação, já que ele pode se envolver em questões complicadas, gerando insegurança no parceiro. Mas, mesmo quando pego em flagrante, Libra vai negar até a morte qualquer interesse, usando sua lábia para contornar a situação. Prepare-se para um eterno jogo de gato e rato.

O sexo com Libra

Uma conversinha gostosa já começa a esquentar o clima, viu? O libriano sabe usar seu charme e sua delicadeza para apimentar as coisas. Ele sente um prazer imenso em ser desejado, então é bom caprichar nas investidas com beijos apaixonados e atenção total.

Sedução é com ele mesmo! O nativo de Libra adora ter suas vontades realizadas, por isso esteja preparado para oferecer uma boa dose de prazer. Beijos longos e intensos são ótimos para fazer o clima pegar fogo.

Eles valorizam um cenário romântico, sabe? Velas, música suave, difusor de aromas — isso tudo ajuda a criar a atmosfera perfeita para uma noite de paixão com um libriano. Mas não se engane: ele não precisa estar em um romance para transar, já que é fã de sexo sem compromisso e não despreza um flerte bem provocante.

Entre quatro paredes, os gemidos, a pele, o toque... É tudo uma festa para Libra. Os librianos não têm medo de se entregar às sensações e desfrutar das carícias, das massagens e de tudo que envolva um contato prazeroso. Ah, a boca de um libriano pode fazer coisas que até Deus duvida, viu? Vale a pena explorar essa habilidade.

O libriano é passional e envolvente no sexo, usa todos os seus talentos, então espere por momentos intensos e cheios de emoção. Se entregando de corpo e alma, ele fará de tudo para tornar o momento íntimo inesquecível. Só tenha cuidado com o ambiente: Libra detesta estar no meio da bagunça, então capriche na arrumação antes do encontro.

Estar com um libriano na cama é sempre uma experiência marcante. Ele sabe como transformar um encontro íntimo em uma obra de arte. Então, aproveite essa energia sensual e se jogue na aventura com o librianjo. Quem sabe não se torne uma lembrança para toda a vida?

Quando Libra leva um pé na bunda

Logo de cara, o libriano tenta entender o motivo do fim. Ele analisa cada detalhe, cada palavra dita, cada gesto estranho. No início se sente meio perdido, tentando encontrar uma direção. Mas em pouco tempo percebe que não adianta ficar pra baixo. Afinal, o que passou, passou. É nesse momento que Libra decide seguir o baile. Ele então aciona os contatinhos, aqueles que ficaram em *stand-by* enquanto ele se dedicava ao relacionamento que agora terminou.

Sofre um pouquinho? Sim, isso faz parte e o libriano não é de ferro. Derrama algumas lágrimas, lamenta o fim daquilo que ele acreditava ser perfeito. Mas não demora muito para ele se recuperar. O coração dói, mas a boca está sempre pronta para beijar. Surpreendentemente, dependendo de como aconteceu o término, o libriano consegue até virar amigo do ex. Ele acredita na importância das conexões humanas e na capacidade de superar as diferenças. Quem sabe em algum momento os dois possam sentar para tomar um café e rir das antigas mágoas.

Na verdade, Libra não fica muito tempo solteiro. Sendo um especialista na arte da sedução e do flerte, não demora muito para que ele encontre outro alguém para encher seu coração de alegria. O libriano não gosta de ficar sozinho, precisa de vínculos, de parcerias e de amor. E assim ele segue em busca do próximo capítulo de sua história, sempre pronto para recomeçar.

O ex de Libra

O ex de Libra é elegante, mesmo em momentos difíceis como o término de um relacionamento. Mesmo que as coisas não tenham dado certo, ele vai manter a classe e o respeito, mostrando sua maturidade emocional. Se ainda nutre sentimentos pela pessoa, vai optar por preservar a amizade. Para ele, é importante manter um vínculo saudável e harmonioso, mesmo que o romance tenha chegado ao fim.

Após superar o término, é provável que o libriano mantenha uma amizade estreita com o ex. Ele acredita que as relações podem evoluir de diferentes formas e que uma conexão profunda não precisa se perder só porque o namoro acabou. Ele pode querer reviver memórias, mas também está aberto a novos contatos e oportunidades.

O libriano está sempre olhando para o futuro, e isso inclui explorar novas possibilidades amorosas. Ele não hesitará em buscar um novo crush para atualizar sua agenda de contatinhos.

O corno de Libra

O libriano é aquele tipo de corno ateu: leva um chifre e passa um bom tempo sem querer acreditar no que aconteceu. No começo ele até se sente culpado, achando que pode ter sido por sua causa. Sofre, claro, mas não é do tipo que faz drama pra todo mundo ver. A dor? Prefere guardar para si.

O diferencial do libriano é que, após o choque inicial, ele vai se sentar, pensar, refletir e, acredite se quiser, muitas vezes consegue até perdoar. Isso acontece porque ele entende que a vida é curta e que não vale a pena ficar remoendo mágoas. O libriano tem uma pressa imensa de voltar a amar e ser amado, de se jogar de cabeça em um novo romance.

Mesmo que o coração esteja doendo, o libriano não é de ficar parado. Enquanto alguns se fecham e choram pelos cantos, ele tá lá, aproveitando o luto para reativar os contatinhos ou quem sabe conhecer gente nova. Afinal, para ele, a vida não pode nem deve parar. Por isso, se você conhece um libriano, saiba que ele sempre vai seguir em frente, independentemente do que aconteça!

O infiel de Libra

O libriano infiel é irresistível e sabe disso. Combina carisma, aquele sorriso malicioso que te deixa sem fôlego, uma lábia que te convence a viver as maiores aventuras e, claro, uma pegada que te faz esquecer o mundo. Não é à toa que esse signo é um dos campeões de infidelidade no zodíaco.

Mas aqui tem um detalhe: o infiel de Libra tem uma habilidade incrível de te fazer se sentir especial, como se você fosse a única pessoa na vida dele. Só que a verdade é bem diferente: ele tem mais contatinhos do que você imagina. O infiel de Libra sabe administrar bem seus affairs e tem sempre uma mentirinha na manga para cada situação. Ele consegue fazer você acreditar que é o único e joga esse mesmo papo para várias outras pessoas ao mesmo tempo.

E quando é pego no flagra? Ah, Libra nega até o fim! Não importam as evidências, ele não vai admitir que traiu. O mais irônico de tudo é que essa pessoa não assume a infidelidade, mesmo quando é pega com a boca na botija. E, para piorar, o libriano ama flertar nas redes sociais, seja trocando nudes no Instagram ou marcando encontros em sites de relacionamentos ou em aplicativos de pegação. O infiel de Libra gosta mesmo é de diversão e não tem medo de arriscar.

Libra no trabalho

Esse profissional tem a reputação de ser muito atento aos detalhes em todas as atividades que desempenha. Ele não mede esforços para garantir que tudo esteja impecável e de acordo com seus padrões elevados. No entanto, mesmo sendo altamente competente, há momentos em que seu perfeccionismo se mistura com uma tendência à procrastinação. De qualquer forma, Libra gosta de executar tarefas mais simples, que lhe deixam tempo para descansar e se divertir.

O libriano é amante das folgas. Ele se sente verdadeiramente realizado quando sua gratificação vem na forma de um dia de descanso ou de tarefas

LIBRA ♎ 225

mais leves. Afinal, quem não gosta de fazer uma pausa merecida? No entanto, é preciso ter cuidado, pois a protelação e a preguiça podem afetar negativamente o rendimento de Libra.

Apesar da competência, o libriano se preocupa demais com sua performance e com o que as pessoas pensam dele. Não é muito bom em aceitar críticas e pode ficar bastante aborrecido quando advertido e corrigido. No entanto, vai evitar confrontos a todo custo, preferindo manter a paz no local de trabalho.

Tomar decisões é uma tarefa extremamente difícil para Libra. Esse nativo fica sob uma enorme pressão nesses momentos e muitas vezes acaba se sentindo sobrecarregado. Talvez seja porque ele pondera muito sobre as possibilidades e considera todas as opções antes de escolher. A dificuldade para decidir não é exclusiva do universo profissional; ela se estende a todas as áreas da vida de Libra.

Apesar das características desafiadoras, o libriano é um profissional gentil e agradável. O fato de ser altamente comunicativo e sociável o torna ideal para trabalhar em equipe. Libra é cooperativo e sempre está disposto a ajudar os colegas. Justo e imparcial, age como um conciliador em situações de conflito — afinal não suporta a ideia de frequentar um ambiente tenso e estressante.

E as festas e comemorações? Ninguém melhor que um libriano para organizar eventos sociais. Ele se empolga ao planejar e coordenar os agitos do seu setor e aproveita ao máximo todas as interações proporcionadas por essas ocasiões. Nas festinhas da firma, Libra se sente em casa.

Profissões para Libra

Entre as profissões indicadas para esse signo, podemos destacar aquelas ligadas a justiça, relações públicas, arte, estética, beleza, dança, teatro, televisão, música, paisagismo, decoração. O libriano pode ser advogado, diplomata, conciliador, psicólogo, personal stylist, consultor de imagem, ator, esteticista, designer de interiores, veterinário, cabeleireiro, publicitário, maquiador, promoter, decorador e juiz.

Profissões dos sonhos para Libra

Coach, influenciador, blogueiro, youtuber, top model, testador de odores, terapeuta sexual, terapeuta de casais, criador de conteúdo adulto e coach de relacionamento.

O currículo de Libra

Librianjo Santo da Silva
Data de nascimento: 28/09/1989
Rua do Amor e Paz, nº 7,
Bairro das Dúvidas, Chã de Alegria-PE
E-mail: librianio@astroloucamente.com
Telefone: (81) 97777-7777

Qualificações:

- facilidade em agradar e ser gentil;
- excelente ombro amigo;
- tem elegância, bom gosto e um forte senso de justiça;
- sabe usar justiça e honestidade em todas as situações.

Formação acadêmica:

- graduação em Não Saber o que Fazer da Vida;
- especialização em Sono Acumulado sem Fim;
- mestrado em Consumismo Exagerado;
- doutorado em Excesso de Beleza e Gostosura.

Experiência profissional em:

- adiar até não poder mais;
- criar expectativas e depois quebrar a cara;
- substituir a paixão pelo ranço;
- resolver os problemas dos outros — os próprios, só Jesus na causa.

Top 5 moods de Libra

❶ Mood banho de loja

Esse signo não pode ver uma promoção que se joga — não olha nem o saldo para não se frustrar. E não adianta tentar alertar Libra para as consequências, porque seu mantra é: "Deixa as compras me levar, shopping leva eu." Com esse nativo é assim: se o dinheiro acabar, pelo menos vai sobrar um guarda-roupa de respeito.

❷ Mood Bela Adormecida

Libra não brinca em serviço quando o assunto é dormir. É um verdadeiro profissional do sono, capaz de hibernar por dias sem sentir falta de ninguém. Para o libriano, dormir é a solução de todos os problemas, a pausa necessária para recarregar as energias e acordar mais bonito e renovado. Seu soninho da beleza não admite interrupções.

❸ Mood personal stylist

Libra é o rei do estilo, tem um bom gosto que impressiona, por isso é a referência dos amigos quando o assunto é moda. É cada lookinho de dar inveja, só peças elegantes e sofisticadas. É de se esperar, então, que seja o libriano quem socorre os amigos na hora de se arrumar, afinal, ele sabe combinar acessórios como ninguém. O segredo? Essa pessoa nasceu assim: um ícone fashion.

❹ Mood influenciador

Ele não pode ver um like que já acha que é um flerte! E os stories? São sempre estratégicos, com um gancho para atrair um comentário do crush. E o pior: Libra passa horas verificando se o contatinho comentou! Com isso ele perde um tempo precioso, mas o importante é se divertir e, quem sabe, encontrar a alma gêmea nas redes sociais.

❺ Mood librianjo

Sempre com sua carinha benevolente e ajudando Deus e o mundo, Libra tem empatia para dar e vender e sabe ouvir os outros como ninguém. É tão prestativo que às vezes acaba se esquecendo de si mesmo. Ajudar os outros é a sua missão de vida. Um ser de luz!

Top 5 animais que poderiam ser de Libra

➊ Galinha

Apesar da fama de paquerador, as semelhanças do nativo desse signo com a ave têm outro sentido. Os librianos possuem grande necessidade de equilíbrio e harmonia na vida, por isso evitam conflitos a todo custo. E as galinhas? Elas são criaturas "de boa", desde que você não as provoque, é claro. Só querem viver em paz, ciscando e botando seus ovos tranquilamente. Além disso, tanto a galinha quanto os librianos são seres sociáveis e gostam de estar rodeados por seus pares. A galinha fica feliz em meio a outras aves, enquanto o libriano se realiza no contato com as pessoas queridas.

➋ Flamingo

Libra e o flamingo gostam igualmente de viver em grupo. Os flamingos formam grandes colônias, reunidos em busca de companhia e interação social. Os librianos também curtem se ver rodeados de gente e apreciam a harmonia. Também não podemos nos esquecer da vaidade. O libriano adora se arrumar e se apresentar bem ao mundo. E quem pode culpar um flamingo por querer se exibir com aquela plumagem deslumbrante? Ele domina a arte de chamar a atenção com seu estilo único.

➌ Albatroz

Esse pássaro é conhecido pela capacidade de planar sobre as águas com uma elegância invejável. Quando se trata de manter um único parceiro, porém, o albatroz se torna indeciso demais. O libriano, então, dispensa comentários. Com charme de sobra, Libra vive cercado de admiradores. Tendo a balança como símbolo, tudo que o libriano deseja é ver os dois pratinhos no mesmo nível, em uma relação harmônica e equilibrada. No entanto, uma lista interminável de contatinhos habita seu celular. Não que ele não seja romântico — só quer ter certeza de que está tomando a decisão certa antes de se comprometer.

➍ Pombo

Tanto Libra quanto a pomba da paz são mestres na arte da diplomacia, experts em amenizar conflitos. Assim como o pombo voa de um lado para o outro em busca de harmonia, o libriano se esforça para encontrar o equilíbrio e a justiça em todas as situações. Mas não pense que isso significa que eles são fracos. O libriano e o pombo têm uma força silenciosa que muitas vezes passa despercebida. Eles são capazes de enfrentar grandes desafios com uma serenidade impressionante.

❺ Zebra

Os librianos são conhecidos por serem extremamente sociáveis. Adoram estar cercados de gente, são especialistas em fazer novas amizades e têm uma habilidade natural para equilibrar as energias ao redor. E quem melhor para representar essa sociabilidade do que as zebras? Esses animais vivem em grupo e encontram conforto e segurança na companhia uns dos outros. Assim como os librianos, as zebras sabem a importância de manter o equilíbrio em seu ambiente.

Top 5 personagens que poderiam ser de Libra

❶ Mulher-Maravilha (DC Comics)

Ela é a personificação perfeita do espírito libriano. Com um apurado senso de justiça e o desejo de equilibrar o bem e o mal, representa os valores de harmonia e paz, tão valorizados pelos nativos de Libra. Assim como os librianjos, a Mulher-Maravilha está sempre buscando o equilíbrio entre força e compaixão. Além disso, manda muito bem na luta contra a injustiça. Libriana que fala, né?

❷ Barbie (Mattel)

Essa boneca personifica a beleza, a atitude e o estilo — uma libriana todinha. Libra é um signo sociável e amigável, e a Barbie é reconhecidamente extrovertida, cercada de amigos e envolvida em várias atividades sociais. Ela é um ícone da moda, com roupas e acessórios que refletem bem essa característica. Falou em bom gosto, falou em Barbie.

❸ Mia Colucci (Rebelde)

A patricinha da novela mexicana é conhecida por seu jeitinho encantador. Ela cativa todo mundo com seu carisma e simpatia, características típicas de Libra, que geralmente é visto como um signo bastante sociável. Mia é uma personagem romântica e muitas vezes se envolve em relacionamentos complicados — é o que acontece em seu romance com Miguel. O signo de Libra também é conhecido pela natureza amorosa, além, é claro, de criar muitas expectativas diante dos vínculos mais improváveis. A frase "Qué dificil es ser yo" ("Que difícil é ser eu") traduz essa angústia.

❹ Clover (*Três espiãs demais*)

Libra é regido por Vênus, o planeta do amor e da beleza. Clover é retratada como uma personagem que valoriza a moda e a aparência e se preocupa com o estilo nas roupas e nos acessórios. Além disso, essa personagem é namoradeira, tem uma queda por rostinhos bonitos e acaba quebrando a cara por criar muitas expectativas.

O signo de Libra também tem um lado sonhador. Todo libriano deseja uma vida repleta de coisas boas e acaba perdendo a noção de realidade. Esse indivíduo entra em crise existencial quando suas expectativas não são atendidas, e aí já viu, né? Os amigos acabam tendo que ouvir suas queixas e lamentações. Sam e Alex, as melhores amigas de Clover, desempenham essa função.

❺ Soneca (*Branca de Neve*)

O nome do personagem já diz tudo. Uma das figuras mais emblemáticas da história da Branca de Neve, Soneca representa muito bem o lado dorminhoco do signo de Libra. Dormir é um dos hobbies favoritos dos nativos desse signo, pois é nesse momento que eles se reorganizam e ficam prontos para encarar os pepinos do dia a dia.

Muitas vezes os librianos dormem para fugir dos problemas. Além disso, têm uma natureza amável e são educados. Soneca é retratado como um dos anões mais gentis no contato com sua musa Branca de Neve.

Dez mandamentos para Libra

1. Mantenha o equilíbrio emocional
Busque manter uma vida equilibrada, pois as oscilações de humor podem afetar suas relações pessoais.

2. Tome decisões
Não tenha medo de fazer escolhas difíceis. A indecisão pode ser um dos principais defeitos de Libra, portanto pratique escolher com confiança.

3. Evite a procrastinação
A tendência a adiar as tarefas pode levar ao acúmulo de responsabilidades. Procure agir prontamente para evitar estresse desnecessário.

4. Tenha autoconhecimento
Esforce-se para entender suas próprias necessidades e seus desejos para evitar depender excessivamente da aprovação dos outros.

5. Estabeleça limites
Saiba dizer não quando for necessário. Libra pode ter dificuldade em impor limites, o que pode acarretar sobrecarga e frustração.

6. Seja sincero
Aprenda a expressar suas necessidades e opiniões de maneira clara e respeitosa.

7. Evite ser superficial
Libra pode ser atraído pela estética e por valores aparentes, mas é importante valorizar também a profundidade nas relações e nas experiências.

8. Comunique-se abertamente
Não deixe que o medo do confronto o impeça de se expressar. Comunicação aberta e honesta é fundamental para evitar mal-entendidos.

9. Aprenda a lidar com a solidão
Às vezes pode ser benéfico passar um tempo sozinho para refletir e encontrar seu próprio equilíbrio interior.

10. Valorize-se em primeiro lugar
Lembre que, para ter relacionamentos saudáveis, é essencial estar bem consigo mesmo antes de buscar a harmonia com os outros.

Escorpião, o fogoso

"Eu amo grande e quero ser amada grande!"
(Bibi Perigosa, *A força do querer*, 2017)

Perfil do signo

Nascidos entre: 23 de outubro e 21 de novembro
Apelido: Escorpicão
Astro regente: Plutão e Marte
Elemento: ☐ fogo ☐ terra ☐ ar ☒ água
Glifo: ♏
Símbolo: escorpião
Frase: "Eu desejo."
Polaridade: ☐ positiva ☒ negativa
Modalidade: ☐ cardinal ☒ fixa ☐ mutável
Paraíso astral: Peixes
Inferno astral: Libra
Signo oposto complementar: Touro

Cores: preto, vermelho e vinho
Pedra: turmalina negra
Metal: aço
Talismã da sorte: olho de Hórus
Animal: serpente
Planta: trepadeira
Parte do corpo: sistema reprodutor
Ditado popular: "Quem com ferro fere, com ferro será ferido."
Palavras-chave: intensidade, paixão, renascimento, determinação e vingança

Escorpião, Plutão e água: a combinação ardente do zodíaco

Esse signo de água (fervente) é capaz de te levar para um mergulho nas profundezas mais obscuras das emoções humanas. Assim como a água flui, os escorpianos vivem um poderoso fluxo emocional, o que os torna tanto aliados confiáveis quanto adversários terríveis. Quando se trata de sentimentos, eles têm um oceano dentro de si.

Plutão, o planeta regente de Escorpião, governa a transformação e o renascimento, o que explica a natureza enigmática e o magnetismo dos escorpianos. Eles têm a habilidade de se reinventar, renascendo das próprias cinzas após

ESCORPIÃO ♏

passarem por adversidades. Plutão é o personal trainer do zodíaco, empurrando os signos que rege para fora de suas zonas de conforto e garantindo que estejam sempre prontos para enfrentar novos desafios.

Assim como o escorpião, o nativo desse signo tem um ferrão que não devemos subestimar. Seu veneno pode ser representado pela língua afiada ou pelo olhar penetrante, mas eles também nutrem uma profunda paixão e lealdade pelos familiares. São mestres em guardar segredos, e, com seu instinto astuto, é melhor não tentar enganá-los.

Quando um escorpiano entra em um ambiente, você sente a energia mudar. Sua presença magnética atrai os olhares, e, antes que você perceba, estará completamente envolvido. O segredo para lidar com um escorpiano é não lutar contra a correnteza de suas emoções, mas aprender a nadar ao lado dele. Ele é intenso, sim, mas também é extremamente leal e protetor com aqueles que ama.

O elemento água se manifesta em sua natureza sensível e intuitiva. Ele pode sentir as coisas de maneira profunda, quase como se fosse dotado de poderes sobrenaturais. Um escorpiano pode intuir que algo está errado antes mesmo que você abra a boca para contar. É como se ele tivesse um detector de mentiras embutido.

Se você precisa de um conselho honesto, vá direto ao escorpiano. Ele tem a habilidade de analisar as situações com uma objetividade incrível, mesmo que sua própria vida esteja uma bagunça.

Nos relacionamentos, o escorpiano mergulha de cabeça e ama com uma paixão inabalável. No entanto, não é qualquer pessoa que consegue tocar o coração desse signo ardente. Ele valoriza a profundidade e a autenticidade, buscando conexões verdadeiras e intensas.

Em resumo, o signo de Escorpião é como um oceano profundo e intrigante — não dá para ficar só molhando os pés. Depois que você mergulha, é seduzido por suas águas misteriosas e intensas. E lembre-se: ao lidar com um escorpiano, seja sincero e leal, se não quiser provar do seu veneno.

O lado iluminado de Escorpião

Com um olhar penetrante e um charme irresistível, Escorpião é a fênix mais linda do zodíaco. Ele enfrenta cada desafio sem temer o fracasso. Não importa o que aconteça, esse signo prova que é uma mistura poderosa de determinação e resiliência.

O escorpiano é o Sherlock Holmes da astrologia. Com sua habilidade investigativa afiada, vasculha cada canto em busca de respostas. Nada escapa aos olhos atentos desse detetive. O melhor de tudo? Sua intuição imbatível! O escorpianjo não precisa de detectores de mentira, pois sente o cheiro da falsidade a quilômetros de distância.

Misterioso, tem um olhar marcante que parece ler a alma das pessoas. Mas por trás dessa aura enigmática há um desejo profundo de encontrar a paz. Quem poderia imaginar que o ardente escorpiano só pensa em ter a sorte de um amor tranquilo?

Quando se trata de cuidar de quem ama, esse indivíduo carrega dentro de si um instinto protetor inabalável, e chega a ser mãezona quando extrapola. Fiel e confiante, o escorpiano defende aqueles que com quem se importa como um super-herói. Pronto para qualquer desafio, é o amigo inspirador que te acompanha em todas as empreitadas, mesmo que isso signifique atravessar desertos ou enfrentar dragões. Nada o faz desviar do caminho, pois Escorpião nunca perde o foco. Seus sonhos são como alvos no horizonte, e ele se empenha para alcançá-los com grande determinação.

O lado sombrio de Escorpião

Ele carrega a reputação mais pesada da astrologia. Seus atributos malignos dispensam comentários, tornando-o um vilão diabólico saído diretamente de um filme de terror. Com astúcia e perspicácia, Escorpião faz até mesmo os demônios estremecerem.

Sejamos sinceros: esse querido é capaz de tudo para conseguir o que deseja, inclusive mentir, manipular e controlar a vida das pessoas. Observar as suas "vítimas" é seu passatempo favorito, e, quando alguém o fere, ele guarda mágoa e rancor eternamente. Planejar vinganças é o que faz de melhor. Sua memória é aguçada, porém da mesma forma que nunca esquece uma ofensa também não vai esquecer um favor que lhe fizerem.

Todos conhecem seu lado ciumento e possessivo, principalmente quando está apaixonado. Por onde passa, o escorpiano ferido causa medo. Ninguém ousa mexer com ele, a não ser que o testamento esteja pronto. Ainda por cima, ele tem hábitos autodestrutivos. Nada o assusta; tudo é levado ao extremo, como se vivesse em um filme de ação. A luxúria corre em suas veias: na cama, Escorpião curte se exibir e tem um apetite insaciável.

O escorpiano estuda a mente das pessoas para atacar seus pontos fracos. Egocêntrico, sempre quer que a sua opinião prevaleça. Se alguém discordar,

ESCORPIÃO ♏ 235

cuidado! A intimidação vem com força. A tendência à psicopatia é a cereja no topo do bolo. Seu sangue é frio, seu coração é calculista, e sua risada pode ter um quê de maléfica. É melhor não provocar um escorpiano, a menos que você esteja preparado para enfrentar o lado perigoso do zodíaco!

Os decanatos de Escorpião e os três tipos de nativo

PRIMEIRO DECANATO
23/10 até 01/11

O escorpiano intenso

Influenciado por Plutão (Escorpião), costuma ser o mais profundo e sincero dos três decanatos. Tudo que é misterioso atrai a sua atenção. Dono de um gênio forte e de um lado sombrio e manipulador, tem uma intuição infalível, adora descobrir segredos e rejeita quem o decepciona e trai. Altamente sensual, sedutor e intenso, gosta de controlar todas as situações possíveis, e a competição mental é seu esporte favorito. Seu maior desafio é aprender a controlar o ciúme.

SEGUNDO DECANATO
02/11 até 11/11

O escorpiano sentimental

É influenciado por Netuno (Peixes) e o mais emotivo nos assuntos do coração. Vive intensamente e não tem medo de amar, colocando a pessoa querida em um pedestal. Criativo e intuitivo, é também inconstante e desconfiado. Seu lado empático é muito evidente, tanto que esse escorpiano sente um enorme prazer em ajudar as pessoas. Um grande sonhador, vive no mundo da imaginação e, para se defender, pode fazer dramas dignos de novela. Costuma afogar as mágoas tomando bons drinques. O seu maior desafio é aprender a não criar expectativas para não se machucar.

ESCORPIÃO ♏

TERCEIRO DECANATO
12/11 até 21/11

O escorpiano intuitivo

É influenciado pela Lua (Câncer) e leva a vida sentimental muito a sério. Atraente e observador, é guiado por uma intuição certeira. Não desiste dos objetivos e tem facilidade em virar o jogo ao seu favor. Pode ser materialista e ambicioso, por isso sempre tem dinheiro guardado. Dedica um amor especial à própria mãe e é muito apegado à família. Gosta de ficar no seu canto e às vezes mostra um temperamento insuportável. Seu maior desafio é aprender a perdoar e não guardar tanto rancor.

Escorpião no mapa astral

Sol em Escorpião

O nativo desse signo é a pessoa mais intensa e forte do zodíaco. Extremamente reservado, tem um ar enigmático e um magnetismo natural. Sempre muito observador e dono de uma poderosa intuição, se mostra atraído por aquilo que é oculto. Determinado em suas conquistas, gosta de ocupar espaços onde possa exercer seu poder.

O escorpiano consegue agir friamente e sabe ser manipulador, quer sempre saber de tudo e guarda segredos como ninguém. É intenso em suas emoções, com a sexualidade aflorada. Tem uma pegada poderosa, e sua libido vive nas alturas. Quando se apaixona, é muito profundo, mas pode ser ciumento, possessivo e controlador. Às vezes é egocêntrico e, quando magoado, pode se tornar rancoroso e vingativo.

Ascendente em Escorpião

Comportamento

Aparenta ser autossuficiente e é muito discreto. Tem um ar misterioso e um jeito enigmático, cultivando um lado sombrio que ninguém conhece. Com sua aparência forte e atraente, desperta o interesse das pessoas. Muito desconfiado, está sempre observando as pessoas e sondando suas intenções. Quando alguém põe sua confiança a perder, jamais vai recuperá-la. Além

ESCORPIÃO ♏ 237

disso, é melhor não brigar com ele, que sabe muito bem como se vingar. Tem poucos amigos, mas é fiel e está ao lado deles nos momentos bons e ruins.

Aparência física

Tem um ar misterioso e uma expressão forte que chega a causar medo quando está bravo. Normalmente tem o rosto triangular ou quadrado, sobrancelhas grossas e próximas, olhar penetrante e hipnótico, semelhante ao de uma águia. O nariz é grande e afilado. Tem altura mediana, cintura relativamente larga, corpo ágil, grande vivacidade nos gestos e andar silencioso, quebrado pelo tom de voz forte e sensual. Deve ter atenção redobrada com a saúde, pois tem grande tendência à obesidade.

Lua em Escorpião

Ele tem a vida repleta de mistérios e segredos, é destemido e enfrentar perigos é apenas um desafio. Dono de uma sensibilidade apurada e de uma intuição que nunca falha, sabe exatamente onde pisar e como agir. É habilidoso em manipular emoções e mestre na chantagem emocional, sabe ser controlador e virar o jogo ao seu favor.

Como uma fênix, ressurge mais forte e poderoso a cada dificuldade que enfrenta. O ciúme e a obsessão compõem seu lado sombrio, e sua mente ardilosa nunca descansa. Quem nasceu com a Lua em Escorpião tem sempre um plano na manga e uma vingança para colocar em prática quando chegar o momento certo.

Mercúrio em Escorpião

Dono de um humor ácido e de um sexto sentido aguçado, possui grande habilidade em guardar segredos e demonstra resiliência diante das adversidades. Sua expressão é intensa, e ele está sempre atento a tudo ao seu redor. Nada o abala; sempre encontra uma maneira de se renovar.

Apesar da facilidade em manipular as pessoas, guarda rancor quando é decepcionado, e suas palavras podem ferir os outros. A curiosidade o leva a buscar o desconhecido. Muitas vezes tem comportamentos obsessivos e se mostra um excelente investigador, capaz de descobrir tudo o que deseja.

Vênus em Escorpião

Tem as emoções à flor da pele e vive tudo com intensidade. Seus sentimentos são extremos: é amor ou ódio. Na arte da sedução, só joga para ganhar,

238 ESCORPIÃO ♏

e entre quatro paredes é extremamente exigente. Quando está interessado, não mede esforços para conquistar alguém. Dentro de um relacionamento, é muito companheiro e carinhoso e exige lealdade do parceiro — no entanto, para oferecer o mesmo, precisa estar conectado.

Quem tem Vênus em Escorpião costuma criar dependência emocional ou sexual e alimentar paranoias, além de se mostrar exageradamente ciumento. Tem um radar sempre ativo para mentiras e sempre descobre quando está sendo enganado. Se alguém perde sua confiança jamais a reconquista.

Marte em Escorpião
Movido pela paixão, suas decisões são tomadas à base de emoção. Em alguns momentos tem um comportamento frio e com muita facilidade manipula as pessoas, dando um jeitinho de conseguir o que quer. Chegado a uma ideia fixa, jamais desiste de seus objetivos. É dono de um grande magnetismo e emana uma aura misteriosa.

Esse nativo sente uma enorme atração por pessoas passionais, intensas e sensuais. Entre quatro paredes, não tem tabu: ele topa tudo. Gosta de jogos, brinquedos e posições arriscadas. Além disso, é dominador, exigente e bem descarado.

Júpiter em Escorpião
Quem nasceu com Júpiter em Escorpião é conhecido por ser um pacote completo de determinação e talento. Com uma vontade de ferro, abraça a vida com intensidade, mergulhando de cabeça em cada experiência. Se sente atraído pelo misticismo e pela astrologia, explorando os cantos mais profundos da sua existência. Mas cuidado: a vaidade e o orgulho podem ser maiores que o próprio planeta Júpiter. Sempre desconfiado, esse nativo mantém um olho atento para detectar qualquer sombra de dúvida. No entanto, sua perseverança é inigualável, e ele nunca desiste facilmente.

Saturno em Escorpião
Costuma ter um faro incrível para os negócios, sendo hábil para transformar oportunidades em dinheiro. No entanto, sua resistência a mudanças é um perigo; mudar de ideia não é seu forte. Com uma tendência à melancolia, seu humor se mistura com o sarcasmo, arrancando risos amargos de quem o acompanha.

Muitas vezes reprime seus sentimentos profundos, revelando apenas as emoções fortes e intensas. Seu lado um pouco cruel pode aflorar ocasionalmente, mas, como é uma caixinha de surpresas, ele nem sempre coloca esse lado para fora.

Urano em Escorpião

Prepare-se para uma montanha-russa repleta de reviravoltas. Esses indivíduos não são conhecidos por expressar suas emoções de maneira convencional. Na verdade, eles têm um jeito único e intrigante de demonstrar os sentimentos. Além disso, costumam nutrir um forte desejo de vingança. Se alguém cruzar seu caminho na hora errada, deve ter cuidado!

Netuno em Escorpião

Astuto e perspicaz, esse indivíduo é capaz de jogar com as emoções alheias como um mestre. Seu humor sádico, embora divertido para alguns, pode ser fonte de preocupação para outros. Fascinado por desvendar enigmas e segredos, quem nasceu com Netuno em Escorpião tem um senso de justiça aguçado, o que faz dele um defensor incansável dos oprimidos.

Plutão em Escorpião

Essa pessoa perde a inocência muito cedo na vida, o que faz dela fria e muitas vezes dura. Seja tropeçando na própria sombra ou se envolvendo em situações estranhas e misteriosas, parece atrair o perigo como um ímã.

Lilith em Escorpião

Essa conjuntura revela uma busca por relações intensas e profundas. Além disso, é marcada pela rebeldia, que surge quando suas emoções e sua sexualidade não são valorizadas. Não tolera ser tratada com indiferença e, mesmo que no início não pareça interessada, atrai pessoas diferentes.

Por trás de sua personalidade magnética, guarda cicatrizes de traições, dificuldades sexuais e disputas passadas. Os acessos de ciúme e de fúria também são características desse posicionamento. É importante compreender e respeitar suas emoções se você quiser estabelecer conexões verdadeiras com esse indivíduo.

Quíron em Escorpião

Esse posicionamento representa o encerramento de ciclos e o enfrentamento de perdas, uma combinação que ensina a curar ressentimentos e mágoas e proporciona uma vida mais leve e significativa. Viver experiências com intensidade é uma característica marcante dessa influência.

É como se mergulhássemos nas águas profundas das nossas emoções, tentando compreender nossa jornada interior. Além disso, é importante encarar os medos e lidar com as transformações inevitáveis da vida. Quando lidamos com esse processo com coragem e sabedoria, o resultado é o crescimento pessoal e a evolução espiritual.

Descendente em Escorpião

Para esse indivíduo, a dedicação ao trabalho é fundamental. Isso implica sempre buscar autoconhecimento, crescimento e evolução. Cada relacionamento que inicia é visto como uma oportunidade única de transformação. Esse posicionamento o faz mergulhar nas profundezas das emoções e enfrentar desafios internos, mas também oferece a chance de se fortalecer e se tornar mais sábio depois de cada experiência.

Meio do céu em Escorpião

Quem nasceu sob esse posicionamento está determinado a fazer o que for preciso para alcançar as transformações desejadas na vida. No entanto, é importante ter cautela para não agir com impulsividade nem cometer injustiças durante essa busca por mudanças. O poder transformador dessa posição é intenso, mas deve ser direcionado com sabedoria e respeito pelas pessoas ao redor.

Fundo do céu em Escorpião

Essa configuração traz consigo uma personalidade enigmática e reservada. Essa pessoa pode parecer incompreendida dentro da própria família, uma característica que pode ter raízes em traumas profundos ou experiências de manipulação durante a infância. É um indivíduo não muito sociável, o que pode torná-lo uma incógnita. Sua personalidade reservada pode ser mal interpretada, mas tudo o que ele quer é garantir sua privacidade.

ESCORPIÃO ♏

Escorpião gosta de

Sexo
Dinheiro
Sinceridade
Música sensual
Beijos ardentes
Noites animadas
Gente confiável
Amar e ser amado
Assuntos místicos
Maratonas sexuais
Chupões no pescoço
Conversas profundas
Guardar segredos
Amizades verdadeiras
Desvendar mentiras
Paixões arrebatadoras
Ter sua privacidade respeitada
Sair com amigos mais íntimos
Stalkear até descobrir o que deseja
Programas sobre investigação criminal

Escorpião não gosta de

Frieza
Traição
Mentira
Bajulação
Meio-termo
Sentir medo
Ficar sem sexo
Precisar perdoar
Contar segredos
Gente curiosa
Promessas quebradas
Invasão de privacidade
Relações superficiais
Gente que fala demais
Falar da vida pessoal
Fazer barraco em público
Ter que confiar em alguém
Fofoca envolvendo seu nome
Stalkear e não descobrir nada
Não ter o controle da situação

A mãe de Escorpião

Ela é atenta às necessidades e às atividades de seus filhos. Nada passa despercebido por ela, que está sempre de olho para garantir o melhor para sua prole. Acaba se tornando a advogada dos filhos, defendendo-os com unhas e dentes em qualquer situação.

A disciplina é parte importante da criação no lar dessa mãe. Ela valoriza a ordem e a estrutura e espera que suas crias sigam as regras do lar. Adora mandar e muitas vezes assume o papel de líder na família. Suas decisões são firmes, e ela faz questão de deixar claro quem está no comando. Mesmo sendo enérgica, essa mãe sabe ser dramática e às vezes exagera. Seu jeito intenso de expressar as emoções pode render momentos engraçados.

Com uma intuição aguçada, a escorpiana sabe quando um filho está tentando esconder algo ou mentindo. É difícil escapar de sua percepção afiada. Ela é sensitiva e tem uma conexão profunda com os sentimentos dos filhos. Se algo não está certo, ela logo percebe e está lá para oferecer apoio. Expressões como "Depois não diga que eu não avisei" são comuns da parte dela, mostrando que gosta de prevenir situações desagradáveis.

Ela ensina aos filhos a importância da responsabilidade e do comprometimento, preparando-os para enfrentar desafios com determinação.

Com um coração generoso, a mãe escorpiana está sempre pronta para oferecer um ombro amigo e apoio incondicional a seus rebentos, mesmo nas situações mais difíceis. Frases como "Vai sair com quem? Quem é esse cara? De onde vocês se conhecem, posso saber?" mostram seu desejo de proteger e conhecer profundamente a vida dos filhos.

O pai de Escorpião

Esse pai valoriza regras e disciplina. Ele acredita que a estrutura é fundamental para o desenvolvimento dos filhos e busca ensinar a eles a importância do compromisso e da responsabilidade desde cedo. É o tipo de pai que estabelece limites claros para que as crianças cresçam com obediência e segurança.

Zeloso e muito dedicado, o pai de Escorpião está sempre atento às necessidades dos filhos e faz questão de estar presente em todas as fases da vida deles. Seu empenho é inabalável e sua devoção fica evidente no esforço constante para oferecer o melhor para a família, fazendo qualquer sacrifício pelo seu bem-estar. A intensidade é uma característica notável desse pai, que é capaz de ir até as últimas consequências para proteger e apoiar sua prole.

Outro traço marcante desse pai é seu lado ciumento. Ele é naturalmente possessivo e protetor em relação aos filhos, o que pode levá-lo a se preocupar demasiadamente com eles. Mas esse cuidado excessivo vem de um lugar de amor profundo e incondicional.

O escorpiano é conhecido pela determinação e não desiste facilmente das suas crenças. Ele deseja que os filhos aprendam a enfrentar os desafios com coragem e resiliência.

A sua sinceridade às vezes pode magoar, pois esse pai não hesita em dizer o que pensa. No entanto, por trás da aparência de durão há um coração de manteiga...

O pai de Escorpião tem um radar especial para detectar quando o filho está mentindo. Sua intuição e sua capacidade de observação tornam difícil esconder algo dele. Ele valoriza a honestidade e espera que seus filhos também sejam transparentes.

ESCORPIÃO ♏ 243

Esse pai encoraja os filhos a desenvolverem a força de vontade necessária para lutar pelo que desejam. Ele acredita que a determinação e a perseverança são fundamentais para alcançar objetivos na vida. O jeito firme e intenso ajuda a preparar os herdeiros para enfrentar os desafios que a vida lhes apresentará.

Escorpião no amor

Quando se apaixona, o escorpiano não economiza em emoção. É uma torrente de sentimentos, uma energia magnética que envolve e atrai os admiradores. Essa intensidade pode ser assustadora para os desavisados. Quem nunca ficou desorientado diante da paixão escorpiana, sem saber se corre para os braços do querido ou se foge enquanto ainda tem tempo?

Falando em intensidade, a possessividade faz parte do pacote amoroso de Escorpião. Quando está amando, ele quer se envolver por completo, o que pode gerar ciúme ou desconfiança. Se você quer conquistar o coração de um escorpiano, é importante demonstrar lealdade, pois ele valoriza a confiança acima de tudo. Bastante intuitivo, o escorpiano consegue ler as entrelinhas do coração do outro. É perspicaz quando se trata de detectar mentiras ou falsas promessas e aprecia quando as pessoas são sinceras e transparentes, assim como ele é.

Nas relações, a entrega é total. No entanto, quando é traído ou profundamente magoado, o veneno do escorpião pode emergir. É aí que a fama de vingativo ganha sentido. É melhor não mexer com um coração escorpiano ferido, pois ele pode guardar mágoa por muito tempo.

As combinações de Escorpião no amor

Vamos explicar como Escorpião se relaciona amorosamente com os diferentes signos. É importante olhar o mapa astral completo para saber mais, pois cada pessoa tem seu próprio mapa e isso ajuda a entender melhor as relações amorosas.

Escorpião ♡ Áries
Nesse looping de emoções, o ar misterioso de escorpição conquista satanáries, mas a harmonia é quase sempre temporária. O ariano, corajoso e guerreiro por natureza, fica sem chão nessa relação turbulenta.

Áries tem medo de demonstrar seus sentimentos, enquanto Escorpião, com seu jeito reservado, vai demonstrando os seus aos poucos, à medida que ganha confiança. É como se a atração entre os dois fosse um jogo de gato e rato: o escorpiano desperta os desejos profundos do ariano, enquanto o ariano revela as emoções do escorpiano.

Esse relacionamento não é para os fracos, mas a paixão ardente os une. As brigas desse casal sempre terminam entre quatro paredes. O sexo é o que os mantém unidos por bastante tempo. Ambos são fogosos e passionais, capazes de incendiar qualquer ambiente. Mas cuidado: o fogo pode se transformar em brasa, e as brigas serão inevitáveis nesse cenário de temperamentos explosivos.

Escorpião ♡ Touro

O amor aqui é uma mistura arrojada de sentimentos! Essa relação é exatamente assim, uma atração de opostos que pode acabar em casamento ou em guerra!

Os dois têm uma capacidade incrível de criar projetos juntos, mas também disputam a liderança o tempo todo. É uma verdadeira luta pelo trono, como se fossem reis e rainhas de um reino que só eles entendem.

Com eles, é oito ou oitenta. Uma hora estão se amando loucamente e na seguinte estão se odiando como nunca. Os dois são independentes como gatos, cada um com seu jeito de ser, e, quando se unem, fazem mudanças significativas na vida. Mas calma lá: precisamos falar sobre ciúme e manipulação, viu?

No fim das contas, esse casal vive uma corrida de obstáculos, cheia de desafios e reviravoltas. É preciso controlar os temperamentos, aprender a confiar um no outro e quem sabe achar um meio-termo nesse relacionamento cheio de altos e baixos em que eles vivem.

Escorpião ♡ Gêmeos

Essa relação é como um jogo de gato e rato. Gêmeos tenta desvendar os segredos misteriosos de Escorpião, enquanto Escorpião é seduzido pela dualidade de Gêmeos. A atração pode levar o geminiano a uma armadilha: se ceder muito, vai acabar se sentindo enjaulado no território escorpiano. Quando esses dois signos se juntam, a energia explosiva emerge! Escorpião impulsiona Gêmeos, que se joga de cabeça em tudo o que faz. O problema é que Gêmeos não tolera o ciúme de Escorpião. E o escorpiano, bem, ele tem uma queda pelo controle e adora brincar de detetive, sempre pronto para interrogar e vasculhar a vida do parceiro.

Enfim, a relação entre Gêmeos e Escorpião tem seus momentos de euforia e desespero, um desafio para os nervos. Vai ver é isso que torna essa união tão emocionante e única.

Escorpião ♡ Câncer

A relação entre esses dois é uma combinação harmoniosa e poderosa. A atração física intensa é difícil de ignorar nesse caso. Quando os dois se unem, a química é visível e a conexão emocional é profunda. Ambos são signos de água, o que significa que compartilham a sensibilidade e a intuição.

A conexão intuitiva permite que eles leiam as emoções um do outro sem necessidade de palavras, o que fortalece o vínculo entre eles. Mas nem tudo são flores... Ambos desejam ter estabilidade e segurança no relacionamento, mas cada um quer ser o comandante da relação. A disputa pelo controle pode deixar os parceiros sensíveis e vulneráveis.

Câncer, em particular, é facilmente ferido e tende a se submeter às vontades de Escorpião. O segredo para essa relação dar certo é a busca pelo equilíbrio. É preciso que os dois aprendam a ceder, a dividir e a entender que nem tudo é uma batalha.

Além disso, é importante que os dois cultivem a confiança, fornecendo apoio emocional e encorajamento um ao outro. Com paciência, compreensão e comprometimento, a relação entre Câncer e Escorpião pode ser uma fonte inesgotável de amor, paixão e estabilidade.

Escorpião ♡ Leão

Ambos têm personalidades fortes e obstinadas, o que resulta em constantes duelos pelo controle da relação. Leão, o mais sentimental e explosivo da dupla, não consegue manipular seu parceiro e por isso fica furioso. Ele tenta a todo custo acender a chama da paixão e do romance, enquanto Escorpião mantém sua frieza e calcula cada passo.

Liberdade é uma palavra que não consta no dicionário desses dois. A união entre eles é quase uma prisão, onde cada movimento é monitorado e cada ação é minuciosamente analisada. Escorpião curte ser o carcereiro, enquanto Leão tenta escapar das garras afiadas do parceiro. O escorpiano adora cutucar as feridas de Leão. Ele conhece todos os pontos fracos do pobre leonino e não perde a oportunidade de usá-los contra ele. Cruel? Talvez. Mas é assim que ele se diverte.

Apesar dos desafios e da tensão que permeia o relacionamento, eles têm a oportunidade de crescer juntos e de fortalecer um ao outro. Aceitar as diferenças e assumir esse compromisso é essencial para enfrentar os obstáculos e construir uma base sólida de confiança e respeito.

Escorpião ♥ Virgem

Tão diferentes e ao mesmo tempo tão complementares. Imagine só: Escorpião, todo intenso e passional, ao lado de Virgem, que analisa cada detalhe e pensa duas vezes antes de dar um passo. Quando se unem, eles são capazes de mudar o mundo. Escorpião tem ideias revolucionárias borbulhando na mente, e Virgem tem a capacidade de colocar essas ideias em prática com sua organização invejável. É uma dupla poderosa, pronta para conquistar objetivos e dominar o universo.

Escorpião, com toda a sua intensidade, precisa aprender a lidar com as críticas de Virgem. Afinal, esse signo não tem papas na língua quando o assunto é apontar defeitos. O virginiano, por sua vez, precisa tomar cuidado para não magoar Escorpião com suas palavras ferinas.

No geral, eles vivem em harmonia. Escorpião traz a paixão e o tempero para o relacionamento, enquanto Virgem promove a estabilidade e o planejamento. Com respeito mútuo e cuidado, os dois podem constituir uma relação duradoura e feliz.

Escorpião ♥ Libra

São signos que exercem uma atração intensa um sobre o outro, criando um vínculo cheio de magnetismo. No entanto, eles enfrentam obstáculos ao longo do caminho.

Escorpião é conhecido por ser extremamente ciumento e possessivo, o que pode gerar confusões no relacionamento. Por sua vez, Libra, muitas vezes sem perceber, provoca ciúme em Escorpião, o que pode intensificar ainda mais os atritos. É fundamental que ambos aprendam a lidar com esses sentimentos e a encontrar o equilíbrio na dinâmica.

Mesmo assim, é forte a sensação de segurança que Libra encontra ao lado de Escorpião. O escorpiano tem a natureza intensa e poderosa, e isso faz o libriano se sentir protegido e amparado.

Porém, é fundamental que o casal esteja atento para não deixar os conflitos se tornarem constantes. Com respeito e amor, os dois podem encontrar soluções para os desafios que surgirem, fortalecendo ainda mais o vínculo que os une.

Escorpião ♥ Escorpião

Uma mistura explosiva de paixão, sedução e... veneno? Essa dupla não brinca em serviço quando o assunto é relacionamento. Prepare-se para ter seu cotidiano regado a ciúme, possessividade e sentimentos profundos. A união entre esses dois seres é como o encontro de duas forças da natureza.

ESCORPIÃO ♏ 247

A atração física e o jogo de sedução são intensos, dignos de filme erótico. Ambos querem dominar a relação, e nenhum dos dois está disposto a abrir mão do controle. Sentem tudo intensamente, do amor ao ódio, da alegria à tristeza. São mestres em expressar sentimentos e fazer drama. Por isso, para que esse relacionamento funcione, é preciso muito jogo de cintura e compreensão. Eles devem aprender a dominar seu lado vingativo e a trabalhar juntos em prol da relação.

Se tudo der certo, essa combinação pode ser incrível! Os escorpianos são pessoas de grande força interior, capazes de superar qualquer revés. Quando conseguem canalizar essa intensidade toda para coisas positivas, podem construir uma relação duradoura.

Escorpião ♡ Sagitário
Temos aqui uma dança entre signos com características muito diferentes. Sagitário vive em busca de novas experiências, adora viajar e explorar o mundo. Essa energia contagiante pode ser exatamente o que Escorpião precisa para sair de seu isolamento e se abrir para o mundo.

No entanto, o escorpiano, conhecido pela intensidade emocional e pela necessidade de controle, pode se sentir desconfortável com o jeito livre e descompromissado de Sagitário. Para que a relação funcione, ambos têm que aprender a lidar com essas diferenças.

Escorpião deve conseguir confiar mais em Sagitário e permitir que ele tenha seu espaço e independência. Tentar controlar ou sufocar o sagitariano vai causar seu afastamento. Por outro lado, Sagitário precisa reconhecer a necessidade de segurança e estabilidade de Escorpião e se comprometer mais. A chave para viver com tranquilidade está na compreensão, no respeito e na disposição de ambos a se adaptar às necessidades e aos desejos um do outro.

Escorpião ♡ Capricórnio
Os dois signos conseguem criar uma conexão única nesse encontro. Mesmo sendo reservados por natureza, encontram maneiras de se divertir e de aproveitar a companhia um do outro. Ambiciosos, eles têm grandes metas e estão dispostos a trabalhar duro para alcançá-las. E sabe o que é melhor? Eles se admiram mutuamente. É como se estivessem sempre torcendo um pelo outro, dando apoio e incentivo a cada passo do caminho.

Escorpião e Capricórnio têm uma tendência a evitar a monotonia e a rotina no relacionamento, se esforçando para manter as coisas interessantes e excitantes. No entanto, nenhum relacionamento é perfeito, e essa combinação não é exceção.

Escorpião pode ser emocionalmente intenso, enquanto Capricórnio tende a ser mais reservado. Isso pode criar tensões e desafios de comunicação. A verdade é que esses dois signos se complementam de forma única. É como se suas energias se fundissem em uma só, formando uma conexão poderosa e inabalável — achar o ponto de equilíbrio é o necessário para desfrutar dessa dádiva.

Escorpião ♡ Aquário

Essa combinação não é para os fracos de coração. A atração física aqui é indiscutível. Escorpião é intenso, apaixonado, um vulcão. Aquário, por sua vez, é o ar que pode acalmar seu fogo interior. Ambos nutrem o desejo de se conhecerem em um nível mais profundo.

Os dois são curiosos e inquisitivos, sempre em busca de compreender a complexidade do outro. No entanto, a natureza misteriosa de ambos os lados pode dificultar a revelação completa de seus sentimentos. É importante que eles cultivem a confiança e a comunicação para superar essa barreira e construir um vínculo mais íntimo.

Para que esse relacionamento tenha sucesso, Escorpião e Aquário precisam aprender a aceitar e a valorizar suas diferenças. Escorpião pode começar por dar espaço e liberdade para o aquariano, respeitando sua necessidade de independência. Por sua vez, Aquário pode tentar entender e apreciar o lado emocional do escorpiano, sem se sentir ameaçado ou sufocado. Aceitar as diferenças e limitações um do outro é fundamental para que esse relacionamento dê certo.

Escorpião ♡ Peixes

Os dois signos se entregam aos desejos e se satisfazem mutuamente. Peixes sabe como levar Escorpião às alturas, e este fica feliz pela fluidez trazida pelo pisciano, que parece flutuar de tanto amor. Ambos gostam de aprender, de se desenvolver, e juntos formam uma dupla imbatível na busca pelo equilíbrio espiritual.

Uma das características marcantes dessa relação é a capacidade de Peixes de oferecer segurança e proteção a Escorpião. Por natureza, o escorpiano pode ser inseguro e desconfiado, mas Peixes é capaz de acalmar essas preocupações e de se tornar um porto seguro para o parceiro.

A sensibilidade e a empatia de Peixes permitem que ele compreenda as necessidades emocionais de Escorpião e esteja presente para oferecer apoio quando necessário. Sabe aqueles casais que conversam de olho fechado, porque a intuição é afiada? É bem isso.

ESCORPIÃO ♏   249

Embora a compatibilidade entre Peixes e Escorpião seja geralmente considerada favorável, é fundamental que ambos estejam dispostos a investir tempo e esforço na relação, cultivando a confiança, a comunicação aberta e o respeito mútuo.

Como conquistar o coração de um escorpiano?

Se você está de olho em alguém desse signo, não se preocupe: com algumas estratégias certeiras, você poderá se tornar o porto seguro desse coração intenso.

Primeiro e mais importante, invista na conquista com um ar de mistério. Os escorpianos adoram uma aura enigmática, então dê um jeito de deixá-lo com vontade de desvendar todos os seus segredos. Mantenha um ar de suspense para aguçar a curiosidade dele. Deixe para trás pequenas pistas sobre sua vida e experiências, despertando o interesse dele por descobrir mais sobre você. Isso vai mantê-lo sempre envolvido e curioso para saber cada vez mais sobre a pessoa fascinante que você é.

Falando em segredos, surpreenda-o. O escorpiano adora beijos roubados, aqueles momentos inesperados em que o coração acelera e o clima esquenta. Então, não tenha medo de ousar e de arrebatá-lo com gestos românticos e apaixonados.

Outra coisa que vai captar a atenção desse signo é o contato visual. Seja misterioso, sedutor e deixe o seu olhar falar por si só. Os olhos têm o poder de transmitir emoções e de criar conexões instantâneas, então lembre-se de olhar nos olhos do escorpiano.. Capriche nesse quesito, pois isso é algo que naturalmente os atrai.

Além disso, é essencial mostrar desde o início as suas reais intenções. Os escorpianos não são fãs de joguinhos e falsidades, então seja autêntico e direto. Mostre que está interessado de verdade e que não tem medo de se abrir emocionalmente. Isso vai despertar a confiança do seu alvo e facilitar a conquista.

A confiança é um ponto importante. O escorpiano é reservado e valoriza muito a privacidade. Então, saiba respeitar esse aspecto e não invada o espaço dele sem permissão. Chame-o para ambientes agradáveis e tranquilos, onde ele se sinta confortável para se abrir e compartilhar momentos especiais com você.

Seja autêntico, mas cuidado para não forçar a barra. Os escorpianos têm faro para a falsidade e detestam bajulação. Seja você mesmo, mostre suas qualidades e seus defeitos e deixe que o escorpiano se encante por quem você realmente é.

250 ESCORPIÃO ♏

Agora, quando chegar a hora H, capriche! O escorpiano tem borogodó, e os boatos que rolam nos bastidores astrológicos dão conta de que ele é o melhor no rala e rola. Intenso e apaixonado, ele espera o mesmo de seus parceiros. Faça desse momento algo prazeroso e inesquecível, mostrando toda a sua paixão e entrega. Seja criativo, romântico e ouse explorar novas fronteiras, pois isso vai deixá-lo ainda mais atiçado.

Alerta de perigo: os escorpianos são desconfiados por natureza, e têm o sexto sentido apurado para identificar mentiras e enganações. Portanto, nunca tente fazê-los de bobos. Eles vão descobrir a verdade mais cedo ou mais tarde.

Fique tranquilo que tudo vai dar certo. O escorpiano valoriza a estabilidade e busca um porto seguro nos relacionamentos. Mostre-se como alguém em quem ele possa confiar e se apoiar nos momentos mais difíceis. Demonstre paciência, empatia e compreensão, e construa uma base sólida para esse vínculo.

O relacionamento com Escorpião

O lado bom

Esse signo é conhecido por ser um dos mais leais do zodíaco. Quando um escorpiano está com você, pode ter certeza de que estará presente em todos os momentos. Se você precisar de ajuda, ele vai estender a mão e oferecer apoio incondicional. Escorpião se dedica completamente e faz de tudo para que a relação dê certo. Se você está procurando alguém que se importe de verdade, essa é uma escolha acertada.

Ao lado de um escorpiano você pode ficar tranquilo, porque ele é um detector humano de energia negativa. Sabe quando tem gente ruim ao redor? Pois é, ele sente isso a quilômetros de distância, como se fosse um superpoder. Se ele disser que fulano não presta, pode confiar. A intuição do nativo desse signo é dos deuses.

Escorpião se garante na hora H e é inesquecível em todos os sentidos, se é que você me entende. Ele não veio a esta vida para joguinhos, está aqui para deixar sua marca. Você nunca vai reclamar de monotonia na vida sexual, pois ela estará sempre agitada. O escorpiano não tem medo de experimentar e está sempre aberto a novidades na vida a dois.

Os desafios

Se você não quer perder o réu primário, é bom ter cuidado. O ciúme do escorpiano é quase patológico. É aquela pessoa que vasculha redes sociais, checa mensagens e confere até curtida em foto. Sim, ele é desconfiado demais,

ESCORPIÃO ♏ 251

vive com a pulga atrás da orelha e, se você fizer algo que pareça meramente suspeito, prepare-se para uma discussão apocalíptica. Ele se enche de ódio, se magoa e anota o seu nome no caderninho do rancor.

É importante mencionar que o escorpiano adora uma chantagem emocional. Detentor da incrível habilidade de mexer com o psicológico alheio, esse ser faz de você um fantoche. Esteja pronto para ouvir frases como "Se você me amasse de verdade, faria isso por mim" ou "Depois de tudo que eu fiz por você, eu não merecia isso". Pois é, eles são mestres em criar um clima de culpa que pode ser bem complicado de se lidar.

Se você tiver coragem de fugir do combinado com um parceiro escorpiano, é bom se preparar, pois a vingança será implacável. O escorpiano não brinca em serviço quando se trata de revanche. Ele vai montar um plano maligno digno de novela, algo bem parecido com a Nina e a Carminha de *Avenida Brasil*. Pode ser que ele espalhe boatos, revele segredos ou acabe até mesmo comprometendo a sua reputação. Acredite, você não vai querer ter um escorpiano como inimigo.

O sexo com Escorpião

Prepare-se para uma experiência intensa, já que os escorpianos são reis e rainhas do vuco-vuco. Eles são regidos por um instinto avassalador, e, se o assunto é sexo, não brincam em serviço.

Vulcões prestes a entrar em erupção, vivem prontos para incendiar qualquer relação. Para o escorpiano, o sexo é o alicerce que mantém tudo funcionando. Seu olhar já é excitante por si só, quente, intenso e capaz de fazer tremer as estruturas. Quando chega a hora dos beijos, prepare-se para uma experiência ardente, profunda e sem vergonha alguma. Os escorpianos não têm medo de se entregar completamente à paixão.

Se o assunto é experimentar coisas novas, Escorpião vai sempre topar. Não há limites para a imaginação desse querido. Brinquedos eróticos? Sim, por favor! Para ele, o prazer é uma jornada sem fim, e ele está disposto a explorar cada caminho, cada fantasia. E o pique é de dar inveja. Energia inesgotável, resistência invejável.

O escorpiano é um mestre do Kama Sutra. As posições que parecem impossíveis para outros são meras brincadeiras para ele. Mas prepare-se, pois, uma vez que você entrar no mundo do escorpiano, não há volta. Seu apetite pelo prazer é insaciável.

É importante lembrar que o sexo com um escorpiano vai além do físico. Ele adora criar conexões emocionais profundas durante um encontro. Para ele, não é questão de prazer momentâneo; o que o satisfaz é compartilhar uma experiência intensa e transcendental.

Se você está pensando em se aventurar com um escorpiano entre os lençóis, esteja preparado para ser levado a um nível de prazer além do imaginável. Eles são capazes de despertar os desejos mais profundos e de proporcionar momentos memoráveis.

Então relaxe, deixe-se levar pelo fogo intenso desse signo e desfrute de uma experiência sexual arrebatadora. Mas cuidado para não se queimar: os escorpianos são mesmo um vulcão em erupção.

Quando Escorpião leva um pé na bunda

Ele pode estar destruído por dentro, com o coração partido, mas não deixa transparecer. Mostrar fraqueza não faz parte do seu jogo. Então, qual é a estratégia do escorpiano? Aceitar com um sorriso no rosto ou surtar de um jeito espetacular. Não há meio-termo.

Se ele optar por aceitar, vai fingir que está tudo bem. Agora, se o escorpiano escolher surtar, meu amigo, é melhor correr para as colinas! Ele vai soltar todo o veneno e criar um plano de vingança digno de filme de ação. Não vai descansar até fazer a pessoa que o magoou sentir na pele o que é ferir o orgulho de um escorpiano.

E não podemos esquecer as redes sociais. O escorpiano adora mandar indiretas. Seja com frases de efeito, músicas melancólicas ou posts misteriosos, vai usar todas as armas disponíveis para alfinetar o ex. Ele também é mestre na arte de stalkear, capaz de investigar a vida da pessoa até encontrar informações valiosas. Vai querer descobrir cada detalhe, cada passo dado pelo novo alvo de seu ex-amor. É uma busca implacável pela verdade, mesmo que ela traga mais dor.

Por fim, quando o escorpiano diz que acabou, é porque acabou de verdade. Ele não é do tipo que volta atrás ou fica de mi-mi-mi. Simplesmente bloqueia a pessoa em todas as redes, elimina-a da sua vida e segue em frente, fechando essa porta com um estrondo. No final, acaba aprendendo e tirando lições dessa situação.

O ex de Escorpião

Para eles, as coisas são óbvias: ou estão juntos de corpo e alma, ou acabou. Não existe meio-termo. Quando o relacionamento chega ao fim, prepare-se para possíveis turbulências. O rancor e o orgulho ferido desse signo podem levá-lo a buscar vingança se o término não foi pacífico.

Após o rompimento, não espere manter um contato amigável com o ex de Escorpião. Na verdade, ele tende a cortar todos os laços de comunicação. Redes sociais? Será difícil te encontrar lá. Você provavelmente será bloqueado em todas elas. E cuidado: ele pode começar a investigar sua vida on-line, seja stalkeando ou mesmo criando perfis falsos para manter um olho em você por um tempo.

No entanto, o escorpiano pode simplesmente desaparecer da sua vida. Para ele, o fim é realmente o fim, e não há espaço para dúvidas. Esse chá de sumiço pode ser doloroso, mas também pode ser libertador. O ex de Escorpião acredita firmemente que, uma vez que a relação morreu, não há mais espaço para voltar atrás.

O corno de Escorpião

Esse é, sem dúvida, o corno mais perigoso do zodíaco. Se alguém tiver a ousadia de trair esse signo, que tenha coragem no peito, porque ele não é de deixar barato. Se sentindo traído, ele surta e é capaz de fazer coisas que até Deus duvida. Já ouviu falar de vingança digna de cena de cinema? Pois é, isso é bem a cara dele.

Escorpião se divide em dois tipos quando há traição envolvido: o que planeja cada passo da vingança, parecendo até roteiro de filme, e aquele que, com um coração frio, decide que a melhor vingança é simplesmente riscar a pessoa da sua vida. Desaparecer, sumir, como se nunca tivesse existido. E não se engane: por mais que não demonstre, ele pena. O orgulho desse signo é imenso e ele prefere sofrer calado, guardando suas dores bem no fundinho do peito.

Porém, o grande problema é que esse corno não esquece fácil. Uma traição pode deixar marcas profundas. Ele guarda mágoa e, dependendo do tamanho da facada, pode até ficar traumatizado, mudando para sempre. Então, um conselho? Não mexa com o coração de um escorpiano. A não ser, claro, que você queira ver o que está por trás desse olhar misterioso e vingativo.

O infiel de Escorpião

Com muito fogo no rabo, o escorpiano acaba complicando seus relacionamentos com traições aqui e ali. A questão é que, por ser esperto, ele sabe esconder o jogo muito bem. Com sua mente afiada, consegue fazer suas artimanhas sem deixar nenhum rastro, parecendo sempre o parceiro perfeito.

Aí é que está: se por acaso descobrem suas escapadinhas, Escorpião vira um mestre manipulador. Faz de tudo pra parecer a vítima na história. Mente, faz drama, chora e ainda tenta fazer o parceiro se sentir culpado por algo que ele mesmo fez! A cara de pau não tem limite.

E tem mais: mesmo quando é pego no flagra, às vezes o escorpiano tem a audácia de pedir mais uma chance, jurando que vai mudar. E o mais louco é que muitas vezes consegue convencer! Mas o sossego é passageiro, porque a sede de aventura desse signo parece não ter fim. Para Escorpião, o proibido é sempre mais gostoso.

Escorpião no trabalho

Ele é um profissional tão dedicado que poderia facilmente ser confundido com uma abelha operária. É um exemplo de disciplina e foco, sempre empenhado em suas atividades laborais. No entanto, o escorpiano é realista e sabe reconhecer suas próprias competências. Ele não aceita tarefas que estejam fora de sua área de expertise, afinal prefere fazer bem-feito a simplesmente fazer por fazer.

Uma coisa que Escorpião detesta é ter seus passos constantemente observados. Ele se sente pressionado e nervoso quando percebe que está sob o olhar atento dos outros. Quando é acusado de um erro que não cometeu, então, fica irritado e pode reagir de forma agressiva. Portanto, é bom ter cuidado ao apontar o dedo para um escorpiano, porque a reação pode ser forte.

Outra característica marcante desse signo é a inflexibilidade. O nativo de Escorpião tem seu jeito de pensar e de agir e não costuma abrir mão dele facilmente, mesmo quando trabalha em grupo. Pode ser um parceiro desafiador, mas, se suas opiniões forem levadas em consideração, vai se mostrar ser um colaborador valioso.

Apesar da ótima performance individual, o escorpiano também pode render bem em equipe. Mas, para que isso aconteça, suas opiniões e contribuições precisam ser valorizadas. Ele não gosta de ser apenas mais um na multidão e tem muito a oferecer quando suas ideias são levadas a sério.

ESCORPIÃO ♏ 255

O escorpiano não suporta pressão, mas sabe ouvir. Se quiser conversar com ele sobre seu desempenho ou apontar problemas no trabalho, seja direto e objetivo. Evite rodeios e embromação; ele prefere uma conversa franca e sincera.

Apesar da tendência a evitar muito contato social no trabalho, o escorpiano é solidário. Ele não nega ajuda aos colegas em momentos difíceis e é bom em aconselhar. Baseia seus conselhos em suas próprias experiências, pois sabe que um ambiente de trabalho seguro e livre de tensões é fundamental para o bem-estar de todos.

Portanto, se você tiver alguém de Escorpião em sua equipe, saiba que ele será um trabalhador incansável e leal, desde que suas habilidades sejam respeitadas. Evite pressioná-lo em excesso, reconheça suas contribuições e você terá um aliado valioso. Só tome cuidado com o ferrão: o humor do escorpiano pode ser tão afiado quanto suas habilidades profissionais.

Profissões para Escorpião

Entre as profissões indicadas, podemos destacar aquelas ligadas a saúde, polícia, direito, política, pesquisa, ocultismo, áreas da pesquisa ou escrita — pode ser um administrador, astrólogo, tarólogo, cientista, dentista, detetive, escritor, investigador, juiz, marinheiro, médico, psicanalista, psiquiatra, terapeuta e químico.

Profissões dos sonhos para Escorpião

Criador de conteúdo 18+, exterminador de pragas, ator pornô, acompanhante de luxo, tatuador, treinador de cobras, sexólogo, detetive particular, stalker profissional e presidente do FBI.

O currículo de Escorpião

Rançolino Escorpicão da Silva
Data de nascimento: 01/11/2000
Avenida da Memória de Elefante, nº 69,
Bairro da Alta Intensidade, Nhecolândia-MS
E-mail: escorpicao@astroloucamente.com
Telefone: (69) 96969-6969

Qualificações:

- ótimo em companheirismo e lealdade;
- olhar penetrante e forte sinceridade;
- discreto e excelente para guardar segredos;
- coragem de sobra para as adversidades da vida.

Formação acadêmica:

- graduação em Emoções à Flor da Pele;
- especialização em Detector de Mentiras Humano;
- mestrado em Intuição dos Deuses;
- doutorado em Ataques Mínimos de Ciúme.

Experiência profissional em:

- confiar muito na própria desconfiança;
- sinceridade que incomoda muita gente;
- dar o troco;
- stalkear e desvendar verdades secretas (certificado pelo FBI).

Top 5 moods de Escorpião

❶ Mood detetive

Ele é tão bom em investigar que deveria ser chamado de Sherlock Scorpio. Com sua superintuição, sabe direitinho quando alguém está mentindo e não descansa até encontrar a verdade. Stalkear é a habilidade natural de Escorpião, e, se você tem algo a esconder, é melhor ficar longe! Ele não sossega até descobrir o que está procurando, mesmo que isso signifique passar horas fuçando a vida alheia na internet.

❷ Mood gótico suave

Ele adora uma balada e um barzinho noturno. A escuridão e o mistério da noite são o cenário perfeito para um escorpiano. Para combinar com o clima, seu guarda-roupa é composto principalmente por roupas pretas. E não podemos esquecer os olhos marcantes, sempre com um delineado impecável. É o signo mais dark do zodíaco.

❸ Mood psicopata

Esse escorpiano sempre vai conseguir aquilo que seu coração deseja. Quando se apega a alguém ou a alguma situação, parece que nada mais importa e a ideia fixa toma conta de sua mente. O aviso é claro: não provoque um escorpiano, pois ele pode agir por impulso e, friamente, planejar a vingança.

❹ Mood fênix

Quem disse que Escorpião desiste fácil das coisas? Esse signo sabe se reinventar para renascer das cinzas. Sempre pronto para dar a volta por cima, não deixa nenhum obstáculo derrubar seus objetivos. Um mestre na arte da superação. É como diz a canção: "Levanta, sacode a poeira, dá a volta por cima." A força de vontade de Escorpião é digna de admiração.

❺ Mood Cinquenta tons de cinza

O escorpiano é quente como pimenta e sempre busca um momento ardente a dois. Dizem que ele tem a língua de fogo, além de ser o mais experiente no sexo. Quando o assunto é intimidade, esse signo tem a melhor performance nos finalmentes. Com sua aura de mistério, consegue conquistar e atiçar o desejo de quem quiser.

Top 5 animais que poderiam ser de Escorpião

❶ Pantera-negra

Os escorpianos e as panteras-negras têm algo em comum: são intensos e enigmáticos. Assim como a pantera-negra, que se esconde nas sombras da selva, os escorpianos têm um lado misterioso. Adoram guardar segredos e mistérios, deixado todos curiosos para descobrir o que se passa na mente deles.

Outra semelhança marcante é a natureza poderosa e sedutora. A pantera-negra é conhecida por sua beleza exótica e seu jeito elegante de se movimentar. Os escorpianos também são donos de um magnetismo irresistível, capaz de atrair a atenção de todos ao redor.

❷ Jararaca

Vamos falar de veneno? A jararaca com seu veneno letal, e o escorpiano com suas palavras afiadas, sabem usar sua arma para atacar quando se sentem ameaçados ou traídos.

Apesar da característica assustadora, a jararaca e o Escorpião têm uma beleza única, a jararaca com suas cores vibrantes e o Escorpião com seu magnetismo e charme. Eles sabem como chamar a atenção e nunca passam despercebidos.

❸ Águia

Os escorpianos, assim como as águias, têm uma personalidade poderosa e distinta. São conhecidos por serem intensos e determinados, da mesma maneira que a águia quando está em busca da sua presa. Nada escapa ao olhar atento de um escorpiano, e nada passa despercebido pelos olhos aguçados da águia.

Outra característica que une esses dois é a coragem. Os escorpianos não têm medo de enfrentar desafios e de mergulhar fundo nas situações mais complicadas. São como a águia, que, mesmo diante das tempestades, não teme voar para alcançar o seu objetivo.

❹ Viúva-negra

Tal qual a viúva-negra, os escorpianos são astutos e misteriosos. Quando decide seduzir alguém, vai com tudo, sem medo de se arriscar. O escorpiano é um mestre na arte da conquista. Sabe usar seu charme e encanto para atrair. E adivinha quem também é especialista nisso. Sim, a viúva-negra. Ela usa sua bela aparência e suas teias bem feitas para atrair presas distraídas.

Outra característica que os une é o fato de ambos serem protetores ferozes. Escorpião é conhecido por ser um amigo leal e um defensor incansável daqueles que ama. A viúva-negra também é uma mãe extremamente dedicada. Ela cuida dos filhotes com zelo e, se for preciso, vai se sacrificar para protegê-los.

❺ Cisne

O nativo de Escorpião é conhecido pela lealdade em seus relacionamentos. Não é à toa que é um dos signos mais leais da astrologia. Os cisnes, assim como os escorpianos, têm uma natureza monogâmica.

Os casais de cisnes se unem para a vida toda. Eles trabalham juntos na construção do ninho e cuidam um do outro. Soa familiar? Pois é, os escorpianos também são assim, muito comprometidos com seus parceiros. Eles se esforçam para construir uma relação sólida.

Top 5 personagens que poderiam ser de Escorpião

❶ Malévola (*A Bela Adormecida*)

Ela é a personificação do espírito escorpiano. Essa vilã misteriosa e poderosa guarda segredos profundos e tem uma personalidade complexa. Assim como os escorpianos, Malévola é dona de um magnetismo que atrai as pessoas, mesmo que seja para o lado sombrio. Ela é uma escorpiana de carteirinha, mostrando que por trás da aparência fria e imponente há um coração repleto de emoções intensas.

❷ Bibi Perigosa (*A força do querer*)

Essa personagem, inspirada em uma história real, também tem características escorpianas marcantes. Ela é determinada, corajosa e não tem medo de enfrentar os desafios da vida. Bibi é uma escorpiana autêntica, sempre disposta a se arriscar e lutar pelo que acredita. Além disso, não há como negar sua intensidade quando se trata do amor.

Uma das frases que a descrevem é: "Eu amo grande e quero ser amada grande!" Os escorpianos desconhecem o meio-termo, é tudo ou nada, oito ou oitenta. Vale destacar o ciúme da anti-heroína, que não brinca em serviço quando se trata de defender o que é seu.

❸ Batman (DC Comics)

Ele é o herói que opera nas sombras, sempre protegendo Gotham com sua determinação implacável. Batman é movido por sua busca pela verdade e justiça, traços notáveis dos escorpianos. Assim como o nativo de Escorpião, esse super-herói sabe como mergulhar nas profundezas e enfrentar os medos mais sombrios para alcançar seus objetivos.

Os escorpianos costumam ser intensos, mas também têm a capacidade de controlar suas próprias emoções quando é preciso. Batman é conhecido pelo autocontrole emocional, o que o torna um herói eficiente e resiliente.

❹ Elvira (Elvira: A rainha das trevas)

Escorpião é o signo associado à sexualidade e à sensualidade. Elvira, com seu estilo provocante, figurino para lá de ousado e um ar de sedução, representa esse signo à perfeição. Escorpião é conhecido por seu ar indecifrável. Da mesma forma, Elvira tem um lado sombrio e misterioso que adiciona uma camada intrigante à sua personalidade.

O cabelo preto e longo, a maquiagem carregada e o comportamento enigmático contribuem para sua personalidade escorpiana. Apesar de ser uma gótica trevosa, Elvira é uma personagem carismática, dona de uma presença cativante, o que faz dela uma figura adorada por muitos e odiada por outros. E, como já sabemos: não existe meio-termo quando se trata de Escorpião.

❺ Nina/Rita (Avenida Brasil)

De maneira semelhante a um escorpiano típico, Nina é extremamente determinada em sua busca por justiça e vingança contra Carminha. Além disso, Escorpião tem uma excelente memória, impedindo que ele esqueça os acontecimentos da vida.

Os escorpianos são conhecidos por serem reservados e protegerem sua privacidade. Nina também tem um lado misterioso e guarda segredos que influenciam sua trajetória na novela. O signo de Escorpião é muito perspicaz em descobrir detalhes encobertos e motivos ocultos nas situações. Nina demonstra habilidade em analisar o cenário e as pessoas ao redor, o que a ajuda a planejar sua vingança contra a madrasta.

Dez mandamentos para Escorpião

1. Desenvolva o autoconhecimento
Procure se conhecer profundamente, identificando suas forças e fraquezas. Isso permitirá que você trabalhe nos seus pontos a serem melhorados de forma consciente.

2. Adquira controle emocional
Escorpianos têm emoções intensas, então aprenda a lidar com elas de maneira saudável, evitando explosões emocionais.

3. Aprenda a perdoar
Pratique o perdão, tanto a si mesmo quanto aos outros. Ressentimentos podem ser prejudiciais para a sua paz interior.

4. Mantenha uma comunicação aberta
Procure expressar seus pensamentos e sentimentos com clareza e calma, evitando o hábito de guardar tudo para si.

5. Pratique a confiança
Aprenda a confiar nas pessoas aos poucos, respeitando o tempo de que cada relacionamento precisa para se consolidar.

6. Evite manipulações
Os escorpianos podem ser tentados a manipular situações e pessoas para alcançar seus objetivos, mas isso pode causar problemas a longo prazo.

7. Aceite a vulnerabilidade
Não tenha medo de mostrar sua vulnerabilidade. Isso o tornará mais humano e ajudará a estabelecer conexões mais autênticas com os outros.

8. Transforme o ciúme
Reconheça quando o ciúme está se manifestando e trabalhe para transformá-lo em confiança e segurança.

9. Canalize a intensidade
Utilize sua intensidade emocional de maneira construtiva, seja em projetos criativos ou em atividades físicas.

10. Aprenda a deixar ir
Nem sempre é fácil, mas saiba quando é hora de seguir em frente e liberar as situações que não estão mais agregando valor à sua vida.

Sagitário, o rolezeiro

"Eu não estou com fogo, já nasci em chamas!"
(Copélia, *Toma lá, dá cá*, 2007)

Perfil do signo

Nascidos entre: 22 de novembro e 21 de dezembro
Apelido: Sagipalhaço
Astro regente: Júpiter
Elemento: ☒ fogo ☐ terra ☐ ar ☐ água
Glifo: ♐
Símbolo: centauro segurando o arco e flecha
Frase: "Eu vou."
Polaridade: ☒ positiva ☐ negativa
Modalidade: ☐ cardinal ☐ fixa ☒ mutável
Paraíso astral: Áries
Inferno astral: Escorpião

Signo oposto complementar: Gêmeos
Cores: laranja, tons de azul, roxo e violeta
Pedra: sodalita
Metal: estanho
Talismã da sorte: coruja
Animal: periquito
Planta: flor-palhaço
Parte do corpo: fígado
Ditado popular: "A esperança é a última que morre."
Palavras-chave: otimismo, liberdade, sinceridade, aventura e deboche

Sagitário, Júpiter e fogo: a combinação debochada da astrologia

O signo do centauro arqueiro, sempre pronto para disparar suas flechas em busca de novas aventuras e descobertas. Com seu espírito livre, alegre e otimista, esse signo de fogo traz uma energia contagiante para onde quer que vá. Regido pelo poderoso Júpiter, o maior planeta do sistema solar, Sagitário é um amante da liberdade e da expansão de horizontes.

Imagine um centauro galopando por aí, mirando no alvo com seu arco e flecha e soltando gargalhadas enquanto desbrava o desconhecido. Essa é a imagem perfeita para representar os sagitarianos. Eles têm sede de conhecimento e estão sempre prontos para mergulhar em novas experiências.

SAGITÁRIO ♐   263

O elemento fogo presente em Sagitário é responsável por sua paixão, seu entusiasmo e sua natureza extrovertida. Se você procura alguém para animar uma festa ou trazer uma pitada de otimismo para os dias cinzentos, os sagitarianos são especialistas. Eles têm a habilidade única de iluminar qualquer ambiente com seu carisma e bom humor.

Além disso, o regente, Júpiter, exerce uma influência magnética sobre esse signo. Assim como o gigante gasoso, os sagitarianos têm uma grande presença e adoram ser o centro das atenções. Gostam de contar histórias incríveis sobre suas aventuras e podem exagerar um pouco nas narrativas, tudo em nome da diversão. Afinal, qual é a graça de uma boa história sem um pouco de fantasia?

Sagitário tem um lado filosófico e está sempre em busca de respostas para as grandes questões da vida. Às vezes pode parecer inquieto e impaciente, pois quer vivenciar tudo ao mesmo tempo. Viajar é uma paixão para os nativos desse signo, que, se pudessem, estariam constantemente explorando novos lugares e novas culturas.

Compromisso pode não ser seu ponto forte: é que os sagitarianos temem que as relações os prendam e limitem suas possibilidades. No entanto, quando se apaixonam, são intensos e cheios de energia, tornando a jornada amorosa emocionante e inesquecível.

Eles estão sempre dispostos a apoiar e encorajar seus amigos, e sua presença é como um raio de sol que aquece os corações. Por outro lado, quando estão de mau humor, podem ser um pouco diretos demais em suas opiniões. Pelo menos você sabe que pode contar com a sinceridade deles.

O arqueiro aventureiro dispara suas flechas rumo ao infinito, sempre em busca de novas experiências e aprendizados. Com seu jeito animado e descomplicado, conquista a todos por onde passa, deixando um rastro de boas histórias e risadas. Então, se você quiser se divertir, é só seguir a trilha de Sagitário e embarcar nessa jornada emocionante.

O lado iluminado de Sagitário

Esse é o signo da alegria e da aventura! Os sagitarianos nasceram com o dom de alegrar as pessoas, por isso circulam por aí espalhando sorrisos. Sagitário tem uma paixão pela vida que é maior que os boletos acumulados.

Com sede de conhecimento, os sagitas são inteligentes e estão sempre em busca novos aprendizados. Todos os dias buscam a felicidade como se fosse um bilhete premiado.

Inimigo do tédio, Sagitário é leve, tem uma paz contagiante. E pode ter certeza: o nativo desse signo fala o que pensa sem se importar em agradar ninguém. Todo mundo fica de queixo caído com a sua sinceridade.

Superbrincalhão, o sagitariano adora fazer piadas e garantir que todos estejam bem. E o melhor de tudo: não guarda ressentimento, é desprendido e deixa os problemas no passado.

Com uma fé e um otimismo surpreendentes, o sagitarianjo procura sempre ver o lado bom das coisas, mesmo nas situações mais complicadas. E pode acreditar: o coração dele é cem por cento verdadeiro.

O lado sombrio de Sagitário

Ele é um desastre ambulante, deixa um rastro de destruição por onde passa. E, é claro, não podemos deixar de falar de sua pontualidade duvidosa... Sagitário sempre chega atrasado aos compromissos, como se fosse parte de um grande espetáculo cômico.

Folgado e sem noção, o sagita é aquela visita intrometida que a gente reza pra ir embora. Ele pode até perder um amigo, mas nunca perde a chance de zoar alguém

Relacionamento e prisão são a mesma coisa para Sagitário. Sempre fugindo, buscando a liberdade e aventuras emocionantes, responsabilidade é uma palavra estranha ao vocabulário dele. Quando o assunto é diversão, porém, não conhece limites e até coloca em risco a segurança dos amigos, como se fosse um especialista em criar situações perigosas.

Comentários maldosos e debochados? Esse indivíduo é um mestre da falta de tato e elegância! Com uma opinião inocente que causa o caos, ele consegue transformar qualquer discussão em um campo minado de sarcasmo e ironia. É sempre bom tomar cuidado para não se tornar vítima de sua língua venenosa.

Ele se considera o deus do conhecimento. Enquanto o resto de nós mortais tropeça nas próprias palavras, ele desfila sua arrogância intelectual. Seu passatempo favorito é discorrer sobre assuntos dos quais ele não sabe absolutamente nada. Mas Sagitário não desce do salto. Sua presunção é imensa, e acaba sendo engraçada.

SAGITÁRIO ♐

Os decanatos de Sagitário e os três tipos de nativo

PRIMEIRO DECANATO
22/11 até 01/12

O sagitariano sincero

Influenciado por Júpiter (Sagitário), é o mais brincalhão e animado dos três. Tem facilidade em aprender e se comunicar, preza muito por sua liberdade e adora viver novas experiências. Persistente, não desiste dos seus objetivos por nada neste mundo. Além disso, é otimista quando surgem problemas em sua vida. Ninguém pode confiar segredos a este sagitariano, pois ele não consegue guardar por muito tempo. Adora estar na companhia dos amigos e faz a alegria dos encontros familiares. A impaciência, a ansiedade e a gula são seus maiores desafios.

SEGUNDO DECANATO
02/12 até 11/12

O sagitariano intenso

É influenciado por Marte (Áries), cheio de energia e não para quieto nunca. Tem uma força de vontade quase sobrenatural e é muito obstinado quanto aos seus objetivos. Sincero doa a quem doer, fala o que pensa, sem filtro e sem censura. O entusiasmo é a sua marca registrada. Cria muita expectativa em tudo que faz e não gosta que lhe digam o que fazer. É que sua autoconfiança é de se admirar. Explode por qualquer coisa e não tem um pingo de paciência. A ansiedade é seu maior desafio.

TERCEIRO DECANATO
12/12 até 21/12

O sagitariano animado

Influenciado pelo Sol (Leão), costuma ser animado, otimista e vaidoso. Sabe se expressar e tem facilidade para liderar. Cria muita expectativa em tudo que vive e é o mais animado e festeiro do trio. Gosta de receber elogios e espera que o mundo gire ao seu redor. Tem bondade e generosidade no coração e é muito leal aos amigos. Às vezes é egocêntrico, só pensa em si. Além disso, a impaciência excessiva, o orgulho e o comodismo acabam sendo os seus maiores desafios.

Sagitário no mapa astral

Sol em Sagitário

O nativo desse signo adora uma aventura, ama viajar e valoriza sua liberdade. Extremamente extrovertido, falante e sociável, costuma ser a alegria dos encontros familiares e de amigos e não perde uma festa por nada. Autoconfiante, esbanja positividade e otimismo. As pessoas o consideram sortudo, mas na verdade ele é uma pessoa de visão.

Não é adepto de rotinas, fica entediado facilmente e tem uma curiosidade natural. Ama estudar e aprender. A sinceridade em pessoa, às vezes o sagitariano acaba constrangendo os outros com seus comentários sem filtro. A ironia é sua marca registrada e a gula sua melhor amiga. Pode ser excessivamente orgulhoso e vaidoso.

Ascendente em Sagitário

Comportamento

À primeira vista ele é o mais extrovertido da turma e tem o espírito de uma criança, daqueles que nunca perdem o frescor. Gosta de fazer as pessoas sorrirem, principalmente quando se sentem tristes. Debochado como ninguém, sua sinceridade assusta muita gente. Por outro lado, está sempre procurando evoluir como pessoa e não suporta injustiças.

Amante da liberdade, esse nativo gosta de encarar aventuras, de quebrar regras e desde muito pequeno luta pela independência, sem medo de encarar o novo e fugindo de quem tenta cortar suas asas. É tão otimista que irrita, mas acredita que o melhor sempre está por vir, e esse seu jeito esperançoso inspira muita gente.

Aparência física

Tem uma aparência jovem mesmo estando na meia-idade, por causa de seu otimismo, maneira de ver a vida e jeito livre de ser. Seu cabelo tende a ser abundante, o rosto oval, tem a testa grande, sobrancelhas definidas, olhar brilhante, nariz reto e queixo ligeiramente alongado.

De altura mediana, tem as costas amplas, os ombros largos e as mãos compridas. Anda apressado, com passos longos. Seu sorriso é grande e bonito e tem uma risada única, geralmente alta, daquelas que a gente quer rir junto. Por amar comer, vive uma eterna guerra contra a balança.

Lua em Sagitário

Quem tem a Lua em Sagitário cria expectativas, mas não demonstra emoções. Esse nativo tem um otimismo inabalável e uma fé difícil de derrubar, mas seu lado racional sempre prevalece. Se anima facilmente porque sua vida é impulsionada por novidades. Seu entusiasmo é contagiante, mas esse indivíduo pode ser impulsivo ao expressar seus sentimentos.

É inquieto, daqueles que precisam se ocupar o tempo todo. Desde criança, é alegre e radiante. Não gosta de receber ordens, comandos e regras. Além disso, sabe como encerrar capítulos e seguir em frente como ninguém.

Mercúrio em Sagitário

Essa pessoa não suporta injustiças e tem um senso de humor que faz a gente querer estar perto. Costuma se expressar de maneira direta, sem rodeios, e não conhece limites para isso, tanto que às vezes constrange os outros com sua língua comprida. Tem facilidade para fazer amizades e é sincero, mesmo que suas palavras possam ferir; fala o que pensa e não se importa com as consequências.

Normalmente é espontâneo em todas as suas ações e nem sempre cumpre o que promete. Quem nasceu com Mercúrio em Sagitário tem ideias inovadoras e únicas e se encanta com novas culturas. A liberdade é o que existe de mais importante para essa pessoa otimista que encontra aprendizado em tudo ao seu redor.

Vênus em Sagitário

Gosta de ser livre como um passarinho e não se apega, pois morre de medo de ter sua liberdade comprometida. Na verdade, quem tem Vênus em Sagitário adora sua solteirice e encara tudo como diversão. Atraído por relacionamentos exóticos e por se envolver com pessoas de outros países, não é difícil se apaixonar por pessoas do seu círculo de amigos — que ele seduz sem cerimônia.

Essa pessoa gosta de novidades e tenta inovar na relação, já que tem verdadeiro horror à rotina e à monotonia. Especialista em seguir o baile, não é de sofrer por ninguém, e mesmo comprometido deixa seu amor livre sem medo de perdê-lo.

Marte em Sagitário

Costuma viver com leveza e sabe aproveitar as coisas boas da vida, esbanjando alegria e entusiasmo. Ama encarar um desafio, mas às vezes age na impulsividade e toma decisões sem pensar. Pode parecer um tanto arrogante ao fazer seus comentários maldosos e usa o poder das palavras para brigar.

Fogoso por natureza, quem nasceu com Marte em Sagitário vê seu desejo surgir do nada, por isso o sexo tende a ser quente, espontâneo e leve. Se as brincadeiras e o bom humor na cama funcionam como afrodisíaco, as aventuras ao ar livre e os lugares proibidos são estimulantes perfeitos para um encontro tórrido.

Júpiter em Sagitário

É conhecido por ter uma mente brilhante e movido pelo otimismo, que torna qualquer coisinha motivo de celebração. Esportes e animais são suas paixões; qual a graça de ter um cachorro quando se pode ter um zoológico?

É comum gostar de filosofia, e não se surpreenda se for um professor. Sim, as pessoas com esse posicionamento são excelentes professores, desde que não seja necessário seguir regras e leis. Para esse nativo, o mundo é um palco para liberdade, e qualquer tentativa de limitá-la seria como tentar cortar suas asas.

Saturno em Sagitário

Costuma ser honesto e franco, sem papas na língua, daqueles que não escondem nada. Porém, às vezes sente a necessidade de se isolar do mundo, convivendo apenas com a Netflix.

Mas não se engane: por trás desse jeito introvertido há uma capacidade intelectual que chega a assustar. E o que dizer da disposição para enfrentar novos desafios? Esse sujeito está sempre pronto para se arriscar. Além disso, é comum sentir uma necessidade estranha de ser mais apegado.

Urano em Sagitário

Quem nasceu com Urano em Sagitário costuma ter uma personalidade intensa. Rebelde por natureza, não tolera regras. Conviver com essa pessoa excêntrica é tarefa para poucos corajosos, afinal é necessário um manual de sobrevivência para decifrar seus humores e suas surpresas. Apesar disso, é difícil não se encantar com sua autenticidade.

Netuno em Sagitário

Ele é genial. Sua inteligência está em outro patamar, impressionando a todos. Com um olhar amplo sobre o mundo, muitas vezes é visto como uma pessoa sábia, que espalha conhecimento por onde passa. No entanto, às vezes sua mente voa longe demais, mergulhando em pontos de vista meio fora da realidade.

Plutão em Sagitário

Ele é dono de um senso de humor único e tem sede de conhecer tudo no mundo. Seu lema é "explorar o desconhecido é preciso". A busca por aprendizado, a análise de novas ideias e a transformação pessoal ocorrem por meio de experiências expansivas — religião, correntes filosóficas diferentes e uma abordagem mais profunda e intensa em relação à vida.

Lilith em Sagitário

Com uma personalidade única e independente, não gosta de ser dominada e preza por sua liberdade. No entanto, sua falta de planejamento para o futuro pode levar a rupturas nos relacionamentos, já que não consegue se prender a uma só pessoa.

No campo afetivo, pode não atender às expectativas do parceiro por atenção, o que é capaz de gerar conflitos. Para aliviar a tensão e se expressar, busca prazer e conexão emocional no sexo. Encontrar o equilíbrio entre liberdade e compromisso pode ser a base para relacionamentos duradouros.

Quíron em Sagitário

Esse posicionamento pode resultar em uma sensação de dor, simbolizada pela busca por algo maior, pois essa pessoa está sempre insatisfeita com o que conhece. No entanto, é crucial encarar esses desafios com coragem, pois é por esse enfrentamento que se pode alcançar um maior entendimento sobre sua vida e sobre o mundo ao seu redor. A energia de Sagitário incentiva a explorar horizontes mais amplos e a abraçar novas perspectivas. Com o apoio de Quíron, esse processo de questionamento e crescimento pessoal pode levar a transformações significativas.

Descendente em Sagitário

Quem tem esse posicionamento busca, acima de tudo, uma relação que respeite seu espaço e sua liberdade pessoal. É uma pessoa de personalidade espontânea, quase infantil, o que a torna cativante e autêntica. Nas relações, os descendentes em Sagitário dão grande importância às suas verdades e não estão dispostos a ceder quando se trata de valores e princípios essenciais para eles. Para conquistar e manter esses indivíduos, é imprescindível valorizar sua independência.

Meio do céu em Sagitário

As pessoas com essa posição astrológica são curiosas e destemidas, sempre dispostas a explorar lugares desconhecidos, ser apresentados a gente diferente e estudar. A mente aberta e a vontade de expandir horizontes são características marcantes desses indivíduos. A busca pelo sentido da vida e por verdades mais profundas é um aspecto importante de sua jornada. Assim, eles se entregam à aventura do conhecimento, tentando ampliar seus horizontes e compartilhar suas descobertas com os outros.

Fundo do céu em Sagitário

Eles não são nada apegados à família e anseiam por independência. Para essas pessoas, lar é onde elas se sentem realmente bem; o lugar é o de menos. O desapego é uma característica marcante, pois valorizam a sensação de bem-estar e liberdade em um ambiente. Com sua natureza aventureira, a possibilidade de mudar de lar ou de realizar muitas viagens é algo bastante presente na vida dessas pessoas.

Sagitário gosta de

Viajar
Memes
Ser livre
Fotografia
Procrastinar
Fugir da rotina
Energias positivas
Programas de humor
Seguir seus caprichos
Conversas maliciosas
Fazer as pessoas rirem
Compras aleatórias
A sensação de liberdade
A companhia dos amigos
Dar pitaco
Ler, estudar, fazer cursos
Comidas, lanches e bebidas
Ser convidado para festas
Pessoas que entendem suas piadas
Aniversários, festas, shows e eventos

Sagitário não gosta de

Carência
Mentiras
Mau humor
Envelhecer
Fazer dieta
Pessimismo
Horários rígidos
Mentes fechadas
Crises de ciúme
Cuidar de detalhes
Ser alvo de fofocas
Serviços domésticos
Orçamento reduzido
Economizar
Falta de amor-próprio
Descontrole emocional
Desejar e não poder comer
Ficar muito tempo em casa
Ter sua liberdade controlada
Gastar dinheiro com comida ruim

A mãe de Sagitário

É alto-astral, sempre irradiando energia positiva por onde passa. Ela busca trazer essa vibe boa para o lar e para a criação dos filhos. É doidinha, no melhor sentido da palavra! Sua personalidade vibrante e alegre torna a convivência uma aventura divertida e emocionante. A sagitariana cria seus filhos para o mundo, estimulando a curiosidade deles e sua vontade de explorar novos horizontes.

A mãe de Sagitário é antenada e entende tudo de internet e tecnologia. Está sempre preparada para ajudar os filhos a se adaptarem às novas tendências e ferramentas digitais. Com um jeito direto, faz a linha sincerona. Não hesita em falar a verdade, mesmo que seja algo que eles não queiram ouvir, mas precisam saber. A franqueza pode causar surpresa, mas também ensina lições valiosas sobre enfrentar a realidade com determinação.

Com um jeito amigável e compreensivo, ela parece mais uma amiga do que uma mãe. Seus filhos sabem que podem contar com ela para qualquer coisa. Ela ensina a eles a importância da independência e da busca por seus próprios caminhos, e acredita que cada um deve trilhar sua jornada. Seu estilo de educação tem um toque único, misturando diversão, aprendizado e desafios. Expressões como "Faz você! Tá pensando que eu sou sua empregada, é?" mostram que ela valoriza a autonomia e a responsabilidade dos filhos.

O pai de Sagitário

Ele cria os filhos com a mentalidade de prepará-los para o mundo. Acredita que a vida é uma grande aventura e busca ensinar a importância de explorar, aprender e crescer. É o tipo de pai que incentiva suas crias a abraçarem novas experiências com entusiasmo.

Esse pai é babão. Valoriza as conquistas e realizações dos filhos e não hesita em expressar seu orgulho por cada passo que eles dão em direção aos seus objetivos. Seus olhos brilham quando os vê alcançando coisas maravilhosas.

Brincalhão por natureza, ama proporcionar momentos de diversão para a família. Ele é o pai que está sempre pronto para fazer piadas, inventar histórias engraçadas e transformar qualquer situação em algo leve e descontraído. No entanto, sua impaciência é notória. Ele é movido pela empolgação, por isso tem dificuldade em esperar, especialmente quando está ansioso para compartilhar suas ideias e seus planos com os filhos.

Esse pai é especialista em criar os melhores passeios e viagens em família. Ele ama explorar novos lugares, conhecer culturas diferentes e expandir horizontes. Para o pai sagitariano, a jornada é tão importante quanto o destino, e ele quer que os rebentos tenham um espírito aventureiro semelhante ao seu.

O pai sagitariano é franco nas respostas. Prefere ir direto ao ponto e não perde tempo com rodeios. Sua abordagem sincera às vezes é refrescante, mas também pode parecer um pouco brusca. Tem dificuldade em impor regras rigorosas, mas na verdade sua natureza livre e otimista o leva a acreditar que os filhos saberão como fazer as melhores escolhas por si próprios. Ele quer que eles aprendam com as próprias experiências e desenvolvam a independência.

Ele transmite aos seus filhos o valor do otimismo e esse é um dos maiores presentes que ele pode oferecer. Sua atitude positiva diante da vida é inspiradora, e ele espera que os herdeiros enfrentem os desafios com confiança e esperança, encarando cada dia como uma nova aventura.

Sagitário no amor

Esse é o signo dos arqueiros apaixonados, sempre prontos para atirar sua flecha e acertar em cheio o coração de alguém. Se você se apaixonar por um sagitariano, prepare-se para uma jornada repleta de risadas.

Sagitário é regido pelo elemento fogo, o que faz dessas pessoas uma fonte de energia e calor humano. Elas têm uma personalidade cativante e uma alegria que conquista todo mundo.

A liberdade é um lema para o sagitariano, e isso se reflete em seus relacionamentos. Eles valorizam a independência e esperam o mesmo do parceiro. Nada de sufocar o arqueiro com ciúme exagerado, viu? Mas não se preocupe: essa abertura não significa falta de compromisso.

Às vezes sua sinceridade machuca, mas é sempre melhor ter alguém que diz o que pensa do que conviver com uma falsiane. O sagitariano espera o mesmo do parceiro e valoriza a comunicação aberta e transparente, pois acredita que isso fortalece os laços afetivos.

Mas nem só de risadas e viagens é feito o amor de um sagitariano. Se algo não estiver bem no relacionamento, o arqueiro não hesitará em apontar para o problema e correr atrás de uma solução. Se você ouvir umas verdades, não leve para o pessoal; a intenção dele é sempre melhorar a relação e fazer ambos crescerem juntos.

As combinações de Sagitário no amor

Vamos ver como Sagitário interage com os demais signos no amor. Mas é importante lembrar que, para saber com exatidão, é preciso analisar o mapa astral completo. Cada pessoa tem um mapa próprio, e isso influencia diretamente na relação do casal.

Sagitário ♡ Áries

Esses são signos que podem viver uma relação favorável. Juntos, eles compartilham a paixão pela vida e a vontade de explorar o mundo. Essa combinação resulta em uma parceria repleta de entusiasmo e energia. Aventura é o sobrenome desse casal.

Se tem uma coisa que Áries e Sagitário amam fazer juntos, é viajar. Eles estão sempre procurando emoções novas, querem experimentar coisas diferentes e expandir seus horizontes. Nada de mesmice aqui!

Sagitário deixa Áries de bom humor e mais calmo, e a sinceridade impera entre esses dois. As brigas são recheadas de argumentos e de ironia, mas nenhum dos dois guarda rancor.

Ambos buscam aprender cada vez mais — eles desconhecem a palavra limite. Com essa dupla, não há espaço para tédio, só para novas possibilidades e um crescimento pessoal constante.

Sagitário ⚹ Touro

Essa não é uma relação das mais fáceis, mas Touro se encanta com o jeito de Sagitário e ambos dão tudo de si para fazer a coisa funcionar. Às vezes não estão em sintonia, mas são bastante honestos um com outro. Tudo entre eles é baseado na busca de desafios, mas ambos precisam ceder para as coisas darem certo e nenhum pode sufocar o espaço do outro.

Nesse relacionamento, Sagitário pensa e Touro realiza. O sagitariano leva o taurino a expandir seus horizontes e ambos são bons conselheiros, mas é Touro o cabeça da relação. Em muitos momentos o taurino precisa ter paciência com seu parceiro sagitariano devido ao seu jeito inquieto. Por outro lado, mesmo sendo amante da liberdade, Sagitário não vê problemas em fincar raízes com Touro.

Quando eles chegam à maturidade, é como juntar queijo e goiabada, uma combinação perfeita! É uma dupla que se completa, sem sufocar o espaço um do outro.

Sagitário ♡ Gêmeos

Essa é uma das melhores combinações da astrologia. Essa dupla dinâmica vive no limite e não tem tempo para a monotonia! Juntos eles formam uma parceria explosiva, com emoções que se superam o tempo todo.

O cérebro dos dois trabalha em ritmo acelerado, gerando ideias brilhantes e soluções inovadoras. Uma característica marcante dessa combinação é a incrível inteligência desse casal. No entanto, Gêmeos é movido pela razão, enquanto Sagitário é um ser extremamente emocional. Essa diferença pode parecer inconciliável, mas na verdade os dois se complementam de maneira única.

Sagitário contagia Gêmeos com seu entusiasmo e o ensina a controlar seus impulsos. Por sua vez, Gêmeos desperta a curiosidade de Sagitário e o incentiva a buscar conhecimento e saciar suas inquietudes intelectuais.

A fidelidade pode ser um desafio nesse relacionamento, já que tanto Gêmeos quanto Sagitário tendem a ser impulsivos e curiosos. No entanto, quando ambos encontram o equilíbrio entre a necessidade de liberdade e o compromisso, a relação pode se fortalecer e prosperar.

Sagitário ♡ Câncer

Polêmica à vista? O sagitariano, com seu amor pela liberdade e espírito aventureiro, consegue deixar o canceriano confortável. Coisa rara de ver, não é mesmo? Mas não se engane: o canceriano vai tentar comandar o sagitariano. E aí, meu amigo, a coisa fica feia. Sagitário quer as trilhas da vida, quer sair pelo mundo e Câncer quer criar raízes e ficar quietinho no seu canto.

Mas o sagitariano acaba contagiando o canceriano com seu bom humor, ensinando-o a ser otimista. É como se ele fosse um coach motivacional que usa arco e flecha.

Para dar certo, o sagitariano precisa ser maduro e o canceriano tem que segurar a onda, evitar cobrar o parceiro. Afinal, ninguém merece ter um chefe dentro de casa, né? Embora Câncer e Sagitário sejam signos opostos e com pensamentos diferentes sobre a vida, o respeito, o diálogo aberto e o compromisso podem trazer o equilíbrio entre suas necessidades individuais e possibilitar a esse casal construir uma relação duradoura e gratificante.

Sagitário ♡ Leão

Uma mistura explosiva de atração física e emoções intensas. É como se esses dois signos estivessem destinados a viver um romance com final feliz. É uma união com tanto frescor e energia que a tristeza nem se atreve a dar as caras.

Eles estão dispostos a se jogar de cabeça nesse relacionamento, e é claro que vão aprender muito um com o outro. No entanto, é importante observar que Leão tende a ser mais inflexível nessa relação; o leonino espera que Sagitário faça mudanças para se adequar a suas expectativas e seus desejos.

Por outro lado, Sagitário é um signo mais maleável e adaptável, o que lhe permite ensinar a Leão sobre a importância do otimismo e da flexibilidade. Essa troca de aprendizados é essencial para o crescimento individual e mútuo no relacionamento.

Apesar das diferenças e dos desafios que podem surgir, a compatibilidade entre Leão e Sagitário geralmente é alta. Ambos têm uma energia contagiante e compartilham uma visão positiva da vida. Eles se complementam de maneira única, encontrando equilíbrio entre o fogo de Leão e a busca pela liberdade de Sagitário.

Sagitário ♡ Virgem

O desafio principal dessa relação é encontrar o equilíbrio entre suas visões de mundo opostas. Enquanto Virgem é o mestre do pessimismo, Sagitário é o rei do otimismo. Essa diferença pode ser um contratempo para o casal; afinal, quem quer passar o dia ouvindo uma sinfonia de queixas?

A rotina pode ser um problemão para esses dois. Virgem vai cobrar responsabilidades e tentar controlar a liberdade de Sagitário. Por sua vez, o sagitariano pode se sentir limitado pelas cobranças e restrições do virginiano, que vai parecer muito crítico.

Mas, se ambos estiverem dispostos a aprender com as diferenças um do outro, eles podem encontrar um terreno comum. Sagitário pode ensinar Virgem a ter uma mente mais aberta e independente, encorajando-o a abraçar a espontaneidade e a aventura. Já Virgem pode ajudar Sagitário a se tornar mais organizado e responsável, trazendo uma dose de praticidade para a união. Para encontrar a tranquilidade nesse relacionamento, eles precisam se predispor a entender as necessidades um do outro.

Sagitário ♡ Libra
Ambos têm características que podem criar bases para uma relação harmoniosa, desde que estejam dispostos a ceder e trabalhar juntos.

Sagitário, o aventureiro, e Libra, o equilibrado. Parece uma mistura interessante, não é mesmo? Sagitário empurra Libra para fora da zona de conforto e o faz tomar decisões que ele nunca imaginaria. E Libra, bem, Libra tenta colocar um pouco de juízo na cabeça de Sagitário, mesmo que seja uma tarefa quase impossível.

Os dois são sociáveis, festeiros e com eles a diversão é garantida! O problema é que Libra pode ficar confuso com a impulsividade de Sagitário, enquanto este último pode se sentir sufocado com as tentativas de controle de Libra. Apesar dessa diferença, eles são capazes de curtir muito juntos. Compreensão e carinho são as palavras-chave aqui.

É importante encontrar um equilíbrio entre a necessidade de liberdade de Sagitário e a busca de estabilidade de Libra. Resolvida essa pendenga, eles podem se apoiar mutuamente e crescer juntos.

Sagitário ♡ Escorpião
Essa mistura de fogo e água mostra uma união que pode ser intensa e desafiadora. Sagitário, com seu espírito livre e aventureiro, cativa Escorpião, que muitas vezes se sente confortável em sua zona de isolamento.

A personalidade encantadora de Sagitário também atrai Escorpião. O aventureiro sagitariano é conhecido pelo bom humor e espírito sociável, qualidades capazes de derreter o coração do reservado escorpiano e encorajá-lo a expressar mais abertamente suas emoções.

Essa diferença fundamental de temperamento pode causar conflitos e desentendimentos entre o casal. Sagitário pode se sentir pressionado pelas demandas emocionais de Escorpião, enquanto este pode se frustrar com a aparente falta de compromisso e profundidade emocional do parceiro sagitariano.

Eles devem se esforçar para entender as necessidades e os desejos um do outro, encontrando um meio-termo que satisfaça a ambos. Quando aprendem a apreciar e respeitar suas divergências, Sagitário e Escorpião conseguem construir uma relação significativa.

Sagitário ♡ Sagitário

Senhoras e senhores, conheçam o casal mais divertido do zodíaco! Compartilhando uma afinidade natural, eles são conhecidos pela espontaneidade, senso de humor e disposição para voar. Seja explorando terras desconhecidas ou organizando festas animadas, esses dois signos se complementam perfeitamente.

O otimismo deles é contagiante e nunca acaba. Impulsivos por natureza, os dois sagitarianos tomam decisões com agilidade e sem pensar duas vezes. Eles não têm tempo para ficar analisando prós e contras; simplesmente seguem seus instintos e vão em frente.

Para que essa dupla dinâmica dê certo, ambos precisam mostrar maturidade, já que é fácil se deixar levar pela emoção e esquecer as responsabilidades. Eles devem tomar cuidado para manter a relação estável e sempre buscar a compreensão mútua. Isso porque, quando o fogo do entusiasmo diminui, o que vai mantê-lo aceso é o diálogo.

Sagitário ♡ Capricórnio

São dois signos com características distintas, o que pode tornar essa relação bastante desafiadora. Sagitário esbanja otimismo e espírito livre, enquanto Capricórnio tende a ser mais pessimista e tradicional. Essas diferenças fundamentais podem levar a uma dinâmica complicada e conflituosa entre os dois.

A energia e o entusiasmo de Sagitário, com sua vontade de variar nas experiências, podem trazer vida e animação para a relação. Porém, Capricórnio é cauteloso e, com sua abordagem mais prática e racional, persegue a segurança e a estabilidade em todas as áreas da vida.

A questão é que Capricórnio quer domar o espírito livre de Sagitário, faz de tudo para transformá-lo em um ser mais maduro e responsável. Mas Sagitário não aceita ser disciplinado e, assim que sente sua liberdade sendo ameaçada, voa para bem longe.

Se os dois estiverem dispostos a valorizar as virtudes um do outro e a encontrar um meio-termo, o relacionamento tem potencial.

Sagitário ♡ Aquário

A melhor combinação do mundo, praticamente almas gêmeas. Ambos têm espírito aventureiro, adoram viajar e não fogem de mudanças e novas experiências. Eles desejam estar em vários lugares ao mesmo tempo e estão sempre planejando a próxima aventura que vão viver juntos.

Aquário tem a capacidade de estimular a mente de Sagitário. A energia e a originalidade desse signo do ar despertam a curiosidade e a criatividade do sagitariano, levando-o a explorar ideias inéditas e conceitos que não fazem parte de seu cotidiano. Por sua vez, Sagitário precisa aprender a esperar e a acompanhar o ritmo mais lento do aquariano.

Ambos os signos são desapegados e valorizam a liberdade pessoal. Eles entendem a importância de ter espaço e tempo para si mesmos e respeitam a individualidade um do outro. Essa flexibilidade na relação é um fator fundamental para que o relacionamento entre Sagitário e Aquário funcione.

A energia impulsiva de Sagitário e a natureza imprevisível de Aquário podem gerar algumas tretas, mas a união entre eles é uma parceria vibrante.

Sagitário ♡ Peixes

Uma das principais fontes de tensão nessa relação está na divergência de necessidades e expectativas. Peixes tem um lado romântico, e busca uma conexão profunda e emocional com o seu parceiro.

Ele valoriza a sensibilidade e a empatia, torcendo para ter um relacionamento repleto de cumplicidade. Por outro lado, Sagitário é um signo mais direto e livre, que preza a independência e a busca por aventuras. Ele deseja explorar o mundo e se envolver em experiências emocionantes.

Essas diferenças podem levar a conflitos, pois Peixes pode ficar inseguro diante do egoísmo *soft* de Sagitário, que nem sempre está disposto a se comprometer. É necessário que Sagitário aprenda a ser mais sensível às emoções de Peixes e a dar espaço para a sua necessidade de vínculo afetivo.

Da mesma forma, Peixes precisa compreender a natureza independente de Sagitário e aceitar que ele também precisa de liberdade para explorar o mundo. Apesar de todas as diferenças, no fundo são dois corações que querem encontrar a felicidade juntos.

Como conquistar o coração de um sagitariano?

Antes de tudo, é importante lembrar que o sagitariano adora um jogo de conquista. Se você facilitar demais, ele perde o interesse, pois curte um desafio, um envolvimento que demande algum esforço. Portanto, não baixe a guarda logo de cara. Faça-o sentir que precisa se empenhar para conquistar o seu coração.

Outra coisa que você precisa ter em mente é que o sagitariano é um espírito livre, sedento por aventuras, então esteja pronto para percorrer grandes e emocionantes distâncias com ele. Mostre que pretende explorar o mundo ao lado dele e que não tem medo de se arriscar. Essa pessoa adora uma adrenalina.

A mente aberta é uma característica indispensável para aqueles que querem conquistar um sagitariano pra valer. Esqueça qualquer preconceito, liberte-se das amarras sociais e deixe claro que está pronto para aceitar todas as diferenças. Para conviver com ele, você precisa rejeitar os pudores e ter na mente um território aberto para todas as experiências.

Agora, uma dica importantíssima: não seja pegajoso. Nada afasta mais um sagitariano do que alguém grudento e ciumento. Respeite a individualidade dele e jamais tente prendê-lo. Deixe-o livre para explorar o mundo, para sair sozinho quando desejar. Ele sempre volta, se você quer saber.

Na hora da conquista, a criatividade é a sua melhor amiga. Fuja da rotina e inove sempre. O sagitariano detesta monotonia e adora surpresas. Então, pegue-o no susto com ideias inusitadas, convide-o para passeios diferentes e animados. Mostre que ao seu lado a vida nunca será entediante.

Não se esqueça dos elogios: Sagitário precisa se sentir especial. Não poupe palavras para enaltecer as qualidades do seu par, mas seja sincero quando expressar seus sentimentos. Ele tem que saber que você está ali para o que der e vier, para valorizá-lo e para caminhar ao seu lado.

Prepare-se, então, para dialogar sobre os mais variados assuntos. O sagitariano tem fama de enciclopédia e adora papear sobre qualquer tema. Esteja disposto a acompanhar o ritmo acelerado de suas conversas, e ele vai dividir esse conhecimento com você. Mas você precisa garantir um papo interessante também.

Por fim, saiba que o sagitariano se sente atraído por pessoas animadas, comunicativas e que o façam rir. Mande memes e vídeos engraçados e marque ele em posts de páginas de humor. Ele vai adorar, mas depois não vá ficar chocado com as piadas que ele contar.

Conquistar o coração sagitariano não é fácil, mas com um pouco de esforço, criatividade e senso de aventura você pode se tornar o parceiro ideal para esse signo. Lembre-se de ser autêntico, de respeitar a individualidade de Sagitário e de nunca deixar a chama da diversão se apagar. Boa sorte e que os astros estejam a seu favor!

O relacionamento com Sagitário

O lado bom

Uma das melhores qualidades de um sagitariano é o respeito pela liberdade e individualidade do seu par. Ele entende que cada pessoa tem seus próprios desejos e suas necessidades e está disposto a apoiar seu parceiro sem tentar prendê-lo. Prepare-se para ser encorajado a seguir seus sonhos e a perseguir suas paixões ao lado desse signo aventureiro.

Ele é direto e honesto e não tem medo de dizer a verdade. Então, se você está procurando alguém sincero e transparente nas palavras e ações, Sagitário é a escolha certa. Esqueça as declarações vazias, porque ele demonstra seu amor em atitudes, e tem predisposição a fazer grandes gestos para mostrar o quanto se importa com você, viu?

Com um sagitariano ao seu lado, você terá uma fonte constante de confiança e alegria de viver. Ele é otimista por natureza e sempre enxerga o lado positivo das situações. Mesmo nos momentos mais difíceis, Sagitário será capaz de levantar seu astral e de mostrar que há sempre motivos para sorrir.

Os desafios

Se você faz a linha ciumento feat. controlador, pense duas vezes antes de embarcar nessa aventura. Sagitário não suporta a ideia de ter suas asas cortadas. Ele não quer um relacionamento em que se sinta constantemente vigiado.

Essa pessoa é apaixonada por compras aleatórias, sempre navegando freneticamente na internet em busca de novidades e promoções. Mas essa ânsia por gastar pode gerar problemas no relacionamento e se transformar em brigas acaloradas. É assim que o clima de amor e harmonia pode ser substituído por discussões sobre orçamento, economia e prioridades.

Por fim, você precisa saber que o sagitariano odeia rotina porque é avesso à monotonia e ao tédio. Ele precisa de estímulos constantes e de novidades para se sentir vivo. Portanto, esqueça os planos estruturados e as agendas organizadas. Com um sagitariano, seus dias serão meio imprevisíveis.

O sexo com Sagitário

Se você está procurando sexo sem monotonia e sem compromisso, encontrou a pessoa certa. O aventureiro do zodíaco não tem hora nem lugar certo para fazer tudo acontecer, o que torna cada encontro uma experiência emocionante e imprevisível.

O sagitariano é conhecido por sua natureza livre e despreocupada, e isso se estende à sua vida sexual. Ele não tem medo de explorar novas posições e técnicas, sempre buscando algo diferente e excitante. Apimentar as coisas é preciso, segundo esse querido.

Sagitário ama um encontro casual e não tem problemas com rapidinhas em lugares proibidos. Para ele, quanto mais adrenalina estiver envolvida, melhor será a experiência.

Mas não pense que o sexo com um sagitariano é uma aventura de uma noite. Ele curte uma amizade colorida, viu? Quando bate a carência no meio da madrugada, o sagita não passa vontade e logo aciona os contatinhos.

Uma coisa é certa: o sexo com um sagitariano será tudo menos entediante. Ele é criativo, ousado e está sempre pronto para experimentar coisas novas. Nada é um tabu para ele, que não tem vergonha de expressar suas fantasias e desejos.

É claro que cada pessoa é única, então nem todos os sagitarianos se encaixam nesse perfil. O signo do zodíaco é apenas uma pequena parte de quem somos, e cada indivíduo tem suas próprias preferências e limitações. Mesmo assim, todo sagitariano é encantador e emana uma energia intensa e que rejuvenesce quem está por perto.

Se você está pronto para se aventurar em um mundo cheio de emoção e prazer, não hesite em se envolver com um sagitariano. Prepare-se para sair da rotina, explorar novas fronteiras e desfrutar de momentos de paixão. Com ele, o sexo nunca é monótono. Descubra as maravilhas que a energia sagitariana pode trazer para a sua vida.

Quando Sagitário leva um pé na bunda

Enquanto muitos ficam abalados e mergulham em um mar de tristeza e sofrimento, o sagitariano não se permite ficar nessa vibe por muito tempo. É como se ele entendesse que a vida é curta demais para desperdiçar energia com lamentação. Sagitário tem consciência de que, mesmo que o seu ex-amado tenha partido, o baile da vida continua e ele está pronto para se jogar na pista.

Uma das primeiras coisas que o sagitariano faz quando sofre uma decepção amorosa é aproveitar para conhecer gente nova. Ele não se abala com facilidade e enxerga cada término como uma oportunidade para novos começos. Além disso, ele aproveita o momento para sair e curtir sua liberdade. Esse querido entende que romper significa também um momento de redescoberta pessoal, de se reconectar com suas próprias vontades e seus desejos. Festas, viagens, aventuras — ele está aberto a todas as possibilidades que a vida tem a oferecer.

Seguir em frente é uma habilidade inata do sagitariano. Essa pessoa sabe que, mesmo que tenha gostado de quem foi embora, a vida não vai parar por causa disso. Sagitário é capaz de desapegar com uma leveza impressionante, como se estivesse trocando de roupa e seguindo adiante para a próxima balada.

O ex de Sagitário

Ele mergulha de cabeça no amor, mas pode mudar de sentimento rapidamente. Com um coração livre, que busca aventura, o nativo desse signo é conhecido por ser desapegado, então não espere que ele fique sofrendo por muito tempo após o fim da relação. Ele vai seguir adiante em busca de novas experiências.

O sagitariano não é de se prender ao passado. Ele gosta de olhar para a frente e não fica remoendo o que já aconteceu. É possível que ele mantenha a amizade com o ex, afinal valoriza as conexões humanas e consegue separar bem os sentimentos românticos dos laços de amizade.

Se o sagitariano encontrar você com outra pessoa, vai agir com tranquilidade. Esse signo costuma encarar as mudanças com otimismo, então ver você seguindo em frente pode até deixá-lo contente, já que você tem novas oportunidades para ser feliz. Ao enfrentar um término, o esse ex vai encarar a situação com uma perspectiva positiva.

O corno de Sagitário

Ele é daqueles que dão um show no primeiro momento! Assim que descobre a traição, tem uma reação explosiva e, muitas vezes, age sem pensar. No entanto, depois do choque inicial, quer entender o que rolou. E, como é fiel à honestidade, prefere colocar um ponto-final na relação a viver na desconfiança.

Mas, ó, não se engane! Ele pode até sair por aí falando mal do ex pra todo mundo ouvir, mas por dentro o coração tá machucado. No entanto, esse sagitariano é mestre em esconder o sofrimento. Ele pode estar em pedaços, mas vai mostrar pra galera que está tudo bem.

SAGITÁRIO ♐ 283

Aí entra outra característica desse signo: o gosto pela bebida. Se o sagitariano já curte um drinque, depois de levar chifre ele se joga ainda mais! Vai sair, conhecer gente nova e beber como se não houvesse amanhã. Sofrer por amor? Ele prefere dizer que nunca nem viu esse tal de sofrimento!

O infiel de Sagitário

Ele tem um "quê" que faz todo mundo perder a linha. Cafajeste nato, tem um jeitão de quem chegou pra causar. Com um papo que encanta, um sorriso que desmonta qualquer defesa e um carisma que, vou te contar! Faz a gente ficar com a pulga atrás da orelha: "Será mesmo que ele está aprontando?"

Sim, está! O sagitariano é movido pela aventura. Está sempre com o radar ligado em busca de algo novo. Não basta ter alguém em casa esperando, ele quer mais, sempre mais. E, se pintar uma novidade, ele se joga de cabeça, sem nem pestanejar.

Ele não tá de brincadeira! Quando decide se meter em confusão amorosa, vai fundo. Não é do tipo que fica só nas cantadinhas. O sagitariano quer viver intensamente todos os seus flertes e tem energia e carisma pra dar e vender. Então, se liga: se Sagitário está por perto, prepara o coração, porque a coisa promete pegar fogo!

Sagitário no trabalho

Se tem algo que define um sagitariano no ambiente de trabalho, é a alegria. Ele exala positividade, iluminando o ambiente com o seu sorriso. São aqueles colegas que sempre têm uma piada pronta para acabar com clima pesado da segunda-feira.

Além disso, o sagitariano é um profissional proativo. Sem ficar esperando que as coisas se desenrolem, vai lá e faz acontecer. Sua energia é capaz de impulsionar projetos e equipes para o sucesso. E não se engane: apesar de amar trabalhar sozinho, ele também se dá muito bem em equipe.

A resolução de problemas é uma habilidade natural do sagitariano. Ele é bom em encontrar soluções criativas e inovadoras para os desafios que surgem no caminho e, claro, sendo competitivo, está sempre em busca de superar suas próprias limitações e bater metas.

Mas cuidado! Por trabalhar a mil por hora, às vezes o sagitariano pode tomar decisões precipitadas. É importante, então, que ele receba orientações minuciosas antes de iniciar uma tarefa das mais sérias. Dessa forma o chefe evita alterações não solicitadas e garante resultados ainda melhores.

Apesar de terem o espírito independente, é comum ver sagitarianos buscando experiência em empresas para montar seu próprio negócio no futuro. E, mesmo que sua permanência na empresa seja curta, eles mantêm boas relações no trabalho e são solidários com os colegas. Quando solicitados, costumam oferecer bons conselhos, priorizando sempre a verdade. E, se houver alguma situação de injustiça, lá está o sagitariano pronto para ser o mediador e proteger seus colegas a todo custo.

No entanto, apesar da energia lá em cima, Sagitário também enfrenta desafios. Ele não gosta de ser o causador de problemas e, em situações difíceis, pode facilmente desanimar. Receber críticas frequentes dos superiores é algo que pode abalar sua confiança e fazê-lo repensar sua trajetória.

O sagitariano não reage bem à pressão e prefere investidas mais brandas, desde que sejam construtivas. As abordagens gentis e positivas permitem que ele reflita sobre novas perspectivas e encare as situações de forma mais otimista.

Em resumo, o sagitariano é um trabalhador cheio de disposição, sempre em busca de superação e inovação. Sua honestidade faz dele um colega de trabalho confiável e solidário. Apesar de ter um espírito independente e aventureiro, sabe manter boas relações no ambiente profissional. É possível extrair o melhor desse signo entusiasmado e fazê-lo brilhar no ambiente de trabalho.

Profissões para Sagitário

Entre as profissões recomendadas, podemos destacar aquelas ligadas a direito, esportes, vendas, televisão, internet, turismo, educação, comunicação, transporte e relações públicas. O sagitariano pode ser atleta, advogado, comissário de bordo, diplomata, escritor, dublê, filósofo, intérprete, inventor, juiz, guia turístico, piloto de avião, tradutor, professor e político.

Profissões dos sonhos para Sagitário

Palhaço, animador de festa infantil, blogueiro, influenciador digital, freelancer de qualquer coisa, promotor de eventos e degustador de bebidas alcoólicas.

O currículo de Sagitário

Sagitanael Memes da Zoeira
Data de nascimento: 23/11/1993
Rua do Exagero, nº 9, Bairro da Filosofia,
Ressaquinha-MG
E-mail: zoeira@astroloucamente.com
Telefone: (31) 99999-9990

Qualificações:

- excelente para quem busca viver grandes aventuras;
- inteligência, entusiasmo e uma paixão cega pela vida;
- facilidade em oferecer diversão e bom humor gratuitos;
- otimista e ideal para quem gosta de ver o lado bom da vida.

Formação acadêmica:

- graduação em Humor Ácido Perigoso;
- especialização em Fingir que não se Importa;
- mestrado em Fome de Comida Gostosa;
- doutorado em Rir das Próprias Desgraças.

Experiência profissional em:

- compras aleatórias na internet;
- fazer as coisas sem pensar nas consequências;
- planejar viagens sem ter um tostão no bolso;
- eu preciso sair, eu preciso ver gente, eu preciso bater perna.

Top 5 moods de Sagitário

❶ Mood Zeca Pagodinho

Sagitário é o tipo de pessoa que diz "vamos tomar a saideira" umas dez vezes. Trabalhar? Se puder, ele dispensa. Prefere aproveitar a vida ao máximo, sem se prender a rotinas ou compromissos chatos. "Deixa a vida me levar, vida leva eu" é o lema do sagita, que adora viver intensamente.

❷ Mood humorista

Se você quer ter um amigo debochado, o signo é esse. Com uma figurinha aqui, um gif ali, vai respondendo tudo com bom humor. Quando o assunto é meme e vídeo engraçado, Sagitário é o capitão! Ele tem a lista mais atualizada das melhores piadas da internet e sempre tem uma nova para contar.

❸ Mood consumista

O sagitariano vive no vermelho, deve até a alma. Não consegue resistir a uma promoção e é viciado em compras on-line. Com um clique, já está com uma sacolinha cheia de coisas de que nem precisa. Quem liga? O sagita adora uma comprinha aleatória, mesmo que depois precise vender um rim para pagar a fatura do cartão. A vida é curta e o parcelamento é longo!

❹ Mood rolezeiro

Sagitário é o último a sair do rolê com os amigos; é ele quem apaga a luz. É o inimigo do fim da festa e o dono das piadas mais engraçadas. O sagitariano se diverte muito bebendo e curtindo com os amigos até o sol nascer. Só volta pra casa no outro dia, e se rolar um convite pra emendar em outro programa ele não recusa, não.

❺ Mood turista

Sagitário é o aventureiro das trilhas, sempre em busca de novas emoções e novos lugares para explorar. Amante da natureza, esse signo adora fugir da realidade. Como vive feito louco atrás de experiências diferentes, a falta de dinheiro não o detém. Quando quer extravasar, o sagita pode dar um rolê em Nova York, ainda que esteja com dois reais no bolso.

Top 5 animais que poderiam ser de Sagitário

❶ Hiena

Assim como as hienas, os sagitarianos são extremamente sociáveis. Eles adoram estar rodeados de amigos e nunca perdem uma oportunidade de fazer novas amizades. Se você entrar em uma roda de conversa com a presença de um sagitariano, vai notar que ele é o rei da risada.

Falando em risada, a risada única das hienas é quase um símbolo dos sagitarianos. Sabe aquela gargalhada escandalosa que ecoa por aí? Os sagitarianos são mestres nisso.

❷ Naja-cuspideira

A naja é famosa pelo veneno poderoso, capaz de causar estragos nos seus inimigos. Da mesma forma, os sagitarianos têm a língua afiada e não temem usar suas palavras como flechas certeiras.

Com opiniões diretas e sem filtro, eles podem soltar palavras que deixam qualquer um com a orelha em chamas. É melhor ter cuidado para não ficar no caminho de um sagitariano quando ele está no modo cuspideira.

❸ Coruja

Os sagitarianos são os reis do rolê, e a coruja certamente compartilha dessa paixão pela vida noturna. Enquanto todos estão se aconchegando para um boa noite de sono, sagitarianos e as corujas estão prontos para aproveitar cada momento da noite como uma disposição que só por Deus.

Outra semelhança é o espírito aventureiro. Os sagitarianos são conhecidos pela sede de aventura. Já as corujas são exploradoras noturnas, voando de em meio às árvores, caçando presas e desvendando os mistérios da escuridão.

❹ Beija-flor

Assim como o beija-flor, Sagitário nasceu para ser livre, voar por aí e explorar o mundo. Nada de ficar preso em uma gaiola. O sagitariano detesta limites e regras. Tanto Sagitário como o beija-flor são donos de um espírito curioso e não param quietos, sempre interessados na próxima flor, na próxima aventura. O beija-flor voa de flor em flor, provando o néctar de cada uma. Já o sagitariano adora explorar novas culturas, conhecer diferentes lugares e comidas. É como se estivesse sempre atrás de um novo néctar para saborear.

❺ Golfinho

Os sagitarianos são seres extrovertidos e cheios de energia. Os golfinhos, por sua vez, são mamíferos marinhos simpáticos e sempre prontos para uma boa diversão. Eles saltam nas ondas, fazem acrobacias e adoram brincar com outros golfinhos.

Assim como os sagitarianos, os golfinhos conseguem ser bastante sociáveis. Eles estão sempre prontos para um novo rolê e não perdem uma oportunidade de brincar. Além disso, sagitarianos e golfinhos não foram feitos para viver em cativeiro, pois batalham pela sua liberdade.

Top 5 personagens que poderiam ser de Sagitário

❶ Copélia (*Toma lá, dá cá*)

A personagem da sitcom é conhecida por sua sinceridade, seu bom humor e, claro, suas aventuras, que sempre rendem boas histórias para contar. Sagitário é conhecido por ter um espírito livre e aventureiro, e Copélia frequentemente demonstra interesse em participar de eventos e atividades incomuns, buscando novas experiências e diversão. Ela não tem pudor; fala na cara, e sua sinceridade assusta os moradores do condomínio Jambalaya Ocean Drive. Os sagitarianos tendem a ser francos e sem filtro, e Copélia fala o que pensa sem medo das consequências. Mesmo que isso possa levar a situações cômicas ou inusitadas.

❷ Deadpool (Marvel)

Esse anti-herói engraçado e politicamente incorreto é a personificação do humor sagitariano. Com seu sarcasmo afiado, o deboche na ponta da língua e piadas fora do comum, Deadpool está sempre pronto para surpreender e divertir o público. Ele representa a liberdade de expressão sagitariana e a capacidade de encontrar humor em todas as situações.

❸ Homer Simpson (*Os Simpsons*)

Assim como Sagitário é conhecido por ser uma pessoa que gosta de aproveitar a vida e desfrutar de momentos de descontração e lazer, Homer aprecia atividades relaxantes, como beber sua cervejinha, assistir à TV e desfrutar de uma comidinha boa. Homer frequentemente é mostrado evitando suas

SAGITÁRIO ♐

289

responsabilidades e tarefas, buscando distrações e adiando as obrigações, o que pode lembrar a tendência de alguns sagitarianos a procrastinar, optando sempre por atividades mais agradáveis.

❹ Dora (*Dora, a aventureira*)

Ela tem paixão por aventuras e pelo desejo de explorar o mundo. Da mesma forma, os sagitarianos são aventureiros natos, loucos por empreender experiências diferentes e expandir seus horizontes. Dora é movida pela curiosidade e adora aprender coisas novas, o que reflete o lado intelectual dos sagitarianos. Não se surpreenda se o seu amigo de Sagitário pegar sua mochila e sumir mundo afora.

❺ Salsicha (*Scooby-Doo*)

Um dos personagens mais queridos da turma do Scooby-Doo, Salsicha é carisma puro e tem um bom humor exagerado. Mesmo diante das piores situações, ele consegue fazer graça. É conhecido pelas reações engraçadas e piadas leves. Salsicha também demonstra interesse em descobrir a verdade por trás dos mistérios e não tem medo de fazer perguntas para obter suas respostas. Os sagitarianos geralmente são sociáveis e têm um apetite que dá o que falar. Salsicha também adora comer; se tem lanche, é só chamar ele. É como os sagitarianos, que geralmente descontam sua ansiedade na comida e são fãs de cadeias de fast-food.

Dez mandamentos para Sagitário

1. Cultive a paciência
Sagitário pode ser impaciente e querer resultados rápidos, mas aprender a esperar e perseverar trará recompensas a longo prazo.

2. Ouça antes de falar
Às vezes o desejo de falar pode impedir Sagitário de dar espaço suficiente para ouvir os outros. Pratique a escuta atenta antes de compartilhar suas opiniões.

3. Seja responsável pelas suas ações
O sagitariano pode ser impulsivo, por isso é essencial refletir sobre as consequências antes de agir.

4. Desenvolva foco
Com tantas ideias e interesses, Sagitário pode se dispersar facilmente. Aprenda a priorizar e se concentrar em uma coisa de cada vez.

5. Explore a profundidade emocional
O sagitariano pode ter uma tendência a evitar questões emocionais. Ao confrontar seus sentimentos, você encontrará maior autoconhecimento e crescimento pessoal.

6. Aprenda com a experiência dos outros
Em vez de achar que sabe tudo, ouça e aprenda com o que as outras pessoas têm a ensinar.

7. Modere a sinceridade
A franqueza de Sagitário pode ser admirável, mas lembre-se de ponderar quando e como dizer certas coisas para evitar conflitos desnecessários.

8. Não tema o comprometimento
Sagitário pode se sentir pressionado por relacionamentos sérios, mas lembre-se de que o compromisso também pode trazer liberdade emocional.

9. Seja sábio
A honestidade curta e grossa de Sagitário pode ferir sentimentos. Aprenda a expressar suas opiniões com tato e sensibilidade.

10. Cuide da saúde
Sagitário pode negligenciar sua saúde devido ao ritmo acelerado que dá à sua vida. Priorize a atividade física e a alimentação saudável.

Capricórnio, o rabugento

"Emoções levam a coisas piores. A sentimentos, que resultam em lágrimas. Eu não choro."
(Wandinha Addams, *Wandinha*, 2022)

Perfil do signo

Nascidos entre: 22 de dezembro e 20 de janeiro
Apelido: Capriroto
Astro regente: Saturno
Elemento: ☐ fogo ☒ terra ☐ ar ☐ água
Glifo: ♑
Símbolo: cabra com cauda de peixe
Frase: "Eu posso."
Polaridade: ☐ positiva ☒ negativa
Modalidade: ☒ cardinal ☐ fixa ☐ mutável
Paraíso astral: Touro
Inferno astral: Sagitário
Signo oposto complementar: Câncer

Cores: marrom, cinza, preto e nude
Pedra: ônix
Metal: estanho
Talismã da sorte: pé de coelho
Animal: formiga
Planta: dinheiro-em-penca
Partes do corpo: joelhos e coluna
Ditado popular: "De grão em grão, a galinha enche o papo."
Palavras-chave: resiliência, maturidade, dedicação, trabalho e dinheiro

Capricórnio, Saturno e terra: a combinação valiosa da astrologia

Esse signo é a mistura perfeita de determinação e sabedoria. Representado por uma cabra com uma cauda de peixe, não mede esforços para alcançar suas metas, ainda que tenha que nadar contra a correnteza dos desafios.

Os nativos de Capricórnio são perseverantes e disciplinados, e parecem ter uma conexão especial com o planeta Saturno, que é o regente desse signo. Saturno é como um professor rigoroso, mas justo, sempre ensinando importantes lições de vida aos seus alunos capricornianos.

Acredite ou não, esses nativos têm uma habilidade incrível para escalar os mais altos picos do sucesso. Eles são os alpinistas do zodíaco. Se precisar de alguém para te ajudar em algo trabalhoso, chame um capricorniano; ele sabe o valor da dedicação e não foge dos embates.

O elemento terra é uma parte essencial da personalidade capricorniana. Assim como a terra é firme e estável, os capricornianos são pessoas confiáveis, leais e responsáveis. Capricórnio é aquele amigo com quem você pode contar em qualquer situação, o colega que está sempre lá para te apoiar e a família que é seu alicerce emocional.

Mas nem só de seriedade e comprometimento vive um capricorniano! Embaixo dessa fachada sisuda existe um senso de humor surpreendente e sarcástico. O nativo desse signo tem um jeito peculiar de fazer graça e muitas vezes surpreende os outros com seu estilo seco e engraçado de encarar a vida. É o tipo de humor que você precisa entender para não levar tudo ao pé da letra.

Apesar de ser cauteloso com suas emoções, quando se permite vivê-las intensamente, torna-se um parceiro amoroso e compreensivo. Capricórnio é como um vinho refinado: precisa de tempo para abrir o coração, mas, quando o faz, é promessa de um banquete de afeto.

A cabra que escala até o topo da montanha com sua cauda de peixe nos ensina que a determinação e a sensibilidade podem caminhar juntas. Então, seja firme como a terra, sábio como Saturno e intuitivo como o mar.

Se você tem um amigo capricorniano, valorize-o! Ele pode parecer sério e focado o tempo todo, mas esse "professor durão" tem um coração de ouro e um senso de humor que pode surpreender a todos.

O lado iluminado de Capricórnio

Esse é o signo da determinação e do sucesso! Capricórnio é o rei da persistência! Quando a vida decide brincar de cabo de guerra, esse signo simplesmente pega sua força interior e diz: "Pode vir que eu tô preparado!"

Enquanto o resto do zodíaco chora pelos cantos, o capricorniano está lá, enfrentando os perrengues com um sorriso no rosto (bem, talvez seja mais um sorriso sarcástico). Ele não desiste dos seus sonhos, já que a resiliência é uma de suas qualidades mais lindas.

Zeloso com quem ama, ele protege e cuida daqueles que estão ao seu lado. Ótimo para os negócios como um empreendedor, Capricórnio sabe fazer o dinheiro render e conquistar o sucesso.

CAPRICÓRNIO ♑ 293

Ele não se deixa distrair facilmente e mantém o foco nas suas metas — aqui é concentração nível hard. Costuma honrar sua palavra como um juramento sagrado, sendo fiel a seus compromissos e suas promessas. Pode confiar que ele não vai dar pra trás.

Com sua maturidade de milhões, Capricórnio é responsável até demais. Levando a vida com discrição, guarda seus segredos e não gosta de expor sua vida pessoal.

Trabalhador demais, não tem medo de suar a camisa para alcançar o seu grande sonho. O capricornianjo é leal demais e está sempre ao seu lado, pronto para te apoiar.

O lado sombrio de Capricórnio

Dono de uma ambição insaciável, de um pessimismo contagioso e de uma crueldade com pitadas de mesquinhez, ele vive imerso no seu mau humor. Amigos? Ele quase não tem, porque está ocupado demais correndo atrás de dinheiro. Se precisar bajular, ele faz isso melhor do que ninguém, tudo em nome da autopromoção e dos benefícios que pode conseguir, especialmente no trabalho. Se precisar, vai ser assim que ele vai subir na empresa e conquistar o mundo.

Capricórnio reclama o tempo inteiro, é autoritário e pode ser um falso moralista. Sabe aqueles vilões ambiciosos de novela? O capricorniano não fica atrás. Não hesita em passar por cima de qualquer um para atingir seus objetivos, já que a ambição e a ganância correm em suas veias.

Com seu ar sério e a falta de emoções que o acompanha, o caprica só valoriza o que é material, como se fosse seu mecanismo de defesa. Sentimentos, relacionamentos e amizades são relegados a segundo plano; essa pessoa tem o trabalho e o dinheiro como o centro do seu universo.

Sabe aquele querido que acha que todo mundo tem uma segunda intenção? Bem, provavelmente é um capricorniano. Não confia nem na própria sombra. Ele carrega consigo a fama de não ter coração, pois não sabe lidar com suas próprias emoções e sentimentos, muito menos com os dos outros. Talvez Capricórnio devesse procurar um manual de instruções para lidar com o lado humano da vida.

Os decanatos de Capricórnio e os três tipos de nativo

PRIMEIRO DECANATO
22/12 até 31/12

O capricorniano responsável

Influenciado por Saturno (Capricórnio), costuma ser racional, obstinado e resiliente. É sempre muito responsável e se mostra digno de confiança. Aparenta estar sempre de mau humor, e tudo seu é muito monótono. Prefere relacionamentos sérios e não tem paciência para joguinhos de sedução. Odeia imaturidade. Adora trabalhar, faz hora extra sem nenhum estresse e bajula seus chefes. Seus maiores desafios são expressar seus sentimentos e controlar suas desconfianças e inseguranças.

SEGUNDO DECANATO
01/01 até 10/01

O capricorniano persistente

É influenciado por Vênus (Touro) e geralmente é gentil, vaidoso e obstinado. Tem uma ligação forte com o dinheiro e adora dormir. Apegado aos bens materiais, odeia que mexam nas suas coisas, sendo visto como uma pessoa chata. É racional, lento nas ações e preza muito a segurança. Conservador e de valores tradicionais, deseja casar e formar família. Sabe expressar o que sente, mas muitas vezes lhe falta coragem. É retraído e superobservador. O excesso de ciúme é o seu maior desafio.

CAPRICÓRNIO ♑

TERCEIRO DECANATO
11/01 até 20/01

O capricorniano maduro

Influenciado por Mercúrio (Virgem), costuma ser o mais observador, inteligente e objetivo do trio. Dedicado em tudo que faz, é super-racional, perfeccionista e apegado a detalhes. Costuma ser duro consigo mesmo e com os outros. Honesto e leal, no trabalho é o braço direito do chefe. Ele é sincero, mas tem dificuldade para expressar o que sente. Prefere evitar brigas, porque não gosta de confusão. Além disso, a timidez, a ansiedade e a insegurança são desafios constantes em sua vida.

Capricórnio no mapa astral

Sol em Capricórnio

O nativo desse signo é a eficiência em pessoa e desde muito cedo se mostra responsável. Tem um ar que transmite autoridade e confiança e tende a ser conservador e tradicional. Gosta de ser admirado e respeitado pelos outros. Muito tímido e reservado, não é de falar sobre seus sentimentos e se magoa com muita facilidade.

Na vida amorosa, costuma ter relacionamentos longos e deseja casar e ter filhos. É leal, mas desconfia de tudo e todos. Está sempre focado nos seus objetivos, vive de modo disciplinado e produtividade é o seu nome. Viciado em trabalhar e apaixonado por bens materiais, geralmente ocupa cargos de chefia e tem um espírito de liderança evidente.

Ascendente em Capricórnio

Comportamento

Inicialmente parece ser uma pessoa fria e de poucas palavras, aparentando ser mais velho do que realmente é e se mostrando maduro mesmo ainda muito jovem. Quem tem ascendente em Capricórnio costuma ter problemas com a autoestima. Muito tímido e reservado, costuma ser rígido consigo mesmo e tenta passar uma boa imagem.

É o mais responsável da sua família. Preocupado com o futuro, tem metas e objetivos bem estabelecidos e os pés firmes no chão. Não gosta de depender de ninguém, luta para conquistar seus sonhos com seus próprios meios, trabalha incansavelmente e é competente em tudo que faz.

Aparência física

Aparenta ser mais velho do que é, tem um jeitão sério e não sorri muito. Sua cabeça é pequena e a testa é grande, os olhos são pequenos, o nariz é comprido e pontudo, os lábios são finos e o queixo, pequeno. Costuma ter a estatura mediana, embora alguns sejam bem altos. A estrutura óssea é proeminente e os membros alongados. O pescoço tende a ser longo e fino. Com andar discreto e feições bem definidas, seu olhar é desconfiado, pois está sempre avaliando tudo ao seu redor.

Lua em Capricórnio

Super-racional ao lidar com suas emoções, expressa seus sentimentos por meio de ações, mesmo que possa parecer frio e distante. Age com cautela para evitar erros e encara tudo com seriedade, sem muito espaço para brincadeiras.

Quem tem a Lua em Capricórnio procura a felicidade dentro de si mesmo, no entanto pode sentir insegurança e tende a ser reservado em relação à sua vida pessoal. Despreza o excesso de intimidade e busca estabilidade financeira, se tornando por isso um viciado em trabalho. Assumir responsabilidades é importante para ele, mas é comum que em alguns momentos se mostre resistente a lidar com mudanças.

Mercúrio em Capricórnio

É altamente metódico, pessimista e pragmático. Costuma pensar antes de falar, prefere seguir rotinas e não é dado a brincadeiras. Além disso, é um aprendiz rápido e incrivelmente realista, indo direto ao ponto, sem rodeios.

Normalmente defende seu ponto de vista até o fim e tem um autocontrole digno de admiração, mesmo quando se trata de seus sentimentos. A natureza criteriosa e analítica o faz tomar decisões com cuidado, evitando agir impulsivamente. No entanto, ao longo da vida, pode acabar se tornando chato na visão de alguns.

Vênus em Capricórnio

Não é de fantasiar romances e não gosta de correr riscos, por isso age sempre de modo racional. Discreto em tudo, costuma reprimir seus sentimentos e leva bastante tempo para confiar em alguém; é uma batalha conquistar seu coração.

Costuma ter atração por pessoas mais experientes e deseja viver um relacionamento saudável e duradouro, já que encara o amor como algo sério. Dentro da relação, coloca a lealdade em primeiro lugar e oferece ao parceiro apoio e segurança.

Marte em Capricórnio

A eficiência em forma de gente. Esse nativo consegue tomar decisões rápidas e cumpre tudo o que promete, não veio para este mundo a passeio. Sabe manter o autocontrole e tem grande capacidade de resiliência. Aparenta ser frio e muitas vezes age de modo egoísta.

Quem tem marte em Capricórnio sempre planeja suas ações, e isso inclui a hora H. Essa pessoa costuma sempre idealizar o que vai rolar na cama, pois preza a qualidade do sexo e funciona como um fogão a lenha: vai esquentando aos poucos. Quando já tem intimidade com o par, se transforma, se mostrando sensual e cheio de fogo.

Júpiter em Capricórnio

É conhecido por colocar suas responsabilidades acima de tudo e por não brincar em serviço. Não é à toa que alcança o sucesso por meio do trabalho, afinal é difícil encontrar alguém tão focado e determinado. Não espere muita flexibilidade dessa figura, pois ele é reservado e não está disposto a mudar de ideia.

Suas opiniões são as mais tradicionais possíveis, como se tivesse nascido em outra época. Com alma de velho, gosta de resolver tudo de maneira prática, sem subterfúgios. Sua capacidade de se concentrar impressiona; nada o distrai quando ele decide ter foco.

Saturno em Capricórnio

Resolve tudo de forma prática. Com perseverança e disciplina, se dedica a servir e ajudar o próximo. A ambição é a bússola que direciona suas metas e seus desejos. Porém, tem a cabeça dura e é muito teimoso. Além disso, é pé no chão ao extremo, quase pessimista. A severidade e um certo ar de arrogância podem assustar, mas em compensação ele dá conta de todas as responsabilidades que assume. Se você precisa de alguém para colocar ordem no caos, ele vai resolver, mesmo que seja do jeito dele.

Urano em Capricórnio

Com sua habilidade nata para a liderança, sabe comandar como ninguém. Além disso, sua capacidade de organizar a vida é impressionante. Tudo está sempre no lugar certo, nos horários certos. Só cuidado para não confundir sua postura séria e ponderada com um espírito ranzinza. Por trás dessa circunspecção toda existe um senso de humor sagaz, pronto para soltar uma piada quando menos se espera.

Netuno em Capricórnio

Prepare-se para conhecer alguém que se apega a tudo. É capaz de transformar um pedaço de papel em tesouro e economizar até o último centavo sem descansar. Seu espírito mesquinho é lendário, rivalizando com o Tio Patinhas. Essa pessoa não é só econômica; ela é a personificação do controle financeiro.

Plutão em Capricórnio

Quem nasceu com Plutão em Capricórnio sabe como segurar o poder com mãos firmes, com uma ambição desmedida por status e liderança. Essa pessoa está sempre subindo degraus em busca de reconhecimento. O poder, a ambição e o controle financeiro caminham lado a lado, formando um trio que não deixa ninguém passar em branco.

Lilith em Capricórnio

É comum demonstrar frieza e pessimismo, o que pode levar a conflitos e até mesmo ao fim dos relacionamentos. Sua exigência e tendência crítica também podem gerar problemas nas interações sociais. Apesar disso, Lilith em Capricórnio desperta ao mesmo tempo admiração e antipatia, o que pode ser um desafio para a construção de relações harmoniosas.

Nos assuntos amorosos, esses indivíduos se preocupam muito com o parceiro, pois têm receio de não serem suficientemente atraentes. Enfrentam dificuldades para equilibrar sua vida pessoal com as demandas do relacionamento, o que pode gerar conflitos entre suas ambições pessoais e a vida afetiva.

Quíron em Capricórnio

Esse posicionamento revela um desafio que envolve concentração e perseverança na busca pelos objetivos de vida. A jornada pode ser dura, exigindo resiliência para superar os obstáculos que surgirem no caminho. Reconhecer e celebrar cada conquista, por menor que seja, é essencial para manter a motivação em alta.

CAPRICÓRNIO ♑   299

Para materializar os desejos mais profundos, é fundamental agir com determinação, jamais desistindo diante das dificuldades. O processo pode ser desafiador, mas, ao enfrentar essas provações, é possível alcançar um crescimento pessoal significativo.

Descendente em Capricórnio

Quem tem esse posicionamento valoriza a responsabilidade, o sacrifício e o desejo de controlar. Geralmente é uma pessoa com a qual é difícil conviver, mas não deixa de ser alguém interessante. Essa indivíduo é atraído por pessoas maduras, responsáveis e seguras, pois busca estabilidade e segurança nos relacionamentos. É preciso encontrar um equilíbrio entre sua tendência ao controle e a necessidade de liberdade e espaço do parceiro para que a relação seja harmoniosa.

Meio do céu em Capricórnio

As pessoas com essa posição são conhecidas pela responsabilidade e pelo foco no planejamento, buscando a tão sonhada estabilidade. Construir um patrimônio é parte essencial de sua busca por realização pessoal. Porém, é preciso ter cautela para não exercer um controle excessivo sobre os outros, já que essa atitude pode afastar as pessoas ao redor. Para manter relacionamentos saudáveis, é necessário dominar o desejo de comandar tudo ao seu redor.

Fundo do céu em Capricórnio

Esse indivíduo busca estabilidade e segurança na vida. Quando está em casa, se mostra sério e reservado, características possivelmente influenciadas por pais que valorizam o trabalho e a dedicação.

Geralmente tem necessidade de estar no controle de sua vida e das situações ao redor. Essa busca por controle pode ser uma maneira de se sentir mais seguro e confiante diante dos desafios que a vida apresenta.

Capricórnio gosta de	Capricórnio não gosta de
Dinheiro	Atrasos
Pôr do sol	Imaturidade
Antiguidades	Ser criticado
Beijos suaves	Malandragem
Ficar sozinho	Fingir simpatia

300 CAPRICÓRNIO ♑

Sonecas sem hora pra acabar
Morder os lábios
Objetos de valor
Planejar o futuro
Elogios verdadeiros
Resolver problemas
Estabilidade financeira
História (com H maiúsculo)
Relacionamentos sólidos
Pedras preciosas e joias
Reconhecimento profissional
Levar a sério suas responsabilidades
Aproveitar o domingo para descansar
Comida simples e gostosa
Ler rótulos de alimentos e bulas de remédios

Piadas sem graça
Falta de dinheiro
Dramas pessoais
Conversas forçadas
Ficar desempregado
Depender de alguém
Lugares tumultuados
Excesso de intimidade
Desculpas esfarrapadas
Falta de reconhecimento
Falar de suas inseguranças
Expressar seus sentimentos
Dar satisfação de suas escolhas
Gente que se faz de coitada
Produtos caros e de baixa qualidade

A mãe de Capricórnio

É uma verdadeira super-heroína. Ela é totalmente dedicada ao bem-estar e ao sucesso da família e não mede esforços para garantir que tudo esteja no devido lugar. Se tem uma característica que define essa mãe, é sua dedicação ao trabalho. Ela está sempre buscando formas de garantir o melhor para seus filhos, mesmo que isso signifique se esforçar mais e mais.

A mãe capricorniana gosta de impor limites e regras em casa. A disciplina é um pilar fundamental para ela, que acredita que isso ajudará a moldar seus filhos para o futuro. Essa mãe é prática em todos os aspectos da vida, sabe exatamente como lidar com as situações do dia a dia e sempre encontra soluções eficientes para os problemas que surgem. Ela não foge das dificuldades e está sempre pronta para colocar a mão na massa e superar qualquer obstáculo que apareça.

Com um toque de controle, gosta de saber o que está acontecendo e ter tudo sob seu olhar atento. Esse é um jeito de garantir que tudo está correndo como deveria. Essa mãe participa da vida escolar dos filhos, acompanhando de perto seu desenvolvimento educacional. Ela sabe que a base para um futuro bem-sucedido começa com uma boa educação.

Seu ensinamento principal é a responsabilidade. Ela quer que os filhos aprendam desde cedo a ser responsáveis por suas ações e seus compromissos, além de valorizar a consciência financeira, transmitindo-lhes essa lição, pois deseja muito sucesso e prosperidade para eles. A capricorniana trabalha arduamente para garantir que suas crias tenham todas as oportunidades para alcançar seus objetivos. Expressões como "Na sua idade eu já trabalhava" e "Na volta a gente compra" mostram seu jeito prático e econômico de lidar com as situações cotidianas.

O pai de Capricórnio

Supertradicional, o pai de Capricórnio acredita em valores sólidos, criando uma base concreta para os filhos. Ele é o tipo de pai que gosta de seguir regras e impor limites para garantir que as crianças cresçam de maneira disciplinada.

Muito prático na maneira de agir e pensar, ele toma decisões com base na lógica e sem rodeios. Sua abordagem é direta e eficiente, e ele espera que os filhos também adotem essa mentalidade prática.

Todo certinho, ele gosta de manter as coisas em ordem e sob controle. Ele se esforça para criar uma atmosfera organizada e estável em casa, o que pode incluir horários bem definidos e responsabilidades claras para cada membro da família.

Trabalhar para dar uma boa vida ao filho é uma prioridade para o pai de Capricórnio. Ele é empenhado e dedicado ao seu lado profissional, pois entende que isso é essencial para proporcionar um futuro próspero para suas crias. Ele se esforça para construir uma boa base financeira que garanta o conforto e as oportunidades para a família.

A paternidade é levada a sério por esse pai, que defende os filhos com unhas e dentes. Quando se trata do bem-estar dos pequenos, não mede esforços para garantir que eles estejam protegidos e amparados.

Ele não é muito expressivo em relação a carinho e afeto, mas isso não significa que não se importe. O capricorniano o tipo de pai que acredita que suas ações falam mais alto que as palavras, então demonstra seu amor através do comprometimento e cuidado constantes.

Uma de suas principais missões é ensinar o filho a ser responsável e comprometido. Ele valoriza a ética de trabalho e a perseverança, transmitindo desde cedo esses valores para sua prole. Ele acredita que a responsabilidade é fundamental para um futuro bem-sucedido e ensina seus filhos sobre o valor do mérito próprio e do trabalho.

Capricórnio no amor

Se existe um signo que leva o amor a sério, é Capricórnio. Ele é conhecido pela determinação e paciência, características que se refletem em seus relacionamentos amorosos. Quando se trata de encontrar o par perfeito, os capricornianos podem parecer um pouco tímidos a princípio, mas não se engane: é que no início eles ficam só observando o cenário romântico.

O capricorniano valoriza a estabilidade e a segurança, portanto procura parceiros comprometidos e leais. Ele não é do tipo que se joga de cabeça sem saber onde vai aterrissar; prefere construir uma base sólida antes de estabelecer o vínculo, para que ambos os parceiros possam se apoiar mutuamente nos altos e baixos da vida.

O senso de humor de Capricórnio é seco como o deserto, mas isso não significa que ele não goste de rir. Essa pessoa pode até mesmo usar o sarcasmo como escudo para proteger seu coração vulnerável. Afinal, se você não pode rir das desventuras do amor, o que mais resta, certo?

Quando Capricórnio encontra alguém que conquista seu coração cauteloso, revela sua natureza carinhosa e amorosa. Mesmo que não seja o mais expressivo em demonstrar afeto, sua dedicação fala mais alto do que mil palavras. Ele prefere mostrar seu amor por meio de ações em vez de usar palavras vazias.

As combinações de Capricórnio no amor

Vamos entender como os capricornianos se conectam com outros signos. Mas, olha, para uma análise mais detalhada, o ideal é observar o mapa astral completo de cada um. Cada um tem o seu, e isso é fundamental para saber se a união será harmoniosa.

Capricórnio ♡ Áries

Esse é um relacionamento bastante complicado. Os dois têm que estar dispostos a fazer dar certo, pois a vida em comum pode ser um pouco difícil. É preciso ceder para viver em equilíbrio e a relação progredir, mas é importante saber que o vínculo só ficará sólido com a maturidade, e depois disso pode durar muito tempo.

Áries e Capricórnio juntos obtêm sucesso nas decisões de trabalho, pois Capricórnio sabe gerenciar seus negócios e Áries é criativo, repleto de ideias inovadoras.

CAPRICÓRNIO ♑ 303

Quando o romance acontece, é uma montanha-russa! Às vezes o casal está em harmonia, cheio de paixão, outras parece que uma tempestade de neve congelou tudo. É um casal mais incerto que previsão do tempo no Brasil! Se ambos toparem ceder, pode ser que encontrem um equilíbrio divertido e duradouro.

Dizem que os opostos se atraem, né? Só não esqueça que "água mole em pedra dura tanto bate até que fura". É melhor aprenderem a se adaptar um ao outro antes que a coisa vire uma novela mexicana com muito drama.

Capricórnio ♡ Touro

Uma das melhores combinações astrológicas. É uma relação que pode dar certo e ser sucesso. Esses dois se atraem por serem signos de terra. A união tende a ser bem tradicional e conservadora, já que os dois costumam ser reservados com tudo, discretos e nada extrovertidos; mas eles se entendem com facilidade.

Capricórnio e Touro amam programas mais caseiros e fogem de ambientes agitados. Para fazer as coisas acontecerem é preciso respeito mútuo, então ambos pensam em casar e ter filhos e desejam ter uma família segura.

Um assunto que une esses dois é o dinheiro. Touro e Capricórnio adoram juntar uma grana e fazer o cofrinho engordar. Eles são capazes de acumular bens materiais e construir um verdadeiro império nos negócios. Seus objetivos de vida são parecidos e por isso mantêm boa convivência apesar das diferenças.

Touro consegue ser leve e até mesmo divertido, algo que é difícil encontrar em Capricórnio. Capricórnio, por sua vez, tenta ditar as regras para o taurino, como se fosse o chefe da coisa toda.

Capricórnio ♡ Gêmeos

É uma combinação pouco provável, distante de estereótipos românticos, mas há uma questão surpreendente que os une: a busca por bens materiais. Mas não pense que tudo são flores (ou notas de dinheiro) nessa história. Gêmeos e Capricórnio têm uma pequena lista de desafios a enfrentar.

Ambos têm uma habilidade inata para serem sarcásticos e frios. Afinal, o que é um relacionamento sem uma pitada de deboche, não é mesmo? Trocam farpas como quem troca figurinhas. Mas Gêmeos aprende com Capricórnio a ser mais reflexivo e direto, enquanto Capricórnio aprende com Gêmeos a ser mais ágil e ávido por novidades.

E assim, entre alfinetadas e planilhas de investimentos, o geminiano e o capricorniano seguem em busca de sucesso e estabilidade financeira. Talvez

CAPRICÓRNIO ♑

não sejam o casal mais romântico do zodíaco, mas certamente são os mestres da acumulação de riquezas e da troca de piadas ácidas. Quem precisa de um buquê de rosas quando pode ter um cartão de crédito ilimitado, não é mesmo?

Capricórnio ♡ Câncer

São opostos que se atraem e dão certo. Eles se complementam de maneira estranha e maravilhosa. Ambos valorizam a estabilidade e a segurança emocional, o que contribui para a formação de uma base sólida no relacionamento. Um dos aspectos mais legais dessa combinação é a capacidade dos dois signos de apoiar e encorajar um ao outro.

Câncer, conhecido pela sensibilidade e empatia, lida com as fragilidades de Capricórnio de maneira compreensiva. Por sua vez, Capricórnio oferece segurança e estabilidade, o que permite que Câncer se sinta protegido e amado. Essa dinâmica de apoio mútuo é fundamental para a solidez do relacionamento. O mais importante nessa relação é a gratidão que ambos sentem por terem um ao outro.

Claro, às vezes eles se estranham um pouco, afinal é como misturar água com óleo. Mas esse casal é a prova de que, mesmo sendo tão diferentes, é possível encontrar o equilíbrio e construir algo duradouro e especial.

Capricórnio ♡ Leão

A combinação entre eles pode gerar uma atração inicial intensa, mas esses dois signos costumam enfrentar desafios. Com características opostas, eles muitas vezes enfrentam dificuldades para conciliar suas diferenças. Capricórnio é reservado e ama a rotina e a estabilidade, planejando suas ações para alcançar seus objetivos.

Já o leonino é extrovertido, efusivo e adora a atenção. A rotina não o agrada, pois tem preferência por um estilo de vida cheio de emoção e variedade. Além disso, ele tende a ter aversão à frieza e à rigidez do capricorniano.

Essas diferenças fundamentais podem gerar conflitos constantes entre esse casal. Enquanto Leão busca destaque, Capricórnio prefere se manter discreto e focado em suas metas. Apesar dessas dificuldades, é possível que Capricórnio e Leão encontrem um ponto de equilíbrio e aprendam a valorizar um ao outro.

Capricórnio pode oferecer estabilidade a Leão, enquanto esse pode trazer alegria e entusiasmo ao parceiro capricorniano. No entanto, será necessário muito diálogo, compreensão e comprometimento recíproco para superar as diferenças e construir uma base sólida.

Capricórnio ♡ Virgem

Eles foram feitos um para o outro. Esses dois signos gostam de coisas concretas e práticas, nada de romantismo piegas ou suspiros apaixonados. São realistas e orientados para a ação, mais propensos a tomar decisões de acordo com a razão. Essa abordagem da vida, sendo compartilhada, pode proporcionar estabilidade e segurança mútuas, já que ambos buscam esses elementos para seu futuro.

Disciplina e organização são as palavras de ordem para esse casal, e o trabalho é o ponto forte do relacionamento. Eles são muito focados mesmo, então não se admire se encontrar virginianos e capricornianos acumulando horas extras nos seus empregos. Ambos são perfeccionistas, mas a busca incessante por exatidão e sucesso também pode levar a uma pressão excessiva e a altos níveis de autocrítica.

Se forem capazes de soltar um pouco as rédeas da exacerbada mania de perfeição e abraçar a espontaneidade, expressando suas vontades, pode ser que a relação funcione. No fim das contas, o que importa é que eles se entendam e sejam felizes.

Capricórnio ♡ Libra

São dois signos que, apesar das diferenças, sentem uma atração intensa um pelo outro. Ambos compartilham de uma mentalidade lógica e de uma grande capacidade intelectual.

Capricórnio é conhecido por ser reservado e tende a buscar momentos de solidão. Ele valoriza seu tempo sozinho e geralmente não é tão aberto para o convívio social quanto Libra. Já Libra gosta de estar rodeado de amigos.

O libriano muitas vezes se sente aprisionado na relação, pois Capricórnio não compartilha do mesmo entusiasmo por saídas constantes. Essa diferença pode gerar conflitos e requer conformidade de ambas as partes.

Apesar das diferenças, Capricórnio e Libra encontram segurança um no outro. Capricórnio se torna o porto seguro de Libra, oferecendo estabilidade e solidez emocional. Libra, por sua vez, traz harmonia e equilíbrio ao relacionamento, se esforçando para criar um lar familiar acolhedor. Juntos eles são capazes de consolidar uma boa base para sua vida em comum.

Capricórnio ♡ Escorpião

Esse relacionamento é caracterizado por uma harmonia singular. Pode-se dizer que os dois signos são feitos um para o outro, pois têm uma afinidade que contribui para a felicidade do casal.

Uma das principais características dessa união é a capacidade de se divertirem juntos, mesmo sendo ambos nativos de signos reservados. Eles encontram maneiras de criar momentos leves para manter a chama da relação acesa. Além disso, ambos são ambiciosos e trabalham com afinco para alcançar o sucesso. Eles admiram e apoiam um ao outro em suas conquistas.

No entanto, é importante ressaltar que o fato de os dois serem reservados demais pode levar a alguns impasses na comunicação. Escorpião pode encontrar dificuldades para expressar seus sentimentos de maneira clara e direta para Capricórnio, que, por sua vez, pode parecer distante e frio. Essas diferenças podem causar desentendimentos, mas com paciência e compreensão mútua esses obstáculos podem ser superados.

Capricórnio ♡ Sagitário

As diferenças de personalidade e visão de mundo podem tornar a relação entre eles desafiadora e repleta de obstáculos. É um encontro entre o dever e a diversão, entre o pessimismo e o otimismo. Um ponto positivo é o fato de ambos compartilharem o gosto por coisas práticas e terem uma abordagem racional da vida.

Capricórnio deve aprender a sair da sua zona de conforto e abraçar a empolgação que Sagitário traz para a mesa. Afinal, as aventuras de Sagitário podem mostrar uma nova perspectiva para a vida de Capricórnio. Além disso, o capricorniano é conhecido pela seriedade, e Sagitário, bem... não é. Capricórnio quer subjugar Sagitário e fazê-lo se tornar um adulto maduro e responsável.

E assim começa uma batalha épica de ironia e sarcasmo. Capricórnio e Sagitário competem para ver quem consegue lançar a piada mais venenosa ou o comentário mais ácido. Se conseguirem deixar de lado suas diferenças e amadurecer juntos, eles podem encontrar um equilíbrio surpreendente.

Capricórnio ♡ Capricórnio

Quando eles se unem em uma relação amorosa, a busca por uma conexão sólida e duradoura é o objetivo principal. Ambos têm uma mentalidade prática e organizada na vida, e as carreiras e metas pessoais são colocadas em primeiro lugar. Eles se dedicam intensamente ao seu crescimento profissional e estão sempre em busca de conquistar bens materiais e intelectuais.

A dificuldade em expressar os sentimentos tende a criar um ambiente emocionalmente distante, o que pode levar a desentendimentos e insatisfação de ambos os lados. A dinâmica dessa relação é geralmente tranquila: os dois

CAPRICÓRNIO ♑ 307

compartilham a mesma mentalidade, afinal. No entanto, é essencial que aprendam a dar espaço para a diversão e a descontração em seu relacionamento.

A constante busca por metas e realizações pode deixá-los sobrecarregados e estressados, o que é capaz de afetar a relação. Então, para que essa união floresça, é necessário que aprendam a equilibrar o trabalho e o relacionamento, se abram para a expressão emocional e reservem tempo para o casal.

Capricórnio ♡ Aquário
O lado gelado desses dois sempre fala mais alto. Capricórnio é todo certinho, organizado e cheio de regras. É o tipo de pessoa que planeja a semana inteira, com tudo cronometrado. Já Aquário é mais solto, imprevisível e completamente avesso a críticas ou cobranças.

Capricórnio quer controlar tudo, tem sempre um plano na manga e não aceita que nada saia dos trilhos. Aquário é do tipo que inventa um jeito novo de fazer as coisas. Os dois vivem uma constante disputa para ver quem manda na relação. Os conflitos entre eles são inevitáveis, pois são mestres em transformar uma simples discussão em uma guerra.

Quando conseguem se entender, esses dois fazem grandes coisas juntos. Se forem maduros o suficiente para ceder em alguns pontos e apostar na compreensão bilateral, podem até realizar projetos incríveis. Aprender a equilibrar as diferenças e a respeitar o espaço um do outro é o que eles precisam para lucrar nessa parceria.

Capricórnio ♡ Peixes
Uma dupla improvável, o encontro entre a ordem e o caos, o frio e o calor, Capricórnio e Peixes. Imagine uma pessoa superorganizada convivendo com alguém que perde a carteira toda semana. Além disso, enquanto Capricórnio tende a ser frio e reservado quando se trata de expressar emoções, Peixes é um ser romântico por excelência.

Isso pode ser um desafio para Peixes, que pode ter dificuldade em enxergar e compreender os sentimentos mais profundos de Capricórnio. Na tentativa de tornar a vida de Capricórnio mais leve, Peixes pode propor pequenas viagens e aventuras juntos, mas é importante ressaltar que, em geral, é o capricorniano quem toma as decisões finais.

Essa dinâmica pode ser um ponto de equilíbrio entre a seriedade de Capricórnio e a sensibilidade de Peixes. As diferenças entre os dois podem criar atritos e exigir uma dose extra de paciência. Apesar dos desafios, esse relacionamento pode ser bem vivido. Ambos compartilham o desejo de construir um lar e uma família, o que serve como um objetivo comum.

Como conquistar o coração de um capricorniano?

Essa é uma tarefa que exige uma abordagem cautelosa e estratégica, afinal estamos lidando com um signo que preza pela responsabilidade, a estabilidade e o sucesso. Para conquistar esse nativo, é necessário agir com sabedoria e paciência, mantendo o equilíbrio entre mostrar interesse e deixar a curiosidade no ar.

O primeiro passo é ter clareza sobre suas intenções desde o início. O capricorniano detesta perder tempo, afinal tempo é dinheiro — e ele ama dinheiro. Seja direto e objetivo, mostre que valoriza o tempo dele e que está disposto a investir (falando em finanças) em algo sério.

Além disso, é essencial transmitir segurança e honestidade em suas atitudes. Os capricornianos são pessoas responsáveis e maduras, e esperam o mesmo de seus parceiros. Mostre que é confiável, que pode ser uma base sólida na vida dele.

Elogios são bem-vindos, mas cuidado com a bajulação exagerada. Capricórnio é um pouco tímido e desconfiado, então conquistar sua confiança é fundamental. Faça elogios sinceros, demonstrando que estima suas qualidades sem falsidade.

Falar sobre seus planos para o futuro é uma excelente forma de se aproximar de um capricorniano. Deixe claro que também tem desejos, sonhos e objetivos. Demonstre sua determinação em alcançar o que almeja, assim como ele faz. Isso fortalecerá o vínculo entre vocês.

Seja uma pessoa emocionalmente estável. Eles apreciam parceiros que não se deixam abalar facilmente pelos problemas da vida. Mostre que sabe lidar com seus sentimentos e que pode ser um porto seguro nos momentos de dificuldade.

Lembre que o capricorniano é tradicional, então evite propor algo inusitado ou uma aventura louca. Convide-o para ambientes calmos, como um cinema ou um barzinho com voz e violão. Assim ele ficará sabendo que você curte momentos tranquilos e de qualidade para poder desfrutar de uma conversa agradável.

Não subestime a importância da aparência. Estar bem-vestido, cheiroso e elegante é essencial para conquistar o capricorniano. Ele é observador e valoriza a apresentação pessoal. Então, capriche no visual; ele certamente vai analisar cada detalhe.

Por fim, não desista facilmente. Conquistar a confiança de um capricorniano pode exigir tempo e dedicação, mas o esforço vale a pena. Quando ele se

CAPRICÓRNIO ♑ 309

entrega a um relacionamento, é um parceiro leal e comprometido. Lembre-se de que a paciência é uma virtude nesse processo. Se você seguir essas dicas, estará no caminho certo para ganhar pontos com um nativo desse signo.

O relacionamento com Capricórnio

O lado bom

Ele tem os pés no chão. Esse signo costuma ser muito realista e objetivo, o que pode trazer estabilidade para a relação. Além disso, o capricorniano é responsável e sensato, sempre pensando nas consequências de suas ações. Outra qualidade que o capricorniano tem é a proteção e o cuidado com quem ama.

Capricórnio tem uma habilidade incrível para lidar com situações difíceis, mantendo a calma e encontrando soluções práticas. Isso pode ser um grande apoio nos momentos de turbulência, permitindo que o casal supere os desafios juntos.

Além disso, ele é extremamente leal e valoriza muito a pessoa amada. Desejando encontrar alguém com quem possa crescer e prosperar em todos os aspectos da vida, é um parceiro dedicado, disposto a construir uma relação sólida e duradoura. E não para por aí: Capricórnio tem uma inclinação natural para dividir uma vida financeira estável e tranquila com a pessoa amada. Ele valoriza a parceria e busca construir um futuro próspero juntos.

Os desafios

Ele tem dificuldade para expressar seus sentimentos, porque existe um medo enorme de se entregar ao amor e perder a razão. É tipo um bloqueio interno, um pavor de perder o controle e se machucar. Se você é do tipo que gosta de surpresas e declarações apaixonadas o tempo todo, pode acabar se decepcionando.

O capricorniano é altamente controlador, desconfiado e superinseguro. Por ser um signo de terra, costuma ser possessivo e pode surpreender o parceiro com seu ciúme. Sim, ele é ciumento e em alguns casos as crises são de causar medo, já que ele considera o parceiro sua posse e não está a fim de dividi-lo com ninguém.

Além disso, não é fácil aguentar suas crises de mau humor. O capricorniano é meio rabugento, sabe? Principalmente quando está sem dinheiro. O dinheiro, aliás, é uma prioridade na vida desse signo, por isso ele acaba sendo viciado em trabalhar. Não dispensa uma hora extra para ganhar uma grana a mais no fim do mês, mas às vezes isso acaba atrapalhando seu relacionamento.

O sexo com Capricórnio

Ele tem uma sexualidade latente e é superexigente, viu? Nada de aceitar qualquer coisinha, ele quer qualidade! Mas, antes de pular na cama, precisa rolar confiança. Não adianta chegar chegando, tem que conquistar primeiro.

O capricorniano gosta de dominar e ser dominado durante o sexo. É aquela pegada meio "você manda, eu mando também", sabe? Mas calma lá: no começo ele é mais cheio de pudor, até se sentir confiante para se soltar. Depois disso, é só alegria.

Não se esqueça das brincadeiras sexuais, pois ele adora apimentar as coisas. Vale uma venda nos olhos, algemas, plumas... Tudo para deixar o sexo mais divertido e excitante. E olha só, você vai se surpreender com o fôlego do capricorniano. Energia? Sim, e como! Ele demora para se cansar.

Só não vá chamar o capricorniano para encontros em lugares arriscados, tá? Ele não curte aventuras perigosas, prefere um ambiente seguro, confortável e discreto. Nada de loucuras; para o capricorniano, o importante é ter o controle da situação.

Só não espere que um capricorniano seja fã de sexo sem compromisso. Ele até topa, mas só quando já tem certa intimidade com a pessoa. Aí, sim, o sexo fica interessante! Claro, isso não quer dizer que não role uma escapadinha ocasional.

Quando o fogo entra em cena, meu amigo, ele mostra a que veio! E, depois que termina a transa casual, sempre vem a pergunta clássica: "Você trabalha onde?" E pronto, já deu a deixa para se despedir e cair fora. É o jeitinho capricorniano de manter uma distância saudável depois da brincadeira.

Ele é exigente, mas quando se solta é puro prazer! Lembre-se: conquiste a confiança dele, apimente as coisas, mas não espere loucuras arriscadas. E, é claro, divirta-se!

Quando Capricórnio leva um pé na bunda

Orgulhoso por natureza, o capricorniano não aceita fácil quando o romance não dá certo. E, claro, faz de tudo para disfarçar o sofrimento que o consome por dentro. Apesar de agir como se estivesse bem, o coração gelado feat. partido é um duro golpe para o capricorniano. Por fora ele se mostra frio e distante, mas lá no fundo as lágrimas se acumulam. Ele prefere esconder suas emoções embaixo de uma camada de indiferença.

No entanto, a culpa também é uma companheira. Capricórnio questiona se poderia ter feito algo diferente, se poderia ter se empenhado mais para a relação dar certo. Mesmo que seja injusto consigo mesmo, ele se culpa. Para ocupar a mente e evitar o sofrimento, o capricorniano mergulha de cabeça no trabalho e se dedica ainda mais às suas responsabilidades, afogando-se em tarefas e metas. Se o amor falhou, pelo menos o sucesso profissional vem.

Enquanto isso, Capricórnio se fecha em seu mundinho particular. O capricorniano cria uma redoma ao redor de si, mostrando-se impenetrável. Prefere não compartilhar suas dores com os outros e enfrenta a tempestade interna sozinho. A fachada de que está tudo bem é mantida, mesmo que por dentro ele esteja em pedaços. Resta torcer para que o tempo cure as feridas e que o capricorniano se permita amar novamente, sem medo de se machucar.

O ex de Capricórnio

Quando o relacionamento termina, ele geralmente não lida muito bem com a situação. Mesmo que por dentro esteja magoado, é raro que demonstre seus sentimentos abertamente. Ele prefere guardar suas emoções para si mesmo, o que pode dificultar a percepção do quanto está sofrendo.

Uma característica importante é que, uma vez que a confiança é quebrada, é difícil reconstruí-la. O capricorniano é cauteloso e protetor em relação ao seu coração, por isso, após o término, é provável que ele feche as portas para futuras tentativas de reconciliação. Ele pode tomar medidas drásticas, como bloquear e excluir o ex de suas redes sociais e contatos, como uma forma de se proteger e seguir em frente.

Por trás desse exterior aparentemente indiferente, o ex de Capricórnio pode estar sofrendo em silêncio. Por mais que a amargura e a tristeza sejam intensas, ele não costuma buscar apoio, preferindo enfrentar essa dor sem compartilhar com ninguém.

O corno de Capricórnio

O capricorniano é daquele tipo que pode demorar um pouquinho para sacar que levou chifre. Mesmo assim, tem uma força interior tão grande que, por mais que esteja se sentindo o último dos mortais por dentro, por fora não deixa essa dor transparecer. Mesmo que se sinta o culpado da história, não vai deixar que percebam sua tristeza. Ah, e pode ter certeza de que ele vai aproveitar a situação para te dar aquela lição de moral, pois não gosta de sair por baixo em nenhuma circunstância.

Quando o assunto é traição, esse signo não é muito de dar segunda chance. O capricorniano tem certa dificuldade em perdoar, e, quando se sente traído, a mágoa é tanta que ele prefere dar um fim à relação. Não pense que ele vai te perdoar fácil, não. Ele é do tipo que risca a pessoa da vida e parte pra outra.

E o que ele faz para superar esse baque? Se joga no trabalho! Capricórnio é mestre em pôr suas energias naquilo que sabe fazer de melhor: se dedicar ao seu lado profissional. E olha: se estiver em um casamento e chegar ao divórcio, pode apostar que ele vai lutar até o fim para que o ex saia dessa sem um tostão furado. Sim, ele pode ser vingativo.

O infiel de Capricórnio

O capricorniano infiel é aquele que, quando vê que a chama do relacionamento tá dando uma murchada, começa a lançar olhares curiosos por aí. Sabe como é, se o mozão não arranca mais suspiros, o capriroto acha que uma puladinha de cerca pode ser uma solução para o tédio. Afinal, pra ele, quando o barco começa a balançar, talvez seja hora de procurar um porto seguro — mesmo que temporário.

Agora, se você está achando que vai pegar Capricórnio com a mão na massa, pode ir tirando o cavalinho da chuva! Ele apronta nas sombras, tudo no maior sigilo, porque a última coisa que ele quer é manchar sua reputação. Mas, claro, a culpa tá sempre lá, martelando na cabeça. Por isso, não se assuste se ele aparecer do nada com presentes ou fazendo agrados, como se quisesse compensar alguma coisa.

O mais curioso desse signo é que, ao contrário de outros que se envolvem em romances rápidos e sem compromisso, o capricorniano tende a se embrenhar em relações paralelas mais longas. É como se buscasse estabilidade até mesmo fora da relação oficial. Um jeitinho todo especial de complicar as coisas, né?

Capricórnio no trabalho

Capricórnio é um caso à parte quando se trata de trabalho. Ele é *workaholic* raiz, alguém que ama trabalhar. Enquanto outros signos podem preferir um dia relaxante na praia, o capricorniano está lá no escritório, mergulhado em pilhas de documentos e planilhas.

Na empresa, ele é visto por todos como alguém sério, responsável e confiável. Sua reputação é impecável. Ele executa suas tarefas com dedicação e foco impressionantes, sempre se esforçando para dar o seu melhor. Com um espírito de liderança aflorado, não é incomum vê-lo ocupando um cargo de chefia.

O capricorniano é muito ambicioso e está sempre em busca de subir na hierarquia da empresa. Ele não tem medo de se candidatar a cargos mais altos, desde que acredite ter as competências necessárias para desempenhá-los. Mantém o rendimento lá em cima, pois prioriza seu próprio crescimento e é obstinado por bater suas metas e alcançar seus objetivos.

Por mais que seja esforçado no trabalho, porém, Capricórnio é um tanto individualista. Ele gosta de ter controle sobre suas tarefas e não curte depender dos outros. No entanto, se sente mais motivado quando está inserido em um grupo ou ambiente formado por pessoas igualmente empenhadas e competentes. Infelizmente, esse indivíduo pode ser incisivo demais ao defender seus pontos de vista, o que dificulta a cooperação com sua equipe em momentos de embate.

Apesar de toda a seriedade e competência, o capricorniano também tem suas fraquezas. Ele é extremamente exigente consigo mesmo e cobra resultados excepcionais. Quando criticado diretamente, pode se sentir confrontado e sua reação pode ser descontrolada. É importante adotar uma abordagem mais suave e persuasiva ao dar feedback ou fazer observações para um funcionário capricorniano.

Em resumo, o capricorniano é um trabalhador incansável e dedicado, sempre em busca de aprimoração e sucesso. Sua determinação e competência são admiráveis, mas ele precisa aprender a lidar melhor com críticas — e notícias ruins de um modo geral. Com o apoio adequado, ele será um profissional nota dez para qualquer empresa.

Profissões para Capricórnio

Entre as profissões indicadas, podemos destacar aquelas ligadas a administração, ciências contábeis, imóveis, economia, agronomia e política. O capricorniano pode ser administrador, arquiteto, CEO, dentista, diplomata, empreendedor, engenheiro, gerente de banco, funcionário público, juiz e professor.

Profissões dos sonhos para Capricórnio

Herdeiro, político, alpinista social, consultor financeiro, detetive particular, hacker, coach financeiro e presidente do Banco Central.

O currículo de Capricórnio

Caprinael Real Dollar da Silva
Data de nascimento: 02/01/1968
Avenida Coração Gelado, nº 10,
Bairro do Mandão, Bem-Bom-BA
E-mail: workbitch@astroloucamente.com
Telefone: (74) 99999-99999

Qualificações:

- educação, bom gosto e elegância;
- foco, resiliência e determinação de sobra;
- excelente para quem precisa de dedicação e lealdade;
- facilidade em oferecer estabilidade e segurança.

Formação acadêmica:

- graduação em Maturidade e Responsabilidade;
- especialização em Stalkear e Desvendar Mentiras;
- mestrado em Desconfiança e Preocupação;
- doutorado em Não Deixar Transparecer Suas Fraquezas.

Experiência profissional em:

- pode deixar que eu dou conta do recado;
- ficar irritado com pessoas mal-informadas;
- sobreviver e lucrar com a crise financeira;
- se destacar profissionalmente e causar inveja por onde passa.

Top 5 moods de Capricórnio

1 Mood Wandinha

Capricórnio não nasceu com o sorriso no rosto, parece que vive chupando limão. Detesta qualquer tipo de contato físico, então é melhor manter distância dele. Socializar? Só se for na hora do trabalho e olhe lá! É a favor do isolamento voluntário, só para não ter que lidar com as pessoas.

2 Mood Charmander

Capricórnio pode parecer calmo, mas tem fogo no rabo quando se trata de intimidade. Ele se garante entre quatro paredes e surpreende pelo fôlego. É, não vai pensando que esse signo é só seriedade... O capricorniano sabe muito bem como se divertir na cama. Quando se trata de prazer, esse signo é um Pokémon em chamas.

3 Mood Tio Patinhas

Capricórnio é o signo da economia, sempre guardando cada centavo como se fosse o fim do mundo. Valoriza os bens materiais e costuma ter uma poupança secreta debaixo do colchão. Seu lema é "melhor prevenir do que remediar". Ele acha que dinheiro não é tudo mas é cem por cento.

4 Mood chefe

Capricórnio é aquela pessoa que nunca para, viciada em trabalhar. É o funcionário do mês, e precisa manter a produtividade em alta. Para o nativo desse signo, se pagarem bem, faz hora extra sorrindo! Ele valoriza a carreira e pensa muito em grana. Dinheiro não traz felicidade, mas ajuda a comprar coisas que trazem felicidade. O capricorniano vai investir tudo que ganha para garantir o futuro e virar chefe!

5 Mood solteirão

Capricórnio pensa assim: "Antes só do que mal acompanhado." É por isso que ele prefere conviver com animais e plantas a ter a companhia de pessoas. É que para ele é mais fácil lidar com seres que não falam (risos!). Agora falando sério: o capricorniano tem uma baita preguiça de socializar e conhecer gente nova. Se ele quiser conversar com você, já guarda uma piada engraçada pra quebrar o gelo, ok?

Top 5 animais que poderiam ser de Capricórnio

❶ Formiga

Esses insetos são incansáveis quando se trata de buscar comida e construir suas colônias. Elas marcham em fila, como se fossem soldados, determinadas a alcançar seus objetivos. Da mesma forma, os capricornianos são persistentes em seu trabalho. Eles nunca desistem até atingirem seus objetivos profissionais.

Preguiça? Nunca nem viram. Além disso, os capricornianos valorizam a organização. São meticulosos, fazem planejamentos detalhados e adoram estabelecer metas para si mesmos.

❷ Urso-polar

Esses dois têm mais em comum do que imaginamos. Não estou falando sobre o coração gelado dos capricornianos, mas da habilidade deles de viver bem sozinhos. Os capricornianos são reconhecidamente independentes e reservados, assim como os ursos-polares. Estes últimos são mestres da solidão; preferem ter seu próprio espaço e não são muito fãs de multidões.

Os capricornianos são assim também. Eles sabem aproveitar a própria companhia e não têm medo de ficar sozinhos.

❸ Guepardo

Assim como o guepardo sabe a hora certa de atacar, os capricornianos sabem o momento ideal de agir. Eles não são impulsivos e não se jogam de cabeça em situações sem antes analisar cuidadosamente as possibilidades. São mestres do planejamento e da estratégia, sabem esperar com paciência o momento certo.

Ambos são persistentes e não desistem facilmente. Os capricornianos são conhecidos pela capacidade de superar obstáculos. Eles são como o guepardo, que continua correndo mesmo quando parece que não há mais fôlego. Não importa quão difícil seja o desafio, os dois vão perseverar até alcançar o que desejam.

❹ Urubu

Os capricornianos, assim como os urubus, não desperdiçam nada. Os urubus são famosos por serem excelentes "limpadores" do reino animal, consumindo qualquer coisa que lhes pareça comestível.

E os capricornianos? Bem, eles são econômicos até debaixo d'água. Nada de desperdiçar recursos. Por isso, eles muito sabem como aproveitar ao máximo cada oportunidade que surge em seu caminho.

CAPRICÓRNIO ♑ 317

⑤ Toupeira

Sabe aquele bichinho que vive na sua toca, cavando seu buraco no solo? Pois é, a toupeira é assim mesmo, caseira, não gosta muito de se aventurar por aí. E não é que Capricórnio também é assim? Seu lema é "lar, doce lar". Nada como estar no conforto de casa, aproveitando sua paz e tranquilidade.

Enquanto os outros signos correm de um lado para o outro, Capricórnio está lá, firmemente estabelecido em seu território, como uma toupeira orgulhosa de sua toca. Nenhum dos dois precisa de grandes emoções ou de adrenalina para se sentir feliz.

Top 5 personagens que poderiam ser de Capricórnio

① Tiana (*A princesa e o sapo*)

Tiana é uma princesa da Disney que tem uma personalidade forte, decidida e focada em seus objetivos. Ela não deixa que nada nem ninguém a impeça de conquistar seus sonhos, e trabalha com determinação para isso. Assim como os capricornianos, Tiana sabe aonde quer chegar e se concentra em transpor cada obstáculo para atingir o topo.

Os capricornianos tendem a ser responsáveis e comprometidos, e Tiana demonstra essa qualidade quando assume o encargo de cumprir a promessa que fez ao pai. Ela não depende de ninguém e vai à luta. Os nativos de Capricórnio também têm um acentuado senso de dever e responsabilidade para com sua família e carreira

② Julius (*Todo mundo odeia o Chris*)

O pai do Chris é conhecido por ser um homem trabalhador. Como diz Rochelle, "Meu marido tem dois empregos", e é trabalhando sem parar que ele sustenta a família. Capricórnio é muito ligado à vida profissional, não brinca em serviço e costuma ter mais de um emprego. E sabe o que é mais incrível? Ele sempre dá conta.

Além disso, Julius é conhecido por ser mão de vaca. Sim, ele é cuidadoso e superpreocupado com suas finanças, sempre buscando economizar e evitar gastos desnecessários. O capricorniano é desse jeitinho; valoriza a segurança financeira e planeja suas despesas com cautela.

❸ Severus Snape (saga Harry Potter)

Esse professor é uma figura intrigante, com uma pitada de seriedade e mistério que imediatamente nos faz associá-lo ao signo de Capricórnio. Sua personalidade enigmática e a reputação de responsável e disciplinado fortalecem ainda mais a imagem desse signo. Assim como os capricornianos, ele demonstra ser uma pessoa que leva a vida com severidade, não se permitindo fraquezas ou demonstrações abertas de uma possível vulnerabilidade.

Mas essa fachada esconde uma determinação extraordinária, uma pessoa pronta para enfrentar desafios e adversidades sem recuar.

No entanto, como todo capricorniano, Snape enfrenta conflitos internos entre sua ambição pessoal e a necessidade de sacrificar seus desejos em prol de um propósito maior. Sua dedicação em cultivar a próxima geração de bruxos e bruxas, apesar das atitudes rígidas, reflete a típica perseverança capricorniana ao trabalhar incansavelmente para atingir objetivos de longo prazo.

❹ Lineu Silva (A grande família)

O patriarca da família Silva é extremamente responsável, tanto em relação aos deveres familiares como na sua carreira. Ele é um exemplo de estabilidade e comprometimento, características frequentemente atribuídas aos capricornianos. Lineuzinho é conhecido por ser um tanto conservador, o que pode estar em sintonia com o lado tradicional e cauteloso associado aos capricornianos.

Lineu é ponderado em suas decisões e prefere planejar cuidadosamente antes de agir. Por fim, o Popozão valoriza muito a família e as tradições que a envolvem, o que pode estar relacionado ao signo de Capricórnio, que geralmente mantém um senso de dever exacerbado com seus familiares.

❺ Meredith Grey (Grey's Anatomy)

Capricórnio tem uma reconhecida capacidade de enfrentar e superar adversidades. Assim como Meredith, os nativos desse signo são persistentes e determinados a enfrentar situações difíceis na vida. É resiliência que fala, né? Os capricornianos são amigos confiáveis e leais. E Meredith é uma grande amiga para aqueles que estão próximos a ela e está sempre a postos para apoiá-los em momentos difíceis.

Além disso, como médica, ela reconhece a complexidade e os obstáculos da sua profissão, mas continua comprometida em superá-los. Os capricornianos têm uma perspectiva realista da vida e sabem que o caminho para o sucesso é muitas vezes árduo e complicado.

Dez mandamentos para Capricórnio

1. Seja mais flexível
Os capricornianos podem ser teimosos e rígidos demais. Aprenda a se adaptar a diferentes situações e a ser mais aberto a mudanças.

2. Cuidado com o perfeccionismo
Embora a busca pela perfeição seja uma qualidade admirável, às vezes pode levar a uma carga excessiva de trabalho e a altos níveis de estresse. Busque o equilíbrio entre o bom, o suficiente e o perfeito.

3. Delegue tarefas
Os nativos de Capricórnio têm uma tendência a querer fazer tudo sozinhos, o que pode ser exaustivo. Aprenda a confiar nos outros e a delegar tarefas, permitindo que você se concentre no que é realmente importante.

4. Encontre tempo para o lazer
Capricornianos tendem a ser muito dedicados ao trabalho e podem esquecer de cuidar de si mesmos. Reserve um tempo para se divertir, relaxar e fazer as coisas que ama regularmente.

5. Cuide do seu bem-estar emocional
Os nativos de Capricórnio podem ser reservados emocionalmente e têm dificuldade para expressar seus sentimentos. Dedique tempo para se conectar com suas emoções e encontre maneiras saudáveis de lidar com elas.

6. Aprenda a encarar o fracasso
Os capricornianos podem ser muito duros consigo mesmos quando algo não sai como planejado. Aprenda a ver o fracasso como uma oportunidade de aprendizado e crescimento, em vez de se deixar desanimar por ele.

7. Seja mais aberto a novas ideias
Os capricornianos podem ter uma mentalidade conservadora e resistir a mudanças. Esteja disposto a ouvir perspectivas diferentes e a considerar novas abordagens.

8. Cuide da sua saúde física
Capricórnio pode negligenciar sua saúde física devido ao foco excessivo no trabalho. Faça exercícios regularmente, coma de forma saudável e garanta uma boa quantidade de sono para se manter em equilíbrio.

9. Cultive relacionamentos pessoais
Embora os capricornianos sejam focados em suas carreiras, é importante dedicar tempo e esforço aos relacionamentos pessoais. Priorize passar tempo com entes queridos e cultive amizades significativas.

10. Aprenda a relaxar
Os nativos de Capricórnio têm a mente inquieta e podem ter dificuldade para desligar. Pratique técnicas de relaxamento, como meditação, ioga ou qualquer outra atividade que o ajude a acalmar a mente.

Aquário, o frio

"O ato de amor verdadeiro aquecerá o coração congelado."
(Olaf, *Frozen*, 2013)

Perfil do signo

Nascidos entre: 21 de janeiro e 19 de fevereiro
Apelidos: Aquafrozen, Aqualouco ou Aquamônio
Astro regente: Urano e Saturno
Elemento: ☐ fogo ☐ terra ☒ ar ☐ água
Glifo: ♒
Símbolo: aguadeiro segurando uma jarra de água
Frase: "Eu sei."
Polaridade: ☒ positivo ☐ negativo
Modalidade: ☐ cardinal ☒ fixo ☐ mutável
Paraíso astral: Gêmeos
Inferno astral: Capricórnio
Signo oposto complementar: Leão

Cores: tons de azul
Pedra: selenita
Metal: alumínio
Talismã da sorte: mão de Hamsá
Animal: gato
Planta: dama-da-noite
Partes do corpo: tornozelos
Ditado popular: "Pau que nasce torto nunca se endireita."
Palavras-chave: futuro, criatividade, diferença, ousadia e frieza

Aquário, Urano e ar: a combinação diferentona da astrologia

Se você conhece alguém que sempre tem uma ideia inovadora e adora ser diferente, provavelmente essa pessoa é do signo de Aquário. Os aquarianos são os visionários do zodíaco, e não é à toa que o símbolo que o representa é o aguadeiro com uma jarra cheia de água. Mas não é porque eles estão sempre sedentos. Na verdade, a sede dos aquarianos é por conhecimento, liberdade e um futuro melhor.

O elemento associado a Aquário é o ar, o que explica a natureza mental e intelectual desse signo. Os aquarianos adoram exercitar a mente e estão

AQUÁRIO ♒ 321

sempre em busca de aprender algo novo. São os inventores do zodíaco, sempre criando coisas e tendo ideias fora da caixa.

Por falar em inovação, o planeta regente de Aquário é o exótico Urano. Assim como esse planeta é todo cheio de surpresas e reviravoltas, os aquarianos têm lá suas peculiaridades. Eles são originais, não gostam de seguir regras estabelecidas e preferem forjar o próprio caminho. Se existe uma palavra que define Aquário, é "audácia" — eles são corajosos o suficiente para enfrentar desafios e abraçar a mudança de braços abertos.

Agora, pense naquele amigo que sempre está à frente do seu tempo, como se tivesse uma bola de cristal. Bingo! É um aquariano. Essas pessoas têm uma habilidade quase mágica de prever tendências e acontecimentos futuros. Às vezes você se pergunta se elas são videntes disfarçadas.

Outra característica típica de Aquário é o seu lado humanitário. Eles amam o próximo e se preocupam com o bem-estar da humanidade como um todo. É como se eles fossem os super-heróis do zodíaco, sempre prontos para salvar o mundo com suas ideias brilhantes e boas ações. São ativistas natos, sempre defendendo causas sociais e buscando um mundo mais justo e igualitário para todos.

Mas nem tudo é um mar de rosas na vida do aquariano. Como qualquer outro signo, esse também enfrenta seus percalços. Às vezes os aquarianos podem ser um pouco teimosos e se recusar a seguir o fluxo, mesmo quando seria mais fácil e sensato fazê-lo. Eles também podem ser vistos como excêntricos ou até mesmo como "esquisitos" pelos mais tradicionais. Mas, ei, ser normal é tão entediante, não é mesmo?

Uma coisa é certa: com o aquariano por perto, a diversão está garantida! Seu senso de humor peculiar e a mente criativa sempre rendem boas risadas e conversas animadas. Ele tem a capacidade de tornar o ambiente mais leve e descontraído, mesmo quando parece haver um furacão de problemas ao nosso redor.

Portanto, se você conhece um aquariano, valorize essa amizade única. Eles podem ser diferentes, mas são essas diferenças que tornam tudo mais interessante e cheio de possibilidades. Se você é um aquariano, continue sendo o aguadeiro das ideias revolucionárias e a jarra da inovação de que o mundo tanto precisa!

O lado iluminado de Aquário

O signo mais original do zodíaco! Se a sociedade diz que devemos seguir um caminho, o aquariano vai logo na contramão, criando tendências e desafiando convenções sociais como se fossem obstáculos em um jogo. O aquariano acredita que pode transformar o mundo, e suas ideias mirabolantes são tão incríveis quanto suas tentativas de resolver problemas alheios.

Esse signo é uma mistura de idealismo, criatividade e uma pitada de loucura. Aquário valoriza seus amigos e os considera parte importante da família. O aquariano é o amigo leal que estará ao seu lado nos momentos bons e ruins

E olha que ele não é do tipo que se deixa influenciar facilmente. Tem opiniões fortes, e sempre que pode lá está o aquariano defendendo seu ponto de vista com unhas e dentes. E acredite: ele se preocupa com o coletivo e nunca deixa de ajudar as pessoas.

Moderno, está sempre antenado com as últimas tendências. Detentor de uma sabedoria que vai além da idade, valoriza mais as experiências do que os bens materiais. O aquarianjo é amigável e de fácil convivência, conquista a todos com seu jeito carismático. Ter um aquariano com você vai te fazer encarar a vida da maneira mais colorida, sem medos ou amarras.

O lado sombrio de Aquário

Ele tem um coração de gelo que congela até a alma dos outros. Aquário é um lobo solitário, uma obra-prima de excentricidade e de hábitos estranhos. Seu lema é: "Foda-se!" — o que significa que ele não está nem aí para a opinião alheia.

Aquário não tem apego por ninguém, nem mesmo pela família. Na primeira oportunidade ele parte para bem longe, em busca de sua independência. O nativo desse signo tem uma teimosia irritante e uma inquietude sem fim porque não aguenta tédio e rotina.

Amor? Carinho? Excesso de demonstrações? Que coisa ultrapassada! O aquariano não tem paciência para nada disso. Há quem diga que ele nasceu sem coração, já que essa gracinha consegue ser mais frio que um iceberg. Mas olha só: quando se trata de fofoca e de se intrometer na vida dos outros, o aquariano é expert. Julgar e alfinetar as pessoas com seu humor sarcástico acaba sendo seu hobby favorito.

Ele é calculista, pensa antes de agir e sabe exatamente o que está fazendo. Aquário se considera o dono do universo intelectual, superior a todos os meros mortais. E não poderíamos esquecer de suas habilidades polêmicas. Esse querido adora se envolver em debates acalorados, principalmente aqueles que envolvem política. Sempre tem bons argumentos. Além disso, quem não concordar com sua opinião está fadado a perder sua preciosa amizade.

Os decanatos de Aquário e os três tipos de nativo

PRIMEIRO DECANATO
21/01 até 30/01

O aquariano diferentão

É influenciado por Urano (Aquário) e costuma ser o mais autêntico e ousado do trio. Com uma personalidade excêntrica, não se importa nem um pouco com a opinião dos outros. Inteligente e criativo, valoriza demais sua liberdade e é superindependente. É o mais racional dos três decanatos e acredita em um mundo melhor — por isso está sempre envolvido em causas sociais. Valoriza muito as relações de amizade e considera os amigos mais que irmãos. Encarar relacionamentos, expressar sentimentos e aceitar normas/regras são os seus maiores desafios.

SEGUNDO DECANATO
31/01 até 09/02

O aquariano agitado

Influenciado por Mercúrio (Gêmeos), costuma ser o mais inteligente e ansioso dos três decanatos. É movido a desafios e adora novidades. Alegre, comunicativo e sociável, é muito bom com as palavras e convence qualquer um com seus argumentos. Em geral é inconstante e indeciso, faz várias coisas ao mesmo tempo e deixa muitos projetos inacabados pelo meio do caminho. Não gosta de seguir rotinas e, além disso, tem dificuldade para chegar no horário e cumprir prazos. Suas maiores dificuldades consistem em controlar a ansiedade e tomar decisões mais seguras.

324 AQUÁRIO ♒

TERCEIRO DECANATO
10/02 até 19/02

O aquariano generoso

É influenciado por Vênus (Libra) e é o mais gentil, sociável e carismático dos três. É intenso e gosta de fazer tudo bem-feito, além de adorar a companhia dos amigos. Sedutor, sabe expressar seus sentimentos mas não tolera ser controlado. Muitas vezes conquista uma pessoa sem demonstrar afeto, e até quando não quer consegue encontros. É sempre agradável com todos e se importa genuinamente com o próximo. Luta por um mundo melhor e por justiça. A inconstância, a indecisão e a preguiça são os seus maiores desafios.

Aquário no mapa astral

Sol em Aquário

O nativo desse signo tem a personalidade forte e um jeito autêntico. Adora inovar, mudar o visual, pintar o cabelo com cores diferentes e se vestir com muito estilo. Gosta da sensação de ser livre, de se aventurar, de viajar e conhecer novos lugares. Age de modo imprevisível, não gosta de seguir regras, é do contra e cabeça-dura. Mas também acredita em um mundo melhor, pensa no coletivo e se envolve em causas sociais.

Se precisar lidar com o autoritarismo, pode ser bem rebelde. Tem concepções arraigadas e confronta quem tem ideais opostos aos seus. Coleciona muitos amigos e dos mais variados grupos sociais, mas muitas vezes parece frio e indiferente por causa da sua dificuldade em lidar com as emoções. Não gosta de declarações afetivas em público, e se apaixonar pode ser considerado uma tragédia.

Ascendente em Aquário
Comportamento

Aparenta ser vida loka, um rebelde sem causa, sempre do contra. Não suporta regras e rotina, ama ser livre, leve e solto e tem muito medo de perder a liberdade — e esse é um dos motivos para ele fugir de relacionamentos.

Embora tenha muitos amigos, quem tem ascendente em Aquário detesta excesso de intimidade. Com sua personalidade excêntrica, adora mudar o visual. Costuma pensar de um jeito inovador e tem um olhar diferente para o futuro. Sabe conversar sobre tudo, tem opiniões fortes e não teme expor suas ideias mirabolantes. Jamais se deixa influenciar pelas pessoas.

Aparência física

Chama a atenção pelo jeito excêntrico e até mesmo diferentão de se vestir e pelas mudanças constantes no visual. Costuma ter uma aparência diferente, com um cabelo volumoso que de tempos em tempos ostenta cor e corte diferentes. A pele é delicada, o rosto é retangular ou oval com estruturas finas, a testa é grande, os olhos são sonhadores e vagos e os membros inferiores são longos.

Lua em Aquário

Age de maneira racional, mesmo que seja considerado insensível ou sem coração. Autêntico e de personalidade forte, inquieto e criativo, tem o olhar voltado para o futuro. Esse nativo esconde seus sentimentos e evita o excesso de intimidade. Não teme o caos e enfrenta o que vier com ousadia. Sempre está em movimento, buscando coisas para fazer. Não suporta drama e se preocupa com o bem-estar dos outros. Seus sentimentos são voláteis. Evita voltar ao passado.

Mercúrio em Aquário

Extremamente autêntico, sempre expressa seus pensamentos livremente, sem medo de julgamentos, afinal não se importa com o que os outros pensam ao seu respeito. Sua comunicação é excelente e tem uma essência independente e bem resolvida, não se envergonhando de praticamente nada.

Muito inteligente, sempre tem ideias originais e criativas. Além disso, tem paixão por experimentar coisas novas. Tem a mente é aberta para qualquer assunto e é chamado de rebelde pelas outras pessoas, mas isso não o impede de ser solidário e ajudar aqueles que precisam. Está sempre envolvido em causas sociais e lutando pelos direitos das minorias.

Vênus em Aquário

É amante da liberdade e não teme a solidão. Os amigos são sempre sua prioridade e o amor fica em segundo plano, no entanto é bem comum cultivar amizades coloridas, com direito a sexo casual. Não é fácil conquistar seu coração, e ele tem uma enorme dificuldade em expressar sentimentos.

Não gosta de grude nem de ninguém pegando no seu pé, detesta ataques de ciúme e não suporta rótulos, modinhas e regras. Quando ama, é de maneira original e demonstra seu amor por meio de atitudes.

Marte em Aquário

Sonha alto, faz tudo que tem vontade e vive com independência, superando rapidamente os problemas que surgem pelo caminho. Adora um desafio e tem ideias revolucionárias. Dono de opiniões fortes, quer sempre que sua vontade prevaleça, mas não gosta de se envolver em confusões e evita brigas. Tem um jeito frio e autêntico de ser, que foge bastante do convencional.

Quem nasceu com Marte em Aquário não é de expor suas emoções nem é dado a sentimentalismos. Acredita que o sexo não precisa envolver amor e na cama adora experimentar coisas novas, testar brinquedos e posições diferentes. Sexo a três e virtual são opções que não descarta.

Júpiter em Aquário

Respira originalidade. Suas ideias são inovadoras, mas essa mente brilhante pode ser um tanto imparcial e, em certas ocasiões, mais fria que o polo Norte. Mesmo assim, esse nativo está sempre lutando pela justiça. Tem uma natureza livre e independente, como um pássaro voando para onde quiser. Mas tome cuidado: ele pode ser intolerante e grosseiro, principalmente com os amigos. Por fim, sente dificuldade em aprofundar os laços com as pessoas.

Saturno em Aquário

É determinado e persistente ao perseguir seus objetivos. Por ser inteligente, absorve conhecimento com facilidade. Sua independência é sagrada, e ele valoriza seu tempo a sós. Curiosamente, adora mergulhar em assuntos científicos, como se estivesse investigando os segredos do universo. Sua mente analítica e racional o faz questionar tudo, desde as leis da física até a existência de vida extraterrestre. Enquanto os outros estão ocupados com bobagens, ele está lá, entusiasmado, sonhando em desvendar os mistérios do mundo.

Urano em Aquário

Essa pessoa é uma fábrica de ideias criativas. Sua engenhosidade é tão surpreendente e sua mente tão original e inovadora que ele não segue tendências: ele as cria. A independência desse indivíduo é absoluta. Inteligência é seu sobrenome, e a curiosidade pelas ciências o impulsiona a explorar tudo ao seu redor.

Netuno em Aquário

Vive no mundo virtual, adepto de todas as tecnologias! Sempre antenado, conectado e desbravando a internet, o celular é uma extensão do seu corpo, e as redes sociais são o seu playground. Tão envolvido com o virtual que se perde nos relacionamentos reais.

Plutão em Aquário

É fascinado pela ciência e pela tecnologia. Sempre ligado nas últimas descobertas e nos avanços, esse indivíduo está sempre em busca de novidades e inovações científicas. Foge da mesmice e prefere trilhar seu próprio caminho. Se alguém questionar suas ideias revolucionárias, solta um "Eureka!" e segue em frente.

Lilith em Aquário

Aqueles com essa posição astrológica podem enfrentar desafios nos relacionamentos devido à necessidade de liberdade e de espaço. Eles valorizam conexões que respeitam a individualidade e as diferenças de cada um. Essas pessoas buscam constantemente os direitos igualitários e a liberdade em todas as esferas, o que torna coerente a existência da amizade colorida. A Lilith em Aquário traz uma abundância de criatividade e originalidade.

Quíron em Aquário

Quem apresenta essa configuração é marcado por uma energia ágil e conectada com a mente, buscando sempre a renovação e a liberdade. No entanto, esse posicionamento pode trazer consigo dores relacionadas à independência e ao sentimento de pertencer a determinados grupos sociais. A cura para essas feridas pode surgir quando se ajuda alguém a se sentir parte de um grupo, promovendo uma sensação de união. É comum que pessoas com essa influência astrológica tenham tendência a acreditar que a sociedade as rejeita, o que pode gerar conflitos internos.

Descendente em Aquário

Ele busca um parceiro que aprecie a aventura, a inteligência e a curiosidade. Para esse indivíduo, um relacionamento é sinônimo de empolgação e novas experiências. No entanto, precisa lidar com a rigidez e o medo de ser rejeitado, que são seus principais desafios na busca pelo amor. Para construir relacionamentos saudáveis, é essencial que esse indivíduo seja mais flexível e aprenda a superar esses temores. Sair da zona de conforto e se arriscar um pouco pode ser recompensador, pois lhe proporcionará a chance de conhecer gente nova.

Meio do céu em Aquário

Esse posicionamento revela uma pessoa com uma vontade contínua de ousar e de abraçar seu lado mais criativo. Não se contenta em seguir uma rotina ou padrões estabelecidos, buscando fazer as coisas de um jeito diferente. Seu desejo é trazer mudanças reais e impactantes tanto para sua vida pessoal quanto para a sociedade como um todo. Essa pessoa valoriza a originalidade e está sempre em busca de inovação, rompendo com o convencional e abraçando ideias únicas.

Fundo do céu em Aquário

Aqueles que têm esse posicionamento são considerados excêntricos, destacando-se pela personalidade diferenciada em relação à família e à sociedade. Sua trajetória geralmente os leva a seguir carreiras artísticas, revelando um espírito divertido, extrovertido e com interesses fora do comum. Esses indivíduos possivelmente tiveram uma infância marcada por um ambiente familiar instável e que foge dos padrões. No entanto, é justamente essa experiência que contribui para sua singular visão de mundo.

Aquário gosta de	Aquário não gosta de
Viajar	Drama
Ser livre	Rotina
Tecnologia	Falsidade
Ser do contra	Fake news
Quebrar padrões	Monotonia
Ler curiosidades	Ostentação
Aproveitar a vida	Preconceito
Banhos de chuva	Sentir tédio
Falar o que pensa	Regras rígidas
Lugares incomuns	Falta de humor
Aprender algo novo	Receber ordens
Experiências místicas	Excesso de apego
Ficar acordado até tarde	Mau gosto musical
Ter uma ideia brilhante	Promessas quebradas

Passeatas e manifestações	Falta de solidariedade
Tempo para ficar sozinho	Descontrole emocional
Defender seu ponto de vista	Qualquer tipo de trapaça
Mensagens de duplo sentido	Dar satisfação da sua vida
Não dar satisfação de sua vida	Ter sua liberdade controlada
Sugerir séries, filmes e músicas	Visões políticas intolerantes

A mãe de Aquário

Definitivamente, ela é única. Com seu jeito leve e divertido, traz uma energia contagiante para o ambiente familiar, tornando cada dia uma aventura. Ela é descolada e tem um estilo próprio que muitas vezes a faz parecer a melhor amiga dos filhos. Sua atitude descontraída é uma das coisas que a tornam tão especial. Conversar é com ela mesmo, pois essa mãe adora trocar ideias com seus filhos, sempre disposta a ouvir o que eles têm a dizer. A mente aberta e curiosa faz dela uma excelente companhia para debates e discussões. Não tem medo de tentar coisas novas, e isso é algo que muitas vezes impacta positivamente seus filhos.

Rotina? Não é para ela! Ela odeia a ideia de fazer sempre as mesmas coisas no mesmo horário, e sua aversão à mesmice a faz buscar formas engenhosas de se encarregar das questões cotidianas. Com a sua flexibilidade e ampla visão de mundo, ela está sempre a fim de experimentar coisas diferentes e explorar novas perspectivas. Isso a leva a ser uma ótima influência para os rebentos, incentivando-os a pensar fora da caixa e a seguir seus próprios caminhos, mesmo que isso signifique testar os limites de sua paciência — uma virtude que não é seu ponto forte.

Seu ensinamento principal é a independência. Ela quer que suas crias aprendam a tomar decisões por si próprios e confiem em sua capacidade de enfrentar desafios. Com sua criatividade e vontade de inovar, ela torna a vida da família uma jornada emocionante. Expressões como "Não interessa que todo mundo vai, você não é todo mundo" mostram seu jeito único de lidar com as situações e encorajar os filhos a serem autênticos.

O pai de Aquário

O aquariano é mais do que um pai, é um grande amigo. Ele adota uma postura amigável e aberta na paternidade, procurando conversar com seus filhos e ouvir o que eles têm a dizer, buscando estabelecer uma conexão forte e de confiança com as crianças. Valoriza suas opiniões e perspectivas e está disposto a ter discussões profundas e significativas com elas.

Ele é o pai mais diferentão do rolê, oferecendo uma educação liberal, permitindo que seus filhos explorem e descubram o mundo de maneira independente e ensinando-os a questionar, a desafiar o status quo e a buscar seus próprios ideais. Acredita na importância de deixá-los experimentar diferentes perspectivas e ideias, incentivando a criatividade e a originalidade.

É desapegado em muitos aspectos, o que pode ser algo incomum para os papéis tradicionais de pai. Por não estar preso a convenções, permite que seus filhos trilhem a própria estrada, incentivando-os a abraçar sua individualidade. Essa atitude desprendida viabiliza o desenvolvimento deles com mais liberdade.

O pai aquariano odeia rotina e busca trazer diversão e espontaneidade para a vida de seus filhos. Ele procura maneiras criativas de evitar a monotonia e não se prende a padrões previsíveis. Para ele, a vida é cheia de possibilidades e surpresas, e ele quer compartilhar essa mentalidade com as crias.

O pai de Aquário não é fã de ter muitas responsabilidades e não se prende a padrões previsíveis, exibindo um jeitinho mais descontraído em relação às obrigações convencionais. Prefere gastar seu tempo explorando ideias novas e compartilhando experiências emocionantes com sua prole.

Como não suporta rotina, o pai aquariano está sempre pensando em maneiras de entreter, tornando a convivência com ele uma aventura constante. Gosta de inventar brincadeiras únicas para trazer diversão e espontaneidade para o dia a dia de seus filhos, com atividades criativas para evitar a monotonia. Para ele, a vida é cheia de possibilidades e surpresas, e ele quer compartilhar essa mentalidade com suas crias.

Aquário no amor

Quando se trata de amor, o aquariano tem um jeitinho todo especial de lidar com a paixão e os relacionamentos. Para começar, precisamos falar da notória independência dos aquarianos. Eles valorizam a liberdade e não é à toa que muitas vezes preferem a companhia de amigos a engatar em um romance.

Porém, quando um aquariano se apaixona, pode ter certeza de que é pra valer! Ele mergulha de cabeça na relação. Essa pessoa é cheia de surpresas, e o amor ao seu lado pode ser um parque de diversões — emocionante e imprevisível!

O senso de humor do aquariano é uma das suas maiores armas de conquista. Ele adora um bom trocadilho ou uma piada inteligente, e usa esse talento para arrancar risadas do crush. Quem não gosta de alguém que nos faça sorrir, né?

Mas, nem tudo são flores no jardim do amor aquariano.

Por ser tão independente, Aquário pode parecer distante ou frio. É que demonstrar sentimentos não é o ponto forte dele. Por outro lado, é preciso destacar que a lealdade é uma marca registrada desse nativo. Uma vez que ele se conecta verdadeiramente com alguém, estará ao lado dessa pessoa em todos os momentos dessa aventura amorosa.

As combinações de Aquário no amor

Vamos analisar as relações de Aquário com os outros signos do zodíaco. Porém, para uma avaliação precisa, é essencial verificar o mapa astral completo. Cada um tem seu próprio mapa, que é chave para entender se o relacionamento vai fluir.

Aquário ♡ Áries

A dupla de milhões, ar *versus* fogo. Formam o casal mais curioso desde Sherlock Holmes e seu fiel companheiro Watson. A sintonia e a conexão entre esses dois é inexplicável. O aquariano atiça o lado amigável do ariano, fazendo promessas de amor que nem sempre consegue cumprir. Quanto ao ariano, ele já está pensando na próxima aventura antes mesmo de a atual terminar.

Por outro lado, é uma relação realista, sim! Nada mais realista do que juntar um vulcão com um tornado. Ambos precisam aprender a lidar melhor com suas emoções, mas juntos eles se divertem como duas crianças em um parque de diversões. A criatividade é a mágica que mantém esse relacionamento em chamas — literalmente, já que o ar de Aquário aumenta o fogo de Áries.

Quando o aquariano coloca algo na cabeça, não desiste facilmente e quando está apaixonado, consegue ter uma paciência de Jó. Esses dois amam se aventurar juntos e viajar para lugares tão remotos que nem o Google Maps conhece.

Aquário ♡ Touro

Uma combinação que promete dar o que falar! Eles têm uma coisa em comum: querem as coisas à sua maneira. É uma teimosia sem fim e cada um é mais cabeça-dura que o outro, viu? É uma batalha de titãs para ver quem vai ceder primeiro. Porque, convenhamos, alguém tem que ceder para dar certo, né? Mas tem um detalhe: um quer ter mais razão que o outro. É cada argumento que voa nessa relação que até parece um palco de debates.

E vamos combinar que são dois mundos bem diferentes se encontrando. O aquariano, todo sonhador, e o taurino, todo realista. Parece uma receita infalível para a confusão. O taurino é possessivo pelo aquariano. E o aquariano? Não passa segurança nenhuma para o taurino. Mas sabe o que é engraçado? Touro acaba aprendendo a sonhar junto com o seu par. Afinal, convivendo com Aquário, a imaginação é obrigada a trabalhar dobrado.

No fim das contas, é uma mistura de loucura e equilíbrio, de choque de personalidades e aprendizados. Mas, como dizem por aí, o amor é mesmo um bicho estranho, né?

Aquário ♡ Gêmeos

Quem diria que esses dois signos tão diferentes e ao mesmo tempo tão parecidos pudessem se dar tão bem, né? Eles vão viajar muito, explorando o mundo e as ideias malucas que só eles compreendem.

Gêmeos adora aprender coisas novas, e Aquário é aquele que pode mudar seus pensamentos. A amizade entre eles é o ponto-chave, porque, convenhamos, melhor que um namorado é um amigo em quem confiar. E eles sabem respeitar suas opiniões divergentes, afinal Gêmeos não é um signo de uma nota só e Aquário adora nadar contra a correnteza.

Os dois amam sua liberdade e dão muito valor a ela. Quando estão juntos, é diversão garantida, risada atrás de risada, memes e piadas internas que só eles entendem. Se tem uma coisa que esse casal tem em comum, é a vontade de sair e socializar. Ah, os dois também são muito solidários.

Enfim, Gêmeos e Aquário formam um casal que dá certo, porque se complementam, se entendem e, acima de tudo, se divertem muito ao lado um do outro.

Aquário ♡ Câncer

Quando se trata de uma combinação improvável como Câncer e Aquário, as coisas podem ficar ainda mais interessantes ou caóticas, dependendo do ponto de vista. Câncer logo se sente atraído pelo jeito único e excêntrico de Aquário. Os opostos se atraem.

O caranguejo se encanta com a mente brilhante do aquariano, cheia de ideias mirabolantes e futuristas. Já Aquário, bem, ele fica curioso com a emoção aflorada de Câncer. Aquário preza sua liberdade e independência, enquanto o canceriano é um grude só. Já dá para imaginar o que se forma quando esses dois se juntam.

Além disso, Aquário, com sua imprevisibilidade e aversão a demonstrações excessivas de sensibilidade, não sabe muito bem como lidar com os desabafos intensos de Câncer. Mas, como dizem por aí, nunca diga nunca. O mundo é cheio de surpresas, assim como a astrologia. Quem sabe esses dois signos opostos não conseguem encontrar um equilíbrio divertido e bacana nessa relação? O amor é uma caixinha de surpresas.

Aquário ♡ Leão

Essa relação é um exemplo clássico de atração entre opostos. Os dois têm características que se complementam, criando uma dinâmica interessante e estimulante. A química entre eles é explosiva; nunca ficam sem assunto, seja discutindo a última teoria científica ou o meme que está bombando na internet. Os aquarianos valorizam sua liberdade e têm certa dificuldade de expressar seus sentimentos. É estilo Frozen mesmo.

Os leoninos, por sua vez, são extrovertidos, carismáticos e cheios de paixão. Apesar das diferenças, a relação entre Leão e Aquário pode ser incrivelmente enriquecedora. Leão fornece a energia apaixonada, o entusiasmo e a confiança de que Aquário precisa para se abrir emocionalmente.

Já Aquário, com uma perspectiva única, originalidade e pensamento progressista, desafia Leão a sair de sua zona de conforto e a evoluir como pessoa. Quando Leão e Aquário encontram o equilíbrio entre suas diferenças, podem engrenar em um relacionamento poderoso e duradouro.

Aquário ♡ Virgem

Esses dois signos têm temperamentos distintos. Uma das principais fontes de conflito nesse relacionamento está nas diferentes perspectivas e desejos de cada signo. Aquário e Virgem têm visões de mundo bastante divergentes, o que pode gerar tensões e tretas apocalípticas.

No entanto, devido à sua natureza racional, ambos são capazes de buscar soluções para os problemas que surgem. Para que tenham sucesso juntos, é fundamental que aprendam a respeitar e valorizar as características de cada um.

Virgem precisa aceitar que a perfeição nem sempre é possível e que algumas doses de desordem podem ser benéficas para a relação. Por sua vez, Aquário precisa reconhecer a importância da responsabilidade e do comprometimento, buscando encontrar o equilíbrio entre seus sonhos e as necessidades práticas de Virgem. Eles têm que lembrar que nenhum relacionamento é perfeito e

334 AQUÁRIO ≈

que compromisso e o diálogo são fundamentais para superar os desafios que aparecem ao longo do caminho.

Aquário ♡ Libra

Sedução é a palavra-chave quando se trata de Libra e Aquário. Eles se sentem muito atraídos um pelo outro fisicamente. Os dois são criativos, inventam umas coisas bem malucas e sempre buscam o equilíbrio entre os desejos. Conseguem superar os obstáculos por meio do diálogo aberto e sincero.

Aquário desperta na personalidade de Libra uma atitude mais ousada e inovadora, fazendo-o ver o aquariano como uma fonte de inspiração. A capacidade de Aquário de pensar fora da caixa e abraçar sua individualidade estimula Libra a se aventurar além de sua zona de conforto, resultando em um crescimento pessoal e em maior apreciação pela diversidade. Libra precisa aceitar e apreciar o espírito livre e independente de Aquário.

É importante que o libriano compreenda que o aquariano valoriza sua autonomia e que não deseja ser controlado. Com respeito mútuo e mente aberta, eles podem chegar longe nesse relacionamento, criando uma parceria sólida baseada na confiança e no apoio mútuo.

Aquário ♡ Escorpião

Uma combinação digna de novelão, com direito a brigas acaloradas e momentos de suspense, sem falar das reviravoltas.

Aquário é um espírito livre que valoriza sua independência e se sente desconfortável com qualquer intromissão em sua vida. Escorpião é conhecido pela intensidade emocional e pela necessidade de controle.

O escorpiano pode se sentir constantemente irritado com a atitude independente do aquariano, procurando controlar e moldar o parceiro de acordo com suas expectativas. No entanto, se Aquário aceitar o apoio e a estabilidade do escorpiano, o equilíbrio pode ser alcançado.

A questão é que os dois precisam reconhecer que são diferentes e têm que aprender a lidar com suas personalidades opostas. Escorpião, com seu jeito intenso, deve entender que Aquário não é propriedade sua. Eles têm o potencial de se complementarem, desde que estejam dispostos a aceitar e abraçar suas particularidades.

Aquário ♡ Sagitário

Essa combinação promete uma relação de sucesso, pois os dois nasceram um para o outro. Ambos amam se aventurar por aí, viajar e estão sempre em busca

AQUÁRIO ♒

335

de mudanças. O que realmente aproxima Sagitário e Aquário é o fato de eles compartilharem objetivos semelhantes. Aquário é responsável por acender a chama ardente da mente de Sagitário.

Essa dupla não tem medo de pensar fora da caixa. Eles sonham grande e, o que é mais importante, realizam esses sonhos juntos. A liberdade é um valor supremo para esses dois. Eles não são pegajosos; pelo contrário, estimam a flexibilidade e entendem que cada um precisa do seu espaço.

Ambos estão em constante busca por novidades e aventuras, o que pode levar a certa instabilidade emocional. Aquário pode ser rápido e imprevisível, o que pode desafiar a paciência de Sagitário. No entanto, à medida que amadurecem e encontram equilíbrio em sua jornada, eles geralmente vivem bem juntos, encontrando conforto e segurança nas suas necessidades e aspirações compartilhadas.

Aquário ♡ Capricórnio

Esses dois signos podem até se atrair, mas a harmonia entre eles está em extinção. Aquário, o rebelde do zodíaco, é uma caixinha de surpresas. Nunca se sabe o que esperar desse ser excêntrico e imprevisível.

Capricórnio, o mestre do controle e da ordem, gosta de manter tudo em seu devido lugar, seguindo um cronograma meticuloso e garantindo que todos os compromissos sejam cumpridos. Imagine esses dois juntos em um relacionamento. O capricorniano pode achar o aquariano fascinante, mas também vai enxergá-lo como uma bagunça apocalíptica que ameaça a organização que ele tanto preza.

Se eles forem maduros e estiverem dispostos a ceder em alguns pontos, pode haver esperança. Aquário pode aprender com Capricórnio a importância da responsabilidade e da disciplina. E Capricórnio pode se beneficiar da perspectiva ousada e criativa do aquariano. Se conseguirem superar suas divergências, quem sabe eles possam até lucrar juntos.

Aquário ♡ Aquário

Quando esses dois se unem em um relacionamento, o resultado é uma união de originalidade, autonomia e harmonia. A independência e a liberdade são valores essenciais para ambos. Eles entendem a importância de ter seu espaço pessoal respeitado e também tempo para si mesmos.

Ao contrário de alguns casais que são dominados pelo ciúme, a relação de dois aquarianos se destaca pela ausência de possessividade. Eles confiam um no outro e não sentem necessidade de controlar o parceiro. A criatividade é um aspecto que se intensifica nessa combinação. São conhecidos pela engenhosidade e por pensar fora da caixa.

Individualistas por natureza, podem desejar realizar suas metas e seus projetos pessoais à sua própria maneira. Isso pode gerar desafios em termos de tomada de decisão e distribuição de tarefas no relacionamento.

Se os dois parceiros conseguirem se comprometer e encontrar o equilíbrio entre suas peculiaridades e o bem-estar do casal, podem superar os obstáculos com sucesso.

Aquário ♡ Peixes

Esses dois signos têm uma relação cheia de altos e baixos. Aquário é pé no chão, realista e muitas vezes frio. Peixes é mestre em demonstrar amor e carinho. No entanto, o pisciano tem suas vulnerabilidades e tende a se ofender facilmente, sobretudo quando confrontado com a dureza e as ironias do aquariano.

Os dois têm muito a aprender um com o outro. Aquário precisa ser mais consciente de suas palavras e demonstrar tolerância e pode ajudar Peixes a aterrissar de vez em quando, trazendo um pouco mais de realidade para o relacionamento. E quem sabe Peixes possa ensinar o aquariano a mergulhar nas profundezas do amor incondicional enquanto aprende a buscar uma comunicação clara e a não levar tudo tão a sério.

Apesar dos desafios que essa combinação apresenta, Aquário e Peixes desejam criar algo significativo juntos. Se ambos se esforçarem para entender e apreciar as diferenças um do outro, poderão criar um vínculo duradouro.

Como conquistar o coração de um aquariano?

Que coração? A pedra de gelo que existe ali? Brincadeirinha, tá?! Conquistar um aquariano é uma tarefa que requer habilidade, astúcia e um toque de ousadia. Ele é um ser único, com a mente livre e o coração inquieto, então se prepare para embarcar em uma jornada cheia de surpresas.

Em primeiro lugar, seja você mesmo. O aquariano aprecia a autenticidade acima de tudo. A diversidade é algo que Aquário admira e valoriza. Não tenha medo de expressar suas ideias, mesmo que elas sejam diferentes das dele. Mas nada de tentar ser alguém que você não é.

Além disso, é essencial ter um papo atraente. O aquariano é fascinado por mentes brilhantes e conversas estimulantes. Esteja preparado para discutir assuntos variados, desde filosofia até os memes mais recentes da internet.

AQUÁRIO ♒ 337

Mas tome cuidado com assuntos polêmicos. É que o aquariano costuma expressar seus pontos de vista de forma intensa. Respeite suas crenças e evite discussões acaloradas sobre política e outros temas sensíveis. A harmonia é essencial para manter uma relação saudável.

Antes de qualquer romance, é importante ganhar a amizade do aquariano. Ele valoriza conexões profundas e sinceras. Seja companheiro, esteja presente e mostre que é alguém confiável. Afinal, a amizade é a base de qualquer relacionamento duradouro.

O bom humor é uma arma poderosa na conquista do coração aquariano. Tenha atitude, seja divertido e, acima de tudo, audacioso. Surpreenda-o com piadas inteligentes e situações inusitadas. Aquário adora um riso solto.

Só fique atento para não forçar a barra. Aquário tem seu próprio ritmo e não gosta de pressão. Respeite o tempo dele e deixe as coisas fluírem naturalmente. Se ele estiver a fim, acredite, vai te procurar. Não é necessário impor sua presença o tempo todo.

Outro ponto crucial é aprender a respeitar a individualidade do aquariano. Se você é ciumento, controle suas crises, pois ele simplesmente não suporta esse tipo de comportamento. Não seja carente ou pegajoso; o aquariano aprecia sua liberdade e defende o próprio espaço.

O aquariano gosta de ser conquistado, mas de forma sutil. Então, não seja óbvio demais em suas investidas. Crie momentos especiais, surpreenda-o com pequenos gestos de carinho e mostre seu interesse de maneira intrigante e cativante.

Esteja preparado para viver grandes aventuras ao lado de um aquariano. Ele tem uma sede insaciável por novas experiências. Convide-o para passeios variados, para explorar lugares desconhecidos ou para experimentar algo totalmente fora da caixa. Ele vai se divertir e te admirar por isso.

Enfim, cativar o aquariano é como desvendar um enigma. Seja autêntico, respeite a individualidade dele e esteja preparado para embarcar em muitas peripécias. E lembre-se, acima de tudo, de ser você mesmo, pois é isso que um aquariano realmente valoriza. Boa sorte ao conquistar esse coração geladinho!

O relacionamento com Aquário

O lado bom
Ele não costuma pegar no seu pé, respeita sua individualidade e entende a importância de dar espaço para que cada um possa ser quem é de verdade.

Não há nada mais libertador do que estar em um relacionamento no qual você se sente livre para ser você mesmo.

Além disso, o aquariano tem os pés firmes no chão, mesmo que às vezes pareça estar flutuando em suas próprias ideias. Ele é divertido e adora conversar sobre os assuntos mais variados. Prepare-se para horas intermináveis de debates, risadas e descobertas ao lado desse querido.

Outra característica maravilhosa é sua capacidade de ouvir e aconselhar. Você nunca se sentirá sozinho ou desamparado ao lado de um aquariano, pois ele está sempre disposto a estender a mão e oferecer apoio. Por fim, o aquariano é justo e busca viver em paz no relacionamento.

Os desafios

Aquário detesta qualquer tipo de cobrança. Ele simplesmente não suporta ter que dar satisfações sobre sua vida: "onde você tá?", "tá fazendo o quê?", "vai pra onde?". Essas perguntas podem tirar um aquariano do sério. Eles dão muito valor à liberdade e apreciam seu espaço pessoal acima de tudo.

O aquariano perde a calma facilmente, então cuidado com suas explosões de raiva. Uma dica valiosa: evite a todo custo crises de ciúme. Eles não toleram esse tipo de comportamento possessivo.

Outra característica marcante é a dificuldade que os aquarianos têm de lidar com muito romantismo. Expressar sentimentos é uma tarefa desafiadora para eles, o que muitas vezes os faz parecer frios como um iceberg. Não espere grandes declarações melosas ou surpresas românticas.

A rebeldia também é uma marca registrada dos aquarianos, o que pode ser interpretado como imaturidade. Eles não gostam de seguir regras ou uma rotina certinha, e essa atitude acaba sendo confundida com falta de responsabilidade.

O sexo com Aquário

Prepare-se para uma experiência diferente de tudo que você já viveu antes. O aquariano é conhecido por ter a mente aberta e por estar sempre à procura de novidades, o que se aplica também à vida sexual. Não há espaço para tabus aqui.

Quando o assunto é sexo, ele é um mestre na arte da conversa e do contato visual. Curte uma troca de palavras provocativas e um olhar sedutor. E, depois que as preliminares estão concluídas, não há tempo a perder. "Ufa! Agora vamos tentar sem roupa", ele diria, cheio de empolgação.

AQUÁRIO ♒ 339

Aquário tem fetiche por lugares públicos. Para ele, não há nada mais excitante do que o perigo de ser pego no ato. Seja em um elevador, em um parque ou em um banheiro, ele adora a adrenalina que vem de se aventurar fora dos limites tradicionais. Seu lema é: "Quanto mais arriscado, melhor!"

O aquariano explora o corpo do parceiro à vontade e não tem medo de experimentar posições diferentes e fora do comum. Para ele, cada encontro sexual é uma oportunidade de descobrir novas formas de prazer e satisfação. Aquário está sempre em busca daquela sensação que o levará a um nível de prazer jamais experimentado.

A monotonia definitivamente não faz parte do dicionário aquariano. Ele não tem paciência para marasmo e fará de tudo para evitar que o sexo caia na rotina. Surpresas, jogos e fantasias são elementos essenciais na cama de um aquariano, que precisa de novidades para manter a chama acesa.

Se você está pensando em se aventurar no mundo do sexo com um aquariano, prepare-se para uma experiência inesquecível. Esteja aberto para explorar seus desejos mais profundos, seja criativo e, acima de tudo, divirta-se! Com Aquário, o tédio não tem vez e o prazer está garantido.

Quando Aquário leva um pé na bunda

Primeiro, o aquariano coloca sua mente analítica para funcionar e tenta entender toda a situação. Afinal, é um signo regido pela curiosidade e sempre procura encontrar lógica em tudo. Com sua natureza um tanto quanto insubordinada, o aquariano tem a tendência a achar que está sempre certo e que o outro é o errado.

No entanto, depois do fim de um relacionamento ele se mostra superdespreocupado e indiferente com a situação. Resumindo: ele liga o botão do foda-se.

Esse ar desapegado significa que o aquariano encara o término como algo natural, e entende que faz parte. Então, ele curte ao máximo. Sai para viajar, curtir com os amigos, conhecer pessoas novas e se envolver em projetos interessantes. Sua agenda fica repleta de atividades, afinal a vida é curta demais para se prender a um rompimento.

Curiosamente, o aquariano pode virar amigo do ex. Ele enxerga a separação como uma oportunidade de criar uma conexão diferente, uma amizade baseada em respeito e compreensão. No fim das contas, o aquariano segue como se nada tivesse acontecido. Se tem uma coisa que esse indivíduo sabe fazer bem, é viver intensamente, mesmo após levar um pé na bunda.

O ex de Aquário

Ele raramente sofre por amor, pois sua mente está sempre voltada para outras coisas. Quando um relacionamento chega ao fim, simplesmente segue em frente, sem olhar para trás. O aquariano não vê problema em manter contato e amizade com seus ex, pois seu coração não guarda ressentimentos.

Para Aquário, o amor não é a prioridade. Se o romance acaba, ele logo encontra outras ocupações e paixões que o empolguem. Um relacionamento que termina é visto como uma oportunidade para ser livre e explorar novas possibilidades. Não é do seu feitio excluir ou bloquear alguém, então as coisas continuam como antes nas redes sociais.

Se você o encontrar em uma festa, verá que o aquariano está se divertindo e aproveitando o momento. Ele não fica preso ao passado e não deixa que o término afete seu ânimo. Sua mente aberta o ajuda a encarar o fim de forma positiva, como uma chance de crescimento pessoal e de ter liberdade.

O corno de Aquário

É também conhecido como o "corno imprevisível"! Sabe por quê? Porque com ele você pode esperar qualquer tipo de reação. Em um primeiro momento, claro, ele sofre, mas não pense que ele vai ficar por aí choramingando e fazendo drama. Surpresa! Alguns até podem explodir radicalmente e sem aviso prévio.

Agora, depois que a tempestade da raiva passa, vem o lado "aquariano raiz". Ele para, pensa, analisa a situação e não se encaixa nos papéis clichês de vítima ou culpado. E sabe qual é sua maior força? A frieza e a indiferença, que mais parecem um escudo protetor. Quando ele usa isso, é de deixar qualquer um de queixo caído.

E se você acha que depois de uma traição ele vai dar uma segunda chance, se enganou redondamente! Aquário, na maioria das vezes, vira a página rapidinho. Ele simplesmente coloca um ponto-final e sai por aí, seguindo o baile, como se nada tivesse acontecido. Porque pra ele o show tem que continuar, e sempre em grande estilo!

O infiel de Aquário

Ele tem suas razões para as escapadas amorosas. Na maioria das vezes, elas acontecem quando o relacionamento cai na rotina ou quando ele se sente infeliz. Essa pessoa gosta de novidade, então relacionamentos muito engessados ou que parecem ter entrado em um marasmo podem levá-la a procurar emoções em outros cantos. Para piorar, se o aquariano se sente sufocado ou vê que as coisas estão ficando sérias demais, pode trair por puro medo de compromisso.

O negócio é que Aquário adora conhecer gente nova, explorar mundos diferentes, a sensação de estar fazendo algo proibido... Isso tudo dá um gás a mais, e às vezes a tentação fala mais alto. É um signo atraído pelo novo e pelo excitante, e isso pode ser perigoso para quem busca uma relação estável.

Agora, o que mais chama a atenção é a maneira como Aquário lida com a situação ao ser pego no flagra. Ele age friamente, sem drama, e o mais louco é que pode encarar a traição como algo normal. Não se admire se ele admitir sem se dar ao trabalho de fazer cara de culpa. Para ele, pode ser só mais uma das suas muitas aventuras.

Aquário no trabalho

Aquário é um profissional incrível. Com sua mente brilhante, se destaca pela inteligência, criatividade e facilidade para aprender coisas novas. Sempre pronto para apresentar ideias inovadoras, ele espera ansiosamente que suas sugestões sejam ouvidas pelos superiores, afinal ele tem muito a contribuir.

Com uma produtividade invejável quando está entusiasmado, Aquário se sente motivado ao desempenhar atividades que aprecia. Ele evita as tarefas repetitivas, buscando sempre novos desafios para exercitar sua mente ágil e curiosa. Monotonia não faz parte do seu vocabulário.

Diferentemente da maioria dos trabalhadores, Aquário não se deixa levar por promessas de aumento salarial. Ele valoriza mais o tempo livre e se sente estimulado por propostas que lhe proporcionem uma melhor qualidade de vida. Não é à toa que ele é conhecido por trazer um ar de leveza e descontração ao ambiente de trabalho.

Com sua personalidade alegre e espirituosa, o aquariano gosta de criar um clima divertido no escritório. Adora piadas, brincadeiras e está sempre disposto a alegrar o dia dos colegas. Seu jeito animado contagia a todos e torna o cotidiano estressante um pouco mais sereno.

Embora Aquário goste de realizar suas tarefas sozinho, ele se vira bem no trabalho em equipe. No entanto, quando se trata de projetos que exigem cooperação, ele só consegue colaborar plenamente quando compartilha dos mesmos princípios e valores do restante do grupo. Suas ideias e seus métodos são firmes, o que torna difícil para ele abrir mão de suas convicções.

Algumas pessoas podem considerar Aquário indisciplinado, já que ele tem dificuldade em acatar orientações de seus superiores. Ele não gosta de ter sua conduta constantemente vigiada ou criticada. Mas, em geral, Aquário é receptivo a críticas construtivas e está aberto a melhorar seu desempenho.

No fim das contas, o aquariano é um profissional valioso para qualquer equipe. Com sua inteligência, criatividade e facilidade de aprendizado, ele traz um toque de dinamismo ao ambiente de trabalho. Apesar das excentricidades, seu jeito animado e espirituoso é capaz de tornar as tarefas mais leves e animadas. Quem disse que o mundo profissional precisa ser monótono e sério? Com Aquário por perto, cada dia é uma nova oportunidade para rir e inovar.

Profissões para Aquário

Entre as profissões indicadas, podemos destacar aquelas ligadas a tecnologia, inovação, informática, ecologia, meio ambiente, política, ciências, astrologia e arte. O aquariano pode ser advogado, astrólogo, biólogo, cientista, dançarino, escritor, engenheiro, especialista em informática, pesquisador, político, professor e terapeuta.

Profissões dos sonhos para Aquário

Astronauta, arqueólogo, especialista em partir corações, consultor de moda retrô, movedor de icebergs, sindicalista, político, colecionador de itens curiosos e coordenador de passeatas e de movimentos sociais.

O currículo de Aquário

Qualificações:

- facilidade em oferecer um ombro amigo;
- excelente raciocínio lógico e ideias inovadoras;
- facilidade em solucionar problemas de forma prática;
- aptidão para viver sua vida sem medo de ser feliz.

Aquafrozen Diferentão da Silva
Data de nascimento: 14/02/1991
Rua da Era do Gelo, nº 11,
Bairro do Desapego, Não-Me-Toque-RS
Email: odeiomimimi@astroloucamente.com
Telefone: (53) 92738-8234

Formação acadêmica:

- graduação em Personalidade Própria;
- especialização em Teimosia e Ser do Contra;
- mestrado em Discussões na Internet;
- doutorado em Independência e Liberdade;

Experiência profissional em:

- não sou obrigado a nada;
- paciência mandou lembrança;
- conversas estranhas e intelectuais;
- provar que as pessoas estão erradas.

Top 5 moods de Aquário

❶ Mood E.T.

Aquário é tão diferente que parece não ser deste planeta. Com sua mente aberta e curiosa, às vezes se sente perdido no meio das pessoas comuns. O aquariano não pode esquecer de voltar para a Terra de vez em quando, senão corre o risco de ficar flutuando por aí. Mas vamos combinar: a vida seria bem mais divertida com mais aquarianos extraterrestres!

❷ Mood Mestre dos Magos

Aquário é capaz de sumir sem deixar rastros, como se fosse mágica. E, quando aparece novamente, solta umas frases esquisitas que deixam todo mundo sem entender nada. E não é que ele adora dar um vácuo nos amigos? Parece que está sempre viajando no próprio mundo, e de vez em quando dá essas sumidas para renovar as energias.

❸ Mood diferentão

Aquário é um signo que não tem medo de criar nem de se envolver em controvérsias. Com sua personalidade forte, sempre tem opinião formada sobre tudo e não teme expressá-la. É conhecido por fazer o que quer, quando quer e como quer. Seu sobrenome poderia ser "polêmica".

❹ Mood vida loka

Aquário é o *best friend* amado por todos, tem mais amigos que os dedos podem contar e nunca para em casa, parece que toda noite tem festa. Adora shows, festivais, baladas e qualquer evento que tenha uma boa vibe. O lema de Aquário é "não podemos deixar a vida passar em branco". Se um aquariano te convidar para qualquer rolê, não deixe de ir, pois com certeza vai ser divertido.

❺ Mood nerd

Aquário é o gênio criativo do zodíaco! Ele aprende coisas que a maioria das pessoas acharia impossível e sempre sabe como pensar fora da caixinha. E o mais impressionante? Se não sabe alguma coisa, ele simplesmente inventa! Parece loucura, mas essa é a maneira como Aquário funciona. Sua mente inquieta e curiosa nunca para de explorar novos planos.

Top 5 animais que poderiam ser de Aquário

➊ Água-viva

Esses bichinhos vivem sem coração; já os aquarianos são tidos como frios e não se surpreenda se ouvir por aí que eles também nasceram sem coração. Isso acontece por conta do seu comportamento mais racional; os aquarianos são mais realistas quando se trata do sentimentalismo.

Além disso, temos o senso de comunidade. Aquário adora estar rodeado de amigos e participar de causas sociais. As águas-vivas, por sua vez, vivem cercadas por seus pares e flutuam lindamente pelos oceanos, deslizando com suavidade e criando um espetáculo hipnotizante.

➋ Andorinha

Aquário é um dos signos mais livres e independentes. Assim como as andorinhas, não gosta de se sentir preso. Ambos têm um espírito inquieto e adoram explorar novos horizontes, desbravar e conhecer. A andorinha ama a liberdade mais do que tudo. Ela é um símbolo da chegada da primavera e voa quilômetros para encontrar seu lugar de descanso.

Assim como a andorinha, o aquariano tem uma necessidade intensa de voar alto, experimentar coisas novas e romper barreiras.

➌ Polvo

Eles têm em comum a inteligência. Os aquarianos são pessoas extremamente perspicazes e têm a mente brilhante. Já o polvo é tido como um dos moluscos mais inteligentes do reino animal. Além disso, aquarianos e polvos têm uma sede insaciável por conhecimento.

Os aquarianos adoram aprender coisas novas e estão sempre em busca de expandir seus horizontes. E os polvos também são criaturas muito curiosas, sempre explorando o ambiente ao seu redor e descobrindo novidades

➍ Ornitorrinco

Os aquarianos são sempre diferentes de quem está ao redor, e o ornitorrinco certamente se destaca no reino animal. Primeiro, vamos falar da aparência. Aquário desfila com seu visual eclético e diferente dos demais, seja o corte ou a cor de cabelo diferente. Eles adoram ousar.

346 AQUÁRIO ♒

Já o ornitorrinco tem uma aparência que parece ter sido montada com peças de diferentes animais. É como se alguém estivesse brincando com um quebra-cabeça e juntasse um pato e um castor. É a natureza mostrando seu lado mais criativo. Ambos têm, enfim, uma personalidade que foge dos padrões.

⑤ Macaco

São extremamente sociáveis, adoram estar rodeados de gente e não perdem a oportunidade de fazer amizades, assim como os aquarianos. Eles também atraem pessoas interessantes. Enquanto Aquário é conhecido pela mente aberta e por sempre ter uma ideia original, o macaco é o rei do improviso e da brincadeira, fazendo todo mundo se divertir com suas palhaçadas.

Falando em diversão, esses dois têm uma personalidade cheia de humor. Aquário adora fazer piadas inteligentes e sarcásticas, enquanto o macaco é um verdadeiro mestre da comédia, capaz de arrancar gargalhadas até do mais sério dos indivíduos.

Top 5 personagens que poderiam ser de Aquário

❶ Elsa (Frozen)

A personagem é conhecida pelos poderes mágicos de transformar tudo em gelo. O signo de Aquário é sempre associado a Elsa justamente pela fama de coração gelado. Os aquarianos sentem dificuldade em expressar seus sentimentos e por isso acabam ganhando apelidos como frio, iceberg, polo Norte e tantos outros.

Além disso, Elsa é uma princesa independente, que almeja um reino onde possa ser ela mesma e não precisa de um príncipe para trilhar seu próprio destino. Assim como a personagem, o signo de Aquário é associado a uma mentalidade visionária, idealista, com uma visão de mundo progressista e voltada para o futuro.

❷ Roberta (Rebelde)

Os aquarianos têm a mente aberta e uma atitude tolerante em relação às diferenças. Roberta mostra essa característica ao longo da trama. A rebelde compartilha a típica característica de ser uma individualista inovadora. Ela se destaca pelos looks incríveis, a personalidade irreverente, o humor inteligente e a criatividade ao lidar com situações do dia a dia.

AQUÁRIO ♒ 347

A personagem exibe uma notável independência, resistindo a normas e regras impostas pela mãe e pela direção da escola. Roberta vive em busca da sua própria liberdade de expressão. Ela valoriza sua individualidade e não tem medo de seguir seu próprio caminho. Além disso, a moda de Roberta é um reflexo da sua singularidade. Ela não se prende a seguir o óbvio, prefere criar seu próprio estilo, assim como um aquariano, que não se deixa influenciar pelas opiniões alheias.

❸ Mulan (Disney)

A princesa da Disney, assim como o signo de Aquário, é conhecida pela independência. Desde o início, ela se destaca como uma mulher que não se encaixa nos padrões impostos pela sociedade em que está inserida e está disposta a seguir seu próprio caminho, mesmo que isso signifique desafiar as expectativas impostas a ela.

Além disso, os aquarianos frequentemente têm um forte senso de humanitarismo e preocupação com o bem-estar coletivo. Mulan mostra essa característica ao lutar não apenas por sua família, mas pela proteção de todo o país, colocando o bem comum acima dos seus interesses pessoais.

❹ Catarina (*O cravo e a rosa*)

Assim como os aquarianos, Catarina valoriza sua independência e liberdade pessoal. Ela é uma mulher empoderada, que busca a própria autonomia e não se submete facilmente às convenções sociais impostas a mulheres da sua época. Essa jovem não tem medo de confrontar padrões tradicionais e luta por seus ideais, o que a torna uma personagem forte e determinada. Ela desafia a autoridade de Batista, seu pai, e não tem medo de enfrentar as consequências de suas ações, mesmo que isso signifique ir contra a corrente e enfrentar o julgamento dos outros.

A personalidade de Catarina reflete a característica aquariana da busca pelo conhecimento e da racionalidade. Ela é uma mulher culta, perspicaz e interessada em aprender sobre diversos assuntos. Sua mente aberta e a capacidade de analisar situações de forma objetiva a tornam uma figura única na novela, pois desafia estereótipos de seu tempo.

❺ Robin Hood (Disney)

O personagem demonstra grande compaixão pelos menos afortunados e pelos oprimidos, o que é uma característica marcante dos aquarianos, sempre dispostos a ajudar os outros e a fazer a diferença na vida das pessoas ao seu redor. Como os aquarianos, Robin Hood é extremamente altruísta e preocupado com o bem-estar de todos.

Ele demonstra um forte senso de justiça social, roubando dos ricos para ajudar os pobres de Nottingham. Sua dedicação a fazer o bem para a comunidade e a vontade de se sacrificar em benefício dos menos favorecidos fortalecem a personalidade com a natureza humanitária e compassiva típica dos aquarianos.

Dez mandamentos para Aquário

1. Abra-se ao diálogo
Os aquarianos tendem a ser muito independentes e às vezes podem parecer distantes. Abra-se para conversas significativas e compartilhe seus pensamentos com os outros.

2. Reconheça suas emoções
Embora seja naturalmente racional, não ignore suas emoções. Reconhecer e lidar com seus sentimentos ajudará a alcançar o equilíbrio emocional.

3. Seja paciente com os outros
Os aquarianos podem ser impacientes com aqueles que não compartilham suas ideias. Pratique a paciência e aceite as diferenças de opinião.

4. Evite se isolar
Embora aprecie o tempo sozinho, lembre-se de que o isolamento excessivo pode levá-lo a se sentir desconectado das pessoas ao redor.

5. Esteja aberto a mudanças
Os nativos de Aquário podem ser resistentes a mudanças, mesmo gostando de inovar. Permita-se se adaptar às novas situações com mais facilidade.

6. Valorize a intuição
Às vezes sua mente analítica pode ignorar a intuição. Confie também nos seus instintos, pois eles podem ser muito valiosos.

7. Pratique a organização
Os aquarianos podem ser desorganizados e distraídos. Desenvolva habilidades de organização para melhorar sua eficiência e produtividade.

8. Não ignore o lado prático da vida
Embora seu foco esteja no futuro e nas ideias, é importante lidar com as responsabilidades do presente também.

9. Aceite críticas construtivas
Sua autoconfiança pode torná-lo resistente a críticas. Esteja aberto a feedbacks construtivos e veja-os como uma oportunidade de crescimento.

10. Equilibre a mente e o coração
Os nativos de Aquário podem se inclinar fortemente para a lógica, negligenciando a importância da intuição e das emoções. Procure o equilíbrio entre razão e sensibilidade para ter uma vida mais plena.

Peixes, o santo do pau oco

"Quando a vida te decepciona, qual é a solução? Continue a nadar!
Continue a nadar! Continue a nadar!"
(Dory, *Procurando Nemo*, 2003)

Perfil do signo

Nascidos entre: 20 de fevereiro e 20 de março
Apelidos: Piscianjo, Piscitrouxa ou Piscimônio
Astro regente: Netuno e Júpiter
Elemento: ☐ fogo ☐ terra ☐ ar ☒ água
Glifo: ♓
Símbolo: dois peixes nadando em direções opostas
Frase: "Eu acredito."
Polaridade: ☐ positivo ☒ negativo
Modalidade: ☐ cardinal ☐ fixo ☒ mutável
Paraíso astral: Câncer
Inferno astral: Aquário

Signo oposto complementar: Virgem
Cores: verde, rosa, lilás e tons de azul
Pedra: água-marinha
Metal: platina
Talismã da sorte: borboleta
Animal: cachorro
Planta: amor-perfeito
Partes do corpo: pés
Ditado popular: "Faça o bem sem olhar a quem."
Palavras-chave: intuição, misticismo, empatia, amor e ilusão

Peixes, Netuno e água: a combinação mágica da astrologia

Seu símbolo é, sem dúvida, uma representação encantadora. Dois peixinhos, como irmãos gêmeos com personalidades distintas, mostram a dualidade desse signo. Um peixe querendo mergulhar fundo no oceano do conhecimento e da imaginação, enquanto o outro parece nadar para a superfície em busca de uma conexão emocional com o mundo. É como se eles estivessem dizendo: "Vamos explorar tudo, mas cada um do seu jeito!"

O elemento regente de Peixes não poderia ser mais apropriado. Assim como as ondas do mar, os piscianos fluem com facilidade entre as emoções, absorvendo os sentimentos dos outros como uma esponja. Isso os torna incríveis ouvintes e amigos leais, mas também pode causar confusões quando absorvem negatividade demais.

E quem é o planeta regente desse pessoal? Ninguém menos que o misterioso Netuno! Ele envolve os piscianos em sonhos, intuição e criatividade. Os piscianos têm uma imaginação poderosa que os leva a mundos inexplorados, mas às vezes pode ser difícil para eles distinguir entre a realidade e a fantasia. Quem nunca teve um amigo pisciano que parece viajar para uma dimensão paralela durante uma conversa, não é mesmo?

Você pode reconhecer um pisciano pela natureza cheia de empatia. Eles são os primeiros a oferecer um ombro amigo quando você precisa e sempre sabem o que dizer para confortar ou incentivar.

Mas, olha, como nem tudo é um mar de rosas, os piscianos também têm seus desafios. Eles podem ter dificuldade para tomar decisões certeiras. Isso acontece porque eles querem evitar conflitos e preferem ver todos ao redor felizes. É difícil ser *good vibes* em um mundo tão agitado!

Então, se você tem um pisciano na sua vida, saiba que tem um amigo leal e cheio de emoção. Ele vai mergulhar fundo nas águas da amizade e da compaixão por você. Só tome cuidado com a saudade, pois ele pode nadar para longe em busca de um momento de solidão para recarregar as energias.

O lado iluminado de Peixes

Ele se emociona com facilidade e valoriza os vínculos afetivos. Gosta de proteger aqueles que ama como um guarda-costas, sempre pronto para entrar em ação quando alguém precisa de apoio.

Com um forte poder espiritual e intuitivo, Peixes tem uma conexão com o universo que vai além do que os olhos podem ver. E o mais impressionante é que ele tem a capacidade incrível de perdoar, deixando o passado para trás e seguindo em frente sem nenhuma mágoa.

A maior qualidade dos piscianos, porém, é a capacidade de fazer o bem. Eles são donos de uma compaixão linda! Sua fé e gentileza são capazes de tranquilizar até mesmo as almas mais inquietas. Ter um pisciano ao seu lado é como ter um guia sentimental para navegar pelas marés da vida. Eles trazem conforto e compreensão em todos os momentos, como uma mão amiga pronta para segurar a sua.

Sempre pronto para oferecer o seu coração quentinho e amigo, junto com uma boa dose de humor e sabedoria, quem melhor que um pisciano para entender as profundezas do oceano emocional?

O lado sombrio de Peixes

Esse aí vive no mundo da lua, completamente fora da realidade! Usa seus truques para controlar as pessoas. O pisciano não é nada confiável, é confuso e inseguro, pois precisa de sentimentalismo barato o tempo inteiro. Peixes é uma montanha-russa emocional. É capaz de afogar as mágoas em bebidas e de protagonizar cenas dignas de novela mexicana por amores não correspondidos.

Esse é o signo mais contraditório de todos; ninguém sabe quando está falando a verdade ou inventando histórias mirabolantes. Com muita criatividade, Peixes é mestre em inventar desculpas ou criar histórias falsas. E sabe o que é pior? Ele acredita na própria mentira. Isso acaba deixando aqueles ao seu redor com a pulga atrás da orelha e irritados.

Peixes não tem filtro nenhum na hora de escolher com quem vai se relacionar, pois vive desesperado em busca de um romance. E, se tem uma coisa que esse signo sabe fazer, é ser ciumento e controlador. Ele é um dependente emocional de marca maior, gruda feito chiclete. Seu humor vive oscilando... ora chorando e se fazendo de vítima, ora agindo como se nada tivesse acontecido.

No amor, o coração do pisciano é um campo minado, cheio de toxicidade e sufocamento. Ele tem um lado emocionado que enche o saco de qualquer um. Além de tudo isso, é especialista em pessimismo, preguiça e procrastinação. Depende dos outros pra tudo, mas não perde a oportunidade de manipular, enganar e ser dissimulado.

Os decanatos de Peixes e os três tipos de nativo

PRIMEIRO DECANATO
20/02 até 29/02

O pisciano sonhador

Influenciado por Netuno (Peixes), o mais sensível, generoso e carinhoso dos três. Com uma mente ágil e criativa, tem dificuldade de concentração e se apega rápido. Quando ama, é intensamente, por isso é bem comum colocar a pessoa amada como centro de sua vida. Tem uma intuição dos deuses e percebe coisas que ninguém consegue enxergar. É vulnerável à energia e ao sentimento das pessoas. A timidez e a indecisão são seus maiores desafios. Além disso, precisa aprender a não confiar demais nos outros.

PEIXES ♓

SEGUNDO DECANATO
01/03 até 10/03

O pisciano intuitivo

É influenciado pela Lua (Câncer) e é o mais intuitivo, amoroso e sentimental, tendo uma relação forte com a família. Criativo, é um excelente contador de histórias e tem facilidade para convencer os outros. Sabe fazer drama e se necessário chora bastante. Muda de humor rapidamente e é desconfiado. Se preocupa com coisas inúteis e é muito negativo. Adora reclamar de tudo e todos. Colhe informações no ar e usa contra as pessoas. O apego ao passado é seu maior desafio.

TERCEIRO DECANATO
11/03 até 20/03

O pisciano intenso

É influenciado por Plutão (Escorpião) e costuma ser o mais intenso, independente e impulsivo do grupo. Sabe se expressar e tem um incrível poder de sedução. Com um olhar misterioso e um ar enigmático, é questionador, ousado e tem o gênio forte. Sonha alto, é ambicioso e carrega dentro de si a sede pelo poder. Profundo em seus sentimentos, leva tudo ao extremo, jamais perdoa uma traição e chega a ser cruel quando é ferido. O ciúme excessivo e o jeito desconfiado são os seus maiores desafios.

Peixes no mapa astral

Sol em Peixes

O nativo desse signo é sensível, criativo e espiritualizado, vive no mundo da imaginação e tem dificuldade para encarar a realidade. Místico e sensitivo, sua intuição é a mais certeira da astrologia. Está sempre em busca da perfeição e sonha viver um conto de fadas. Tem tendência a fazer sacrifícios, principalmente quando está apaixonado.

É um bom amigo e conselheiro e tem o poder de despertar o melhor das pessoas. Sente e sofre as dores alheias e, por ser bondoso e confiar demais nas pessoas, às vezes é explorado, mas sabe perdoar e tem compaixão. Mestre em chantagem emocional, pode ser bem manipulador e muitas vezes tem síndrome de vítima.

Ascendente em Peixes
Comportamento
Inicialmente ele parece viver no mundo da lua, distraído e meio lento. Com seu estilo hippie de ser, tem uma enorme facilidade para se ambientar nos mais diferentes lugares e vive de distribuir sorrisos e simpatia, exercendo a empatia e ajudando as pessoas. Seu desejo é um mundo melhor para todos.

Muito sensitivo e sensível, suas emoções estão sempre à flor da pele, sendo comum absorver a energia do ambiente. Seus sentimentos são bem conflitantes e às vezes se mostra pouco prático por sonhar demais. Tem certa dificuldade em dizer "não" aos outros e sofre muito porque se ilude fácil, mas nada abala sua fé.

Aparência física
Tem um jeito de ser tímido e tranquilo e uma expressão pura e espiritual. O ar é um pouco "perdido" ele e tem atitudes distraídas, mas seu sorriso é caloroso e cheio de empatia. O olhar é sonhador.

Tem a pele bonita e lisa, cabelos abundantes, rosto redondo, olhos grandes, arredondados e infantis, boca pequena e lábios carnudos. Sua estatura é de média para baixa, os ombros são largos, as pernas curtas, as mãos pequenas e tem uma enorme tendência a engordar.

Lua em Peixes
Tem um jeito altruísta, se sacrifica pelos outros e por isso é facilmente magoado. Com intuição forte e sensibilidade, é atraído pelo oculto e pelo místico. Sua empatia é intensa e o coração é cheio de bondade. No entanto, precisa tomar cuidado com a depressão, pois é emocionalmente vulnerável.

Desde a infância é gentil com as pessoas e pode demonstrar fragilidade devido à sua necessidade de afeto. Costuma esperar que suas expectativas sejam atingidas, e para isso faz manipulação e até mesmo papel de vítima. Tem a tendência de absorver os problemas dos outros, agindo como uma esponja emocional.

Mercúrio em Peixes

Tem uma imaginação fértil, mas o raciocínio lento. Ainda assim, é capaz de sentir a dor alheia e demonstra sempre muita empatia. Inocente em certos aspectos, seus pensamentos podem ser um pouco confusos. Evita discutir sua intimidade, e na hora de tomar decisões prefere seguir sua intuição.

Se interessa por atividades lúdicas e vive em um mundo mágico em seus sonhos. Sua mente é extremamente criativa, ultrapassando os limites do normal. Embora seja tímido, aos poucos vai se soltando. Cuida para não ferir os sentimentos dos outros e tem os sentidos altamente aguçados e sensíveis.

Vênus em Peixes

Idealiza o amor perfeito e, dentro de um relacionamento, se torna um devoto da pessoa amada, se dedicando exclusivamente ao seu par e criando fantasias na sua cabeça. Sabe como dar carinho e atenção, e faz o outro se sentir mais do que especial. Muitas vezes fica emocionalmente dependente do parceiro e, por ter medo da solidão, permanece em relacionamentos tóxicos e abusivos.

É muito frágil no campo emocional e se magoa com certa facilidade. Com seu jeito empático e doador, coloca o próximo sempre em primeiro lugar e toma suas dores para si, de modo que não é raro ser enganado e usado.

Marte em Peixes

Suas emoções vivem à flor da pele, e muitas vezes age como uma esponja emocional, absorvendo a energia do ambiente e das pessoas. Sensível aos sofrimentos alheios, pensa mais nos outros do que em si e é comum se envolver em causas sociais. Tem dificuldade para expor suas opiniões e em alguns momentos lhe falta perspectiva de vida.

Além disso, quem nasceu com Marte em Peixes é sensível, tem um lado poético e criativo e costuma ter a intuição bem desenvolvida. Muito imaginativo e fantasioso, é comum evidenciar esse seu lado na hora H, criando histórias sexy e aflorando seus desejos. Gosta de produzir um clima romântico no ambiente com música e de preliminares com carícias e sensibilidade. Além disso, adora um chamego, incluindo dormir agarradinho.

Júpiter em Peixes

Costuma ser devoto religioso, o tipo de pessoa que conhece todas as orações de cor e não perde um domingo na igreja. Sua compaixão e empatia são lendárias, sempre pronto para ajudar qualquer um que precise. Com um bom humor contagiante, é capaz de alegrar até mesmo os momentos mais sombrios.

No entanto, a bondade nem sempre está alinhada com sua velocidade de raciocínio. Esse nativo pode ser um pouco lento para entender piadas, levando todos ao desespero para explicá-las. No fundo, é uma alma doce e sensível que merece todo o amor e cuidado.

Saturno em Peixes

Sempre em processo de adaptação, é capaz de se encaixar em qualquer situação. Porém, sua instabilidade é notável, já que nunca consegue dar uma opinião concreta. Muda de ideia com muita frequência. Aliás, vive tão imerso em fantasias e sonhos de uma vida perfeita que é como protagonista de novela, sempre suspirando por amores impossíveis e finais felizes. Sua jornada é uma montanha-russa emocional, mas pelo menos é uma viagem divertida e cheia de acontecimentos inesperados.

Urano em Peixes

Conhecido como um visionário e com uma mente tão expansiva quanto o oceano, esse indivíduo se destaca pelas ideias inovadoras e perspicazes. Demonstra intenso interesse pelas religiões e pela filosofia, sempre buscando compreender os mistérios do universo. Mergulha nas profundezas das crenças e teorias, encontrando conexões sutis e revelações surpreendentes.

Netuno em Peixes

Vive em um mar de possibilidades, nadando livremente pelo oceano da vida. Sua natureza fluida torna esse indivíduo camaleônico, adaptando-se facilmente a diferentes ambientes, pessoas e circunstâncias. Mudar de emprego é seu esporte favorito, pois a rotina monótona simplesmente não combina com sua imaginação vibrante e inquieta.

Plutão em Peixes

Vive uma vida repleta de mudanças e com reviravoltas dignas de uma novela mexicana. Parece que o destino se diverte jogando constantes *plot twists* em seu caminho. Esse sujeito habita um universo peculiar, onde o dinheiro não tem tanto valor assim. Para ele, há coisas muito mais importantes na vida.

Lilith em Peixes

Revela uma sensibilidade profunda e pouco valorizada. Procura encontrar significado nos relacionamentos e busca experiências sexuais que transcendem o mero prazer físico, se envolvendo em amores platônicos ou emocionalmente inacessíveis. É comum se arrepender de ações impulsivas no campo afetivo e se sentir confuso. Por isso, é essencial aprender a equilibrar a sensibilidade com a racionalidade, para que os sentimentos não sejam motivo de dor ou angústia.

Quíron em Peixes

Esse posicionamento traz um significado profundo e reflete em dores ligadas a desilusões. É preciso ter cuidado para não se enganar em relação aos outros, pois isso pode causar feridas emocionais. Para lidar com essas questões, é importante encontrar equilíbrio. É como se fosse necessário filtrar os sentimentos e fortalecer a inteligência emocional. Dessa forma, é possível se proteger de eventuais decepções e encontrar um jeito mais saudável de conduzir as relações pessoais.

Descendente em Peixes

Costuma idealizar seus parceiros, criando expectativas que muitas vezes não condizem com a realidade. Essa idealização excessiva pode trazer desafios aos relacionamentos. Outro ponto importante é o medo irracional do fracasso, que pode ser uma barreira para seguir em frente em várias áreas da vida. A insegurança pode dificultar o desenvolvimento pessoal e profissional. No campo amoroso, busca um parceiro compreensivo e atencioso, pois a carência de afeto é sua marca registrada.

Meio do céu em Peixes

Essa posição revela o desejo sincero de viver em harmonia com os outros. Quem a apresenta é naturalmente caridoso e se sente motivado a auxiliar os outros de alguma forma. Existe uma forte necessidade interna de prestar serviços e de contribuir para o bem-estar das pessoas ao redor. Esses indivíduos encontram satisfação ao se doarem para causas dos menos favorecidos, espalhando amor e compaixão.

Fundo do céu em Peixes

Essa configuração revela uma profunda questão ligada à família, podendo gerar nesse nativo desafios para se sentir um membro pertencente a ela. É comum encontrar um parente com talento artístico notável, o que também pode influenciar esse laço emocional com os familiares.

Para esse indivíduo, encontrar sua verdadeira identidade pode ser complicado, já que ele enfrenta dificuldades para aceitar a si mesmo. As emoções têm um papel dominante em sua vida. Encontrar equilíbrio entre suas necessidades pessoais e as demandas dos que convivem em seu círculo mais íntimo pode ser um aprendizado constante.

Peixes gosta de

- Procrastinar
- Ouvir música
- Dormir e sonhar
- Festas-surpresa
- Ser surpreendido
- Stalkear o crush
- Ajudar
- Beijos profundos
- Amar e ser amado
- Lugares românticos
- Oferecer conselhos
- Momentos de solidão
- Dormir de conchinha
- Descobrir uma mentira
- Ouvir "eu te amo"
- Teorias da conspiração
- Astrologia e misticismo
- Ser lembrado
- Maratonar sua série favorita
- Ter certeza de que sua intuição estava certa

Peixes não gosta de

- Frieza
- Falta de fé
- Cobrança
- Acordar cedo
- Agressividade
- Piadas pesadas
- Ser pressionado
- Horários rígidos
- Receber críticas
- Tomar decisões
- Ser feito de trouxa
- Lugares tumultuados
- Fofocas com seu nome
- Invasão de privacidade
- Mensagens monossilábicas
- Sofrer por quem não merece
- Perder seus fones de ouvido
- Que façam pouco caso dos seus sentimentos
- Magoar as pessoas sem querer

A mãe de Peixes

Ela é conhecida pela natureza protetora. Está sempre disposta a fazer de tudo para garantir o bem-estar e a felicidade dos filhos e não mede esforços para cuidar deles da melhor forma possível. Com seu coração generoso, é a conselheira de milhões. Sempre está ali para ouvir os problemas e as preocupações da prole, oferecendo orientações sábias e acolhedoras.

Seu jeito um tanto desligado pode levar a situações engraçadas e até mesmo desastrosas, e a distração muitas vezes arranca gargalhadas da família.

Essa mãe é capaz de se sacrificar, indo além do esperado para garantir que os filhos estejam bem. Sua vontade de agradar muitas vezes a leva a ceder aos desejos deles, mesmo sabendo que talvez não seja a melhor atitude. Fazer cobranças não é o seu estilo e dizer não é uma tarefa árdua para ela, que evita criar conflitos ou impor regras rígidas, preferindo educar do seu jeitinho característico, repleto de amor e compreensão. Seu maior ensinamento é a solidariedade. Ela valoriza a empatia e o cuidado com os outros, sempre incentivando os rebentos a serem gentis e prestativos.

No entanto, por ser tão sensível, ela se magoa com facilidade, sendo importante que os filhos reconheçam o valor de suas ações. Clichês como "Quero só ver como você vai se virar quando eu morrer" podem surgir de sua preocupação genuína com o futuro das crias, mostrando o quanto ela se importa e almeja o melhor para seus queridos.

O pai de Peixes

O genitor pisciano é uma alma gentil e procura ajudar os filhos da melhor maneira possível. Bom ouvinte, está sempre disposto a ter discussões significativas, buscando conexões emocionais mais profundas. É o tipo de pai que está sempre presente para apoiar, guiar e oferecer um ombro amigo quando os herdeiros precisam, tentando entender seus sentimentos e pensamentos.

O pai de Peixes é um grande incentivador do lado artístico dos filhos. Valoriza a criatividade e a expressão pessoal e os incentiva a explorar suas paixões e seus talentos artísticos.

Ele odeia impor castigos e evita ao máximo criar atritos com os filhos. Sua abordagem é mais pacífica, e ele busca resolver as discórdias por meio da conversa e do entendimento mútuo. Ele acredita que o diálogo é uma maneira mais eficaz de lidar com situações problemáticas.

Pode ser um pouco esquecido e desligado, mas isso não é porque ele não se importa. Sua mente está frequentemente mergulhada em pensamentos criativos e sonhadores, o que pode levá-lo a perder detalhes práticos do cotidiano.

Embora geralmente seja uma pessoa afetuosa, ele também pode ter seus momentos rabugentos, sobretudo quando está lidando com estresse ou

360 PEIXES ♓

preocupações. Porém, esses momentos não duram muito, e ele logo volta ao estado amoroso e compreensivo que lhe é característico.

Ele se derrete por tudo que os filhos fazem. Qualquer pequena conquista ou gesto é motivo para se encher de orgulho. Ele demonstra seu amor de maneiras sutis, mas sempre genuínas.

O pai pisciano ensina a importância de ser gentil, compassivo e de tratar os outros com respeito, e a humildade é um dos valores mais importantes que ele transmite.

Peixes no amor

Os nascidos sob a regência do signo de Peixes são navegantes do coração, sempre em busca de emoções intensas e conexões profundas. Com sua natureza sensível e sonhadora, eles mergulham fundo nas águas da paixão, onde o amor flui como uma correnteza irresistível.

Em matéria de romance, o pisciano é atraído pela ideia de encontrar sua alma gêmea, alguém que o entenda por completo. Ele é mestre na arte de se render ao amor. Quando está apaixonado, se entrega de corpo e alma ao relacionamento. Às vezes pode até parecer que está vivendo num mundo próprio, mas é apenas a sua forma única de expressar o que sente.

A sensibilidade de Peixes é uma das suas maiores armas no campo do amor. Ele consegue captar as nuances emocionais do outro como ninguém. Um olhar, um toque ou uma palavra carinhosa são o suficiente para derreter o coração desse signo tão amoroso.

Ele é como um farol, guiando o parceiro através das águas turbulentas da vida. Mas não se engane: apesar da doçura, ele tem uma força oculta que o torna corajoso quando se trata de proteger aqueles que ama.

As combinações de Peixes no amor

Agora é a vez de falar sobre as combinações amorosas de Peixes com outros signos. Porém, para uma análise precisa, é importante ver o mapa astral completo da pessoa. Cada indivíduo é único, e isso afeta se a relação vai dar certo ou não.

Peixes ♡ Áries

Essa é uma combinação delicada, na qual o pisciano vai se esforçar mais do que o ariano para agradar. Peixes é sempre o que mais se doa, que coloca o

PEIXES ♓ 361

coração em tudo, enquanto o ariano está ocupado demais tentando conquistar o mundo para se preocupar com seu parceiro. De qualquer forma, esses dois adoram uma dose de emoção e adrenalina.

O ariano é mais realista, enquanto o pisciano nada em um mar de sonhos e devaneios. Mesmo assim, os dois podem ter crises de ciúme dignas de novela. Nessa relação, Áries, muito pé no chão, traz segurança para Peixes e o conduz para o mundo real, acabando por impulsioná-lo. Em contrapartida, Peixes conquista Áries com suavidade e carinho e dá o melhor de si para agradar. Como o pisciano se entrega mais, faz de tudo para controlar suas emoções.

Esse casal pode viver uma tragédia na vida financeira, mas, acertadas as arestas, os dois elementos tão distintos podem se complementar, formando uma relação única e cheia de aprendizado.

Peixes ♡ Touro

Uma combinação improvável, mas cheia de possibilidades. Essa relação não é nada prática, afinal, enquanto o pisciano sonha, o taurino está lá realizando tudo na prática. O pisciano, porém, tem uma incrível habilidade de fazer o taurino ganhar muitos amigos. E quem resiste ao encanto desses peixinhos simpáticos e sonhadores? O taurino, por sua vez, coloca o pisciano num pedestal, como se vivesse num conto de fadas.

Existem problemas? Sim, como em toda relação. O taurino, que é pé no chão e busca segurança, pode vir a pressionar o pisciano, que não aceita a pressão e precisa de espaço para respirar. No entanto, quando se dedicam a entender as diferenças e aceitar as peculiaridades um do outro, podem formar um casal bem quente!

Peixes ilumina a vida de Touro, ensinando a ele sobre os prazeres da vida e acrescentando um toque de poesia ao cotidiano. O taurino, por sua vez, ajuda o pisciano na organização e no foco, afinal fantasiar é ótimo, mas é preciso realizar. Com esforços mútuos, eles podem se dar superbem e provar que, mesmo sendo opostos, são capazes de atrair um ao outro magicamente.

Peixes ♡ Gêmeos

Uma montanha-russa emocional. É como juntar água e óleo, com uma pitada de romance e uma boa dose de caos. Peixes é todo sensível, cheio de expectativas de um amor romântico. Gêmeos? Parece ter um iceberg no lugar do coração.

O pisciano vai tentar segurar as rédeas dessa relação, porque Gêmeos é do tipo que foge dessas coisas melosas. Apesar de brigarem bastante, esses dois podem se divertir muito juntos. Gêmeos é do tipo que não consegue ficar parado, sempre buscando novidades. Já Peixes, bom, ele pode até ser sensível, mas tem lá o seu lado explorador.

Nessa relação, eles vão aprender muito um com o outro. Peixes vai ensinar Gêmeos a se conectar com suas emoções e a ter um pouquinho mais de compaixão. Enquanto isso, o geminiano vai mostrar ao pisciano como se divertir sem medo de ser feliz. Claro, tem o ciúme e a desconfiança, mas, se eles souberem lidar com esses problemas, podem construir um vínculo sólido.

Peixes ♡ Câncer

Esse casal tem tudo para viver um conto de fadas típico da Disney. Ambos são signos do elemento água, e essa combinação reúne uma série de características que os aproximam e fortalecem. Unidos, eles têm a capacidade de aprender e crescer juntos.

São seres sensíveis e intuitivos, capazes de compreender profundamente as emoções um do outro. Sua conexão é baseada na empatia e na capacidade de se colocarem no lugar do parceiro, o que cria um elo íntimo e profundo.

O casamento é uma meta comum para esses signos, que sonham com um relacionamento que seja emocionalmente satisfatório e duradouro. Para que essa união seja bem-sucedida, é essencial que ambos trabalhem na superação de suas vulnerabilidades individuais, especialmente as inseguranças e o ciúme.

Eles buscam segurança emocional e tendem a depender um do outro para obter essa estabilidade. O segredo para fazer essa relação dar certo? Encontrar o equilíbrio entre a fragilidade e a força, entre o romantismo e a realidade.

Peixes ♡ Leão

Temos aqui um encontro de forças discrepantes. Peixes, com sua imaginação fértil, consegue fascinar Leão e possui uma habilidade única de acalmá-lo. Leão, na condição de rei da selva, tende a assumir o controle e toma as decisões pelo casal.

Uma das questões que podem surgir nessa relação é a divergência entre as ambições de Peixes e a arrogância de Leão. O pisciano é o antídoto perfeito para o ego inflado do parceiro, mas a soberba leonina pode ser um obstáculo para a realização dos sonhos do casal, pois pode fazer Peixes se sentir diminuído ou ignorado. Leão precisa aprender a valorizar a sensibilidade de Peixes e respeitar suas necessidades emocionais. Ao mesmo tempo, Peixes precisa encontrar sua voz e não permitir que a presença dominante de Leão o oprima.

PEIXES ♓ 363

Embora à primeira vista pareçam signos que não combinam, quando ambos são maduros e estão dispostos a trabalhar juntos em prol da união existe a possibilidade de alcançar um equilíbrio significativo. Mas é importante reconhecer que essa dinâmica não é livre de desafios.

Peixes ♥ Virgem

É um encontro entre duas personalidades distintas. Peixes é um signo mais sensível e conectado com suas emoções, e essa natureza sonhadora pode ser vista por Virgem como distração ou falta de foco, o que tende a levar a tentativas de controle por parte do virginiano.

É essencial que Virgem aprenda a aceitar e apreciar a natureza criativa e imaginativa de Peixes. O virginiano traz para a relação sua lealdade e seu comprometimento, enquanto Peixes oferece empatia e sensibilidade.

Só que é importante destacar que Peixes pode ser mais afetado pelas críticas vindas de Virgem e acabar se magoando com a sinceridade fatal do parceiro, porque deseja dele mais doçura e compreensão. É fundamental que o virginiano aprenda a expressar suas preocupações e opiniões de maneira delicada e amorosa, evitando ferir os sentimentos do pisciano.

Embora essa união possa enfrentar desafios, se ambos concordarem em encontrar o equilíbrio necessário, o resultado pode ser um casamento duradouro e significativo.

Peixes ♥ Libra

Eles formam uma combinação complexa e fascinante, envolvendo delicadeza e mistério. Enquanto Libra é um signo regido pela razão, Peixes é guiado pela emoção. Apesar de suas dúvidas frequentes, Libra é capaz de suprir a necessidade de segurança emocional de Peixes, demonstrando firmeza e estabilidade.

E assim eles acabam se tornando um suporte um para o outro. Embora tenham visões de mundo diferentes, Libra e Peixes se complementam de maneira única. Libra traz equilíbrio e harmonia para a vida de Peixes, enquanto o pisciano desperta a sensibilidade do libriano.

No entanto, vale ressaltar que essa combinação não está isenta de dificuldades. A indecisão de Libra pode frustrar Peixes em alguns momentos, e a sensibilidade excessiva de Peixes pode sobrecarregar Libra. A vida social agitada de Libra pode incomodar Peixes, um signo mais caseiro. O ciúme e a desconfiança do pisciano podem gerar desavenças no relacionamento.

364 PEIXES ♓

É importante que ambos busquem o equilíbrio e a compreensão mútua para superar esses desafios e fortalecer a relação.

Peixes ♥ Escorpião
Taí um casal daqueles que fazem a gente suspirar e se perguntar como pode tanta harmonia assim. Peixes consegue satisfazer os desejos mais profundos de Escorpião. É como se ele tivesse um superpoder de decifrar os pensamentos e as fantasias mais secretas do escorpiano.

E aí já viu, né? Escorpião fica derretido e rendido aos encantos do pisciano, que tem uma habilidade incrível de deixar o parceiro nas nuvens. Além disso, Peixes e Escorpião adoram aprender coisas novas e, juntos, embarcam em uma jornada rumo ao desenvolvimento pessoal e ao equilíbrio espiritual.

Claro, não chega a ser um mar de rosas. Escorpião pode ser um pouquinho inseguro, mas Peixes está lá para ser a proteção de que ele precisa. E assim eles encontram segurança um no outro e constroem uma relação estável e duradoura. O mais incrível dessa relação é que eles parecem saber o que o outro está pensando antes mesmo de abrir a boca. É como se fossem almas gêmeas destinadas a se encontrar nesse universo caótico repleto de emoções a mil por hora.

Peixes ♥ Sagitário
São dois signos com características muito diferentes, o que pode gerar uma dinâmica interessante, porém desafiadora. Enquanto Peixes é conhecido por ter um lado mais sentimental, Sagitário busca uma relação mais direta e livre, na qual a independência seja valorizada. Essas divergências podem gerar conflitos e inseguranças, especialmente se faltar maturidade emocional para lidar com elas.

Além disso, a independência de Sagitário pode ser um problema para Peixes, já que a sensação de não ser completamente valorizado ou de ser deixado de lado pode tornar o pisciano inseguro e despertar seu medo do abandono. Apesar dessas diferenças, a dinâmica entre Peixes e Sagitário pode trazer benefícios mútuos.

À medida que o sagitariano traz alegria e aventuras para a vida do pisciano, ele também pode aprender a desacelerar e encontrar equilíbrio. O pisciano pode ensinar ao sagitariano a importância da calma, da sensibilidade e da conexão íntima. No fim das contas, a compatibilidade entre Peixes e Sagitário dependerá da disposição de ambos para se adaptar e compreender as diversidades do parceiro.

Peixes ♡ Capricórnio

A relação entre Peixes e Capricórnio pode ser descrita como um desafio emocionante, mas também complexo. Peixes é conhecido pela flexibilidade e sensibilidade. Ele tem uma natureza romântica e está sempre em busca de conexões emocionais profundas.

Por outro lado, Capricórnio tende a ser mais frio e reservado. Essa diferença pode ser um obstáculo para Peixes, que pode ter dificuldade em compreender os verdadeiros sentimentos de Capricórnio.

No entanto, Peixes tem o poder de sensibilizar a rigidez de Capricórnio. Sua natureza compreensiva permite que ele encontre maneiras de tornar a vida de Capricórnio mais leve. Essa combinação de sonhador e pragmático pode criar uma dinâmica interessante, na qual Peixes se encarrega da imaginação e da intuição, enquanto Capricórnio traz estabilidade e compromisso.

Encontrar o equilíbrio entre suas diferenças e apreciar as qualidades únicas que cada um incute no relacionamento é essencial para que eles construam uma parceria duradoura e harmoniosa.

Peixes ♡ Aquário

Essa relação pode ser descrita como de altos e baixos, mas, quando esses dois signos se unem, formam um casal intuitivo e produtivo. Peixes demonstra um amor incondicional, além de trazer novas ideias e perspectivas para o relacionamento. Já Aquário tem uma natureza realista feat. pé no chão.

No entanto, para que a relação com Peixes seja bem-sucedida, Aquário precisa aprender a conter seu sarcasmo e ser mais tolerante com as sensibilidades do pisciano.

Apesar das diferenças evidentes, eles têm muito a absorver um com o outro. Aquário pode se beneficiar da delicadeza de Peixes, aprendendo a expressar suas emoções de maneira mais aberta e aprofundada. Já Peixes pode apreender a natureza racional e lógica de Aquário, desenvolvendo uma visão mais objetiva.

Juntos, eles têm o potencial de transcender as dificuldades e criar um vínculo verdadeiramente especial.

Peixes ♡ Peixes

A relação entre dois piscianos pode ser descrita como uma união favorável e cheia de emoção. Esses indivíduos compartilham um vínculo profundo e romântico.

366 PEIXES ♓

Eles são capazes de concretizar suas ideias, têm em comum o desejo de ajudar os outros, se envolvendo em causas humanitárias, e cultivam a paixão por viajar, o que permite escapar da rotina diária e se aventurar.

No entanto, é importante mencionar que a relação de Peixes com Peixes pode ter seus pontos de atenção. A tendência a viver com a cabeça nas nuvens pode levar os dois a se desconectarem da realidade, tornando difícil lidar com as responsabilidades do dia a dia.

Além disso, a natureza emotiva e sensível de Peixes pode tornar o casal vulnerável a mágoas e desentendimentos. Embora enfrentem desafios para se adaptar a questões cotidianas, sua união é uma fonte de inspiração e crescimento mútuo. Juntos, eles vivem em um mundo de sonhos, onde o amor e a compreensão florescem em cada experiência partilhada.

Como conquistar o coração de um pisciano?

É bem simples. Nada que algumas dicas e truques não resolvam. O pisciano é conhecido por ser tímido no início, mas, depois que se sente confortável, adora conversar sobre tudo. Portanto, seja paciente e tente criar um ambiente acolhedor para que ele se abra.

A primeira regra para conquistar um pisciano é deixar suas intenções bem claras. O nativo do signo de Peixes gosta de certezas e não é fã de joguinhos amorosos. Seja direto e sincero sobre seus sentimentos, para que ele saiba o que esperar de você.

Carinho, atenção e demonstração de afeto são essenciais quando se trata de conquistar um pisciano. Ele valoriza muito as demonstrações de amor e se sente amado quando é tratado com gentileza e cuidado. Faça pequenos gestos diários para mostrar o quanto você se importa, como mensagens de texto carinhosas, abraços apertados e surpresas românticas.

Para conquistar o pisciano de vez, compartilhe com ele seus sonhos e planos para o futuro. Ele adora se conectar em um nível mais profundo e aprecia quando alguém confia nele o suficiente para dividir suas aspirações. Fale sobre suas metas e seus objetivos, e ouça com atenção quando ele te contar sobre os dele. Ele gosta de ser ouvido e valoriza quando alguém dá importância a suas palavras. Mostre interesse em seus pensamentos e opiniões, e esteja disposto a ter conversas profundas e significativas com o seu pisciano. Isso criará um forte elo emocional entre vocês.

PEIXES ♓ 367

Surpreenda o seu pisciano com um jantar romântico acompanhado de música suave. Invista em presentes significativos e bilhetinhos delicados. O pisciano valoriza os gestos românticos e fica encantado quando você mostra que pensou nele. Convide-o para ir ao cinema e acerte em cheio.

O nativo de Peixes é empático por natureza e adora ouvir e aconselhar. Então, pode contar seus problemas para ele. Esse querido se tornará seu confidente e fará o possível para ajudar e oferecer conforto. O pisciano se sente útil quando é capaz de apoiar as pessoas que ama.

Não se preocupe em proporcionar luxo ou ostentação ao pisciano: ele curte mais os encontros modestos e genuínos. Passeios românticos em lugares tranquilos, momentos de conexão profunda e simplicidade são mais importantes do que grandes demonstrações de riqueza.

Por fim, tenha em mente que o pisciano se apega facilmente, por isso é crucial que haja reciprocidade. Mostre o quanto você estima a presença dele em sua vida e dê a ele a segurança emocional de que precisa. Seja honesto, leal e demonstre que está disposto a investir na relação.

Conquistar o coração de um pisciano requer paciência, sensibilidade e uma boa dose de romance. Use essas dicas com sabedoria e adapte-as ao seu estilo pessoal. Lembre-se de que cada pisciano é único, mas em geral eles apreciam a afinidade emocional e sentir que são correspondidos. Boa sorte na sua jornada de conquista.

O relacionamento com Peixes

O lado bom

Sabe o namorado dos sonhos? Aquele que parece ter saído diretamente de um conto de fadas? Então, esse é o piscianjo! Peixes se joga de cabeça no relacionamento; é aquele tipo que se doa cem por cento e faz de tudo pelo parceiro. É o cuidado em forma de gente, sempre atencioso e carinhoso.

Quer saber mais? Ele pensa com o coração, é livre de preconceitos e julgamentos. O pisciano é movido pela fé e pela intuição. Ele confia em seus instintos e segue seu coração sem medo. Usa seu sexto sentido e consegue captar as necessidades e os desejos do parceiro de forma surpreendente.

Quando quer fazer o parceiro feliz, o pisciano não mede esforços. Está sempre disposto a tudo o que estiver ao seu alcance para ver um sorriso no rosto do ser amado. Por fim, Peixes sonha se casar e formar uma família, por

368

PEIXES ♓

isso está disposto a fazer sacrifícios em nome desse sentimento nobre. Ele sabe que o amor verdadeiro vale a pena.

Os desafios

Primeiro, é preciso entender que o pisciano tem tendência a se iludir facilmente. É como se ele vivesse em um mundo de fantasia, onde tudo é perfeito. Ele pode ter dificuldade para dizer "não", afinal quer agradar a todos e evitar conflitos. Outra característica marcante é a capacidade de absorver os problemas alheios. O pisciano é uma esponja emocional.

Além disso, Peixes tem mania de se fazer de vítima, sempre o coitadinho da história. Carente e dependente, precisa de atenção e afeto constantes.

Não podemos nos esquecer das crises de ciúme e do drama! Esse nativo pode criar tempestades em copo d'água e transformar um simples olhar em motivo para iniciar uma briga. Mantenha a calma e esteja preparado para muitas discussões regadas a lágrimas e gritos.

O piscianjo tem dificuldade em encarar a realidade e claramente prefere dormir para fugir dos problemas. Além disso, nem sempre consegue cumprir o que promete. Peixes pode ser chegado à arte da mentira, seja para escapar de problemas ou até mesmo para escapar do flagrante na pulada de cerca. Fique de olho aberto!

O sexo com Peixes

Prepare-se para mergulhar em um oceano de sensibilidade e prazer. O pisciano sabe explorar cada parte do corpo. Com ele, o sexo é inesquecível em todos os sentidos.

A música é essencial para criar o clima perfeito, e uma playlist romântica e envolvente é o melhor afrodisíaco para esses nativos. Peixes adora criar um ambiente mágico, no qual fantasia e realidade se fundem em um único momento de êxtase. Para ele, o sexo é quase uma experiência mística, uma conexão profunda entre almas ardentes.

Longas noites de paixão são a especialidade do pisciano. Ele não tem pressa, quer saborear cada instante, alimentando seus desejos mais secretos. Para o nativo de Peixes, as preliminares são essenciais e devem ser recheadas de sensualidade. Massagens, carícias e beijos apaixonados são os ingredientes perfeitos para enlouquecer o seu pisciano.

Ah, e não podemos esquecer dos pés! Sim, o pisciano tem um ponto fraco por essa parte do corpo. Uma massagem nos pés pode despertar sensações indescritíveis e levá-lo ao paraíso. É como se cada toque fosse uma carícia na alma.

PEIXES ♓ 369

Quando chega a hora H, a criatividade do pisciano se revela em toda a sua glória. Ele sabe como ninguém surpreender o parceiro com movimentos e posições inusitados. Cada encontro é uma oportunidade de experimentar algo novo, de transcender os limites do prazer.

Saiba que o pisciano adora ser dominado. Dominá-lo é como conduzir uma dança erótica, em que os corpos se entrelaçam em movimentos sincronizados. Ele se entrega de corpo e alma ao parceiro, desejando ser guiado em um mundo de arrebatamento e submissão.

Então, prepare-se para uma experiência única e abrasadora. O sexo com o pisciano é uma viagem além dos sentidos, em que o prazer se funde com a emoção. Explore cada canto desse universo sensual, deixe-se levar pelas fantasias compartilhadas e descubra um oceano de prazer que só os piscianos podem oferecer. Você não vai se arrepender.

Quando Peixes leva um pé na bunda

A vida parece perder todo o sentido, como se o universo conspirasse contra aquele coraçãozinho vulnerável. É nessa hora que os amigos são convocados para escutar as lamentações desse ser tão sofrido. O pisciano tem uma habilidade especial para transformar qualquer rompimento em um drama digno de Oscar. Ele se sente fracassado, como se o mundo tivesse desabado sobre sua cabeça. E claro que se coloca como vítima da história.

O nativo de Peixes começa então a acreditar que tem o dedo podre para o amor. Ele se questiona sobre suas escolhas, suas paixões e sua tendência a se envolver com pessoas que não lhe dão valor. É como se uma maldição o perseguisse e tornasse impossível encontrar uma relação duradoura.

No entanto, superada a fase de sofrimento, não se admire se encontrar o pisciano por aí beijando muitas bocas. De trouxa, só a cara mesmo! Ele logo decide que é hora de seguir em frente, afinal a vida é curta para ficar lamentando por alguém que não o merece. Ele coloca seu sorriso mais radiante, veste sua melhor roupa e sai em busca de assunto.

O ex de Peixes

Quando um relacionamento chega ao fim, Peixes sofre intensamente. Sendo tão sensível, a separação é uma tempestade que o abala. É difícil deixar as lembranças para trás, e ele pode se pegar curtindo uma fossa e se afogando na saudade.

As memórias são como âncoras que o prendem ao passado, por isso o pisciano tem dificuldade em se desapegar. Guardar objetos ou fotos do ex é doloroso, pois o simples ato de olhar para cada recordação traz consigo um turbilhão de emoções que podem desencadear uma onda de tristeza e melancolia.

Apesar do sofrimento, o pisciano não é alguém que fica parado por muito tempo. Mesmo amargurado, ele encontra maneiras de seguir em frente. É capaz de beijar outras bocas e tentar encontrar conforto nos braços de novas pessoas.

O corno de Peixes

Quando se trata de traição, ele não encara com tranquilidade. Sofre, chora e mergulha em suas emoções com uma playlist de sofrência tocando ao fundo. E não pense que ele vai simplesmente seguir em frente. Não, não. Ele pode acabar perdoando, ou até mesmo aceitar a traição, mas, em consequência, pode afundar em um mar de tristeza.

Sabe aquele amigo que parece ter um gosto meio masoquista para o drama? Isso é tão Peixes! Ele é mestre em se vitimizar e não poupa detalhes ao contar seu drama para todo mundo. Os amigos e a família ficam ali, de braços cruzados, pensando: "Mas por que ele continua sofrendo por alguém que claramente não vale a pena?"

E tem mais: no meio de todo esse teatro emocional, o pisciano pode começar a maquinar planos de vingança. Já pensou? No fundo, é só fogo de palha. Na maioria das vezes, ele nem tem coragem de levar esses planos adiante. Peixes, no fim das contas, é puro coração.

O infiel de Peixes

É aquele que adora uma mentirinha. Na verdade, ele é um mentiroso de mão cheia e acredita tanto nas próprias invenções que até você pode se deixar enganar. Peixes cria histórias, inventa desculpas e sempre arruma um jeito de virar o jogo a seu favor. Uma das táticas favoritas do pisciano é se fazer de desentendido, fingindo que não sabe de nada, o que acaba deixando o parceiro confuso ou até culpado.

Você precisa saber que o pisciano costuma pular a cerca porque se apaixona à toa. Ele é do tipo que vive no mundo da fantasia, e tem mania de confundir gentileza com paquera. Se alguém é legal com ele, pronto, já acha que está dando condição e se sente atraído.

PEIXES ♓ 371

Mas, se o pisciano trai quando se sente ignorado ou deixado de lado pelo parceiro, aí a coisa fica feia. Se é descoberto, ele nega, chora, se faz de vítima e usa todos os truques da cartola para reverter a situação. E o pior é que funciona. Ele consegue fazer o parceiro ceder e perdoar, e depois volta a aprontar, seja com uma ou dezessete traições a mais. Não se engane, de bobo o pisciano não tem nada.

Peixes no trabalho

Ele é um profissional gentil e bem-humorado, um exemplo de criatividade, intuição e altruísmo. Com todas essas características, ele abrilhanta sua equipe de trabalho. Porém, é preciso estar atento ao seu jeito aéreo e desorganizado.

Peixes é extremamente dedicado e adora se sentir útil. Costuma ser proativo ao executar as tarefas que lhe são atribuídas. Não apresenta resistência quando recebe ordens e segue as instruções ao pé da letra. No entanto, Peixes pode ter dificuldade em lidar com críticas diretas e injustas. Quando se sente desvalorizado, tende a adotar uma postura retraída. Contudo, receber recompensas por sua dedicação pode evitar ressentimentos desnecessários.

Apesar de sua personalidade acanhada e de sua insegurança, Peixes é altamente adaptável e trabalha muito bem em equipe. Embora deseje ajudar seus colegas, nem sempre se sente confiante o suficiente para fazê-lo e pode enfrentar alguns problemas para interagir devido a essas características, mas sempre se dispõe a se sacrificar pelo bem comum.

Quando se dedica a oferecer conselhos, ele se torna um apoio confiável e está propenso até mesmo a compartilhar do sofrimento alheio. Sua solidariedade, empatia e sensibilidade às emoções negativas o tornam um colega excepcional.

É comum o pisciano ser desorganizado e distraído. Seu espaço de trabalho pode parecer uma zona de caos criativo, com papéis espalhados, canetas perdidas e uma pilha de post-its com anotações aleatórias. Entretanto, em meio a essa desordem, ele encontra soluções inovadoras e criativas para os problemas que surgem. Seu pensamento intuitivo o ajuda a superar adversidades e a encontrar abordagens únicas para os desafios diários.

Peixes é aquele colega que sempre traz um sorriso para o escritório. Seu bom humor contagia a todos, tornando o ambiente mais agradável e descontraído. Ele é capaz de transformar os dias mais tediosos em momentos divertidos e memoráveis.

PEIXES ♓

Em resumo, Peixes é um profissional exemplar, cujo potencial para contornar situações difíceis é excepcional. Sua gentileza, criatividade, intuição e altruísmo o tornam valioso para qualquer equipe. Apesar da tendência a distração e desorganização, sua dedicação e proatividade são inegáveis. O jeito introvertido pode ser um obstáculo em certos momentos, mas, quando ele almeja ajudar, sua solidariedade e empatia são inestimáveis. Peixes é, sem dúvida, um colega de trabalho memorável.

Profissões para Peixes

Entre as profissões recomendadas, podemos destacar aquelas ligadas a dança, fotografia, artes plásticas, cozinha, escrita, música, misticismo, saúde e a mente. O pisciano pode ser assistente social, astrólogo, ator, cantor, cozinheiro, enfermeiro, escritor, massoterapeuta, fisioterapeuta, médico, místico, poeta, psicólogo, tarólogo e veterinário.

Profissões dos sonhos para Peixes

Animador de festa infantil, escritor de novelas, coach, psicólogo, contador de histórias e vítima profissional.

O currículo de Peixes

Distrailson Santo Araújo da Bondade
Data de nascimento: 17/03/1992
Rua do Coração de Ouro, nº 12, Bairro da Imaginação, Solidão-PE
E-mail: soudapaz@astroloucamente.com
Telefone: (81) 12121-1212

Qualificações:

- muita fé e uma força interior sobrenatural;
- excelente para se dedicar, valorizar e cuidar das pessoas;
- empatia e humildade para oferecer a toda a sociedade;
- uma intuição forte que o ajuda nos momentos difíceis.

Formação acadêmica:

- graduação em Dormir para Esquecer;
- especialização em Pressentimentos e Sexto Sentido;
- mestrado em Imaginação Fértil e Criatividade a Mil por Hora;
- doutorado em Distração e Esquecimento Temporário.

Experiência profissional em:

- Experiência profissional em:
- ser feito de trouxa;
- pequenas e grandes crises de ciúme;
- confiar nas pessoas e depois quebrar a cara;
- oferecer conselhos que não utiliza para si próprio.

Top 5 moods de Peixes

❶ Mood Dory

Peixes é o tipo de amigo que você leva para todo lugar, sempre animado e pronto para o rolê. Mas, quando se trata de lembrar das coisas, a memória do pisciano tem prazo de validade! Mas isso não diminui o carisma do nativo desse signo, que é amigo de todo mundo e tem um coração gigante. Esse signo é um peixinho que, até quando nada contra a corrente, segue sempre com um sorriso no rosto.

❷ Mood Annabelle

Peixes não é bobo nem nada, essa história de inocência não cola com ele! Se alguém fizer algo errado, pode esperar que o pisciano vai dar o troco na mesma moeda. Ele não é de ficar de braço cruzado, revira a vida das pessoas até encontrar a verdade. Não adianta querer enganar um pisciano: ele sempre está um passo à sua frente. É melhor não mexer com ele.

❸ Mood Pinóquio

Todo pisciano é um grande contador de histórias e sempre tem algo incrível para dizer. O problema é que muitas vezes suas histórias são inventadas e Peixes acaba acreditando nelas. Às vezes pode ser difícil confiar no que ele diz... Quando não quer ir para um rolê, ele tem as melhores desculpas do mundo, do tipo "meu cachorro está doente" ou "esqueci meu documento em casa". A criatividade dele é de outro mundo!

❹ Mood Alice

Peixes é aquele que sonha acordado e vive num mundo de ilusão. Acredita em romances perfeitos e finais felizes, mesmo sabendo que a realidade é bem diferente. O nativo desse signo cria expectativas que às vezes não são correspondidas, mas nunca perde a esperança de viver uma história digna da Disney. É como dizem por aí, "sonhar não custa nada", mas é importante lembrar que a vida não é um conto de fadas, e que é preciso viver com os pés no chão.

❺ Mood louca dos signos

Se tem um signo que entende de astrologia, é Peixes! Além de ler o horóscopo todo dia, ele conhece todas as combinações amorosas e é expert em prever

PEIXES ♓ 375

o futuro. Não é à toa que vive comentando nos posts da Maria Talismã. Os piscianos adoram o mundo místico e vira e mexe estão se consultando no tarô da cigana. Ah! Se quiser conselhos amorosos, pode contar com eles!

Top 5 animais que poderiam ser de Peixes

❶ Piranha

Os piscianos são como peixes que nadam em diferentes correntezas, capazes de se adaptar aos mais diversos tipos de situações com facilidade. E as piranhas? Esses peixes são encontrados em diversos ambientes, desde rios calmos até águas mais turbulentas. Elas também são mestras na arte da adaptação, seja para encontrar comida ou sobreviver em águas hostis.

Além disso, de acordo com a crença popular, os peixes não têm uma boa memória, esquecendo-se de tudo em poucos segundos. E os piscianos carregam o estereótipo de serem esquecidos.

❷ Cachorro

Peixes é um dos signos mais amorosos da astrologia. Assim como o cachorro, que abana o rabo quando vê seu dono, os piscianos vivem cheios de amor para dar. Eles adoram estar perto das pessoas que amam e se dedicam de corpo e alma aos seus relacionamentos amorosos.

A dependência afetiva é outra característica que une esses dois. O cãozinho não consegue ficar longe do seu tutor, e os piscianos também precisam da presença daqueles que amam, oferecendo suporte e apoio para se sentirem seguros.

❸ Esquilo

Esses dois têm uma característica peculiar em comum: uma péssima memória. É verdade. Os piscianos e os esquilos têm um talento especial para esquecer as coisas. Outra semelhança entre eles é a capacidade de se distrair facilmente. Os piscianos são conhecidos por serem sensíveis e facilmente distraídos por qualquer coisa que passa por perto. E os esquilos? Qualquer movimento ou barulho os faz esquecer o que estavam fazendo.

PEIXES ♓

④ Coala

Tanto os coalas como os piscianos curtem tirar uma sonequinha. Para Peixes, não tem hora nem lugar ruim: eles caem no sono mesmo sem uma cama macia. É como se tivessem uma conexão especial com o mundo dos sonhos.

Já aos coalas passam a maior parte do dia descansando, praticamente hibernando nas árvores. Se não fossem as obrigações da vida adulta, os piscianos fariam igualzinho.

⑤ Panda

Tanto um como o outro têm um jeitinho de olhar que é irresistível. Os piscianos cativam com seu charme natural, seu olhar misterioso e o senso de romance. E os pandas dispensam comentários: com sua aparência adorável, são fofos e aprontam todas quando estão à vontade. Tanto o nativo de Peixes como o Panda são mestres em derreter corações e trazer alegria para aqueles que o rodeiam.

Top 5 personagens que poderiam ser de Peixes

❶ Ariel (A pequena sereia)

Essa sereia é sonhadora, e os piscianos são conhecidos pela imaginação vívida e a tendência a viver com a cabeça nas nuvens. Ariel deseja ter uma vida fora do mar, o que reflete o desejo de explorar novos horizontes típico de Peixes. Como muitos piscianos, ela é propensa a idealizar pessoas, lugares ou situações.

Ela enxerga o mundo humano com uma visão romântica e idealizada, o que a leva a tomar decisões arriscadas em busca de seus sonhos. Essa tendência à idealização é uma característica comum entre os nativos de Peixes, que às vezes podem ver o mundo através de lentes cor-de-rosa, buscando o lado mais belo e poético da vida.

❷ Jack Dawson (Titanic)

Ele é um romântico incurável, que se apaixona por Rose e demonstra seu lado sonhador ao falar sobre seus desejos e suas aspirações. Assim como muitos piscianos, Jack tem uma alma artística e expressa sua criatividade como um talentoso desenhista e pintor.

PEIXES ♓ 377

O personagem se dispõe a ajudar os outros sem esperar nada em troca, o que fica evidenciado quando ele oferece seu apoio e amizade a Rose, que pertence à classe que oprime a sua gente. Nas cenas finais do filme, Jack renuncia à sua própria vida para salvar a de Rose, demonstrando o espírito de sacrifício, outra característica comum aos piscianos.

❸ Chaves (*Chaves*)

O garoto ingênuo da vila também tem características piscianas. Ele é sonhador, sensível e vive em seu próprio mundo imaginário. Chaves representa a imaginação e a sensibilidade típicas de Peixes, sempre nos surpreendendo com suas histórias e sua perspectiva única da vida.

Tanto Peixes quanto Chaves têm uma tendência natural a ajudar os outros, muitas vezes abdicando de seus próprios interesses para fazer o bem aos amigos. Com seu jeito atrapalhado e inocência encantadora, ele é capaz de trazer um sorriso ao nosso rosto.

❹ Raven (*As visões da Raven*)

Uma das principais características do signo de Peixes é a intuição afiada, e essa qualidade se manifesta claramente na personalidade de Raven. Ela mantém uma conexão especial com o mundo à sua volta, muitas vezes captando sinais e sentimentos sutis que escapam à percepção dos outros.

Os piscianos têm a sensibilidade aguçada, e Raven tem visões repentinas e inesperadas. A intuição certeira e as visões inesperadas tanto ajudam como atrapalham, e com certeza garantem momentos divertidíssimos ao longo do seriado.

❺ Alex (*Três espiãs demais*)

Alex é movida por uma curiosidade sem fim, o que é bem típico dos piscianos. Ela está sempre interessada em aprender mais sobre o mundo ao redor. Seu poder de investigação é excepcional, uma qualidade que está associada ao jeito observador e intuitivo de Peixes.

Ela muitas vezes consegue ver além das aparências e captar nuances imperceptíveis aos outros. Além disso, Alex tem mais um traço característico dos pisciano: é meio desastrada. A mente frequentemente focada em questões mais amplas pode levar ao descuido, mas nada que atrapalhe sua vida.

Dez mandamentos para Peixes

1. Estabeleça limites claros
Peixes tende a ser compassivo e muitas vezes acaba se sobrecarregando emocionalmente. Aprenda a dizer "não" quando necessário para evitar a exaustão.

2. Pratique o autocuidado
Reserve tempo para se reconectar consigo mesmo, seja pela meditação, ioga ou outras atividades relaxantes.

3. Seja firme nas suas decisões
Supere sua indecisão. Resolva os assuntos com mais confiança e não se deixe influenciar facilmente.

4. Cultive o desapego
Embora seja naturalmente empático, lembre-se de que cada indivíduo é responsável por sua própria jornada. Não se sinta obrigado a resolver os problemas de todos.

5. Evite a procrastinação
Sendo um nativo de Peixes, você pode ser propenso a adiar tarefas desafiadoras. Faça um esforço para enfrentá-las e completá-las em tempo hábil.

6. Encare a realidade
Peixes pode ter o impulso de se esquivar da realidade usando mecanismos de fuga, como excesso de sono, vícios ou fantasias. Encare os desafios.

7. Defina metas realistas
Embora seus sonhos possam ser grandes, certifique-se de que suas metas sejam alcançáveis e faça um plano para realizá-las.

8. Evite a ilusão
Peixes tem uma tendência a ver o mundo por lentes cor-de-rosa, o que pode causar decepção. Seja pragmático e encare as situações como elas são.

9. Aprenda a dizer adeus
Sendo um signo altamente emocional, você pode se apegar a relacionamentos e situações que não são mais saudáveis. Aprenda a abrir mão quando necessário.

10. Acredite no seu potencial
Lembre-se de que você é capaz de grandes coisas. Acredite em si mesmo e em suas habilidades, mesmo quando as coisas ficarem difíceis.

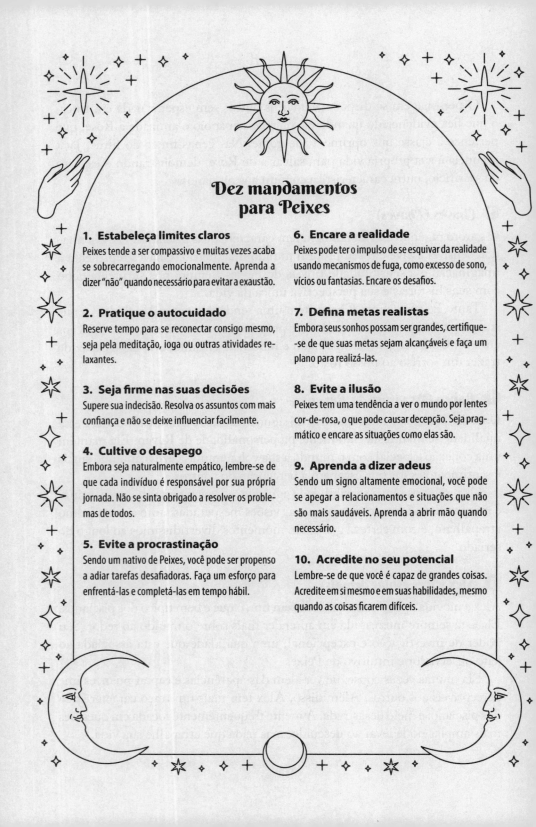

Cúspides dos signos

Na astrologia, onde os signos do zodíaco brilham como estrelas, existe um lugar especial em que as energias se encontram e se combinam — as cúspides. Vamos desvendar esse conceito astrológico de maneira simples.

Imagine um bolo com dois sabores deliciosos, como chocolate e baunilha. Ao cortar uma fatia bem no meio, onde os sabores se misturam, essa fatia tem o gosto especial dos dois ingredientes, não apenas um. As cúspides na astrologia funcionam um pouco como isso.

Agora, pense em um relógio analógico, com suas 12 horas, no qual cada hora representa um signo astrológico com suas características únicas. As cúspides são como os minutos entre as horas; ocorrem nos intervalos entre os signos, quando alguém nasce durante a transição de um signo para outro. Por exemplo, se você nasceu no dia 21 de junho, normalmente seria considerado do signo de Câncer. Mas nesse dia algo especial acontece — é como se o chocolate e a baunilha do bolo estivessem se misturando. Quem nasce exatamente nesse momento leva um pouco das características de Gêmeos e um pouco das de Câncer.

A mágica das cúspides está no fato de que essas pessoas não são de um sabor só, mas de dois! Isso as torna únicas e especiais, como ter o gosto delicioso de dois componentes de bolo em uma única fatia. Incrível, não é?

Outro fato relevante é que geralmente aqueles que nascem nesse período de troca de signos, poucos dias antes ou depois, possuem um pouco da energia do signo anterior ou posterior. Para explicar melhor: Libra geralmente começa no dia 23 de setembro. No entanto, se você nasceu em 24 de setembro, você é considerado um libriano, de fato, mas por ser um dia próximo à transição entre os signos, é comum possuir algumas das características do signo anterior, Virgem, juntamente com as de Libra, que podem influenciar sua personalidade.

Essa influência dos signos vizinhos durante os três dias antes e após a data do início de cada um é o que chamamos de cúspides. Elas podem adicionar nuances interessantes aos seus traços de caráter, fazendo com que você tenha qualidades de mais de um signo em seu perfil astrológico. É uma maneira de compreender como as energias astrológicas podem se sobrepor e moldar quem somos.

Importante saber que as cúspides não se limitam ao signo do sol, que é o mais conhecido. Elas podem acontecer em outros lugares no seu mapa astral, tornando sua vida cheia de diferentes "sabores" astrológicos.

Áries-Touro
19/04 até 21/04

Quem nasce na cúspide Áries-Touro é daqueles que se jogam na vida com tudo. A intensidade é sua marca registrada, por isso é quase impossível não o notar no meio da galera. Eles têm uma mistura de paixão ardente com uma praticidade de dar inveja. Quando colocam uma meta na cabeça, pode ter certeza de que vão correr atrás dela com uma dedicação de outro nível. Desistir? Isso não consta no dicionário deles!

Além disso, essas pessoas têm um *timing* perfeito. Sabem exatamente quando dar aquele passo que vai fazer toda a diferença nas oportunidades que aparecem. E, olha, não se surpreenda se elas atingirem o topo rapidinho. Por conta da responsa e do profissionalismo no trampo, os chefes costumam enchê-las de elogios. Para elas, a carreira está sempre em primeiro plano.

Falando em trabalho, quem nasce nessa cúspide é daqueles que pegam um projeto empacado, que ninguém consegue terminar, e dão um jeito de concluí-lo com tudo em cima. Sabe por quê? Porque são ousados, fortes e objetivos. A liderança corre nas veias deles! Adoram ser independentes, mas não abrem mão de ter ao lado alguém que seja parça de verdade.

Mas nem tudo são flores. Eles são cheios de vontade. Quando querem uma coisa, é pra ontem! Além disso, mesmo que às vezes a paciência apareça, a ambição sempre grita mais alto. Outra coisinha: são meio teimosos. Podem até perceber que deram bola fora, mas dificilmente mudam de ideia. No fim das contas, a mistura de Áries com Touro os torna indivíduos únicos e cheios de personalidade!

Touro-Gêmeos
20/05 até 22/05

Pessoas nascidas na cúspide entre Touro e Gêmeos são seres que todo mundo quer ter por perto. É como se tivessem baterias que duram para sempre. Por isso, essa é a chamada "cúspide da energia". São mega-atentos a tudo que acontece e às vezes querem agradar tanto que esquecem de si mesmos. Um alerta para esses queridos: não dá pra abraçar o mundo de uma vez, mesmo que essa seja a sua vontade!

Com essa energia toda, esse pessoal tem uma agenda animada. O desafio é que às vezes eles trocam tanto de atividade que não conseguem ter foco. Apesar disso, sabem se comunicar bem demais e conquistam todo mundo com seu jeitinho. Por falar em conquistar, não é difícil encontrá-los rodeados de amigos, contando histórias e encantando com seu carisma.

Quando o assunto é lar, bem, os afazeres domésticos não são exatamente sua praia. Mas eles compensam isso sendo incríveis com as crianças. Eles têm aquele jeito único de contar histórias que faz todo mundo ficar de olho grudado e ouvido apurado. Além disso, são sensuais e amam o luxo, e nesse quesito não medem despesas.

No trabalho, eles brilham! Apresentam projetos top e não têm medo de mirar alto. Depois de um dia cheio, são a melhor companhia para um jantar com um excelente cardápio e um papo gostoso. Porque, né? Gentileza e confiança é com eles mesmos.

Gêmeos-Câncer
21/06 até 23/06

As pessoas que têm a cúspide entre Gêmeos e Câncer são encantadoras. Elas têm um jeito cativante e inspirador, e são românticas também. Não é difícil se apaixonar por elas. Com um talento natural para servir os outros, elas se dedicam de corpo e alma a causas familiares, religiosas ou sociais. Não têm medo de arregaçar as mangas e se jogar de cabeça em seus propósitos.

Mesmo sendo dóceis e bem modestas, essas pessoas têm um lado racional que fala bem alto. Com isso, os outros podem achar que elas são frias e distantes em alguns momentos, mas é justamente essa característica que as torna tão encantadoras e confiáveis. São atraentes e passam uma segurança que hipnotiza quem está por perto. E o melhor é que estão sempre dispostas a ajudar os outros, com a maior boa vontade do mundo.

Essas pessoas adoram trabalhar em casa, pois gostam de se isolar e ficar mais próximas da família. Sua sensibilidade varia de acordo com as mudanças da Lua, e com isso os altos e baixos emocionais fazem parte da vida. No entanto, elas conseguem se adaptar facilmente quando novos desafios surgem, já que são bem curiosas e gostam de explorar o desconhecido.

Apesar de serem caseiras, têm uma vida social ativa e equilibrada. Amam comer e adoram promover jantares e convidar os amigos para compartilhar momentos especiais. Com uma grande empatia, elas sabem entender as dificuldades das pessoas queridas e estão sempre dispostas a ajudar com carinho e empenho. Se você tem alguém com essa cúspide em sua vida, saiba que vale a pena ficar por perto desse amorzinho.

Câncer-Leão
22/07 até 24/07

A cúspide entre Câncer e Leão é uma combinação interessante de signos que garante à pessoa uma personalidade bastante equilibrada. Ela costuma ser reflexiva e sempre pensa bem antes de tomar uma atitude para o futuro. Além disso, a ambiguidade é uma característica marcante, já que os homens têm a sensibilidade feminina aflorada e as mulheres têm o lado masculino bem forte.

No trabalho, são líderes natos e se dão bem em projetos grandes e inovadores. Gostam de tarefas em equipe e são extremamente dinâmicos e animados para enfrentar desafios. Além disso, são rápidos em tomar decisões e não pensam duas vezes antes de aceitar uma nova aventura. O esforço para ser bem-sucedido é notável, a ambição é a sua força motriz. Usam sua criatividade para ajudar a si mesmos e aos outros e, assim, alcançar seus objetivos.

São pessoas que adoram a tradição e a família. Preferem atividades feitas dentro de casa, preservam os valores dos seus antepassados e adoram receber amigos em seu lar. Por serem bem organizados, conseguem atingir o sucesso em seus projetos com facilidade. Entretanto, são sensíveis aos movimentos da Lua, o que faz com que seu humor varie bastante. Mesmo sendo caseiros, não gostam de estar sozinhos e sentem a necessidade de ser o centro das atenções.

Usam a intuição para correr atrás dos sonhos, sempre com muita alegria e dispostos a gastar dinheiro. São autoconfiantes, às vezes até demais, chegando a viver no mundo da fantasia, fora da realidade. Porém, sua generosidade com os outros é algo que chama a atenção, pois seu lado emocional sempre se destaca.

Leão-Virgem
23/08 até 25/08

Pessoas da cúspide Leão-Virgem são daquelas que param e refletem sobre tudo que viveram antes de dar o próximo passo em direção ao seu futuro.

Sempre na vibe "deixa eu pensar aqui", elas analisam cada detalhe da vida. E não se engane com o jeito de cada um: tem homem com uma sensibilidade de dar inveja e mulher com aquela pegada mais forte, sabe? A verdade é que essa galera é bem equilibrada.

Um ponto alto desse tipo de configuração é a capacidade de liderar empreendimentos grandiosos e arrojados. Eles se garantem no trabalho em equipe e têm um pique dinâmico que nem todo mundo tem. Tá a fim de um desafio? Pode chamar quem é de Leão-Virgem, porque eles não pensam duas vezes antes de entrar numa aventura. E o foco desse indivíduo é ser top em tudo que faz. A ambição move esse coração criativo, que adora usar a imaginação tanto para o sucesso pessoal quanto pra dar aquela força para o coleguinha.

Agora, quando o assunto é tradição, ah, meu amigo, eles são mestres! Adoram aquele clima familiar, uma reunião em casa, aquela comida cuja receita passa de geração para geração. E tudo que fazem é bem-feito e organizado. Mas tem um detalhe: o humor deles? Muda como a Lua. Num dia estão lá no alto; no outro, querem sofá e pipoca. São do tipo que ama o aconchego do lar, mas sem deixar de ser o centro das atenções.

Essa turma de Leão-Virgem vive em busca dos seus sonhos com um sorrisão no rosto, e, se for preciso gastar uma grana pra realizar, que seja! A confiança que têm em si mesmos é tão grande que às vezes parecem viver num mundo paralelo, onde tudo é possível. E o coração? Ah, é enorme! Generosos até dizer chega, a emoção e o carinho que têm pelos outros são algo a se admirar.

Virgem-Libra
22/09 até 24/09

Pessoas da cúspide entre Virgem e Libra têm um olhar especial para o mundo. Elas conseguem enxergar a beleza e a sensualidade em tudo, seja em pessoas, objetos ou na natureza. Estão sempre de olho no que é tendência, seja na moda, na arte ou até mesmo na tecnologia. Não é à toa que são considerados os gurus do estilo!

Apesar do talento natural para áreas como marketing e administração, e de frequentemente alcançarem grande sucesso nesses campos, não deixam a fama subir à cabeça. Mantêm o pé firme no chão, sempre com um sorriso no rosto e evitando conflitos, mesmo nas situações mais complicadas. Adoram um amor platônico e buscam o equilíbrio, não apenas para si, mas pensando no bem-estar coletivo.

Lutar pela paz é quase um mantra para eles, que não suportam lidar com injustiça ou conflito e sempre tentam ver os dois lados da moeda. Se tem algo em que eles são experts, é trabalhar em grupo, pois o espírito colaborativo e a habilidade para atingir metas fazem com que se destaquem naquilo a que se propõem.

E, claro, não podemos esquecer do seu charme. Sedutores e atraentes por natureza, normalmente estão envolvidos em relacionamentos felizes. Nos negócios, eles são práticos e diligentes, evitando misturar emoções com decisões profissionais. Surgiu um problema? Pode esperar que eles resolvem tudo na base da boa conversa, com educação e gentileza. Sem drama!

Libra-Escorpião
23/10 até 25/10

Quem é da cúspide Libra-Escorpião carrega uma personalidade de peso! São pessoas firmes, mas que ponderam bem antes de tomar qualquer medida. Um lance legal é que eles sempre têm um papo interessante, não importa a ocasião. Seja qual for o assunto, pode apostar: eles sabem alguma coisa. Têm um carinho todo especial pela família — pais e filhos são tudo pra eles. Mesmo com um lado meio rebelde que vem desde a adolescência, não abrem mão dos valores tradicionais de família.

Eles têm um olhar todo especial para a sensualidade. Amam uma música que arrepia a pele, arte que tira o fôlego e literatura que mexe com os sentimentos. Na hora de educar a molecada, seja filho, sobrinho ou vizinho, são os melhores! Dão aquele toque de mestre sem se envolver demais emocionalmente.

Na busca constante por equilíbrio, quem nasce na interseção dessa cúspide mistura intuição, diplomacia e cooperação. Mas eles têm um quê de teimosia, viu? Não pense que é fácil fazê-los mudar de ideia. Determinados e habilidosos, quando colocam algo na cabeça, pode ter certeza de que vão conseguir.

Mesmo sendo cheios de paixão e intensidade, geralmente guardam suas emoções para si. Adoram estar rodeados de gente que alimenta suas ideias e estimula sua mente. Com a habilidade de ver todos os lados de uma situação e a força para defender seus pontos de vista, quem é de Libra-Escorpião tem um poder de influência que é raro.

Escorpião-Sagitário
22/11 até 24/11

Aqueles que nascem na cúspide entre Escorpião e Sagitário têm uma personalidade única e cheia de contrastes. Eles não gostam nada de seguir ordens, são os rebeldes de carteirinha do zodíaco! Mesmo assim, levam jeito para a liderança. São grandes chefes porque adoram ter seu próprio espaço e liberdade.

Não é moleza conquistar a confiança deles, viu? São superindependentes e têm mania de se isolar. Mas, olha, sua alma é gigante! Estão sempre na busca por conhecimento e pelo sentido da vida. Só não pense que são certinhos. Eles fogem dos padrões, têm um jeito meio indisciplinado e seu raciocínio não é dos mais rápidos.

Agora, uma coisa é certa: eles têm tino de detetive! A intuição deles é como a dos agentes do FBI, sempre investigando e descobrindo tudo que querem. Quando colocam algo na cabeça, pode esquecer! São teimosos até o último fio de cabelo. São impulsivos e amam a liberdade de poder mudar de ideia quando aprendem coisas novas. E é cada risada! Eles têm um senso de humor incrível, adoram dar umas alfinetadas debochadas.

Sabe a palavra "exagerado"? Combina direitinho com eles! São aventureiros cheios de entusiasmo, e sempre levam tudo ao extremo. E não é que eles sabem argumentar bem? Com uma autoconfiança de dar inveja, convencem qualquer um com seu jeito de falar. E acredite, eles têm sorte! Nos jogos, então, nem se fala. São uns sábios de respeito do zodíaco, e sempre estão na corrida para alcançar mais conhecimento e verdades da vida.

Sagitário-Capricórnio
21/12 até 23/12

É como um quebra-cabeças de personalidade, daqueles que você não consegue encaixar facilmente. Eles não ficam buscando elogios dos outros, mas ao mesmo tempo gostam de estar sempre cercados de gente. É tipo viver sozinho na multidão, sabe?

Pode parecer que eles curtem a solidão de vez em quando, mas sempre acabam rodeados de amigos. Têm um sexto sentido poderoso e podem até ter uns truques paranormais na manga! Às vezes querem zoar e se divertir, mas em outras ocasiões preferem ficar sérios e focados. Uma hora é festa, na outra é concentração. Tem seus momentos dramáticos e às vezes cai na *bad*.

Essa galera é solidária, acredita muito naquele lance de destino e vive querendo saber tudo sobre o mundo. São tão disciplinados que chamam a atenção, tipo "olha só como sou dedicado". São ambiciosos e realistas ao mesmo tempo, bem pé no chão, sabe? E quem nasceu nessa cúspide não é cabeça dura! Sempre abertos a novas ideias, são como camaleões, mudam de opinião com a maior tranquilidade.

No trabalho, eles se destacam, têm uma liderança natural e são cheios de otimismo. Sabe aquele amigo que é meio impulsivo e faz o que dá na telha? Então, eles são assim, e usam essa independência toda a favor deles. O mais legal é que se adaptam a qualquer parada, e você pode confiar que não vão te deixar na mão. São responsáveis e adoram seguir tradições, e a educação vem em primeiro lugar sempre. Mas, olha, eles também são uns exagerados! Reis do drama, enxergam o mundo pelo lado engraçado e apresentam um *stand-up* quando querem.

Capricórnio-Aquário
20/01 até 22/01

Essa é uma mistura incrível de traços diferentes. Imagina só juntar a praticidade e o jeitão mais tradicional do Capricórnio com os impulsos malucos e imprevisíveis do Aquário? É como ter um pé fincado no chão e outro flutuando nas nuvens! Essa pessoa vive com a cabeça repleta de sonhos e ideias, é cheia de imaginação. Às vezes até parece uma criança empolgada com um mundo de possibilidades.

Essa galera não gosta de se dar por vencida, é teimosa até a última gota e não desiste fácil. Pode ser difícil fazê-los aceitar que estão ficando mais velhos, já que estão sempre cuidando do corpo e buscando se manter em forma. Mas não pense que são aparência pura e simples: eles trabalham duro, com disciplina e qualidade.

O lado social é forte nessa personalidade. Eles são humanitários de coração e se dedicam a causas sociais. Gostam de estar cercados por pessoas confiantes e trabalhadoras. Mesmo que tenham um quê de rebeldia, não deixam de ser responsáveis e valorizar a liberdade.

E tem mais: são experts em quebrar regras e ver as coisas de um jeito completamente novo. Adoram uma conversa intelectual, daquelas que fazem a mente trabalhar. E olha que têm a mente bem aberta, sempre pronta para enxergar além do óbvio. Resumindo, essa mistura é uma dose de energia, criatividade e comprometimento, tudo num pacote só.

Aquário-Peixes
19/02 até 21/02

Quem nasce na cúspide entre Aquário e Peixes tem um jeito todo especial de encarar a vida. Essas pessoas parecem destinadas ao sucesso profissional, porque não têm medo de enfrentar os desafios, mesmo que a insegurança dê as caras de vez em quando. E olha que elas são batalhadoras, viu? Correm atrás dos objetivos com uma determinação de fazer inveja.

Sabe aquela pessoa que aparenta ser durona e até um pouco agressiva? Pois é, é o jeito que esses Aquário-Peixes encontram para esconder a sensibilidade lá no fundo do coração. Na vida social, adoram gente que sabe lidar com os sentimentos, já que eles próprios são cheios de emoções. E olha que o lado intuitivo e espiritual dessas pessoas os faz pensar bastante no coletivo, sempre querendo fazer a sua parte pelo mundo.

Teimosia é o sobrenome deles. Mesmo que os planos pareçam meio fora da realidade, eles não desistem e persistem até conseguirem. Mas se engana quem pensa que são durões o tempo todo. Na verdade, são uns amores, mega-amigáveis e cheios de ideais para a paz do mundo. A mente é a mais aberta possível; eles aceitam novas ideias de braços abertos, mas não deixam de lado suas crenças.

Românticos e sentimentais até não poder mais, eles têm uma autoconfiança que pode parecer fria, mas lá dentro a timidez toma conta. Quer companhia mais livre? Eles valorizam a liberdade e adoram ajudar os outros a encontrarem a deles. O otimismo é outra característica forte, capaz de fazer qualquer um enxergar as coisas de um jeito novo, mesmo nas situações mais complicadas.

Peixes-Áries
20/03 até 22/03

Quem nasce na cúspide de Peixes com Áries é o tipo de pessoa ardente. São como um fogo que queima, mas também como uma brisa suave que acalma. É um mix bem interessante! Não têm medo de ir direto ao ponto e de encarar tudo o que vier pela frente. Gostam da ação, da dinâmica do dia a dia, daquela coisa prática, sabe?

Mas olha só, lá no fundo, no cantinho mais escondido, eles podem ficar meio enrolados. Às vezes eles mesmos se confundem entre o que sentem e o que querem. É como se fossem um quebra-cabeça difícil de montar. Por isso, às vezes os outros não sacam muito bem o que eles estão querendo dizer ou fazer. É aí que entra a parte de eles se explicarem, para todo mundo entender o que se passa nesse mundinho interior.

Eles são movidos por sonhos gigantes, quase que de outro mundo. É como se tivessem uma linha direta com o universo e com a intuição. São aqueles que dão uma de líder sem nem perceber, porque têm um jeito de cuidar dos outros que é único. E, por incrível que pareça, conseguem equilibrar o lance de se preocupar com os outros e, ao mesmo tempo, cuidar do seu próprio ego. Nem todo mundo consegue fazer isso tão bem, viu?

Às vezes eles viajam na maionese e sonham com coisas que parecem impossíveis. É tipo sonhar abraçar o sol. O legal é que, na maioria das ocasiões, eles conseguem levar esses projetos malucos adiante com uma velocidade surpreendente. São cheios de energia e romantismo, com um coração enorme, repleto de compaixão pelos outros. Ah, e pode apostar, eles são a turma mais compreensiva do zodíaco.

Conclusão

Hoje sinto uma emoção que precisa ser compartilhada: uma gratidão imensa que transborda do meu coração e que desejo dividir com vocês. Afinal, vocês têm estado comigo nessa jornada incrível desde o início da minha página no Instagram sobre astrologia. E que jornada tem sido!

Quando comecei, lá atrás, mal podia imaginar aonde essa aventura me levaria. A astrologia, esse universo fascinante, não só mudou minha maneira de ver o mundo, mas também — acreditem — transformou minha vida de maneiras que eu nem sonhava. A cada postagem, a cada comentário que trocamos, fui percebendo como os signos e os astros são poderosos, influenciando profundamente nossa vida, nossas escolhas e nossos relacionamentos. Mais ainda, descobri que a astrologia é uma ferramenta incrível de autoconhecimento. Ela me ensinou a olhar para dentro de mim, a entender o que me fortalece e o que precisa de mais atenção, e, acima de tudo, a me aceitar como sou.

E essa página... ah, essa página! Ela me proporcionou a oportunidade de me conectar com pessoas incríveis de todos os cantos do Brasil e do mundo. Pessoas unidas pela curiosidade e pelo fascínio sobre como a astrologia pode nos orientar, nos inspirar e, sim, nos fazer sorrir. Tenho meu jeito particular de apresentar a astrologia e confesso que tentei ser um pouco séria, mas o humor está no meu DNA — adoro brincar com todos os aspectos que os signos têm para oferecer.

Vamos falar um pouco sobre isso, não é? Cada signo, com suas peculiaridades, suas manias e, claro, seus memes. Os memes dos signos são um universo à parte. Já viram aquele meme do ariano demonstrando carinho? Ou o pisciano se perdendo nos próprios pensamentos? E nem me falem dos geminianos... sabemos que eles são um capítulo à parte nesta novela.

Me lembro de quando postei sobre o currículo dos signos e como o assunto gerou muitas conversas, compartilhamentos e troca de ideias. Muitos de vocês se identificaram e compartilharam experiências pessoais, mostrando o quanto a astrologia é relevante no nosso dia a dia. Isso me fez perceber o quanto estamos todos conectados, não só uns aos outros, mas com o universo inteiro.

Falando nisso, a interação de vocês tem sido uma fonte constante de aprendizado. Cada um trazendo sua visão, suas histórias, tornando nosso Astroloucamente ainda mais rico e diversificado. Sem falar nas amizades que se formaram aqui. Nunca imaginei que minha paixão pela astrologia me traria tantos amigos incríveis.

Outra coisa que me deixa superfeliz é ver como nossa comunidade cresceu. Lembro que, no início, éramos apenas uma pequena página de astrologia. Hoje somos uma grande família, espalhada pelo mundo, compartilhando não só humor e conhecimento, mas também apoio e carinho uns com os outros.

Não posso me esquecer de mencionar as mensagens que recebo de vocês, dizendo como um simples post mudou seu dia ou ajudou em um momento difícil. Saber que posso contribuir, mesmo que de forma modesta, para o bem-estar de vocês me enche de alegria e gratidão. Isso só reafirma o poder e a importância da astrologia na vida. Por tudo isso e muito mais, só posso dizer: obrigada. Obrigada por estarem aqui, fazerem parte desta jornada, acreditarem e apoiarem esse sonho.

Confie no universo e viva #astroloucamente.

Este livro foi composto na tipografia Adobe Caslon Pro,
em corpo 11/14, e impresso em papel off-white
no Sistema Cameron da Divisão Gráfica
da Distribuidora Record.